高等职业院校汽车类规划教材编审委员会

编写指导专家	孙敬华
教材审定专家	李　雪
主　　　任	姚道如
副　主　任	汪　锐　余承辉　安宗全　何其宝　宋晓敏
委　　　员	（以姓氏笔画为序）

马　玲　王云霞　王治平　王爱国　凤鹏飞
刘荣富　江建刚　杜兰萍　杜淑琳　吴彩林
余永虎　汪永华　张信群　张善智　陈传胜
金　明　段　伟　姜继文　娄　洁　柴宏钦
高光辉　郭　微　黄道业　程　玉　程师苏
谢金忠　訾兴建　解　云　满维龙　慕　灿
戴　崇

普通高等学校"十二五"省级规划教材
高等职业院校汽车类规划教材

汽车故障诊断与维修

QICHE GUZHANG
ZHENDUAN YU WEIXIU

主　编　娄　洁　宋晓敏
副主编　姜继文　李海娟　周端楼
编写人员（以姓氏笔画为序）
　　　　王　云　苏　磊　李海娟
　　　　宋晓敏　周端楼　姜继文
　　　　娄　洁　唐志华

中国科学技术大学出版社

内 容 简 介

本书按照国家新教学标准要求及国家"十二五"规划教材要求进行编写,是安徽省示范性高等职业院校合作委员会(简称"A联盟")汽车类专业规划教材。

全书共有17个项目,系统地介绍了汽车电器设备结构、原理与维修,采用理实交融的形式进行编写,引入了新技术,旨在培养学生的专业能力、社会能力和方法能力。

本书可作为高等职业院校汽车类汽车检测与维修技术、汽车技术服务与营销等专业的教材使用。

图书在版编目(CIP)数据

汽车故障诊断与维修/娄洁,宋晓敏主编. —合肥:中国科学技术大学出版社,2014.8
ISBN 978-7-312-03485-5

Ⅰ. 汽… Ⅱ. ①娄…②宋… Ⅲ. ①汽车—故障诊断—高等职业教育—教材②汽车—车辆修理—高等职业教育—教材 Ⅳ. U472.4

中国版本图书馆 CIP 数据核字(2014)第 173961 号

出版	中国科学技术大学出版社 安徽省合肥市金寨路96号,230026 http://press.ustc.edu.cn
印刷	合肥现代印务有限公司
发行	中国科学技术大学出版社
经销	全国新华书店
开本	787 mm×1092 mm 1/16
印张	24.25
字数	620 千
版次	2014 年 8 月第 1 版
印次	2014 年 8 月第 1 次印刷
定价	45.00 元

序

安徽省示范性高等职业院校合作委员会（Cooperative Commission of Vocational Colleges Under Model Construction in Anhui Province），简称"A联盟"，由安徽省教育厅牵头组建，以国家示范、省示范高等职业院校为主体，坚持"交流、合作、开放、引领"的理念，连接政府、学校与社会，以实现优势互补、互惠互利、资源共享，构建安徽省示范院校交流与合作的平台，引领和深化安徽省高等职业教育的改革与发展。

"A联盟"汽车类专业建设协作组（皖高示范合[2012]5号）是安徽省示范性高职院校合作委员会中的一个专业指导组，在"A联盟"指导下负责安徽省高职汽车类专业教学的研究和指导。组长由安徽职业技术学院姚道如教授担任，副组长分别由安徽水利水电职业技术学院余承辉教授、芜湖职业技术学院安宗权副教授、六安职业技术学院何其宝副教授担任，秘书长由安徽汽车职业技术学院宋晓敏主任担任。

关于汽车专业和课程建设，"A联盟"多次召开会议讨论，并根据《高等职业学校专业教学标准（试行）》制定了汽车类专业课程体系，成立了教材编审委员会，编写系列教材。此套教材具有下列特色：

1. 此套教材为安徽省示范性高等职业院校合作委员会规划教材

教材的研究、开发、推广及应用是以"A联盟"为平台的，主编和参编人员均为"A联盟"一线骨干教师。

2. 以标准为准绳

教材以教育部职业教育与成人教育司最新发布的《高等职业学校专业教学标准（试行）》为准绳，以汽车行业标准为依据，并结合安徽省实际情况展开编写。

3. 体现校企合作

参与教材编写的企业人员为奇瑞汽车股份有限公司、江淮汽车股份有限公司及安徽汽车贸易公司等企业的技术骨干。

4. 紧跟产业升级

将新工艺、新结构、新技术、新管理等引入教材，贴近汽车企业生产、工艺、维修、销售等实际情况。

5. 编写理念新,具有"教、学、做"的可操作性

教材根据相应课程特点,采用适合的编写模式编写:专业及核心课程采用项目或任务驱动等模式编写,而公共基础课程采用章节形式编写。在编写过程中充分考虑实际教学中"教、学、做"的可操作性。

6. 体现中高职衔接

教材内容选取、专业能力培养、方法能力培养、社会能力培养以及评价标准体现中高职衔接的发展方向。

该套教材的出版将服务于高职院校汽车类专业教育教学改革,促进汽车类专业高端技能人才的培养。

安徽省示范性高等职业院校合作委员会汽车专业协作组

2014 年 2 月

前　言

当前,汽车正以前所未有的速度进入人们的日常生活当中,汽车产品的科技含量也迅速提高,汽车技术更新越来越快,汽车工业作为国民经济的支柱产业,不仅带动了国民经济的增长,也促进了其他行业的繁荣。随着汽车保有量的不断攀升,社会对汽车相关人才的需求,尤其是汽车使用和维修专业人才的需求与日俱增。为适应行业需求,特编写此教材,供高等职业院校学生、企业人员及社会人员学习参考使用。

"汽车故障诊断与维修"是高职高专汽车类各专业的核心专业课程,为适应课程教学及理实一体化教学改革的需要,本书在编写中以工作过程为导向,以工作任务为载体,注重工作过程系统化教学;各学习情境结合常见车型的典型任务进行分析讲解,注重培养学生的动手能力和故障诊断与排除能力,同时培养学生的学习能力,为可持续发展打下良好的基础。

本书是根据安徽省高等学校"十二五"省级规划教材的编写要求,按照高职高专汽车类人才培养目标要求编写的,突出了实用性和针对性,体现了汽车行业发展的新技术、新工艺、新方法。

全书内容共分6个学习情境,17个项目,内容包括汽车发动机、底盘、自动变速器、电气系统、空调系统等主要总成和系统的常见故障分析与诊断,以故障排除为主线,系统地对汽车故障诊断与维修进行了较全面的论述。

本书由娄洁、宋晓敏担任主编,姜继文、李海娟、周端楼担任副主编,学习情境一由阜阳汽车检测站周端楼编写,学习情境二由芜湖职业技术学院娄洁、安徽汽车职业技术学院宋晓敏、奇瑞汽车公司王云编写,学习情境三由芜湖职业技术学院娄洁、苏磊编写,学习情境四由安徽工贸职业技术学院李海娟编写,学习情境五由三联学院唐志华编写,学习情境六由安徽国防科技职业学院姜继文编写。

由于本书涉及技术内容较深,范围较广,再加上汽车技术发展迅速,而且编者水平有限,疏漏之处在所难免,恳请读者指正。

编　者
2014年2月

目　　录

序 ……………………………………………………………………………………（ⅰ）
前言 …………………………………………………………………………………（ⅲ）

学习情境一　汽车故障诊断与维修基础

项目一　汽车故障诊断基础 …………………………………………………………（2）
　　任务一　汽车故障的形成原因 ……………………………………………………（3）
　　任务二　汽车故障的诊断方法 ……………………………………………………（10）
项目二　汽车维修基础 ………………………………………………………………（20）
　　任务一　汽车维修制度及工艺 ……………………………………………………（21）
　　任务二　汽车零件的检验及修理方法 ……………………………………………（29）
　　任务三　汽车诊断与维修设备 ……………………………………………………（35）

学习情境二　发动机系统的故障诊断与维修

项目三　发动机机械故障的诊断与维修 ……………………………………………（46）
　　任务一　发动机异响的诊断与维修 ………………………………………………（47）
　　任务二　发动机机械系统的磨损维修 ……………………………………………（56）
项目四　汽油机电控系统故障诊断与维修 …………………………………………（67）
　　任务一　汽油机电控系统故障诊断基础 …………………………………………（68）
　　任务二　汽油机电控系统主要元件的维修 ………………………………………（77）
项目五　发动机系统常见故障诊断与维修 …………………………………………（98）
　　任务一　发动机温度异常 …………………………………………………………（99）
　　任务二　发动机机油压力异常 ……………………………………………………（104）
　　任务三　发动机无法正常起动 ……………………………………………………（108）
　　任务四　发动机动力不足 …………………………………………………………（112）

任务五　发动机怠速不良 …………………………………………………………（116）

学习情境三　汽车底盘的故障诊断与维修

项目六　汽车底盘故障诊断基础 ……………………………………………………（124）
　　任务一　底盘常见部位的故障辨识 ……………………………………………（125）
　　任务二　底盘常见故障的类型及其诊断办法 …………………………………（132）

项目七　底盘性能的检测 ………………………………………………………………（153）
　　任务一　四轮定位的检测 ………………………………………………………（154）
　　任务二　动平衡的检测 …………………………………………………………（160）

项目八　汽车底盘的常见故障诊断与维修 ……………………………………………（167）
　　任务一　传动系异响 ……………………………………………………………（168）
　　任务二　手动变速器挂挡困难 …………………………………………………（177）
　　任务三　动力转向沉重 …………………………………………………………（180）
　　任务四　轮胎磨损异常 …………………………………………………………（183）
　　任务五　车辆行驶跑偏 …………………………………………………………（186）
　　任务六　ABS工作不正常 ………………………………………………………（190）

学习情境四　自动变速器的故障诊断与维修

项目九　自动变速器的故障诊断基础 …………………………………………………（198）
　　任务一　自动变速器的常见故障部位和基本检查 ……………………………（199）
　　任务二　自动变速器性能检测 …………………………………………………（205）

项目十　自动变速器系统维修 …………………………………………………………（213）
　　任务一　自动变速器机械部件的维修 …………………………………………（214）
　　任务二　自动变速器电子控制系统的维修 ……………………………………（220）

项目十一　自动变速器的常见故障诊断与维修 ………………………………………（234）
　　任务一　挂挡后无法行驶 ………………………………………………………（235）
　　任务二　换挡冲击过大 …………………………………………………………（237）
　　任务三　挂挡后发动机怠速熄火 ………………………………………………（240）

学习情境五　汽车电气系统的故障诊断与维修

项目十二　汽车电源系统的故障诊断与检修 …………………………………………… (246)
　任务一　蓄电池的常见故障检修 ……………………………………………………… (247)
　任务二　发电机的常见故障检修 ……………………………………………………… (255)
　任务三　电压调节器的常见故障检修 ………………………………………………… (261)
项目十三　汽车点火系统的故障诊断与检修 …………………………………………… (267)
　任务一　普通电子点火系统的故障诊断 ……………………………………………… (268)
　任务二　微机控制点火系统的故障诊断 ……………………………………………… (274)
项目十四　其他电气系统的故障诊断与检修 …………………………………………… (288)
　任务一　照明系统的故障诊断与检修 ………………………………………………… (289)
　任务二　信号系统的常见故障诊断与检修 …………………………………………… (295)
　任务三　仪表与报警系统的常见故障诊断与检修 …………………………………… (301)

学习情境六　汽车空调系统的故障诊断与维修

项目十五　汽车空调系统故障诊断基础 ………………………………………………… (314)
　任务一　汽车空调系统的工作过程 …………………………………………………… (315)
　任务二　汽车空调系统的故障诊断方法和流程 ……………………………………… (328)
项目十六　汽车空调系统的检测 ………………………………………………………… (336)
　任务一　制冷剂的检测 ………………………………………………………………… (337)
　任务二　汽车空调系统的检漏 ………………………………………………………… (342)
　任务三　汽车空调系统的性能试验 …………………………………………………… (347)
项目十七　汽车空调系统的常见故障诊断与维修 ……………………………………… (355)
　任务一　汽车空调系统不制冷 ………………………………………………………… (356)
　任务二　汽车空调系统制冷不足 ……………………………………………………… (360)
　任务三　汽车空调系统异响 …………………………………………………………… (365)

附录 ………………………………………………………………………………………… (370)
参考文献 …………………………………………………………………………………… (376)

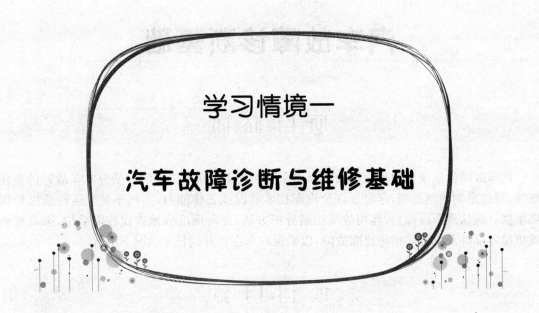

学习情境一

汽车故障诊断与维修基础

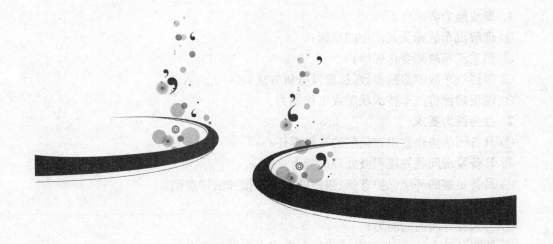

项目一

汽车故障诊断基础

项目描述

汽车故障诊断基础包括汽车故障形成原因和故障诊断分析方法。研究汽车故障的变化规律,通过定期检测诊断,定量地评价汽车技术状况或工作能力,为汽车继续运行或维修提供依据。确认汽车故障后,运用故障诊断分析方法,及时而准确地查找故障部位,采取维修或更换零部件及总成等措施排除故障,以确保汽车在良好的技术状况下运行。

项目目标

1. 专业能力要求
① 理解汽车故障及其产生的原因;
② 熟悉汽车故障变化规律;
③ 掌握汽车故障诊断参数、标准及分析方法;
④ 能正确评价汽车技术状况或工作能力。

2. 社会能力要求
① 具备团队协作意识和强烈的工作责任心;
② 具备发现问题并能积极处理的能力;
③ 具备足够的环境保护意识、强烈的职业道德和法律意识。

3. 方法能力要求
① 与人良好沟通的能力;
② 能主动独立地学习,具备一定的创造能力和创新能力;
③ 具备检修过程的优化和控制能力;
④ 良好的心理承受能力。

4. 重点和难点
① 汽车故障变化规律;
② 汽车故障诊断分析方法。

任务一　汽车故障的形成原因

一辆重型载货汽车，驾驶员制动时明显感到制动力不足，尤其连续制动效能变差。维修接待人员根据客户的描述，选择汽车检测诊断设备对汽车故障进行诊断，查阅维修手册，确定汽车故障类型，确认维修作业项目。

那么汽车故障是如何形成的？

一、汽车故障及其分类

（一）汽车故障

按照国家标准GB/T 5624《汽车维修术语》的定义，汽车故障是指汽车部分或完全失去工作能力的现象，它包括汽车不能行驶，功能不正常，个别性能指标超出规定的技术要求。汽车故障的实质是汽车零件本身或零件之间的配合状态发生了异常变化，故障是可以通过诊断与维修或更换零部件及总成等措施来进行排除的，达到恢复汽车完好技术状况或保持汽车工作能力的目的。

（二）汽车故障分类

汽车故障的分类方法多种多样，根据分类目的不同，常见的汽车故障分类如下。

1. 按故障对汽车工作能力的影响程度分为局部故障和完全故障

局部故障是指汽车部分丧失工作能力，即降低了使用性能的故障。

完全故障是指汽车完全丧失工作能力，不能行驶的故障。

2. 按故障危害程度分为致命故障、严重故障、一般故障和轻微故障

致命故障是指导致汽车或总成重大损坏的故障。如危及人身安全，可能导致人身伤亡；引起主要总成报废，造成重大经济损失；对周围环境造成严重危害。

严重故障是指汽车运行中无法排除的安全故障。如导致整车性能显著下滑，影响行车安全；引起主要零部件、总成严重损坏；不能用易损备件和随车工具在短时间内排除的故障。

一般故障是指汽车运行中能及时排除的故障或不能排除的局部故障。这类故障不影响行车安全，不会导致主要零部件的损坏，可用随车工具或备件在短时间内排除。

轻微故障是指对汽车正常运行基本没有影响，不需要更换零件，可用随车工具在较短时间内较容易排除的故障。

3. 按故障发生的性质分为自然故障和人为故障

自然故障是指汽车在使用期内，由于受外部、内部不可抗拒的自然因素的影响而产生的故障。

人为故障是指汽车在制造、装配和维修过程中,由于使用了不合格零部件或不按技术要求和工艺规程操作,或在汽车使用中没有遵守使用条件和操作规程以及运输、保管不当等人为因素所造成的故障。

4. 按故障发生的快慢程度分为突发性故障和渐进性故障

突发性故障是指零件在损坏前没有可以觉察到的征兆,零件损坏是瞬时出现的故障。这是由于各种不利因素以及偶然的外界影响共同作用的结果。如汽车运行时轮胎被地面尖石或铁钉刺破;发动机油路堵塞;导线松脱以及司机操作失误引起的事故性损坏等。故障发生的特点是具有偶然性和突发性,一般不受运转时间影响,无法监控,因而这类故障是难以预测的。但这类故障容易排除,因此通常不影响汽车的使用寿命。

渐进性故障是由于汽车某些零件的初始参数逐渐恶化,其参数值超出许用值范围而引起的故障。如发动机的气缸活塞,由于磨损使配合间隙超过了许用值范围,导致润滑油消耗量增加、曲轴箱窜气量增加。这种故障的特点是故障发生的概率与使用时间有关,它只是在汽车有效寿命的后期才明显地表现出来。渐进性故障的发生标志着产品寿命的终结,对汽车而言则往往是需要进行大修的标志。由于这种故障是逐渐发展的,所以是可以预测的。通过诊断和检测仪器进行测试或监视,能预测故障的发生时间。

突发性故障和渐进性故障之间一般是有联系的。应该说所有的故障都是渐进的,因为事物的变化都是由量变到质变的过程。如零件的磨损发展到一定程度,就可能导致突然性的损坏,旧轮胎发生故障的概率要比新轮胎大得多。因此,汽车使用时间愈长,发生故障的概率愈高,损坏的程度愈大。

5. 按故障表现的稳定程度分为持续性故障和间歇性故障

持续性故障一旦发生,其出现规律明显,症状表现稳定。引起这类故障的故障部位技术状态稳定,一般较易诊断和排除。例如发动机出现缺缸现象,发动机怠速高等。

间歇性故障具有突发性,时有时无,且无明显规律的特点,引起这类故障的故障部位的技术状况发生不规则变化,故障原因不稳定。这类故障较多地发生在电路,特别是汽车电控系统中,其主要原因是汽车组成件因磨损、过热、振动导致故障部位技术状态处于故障临界状态。

6. 按故障是否显现分为可见故障和潜在故障

可见故障是指已经导致功能丧失或性能降低的故障。

潜在故障是指正在逐渐发展但尚未对功能产生影响的故障。如汽车前轴和传动轴裂纹,当未扩展到极限程度时,为潜在故障。潜在故障一旦对功能产生影响,常常具有突发性质,因此对汽车的安全行驶极其不利。

二、汽车故障产生的原因

汽车故障形成的内因是零件或元器件的失效,外因是运行条件。汽车运行过程中,汽车的零部件之间,工作介质、燃油及燃烧产物与相应零部件之间,均存在相互作用,从而引起零部件受力、发热、变形、磨损、腐蚀等,使汽车在整个使用寿命期内,故障率由低到高,技术状况由好变坏。同时由于电子控制技术在汽车上的广泛应用,各元器件及线路在长期的使用过程中同样会出现损坏,所以元器件失效也是导致汽车故障的重要因素。汽车运行条件(如道路、气候、车速、载荷等)的改变,会导致汽车故障形成规律发生变化,但故障产生的机理和类型依然是以汽车金属零件或元器件的失效为主。

（一）金属零件的失效

汽车金属零件失效的主要表现为磨损、变形、断裂和蚀损。

1. 磨损

磨损是指汽车零件摩擦表面的金属在相对运动过程中不断损失的现象。磨损的发生将造成汽车零件尺寸、形状精度降低，表面配合性质发生变化，使零件的工作性能逐渐降低，是产生各种故障的主要原因之一。按磨损机理的不同，磨损可分为磨料磨损、黏着磨损、疲劳磨损和腐蚀磨损等。

（1）磨料磨损

磨料磨损是指摩擦表面与硬质颗粒或硬质凸出物摩擦引起的磨损。这种硬质颗粒或硬质凸出物就是磨料。汽车各摩擦副之间的磨料主要来自外界空气中的尘土、油料中的杂质、零件表面的磨屑及燃烧积炭。因此，避免油料（燃油、润滑油）污染，保持"三滤"（空气滤清器、机油滤清器、燃油滤清器）技术状况良好，可大大减轻磨料磨损。易于发生磨料磨损的部位主要有气缸壁、曲轴颈、凸轮轴凸缘表面和气门挺杆等。

（2）黏着磨损

黏着磨损是指摩擦表面间接触点发生黏着现象，使一个零件表面的金属转移到另一个零件表面所引起的磨损。黏着磨损易发生在承受载荷大、滑动速度高、润滑条件差的摩擦表面，是破坏性极强的磨损，黏着磨损一旦发生，便能在很短的时间内对零件表面造成严重的破坏，从而使相应机构立即丧失工作能力。在汽车零件中，产生黏着磨损的典型故障是"拉缸"和"烧瓦"，汽车主减速器在缺少润滑油时，其锥齿轮也极易产生黏着磨损。

在汽车使用过程中，黏着磨损的产生除与零件材料的塑性和配合表面的粗糙度有关外，还与工作条件（如温度、压力、摩擦速度等）和润滑条件有关，因此在汽车使用过程中，要设法改善零件的工作条件特别是润滑条件，避免黏着磨损的发生。

（3）疲劳磨损

疲劳磨损是指在摩擦表面间接触应力的反复作用下，因表面材料的疲劳而产生物质损失的现象。在交变载荷的作用下，摩擦表面的塑性变形和裂纹逐渐累积扩散，润滑油渗入裂纹，使得交变压力产生的楔入作用进一步加剧裂纹的形成，使之加深扩散，从而导致表面材料的剥落。

汽车上的齿轮、滚动轴承、凸轮等，在经过一定使用时间后，摩擦表面所产生的麻点或凹坑均是疲劳磨损的例子。

（4）腐蚀磨损

腐蚀磨损是指在腐蚀和摩擦的共同作用下导致零件表面物质损失的现象。在腐蚀介质的作用下，零件表面产生腐蚀产物。由于摩擦的存在，腐蚀产物被磨掉，腐蚀介质又接触到未被腐蚀的金属，再次产生新的腐蚀产物，使腐蚀向深处发展，腐蚀产物不断生成和磨去，使得摩擦表面产生物质损失。如曲轴轴颈、气缸、活塞销、齿轮啮合表面均产生腐蚀（层剥落）磨损。

2. 变形

变形是指汽车零件在长时间工作过程中，由于外载荷、工作温度和残余应力的不断作用与影响，使得零件的尺寸或形状发生改变的现象。变形分为弹性变形和塑性变形。弹性变形是指外力去除后能完全恢复的变形；塑性变形是指外力去除后不能恢复的变形。在汽车使用过程中,常因零部件的塑性变形而导致参数的改变。

汽车零件的变形,特别是各总成基础件,如气缸体、气缸盖、曲轴、变速器壳体、前后桥等的变形,将导致各零件正常的配合性质被破坏,润滑条件变差,并产生一定的附加载荷,使零件的磨损加剧,使用寿命降低。

3. 断裂

断裂是在应力作用下产生的,包括裂纹和折断,它是一种最危险的零件失效形式。按产生应力的载荷性质分类,断裂可分为一次加载断裂和疲劳断裂。一次加载断裂指零件在一次静载荷或动载荷作用下发生的断裂。载荷过大时,零件内产生的工作应力过大,若与其他形式的应力叠加后超过了材料的强度极限,便可导致零件断裂。

实际上,在汽车正常使用时,其零部件发生一次加载断裂的情况很少;汽车超载过多及遇到过大的行使阻力或动载荷时,一次加载断裂可能发生。例如,车轮掉入坑中,钢板弹簧折断;汽车突然碰撞障碍物,传动系统零部件受到阶跃载荷而断裂。疲劳断裂是指在交变载荷的作用下经历反复多次应力循环后发生的断裂。汽车零件的断裂故障中有60%～80%都属于疲劳断裂。

4. 蚀损

蚀损是指在周围介质作用下产生表面物质损失或损坏的现象。按发生机理的不同可分为腐蚀、气蚀和浸蚀。

(1) 腐蚀

腐蚀是指零件在腐蚀性物质作用下而损坏的现象。汽车上较易产生腐蚀破坏的零件有燃料供给系统和冷却系统的管道及车身、驾驶室、车架等裸露的金属零件等。

(2) 气蚀

气蚀又称蚀穴,指在压力波和腐蚀共同作用下产生的破坏现象。气蚀经常发生在与液体接触并有相对运动的零件表面,如湿式气缸套外壁、水泵叶轮等表面。

(3) 浸蚀

由于高速液流对零件的冲刷导致其表面物质损失或损坏的现象称为浸蚀。在高速液流冲刷下,零件表面的氧化膜被破坏,继而重新产生。如此周而复始,导致冲刷表面产生麻点、条纹或凹坑,使零件损坏。

(二) 电子元器件的失效

根据电子元器件的类型、使用环境和故障表现形式,电子元器件的故障模式和机理通常可以按照电子元器件的种类来划分类别。常见电子元器件有电阻器、电容器、接插件、焊接件、线圈、集成电路芯片、电动机及变压器等。

1. 电阻器故障机理

在电子设备中电阻使用的数量很多,而且是一种发热元器件,电器设备中因电阻器失效导致的故障占有一定比例。其故障原因与产品的结构、工艺特点、使用条件有密切关系。电阻器失效分为两类,即致命失效和参数漂移失效,电阻器大多数情况属于致命失效。常见的有断路、机械损伤、接触损坏、短路和击穿等。

2. 电容器故障机理

电容器的故障模式常见的有击穿、开路、参数退化、电解液泄漏和机械损伤等。电容器在工作应力和环境应力的共同作用下工作,因而有时会产生一种或几种故障模式和故障机理,还会由一种模式导致另外一种模式或机理发生。各种故障模式又是相互影响的。电容器的故障与产品类型、材料种类、结构差异、制造工艺及工作环境等诸多因素密切相关。

3. 集成电路芯片故障机理

集成电路芯片的故障模式主要有电极开路或时通时断、电极短路、引线折断、机械磨损和封装裂缝、电参数漂移、可焊接性差和无法工作等。

4. 接触件故障机理

接触件是指用机械压力使导体与导体接触，并具有导通电流功能的元器件。通常包括开关、插接件、继电器和起动器等。接触件的可靠性较差，往往是导致电子设备或系统可靠性不高的关键因素。开关件和插接件以机械故障为主，电器故障为次，故障模式主要是磨损、疲劳和腐蚀等，而继电器等接触件的故障模式主要是接点故障和机械故障。具体故障形式及故障机理见表1.1和表1.2。

表1.1 开关与插接件常见故障形式及机理

常见故障形式	故 障 机 理
接触不良	接触表面污染、插接件未压紧到位、接触弹簧片应力不足和焊剂污染
绝缘不良	表面有尘埃、焊剂污染、受潮、绝缘材料老化及电晕和电弧烧毁、炭化等
机械失效	主要由弹簧失效、零件变形、底座裂缝和推杆断裂等引起
绝缘材料破损	主要原因是绝缘体存在残余应力、绝缘老化和焊接热应力等
弹簧断裂	弹簧材料的疲劳、损坏和破裂等

表1.2 继电器常见故障形式及机理

常见故障形式	故 障 机 理
继电器磁性零件去磁或特性恶化	主要是由于磁性材料缺陷或外界电磁应力过大造成的
接触不良	接触表面被污染或有介质绝缘物、有机吸附膜及炭化膜等，接触弹簧片应力不足和焊剂等
节点误动作	结构部件在应力下出现谐振
弹簧断裂	弹簧材料疲劳、裂纹损坏或脆裂、有害气体腐蚀等
线圈断路	潮湿条件下的电解腐蚀和有害气体的腐蚀等
线圈烧毁	线圈绝缘热老化、引出线焊接头绝缘不良引起短路而烧毁等

5. 电动机故障机理

汽车电动机故障主要分为电气故障和机械故障两类，电器故障主要模式为换向器和电刷损坏、电枢线圈搭铁短路、永久磁铁去磁等特性恶化、励磁线圈搭铁短路烧坏。机械故障主要模式为电枢弯曲变形和断裂、电枢与轴承磨损、擦伤与腐蚀、电动机外壳变形与烧坏。

汽车故障广泛地存在于汽车工作的全过程中，故障要及时诊断、及时维修排除，恢复汽车良好技术状况或保持汽车工作能力，安全行车。

# 技能实训

一、实训导读

汽车使用中常见的故障,可用经验、感官和仪器对汽车的使用性能和外观症状的异常来判断。参照 GB/T 5624《汽车维修术语》标准,汽车常见故障现象主要有异响、泄漏、过热、失控、乏力、污染超标、费油和振抖等。

通过实训,观察故障汽车外观症状和性能检测参数,熟悉汽车故障现象,判断汽车故障的类型,理解汽车故障变化规律,熟悉故障诊断程序和方法,为进行故障原因分析和后续的学习打好基础。以下是汽车使用中常见的故障现象。

(一)汽车异响

异响是指汽车总成或机构在工作中产生的超过技术文件规定的不正常响声。汽车使用中,发生故障,往往最易以异常响声的形式表现出来,正常情况下驾驶员和乘坐者都可以听到。有经验者可以根据异响发生的部位和声音的不同频率和音色判断汽车故障,一般响声比较沉闷并且伴有较强烈的振抖时,故障比较严重,应停车、降低发动机转速或关闭发动机来查找,有些声音是因为某些部位发生了故障,不影响汽车使用,一时查不出来,可将汽车驶回基地或就近驶入汽车维修部门请有经验的人员查找。

(二)汽车泄漏

泄漏是指汽车上的密封部位漏气(液)量超过技术文件规定的现象。汽车泄漏表现为燃油泄漏、机油泄漏、冷却液泄漏、制动液泄漏、制动气压泄漏、转向机油泄漏、润滑油泄漏和制冷剂泄漏等。汽车泄漏极易引起汽车过热和机构损坏,如泄漏转向机油容易引起汽车转向失灵;泄漏制动液容易引起制动失灵等。

(三)汽车过热

过热是指汽车总成或机构的工作温度超过技术文件规定的现象。汽车过热表现为汽车各部的温度超出了正常使用温度范围。发动机过热,以散热器开锅表现最为明显;变速器过热、后桥壳过热和制动器过热等都可以用手试或用水试法检查出来。汽车过热要做进一步检查才能发现故障根源。如确是长时间高负荷所致,一般不影响使用;如是内部机构故障,应及时诊断和排除。

(四)汽车失控

汽车失控是指汽车总成或机构工作时,出现操作失灵、无法控制的现象。汽车行驶中发动机突然熄火;需要制动时汽车无法制动;冬季汽车发动不起来;发动机熄火后发动不起来;行驶中转向突然失灵;更有甚者汽车爆胎和汽车自燃起火等。症状表现比较明显,发生原因比较复杂,主要是汽车内部有故障没有被注意,从而发展成突发性损坏。

(五)汽车污染超标

汽车污染超标是指汽车运行过程中产生的有害排放物和噪声超过技术法规或标准规定的现象。

(六)汽车乏力

汽车乏力是指汽车运行过程中动力明显不足的现象。如电控系统有故障,点火不及时,

配气相位失准，少数缸不工作，离合器打滑等。

（七）汽车费油

汽车费油是指汽车燃料、润滑油脂消耗超过技术文件规定的现象。

（八）汽车振抖

汽车振抖是指汽车工作中产生技术文件所不允许的自身抖动现象。

（九）汽车外观异常

汽车停放于平坦场地上时，检查外观有时会发现汽车纵向偏斜或横向歪斜，表现为外观异常。应注意检查汽车轮胎气压、车架和悬架、车身等有没有出现不正常现象。汽车外观异常可能影响到汽车的使用。例如汽车重心偏移、振动严重、转向不稳定和汽车跑偏等。

二、学生实操训练

（一）训前准备

1. 学生组织

将学生按照3~4人一组进行分组，每组内按照实训要求进行分工，学习安全操作规程，制定故障诊断方案和实训计划。

2. 实训场地及工具准备

为完成该任务操作，需提前做好以下准备：

① 实训场地：汽车性能实训室或汽车4S店。
② 故障汽车一部或汽车性能实训台一台。
③ 汽车故障诊断仪器与维修工具。
④ 诊断仪器预热至工作状态。
⑤ 实训室或汽车4S店安全操作规程。

（二）汽车常见故障现象认知实训

按照已经分好的小组和实训计划，对故障汽车或汽车性能实训台实施外部和内部检查，发现故障现象，判断故障类型并提出排除方案，实施故障排除。实训步骤如下。

1. 获取资讯

检查故障汽车或汽车性能实训台工作状况，按照安全操作规程启动故障汽车或汽车性能实训台，观察汽车故障现象，并填写附表A1。

2. 查阅维修手册进行原因分析

按照相关资料及诊断流程图对故障原因进行分析。

3. 故障现象类型的确认

填写附表A2，并进行故障现象类型的确认。

4. 故障排除

按诊断的故障原因和部位排除故障，并填写附表A3。

5. 废料和废品处理

任务结束后，对废料和废品进行处理。

（三）学生撰写实训报告

学生完成任务后，撰写实训报告。

（四）实训结果评价
对实训结果进行评价。

填写任务评价反馈表（见附表 A4）。

任务二　汽车故障的诊断方法

一辆重型载货汽车，驾驶员制动时明显感到制动力不足，尤其连续制动效能变差。维修接待人员根据客户的描述，选择汽车检测诊断设备对汽车故障进行诊断，查阅维修手册确定汽车故障类型，确认维修作业项目。

那么用什么方法对汽车故障进行诊断？

一、汽车故障诊断

汽车故障诊断是指在不解体汽车（或仅卸下个别小件）的条件下，确定汽车技术状况，查明故障部位及原因的检查。汽车故障诊断是依照相关技术标准，使用专用的工具、仪器、设备和软件，对汽车故障进行诊断排查、分析判断，从而查明故障成因，确认故障部位的操作过程。

（一）汽车故障诊断的原则

汽车故障诊断应遵循以下四项基本原则：

① 先简后繁、先易后难的原则；

② 先思后行、先熟后生的原则；

③ 先上后下、先外后里的原则；

④ 先备后用、代码优先的原则。

（二）汽车故障诊断应具备的条件

汽车故障诊断应具备以下条件：

① 熟悉汽车结构和工作原理，能判定故障现象相关的系统或总成范围，掌握判定对象的机、电、液和信息产品结构和工作原理。这是进行故障诊断的前提。

② 具有清晰的检测诊断思路，明确检测诊断参数、正确的检测诊断方法、参数检测诊断

顺序、参数测量值的变化形式和正常范围。这是实现快速、准确故障诊断的关键。

③ 具有较强的综合分析、逻辑推理和判断能力,它一方面直接决定着诊断结论的准确性,同时也影响着检测诊断思路。这是实现快速、准确、有效故障诊断的核心。

汽车故障诊断的目的是确定汽车的技术状况和工作能力,查明故障部位、故障原因,为汽车继续运行或维修提供依据。在不解体的情况下,对运行汽车查明的故障部位、故障原因进行检查、测量、分析和判断。诊断出故障后,通过调整或修理的方法排除故障,以确保汽车在良好的技术状况下运行。

二、汽车故障诊断参数

诊断参数是指诊断用的汽车、总成、机构及部件的技术状况参数。在检测诊断汽车技术状况时,需要采用一种与结构参数有关而又能表征技术状况的间接指标,该间接指标称为诊断参数。诊断参数既与结构参数紧密相关,又能够反映汽车的技术状况,是一些可测的物理量和化学量。

汽车诊断参数包括工作过程参数、伴随过程参数和几何尺寸参数。

工作过程参数是汽车、总成或机构工作过程中输出的一些可供测量的物理量和化学量。例如,发动机功率、汽车燃料消耗量、制动距离或制动力。汽车不工作时,工作过程参数无法测量。

伴随过程参数是伴随工作过程输出的一些可测量,例如振动、噪声、异响、温度等。这些参数可提供诊断对象的局部信息,常用于复杂系统的深入诊断。汽车不工作时,无法测量该参数。

几何尺寸参数可提供总成或机构中配合零件之间或独立零件的技术状况,例如配合间隙、自由行程、圆度、圆柱度、端面圆跳动、径向圆跳动等。这些参数虽提供的信息量有限,但却能表征诊断对象的具体状态。

三、汽车故障诊断标准

为了定量地评价汽车、总成及机构的技术状况,确定维修的范围和深度,预报无故障工作里程,必须建立诊断参数标准,提供一个比较尺度,将检测到诊断参数值与诊断参数标准值相对照,即可确定汽车是继续运行还是要进行维修。

汽车诊断参数标准与其他标准一样,分为国家标准、行业标准、地方标准和企业标准四类。

1. 国家标准

国家标准是国家制定的标准,冠以中华人民共和国国家标准(GB)字样。如 GB 18565《营运车辆综合性能要求和检验方法》,GB/T 18344《汽车维护、检测、诊断技术规范》。国家标准一般由某行业部委提出,由国家质量监督检验检疫总局发布,具有强制性和权威性。

2. 行业标准

行业标准也称为部委标准,是部级制定并发布的标准,在部委系统内或行业系统内贯彻执行,一般冠以中华人民共和国某某行业标准。如 JT/T 325《营运客车类型划分及等级评定》为交通行业标准。

3. 地方标准

地方标准是省级、市地级、县级制定并发布的标准,在地方范围内贯彻执行,也在一定范围内具有强制性和权威性。如 DB34/T 1013《汽车检测站综合性能检测能力评价规范》,地方标准中的限值可能比上级标准中的限值要求更严格。

4. 企业标准

企业标准包括汽车制造厂推荐的标准、汽车运输企业和汽车维修企业内部制定的标准、仪器检测设备制造厂推荐的参考性标准三种类型。

随着经济的发展和技术的进步,诊断参数标准将会不断修正,在使用各类标准时,应及时采用最新的版本。

四、汽车故障诊断方法

随着汽车技术的发展,特别是电子技术、计算机技术在汽车上的应用,汽车故障诊断正从传统的眼观、耳听、鼻闻、手摸、隔离、试探和比较等经验诊断方式,向以数字化、集成化和智能化的诊断设备为辅助手段、以信息技术为依托的系统完整的现代汽车故障诊断技术体系发展。

汽车技术状况的诊断是由检查、测量、分析、判断等一系列活动组成的,根据获取诊断对象技术状况检测手段的不同和故障诊断分析与判断自动化程度的不同,汽车故障诊断方法可分为人工经验诊断法、仪器仪表诊断法和数据参数分析法。

(一)人工经验诊断法

人工经验诊断法是诊断人员凭丰富的实践经验和一定的理论知识,在汽车不解体或局部解体的情况下,借助简单仪表(如电流表、电压表、气压表、油压表、温度表),或用眼看、耳听、手摸和鼻闻等手段,边检查、边试验、边分析,进而对汽车技术状况做出判断的一种方法。这种诊断方法具有不需要专用仪器设备,可随时随地进行和投资少、见效快等优点。但是,这种诊断方法存在诊断速度慢、准确性差、不能进行定量分析和需要诊断人员有较丰富的经验等缺点。

(二)仪器设备诊断法

仪器设备诊断法是在人工经验诊断法的基础上发展起来的一种诊断方法,该方法可在汽车不解体情况下,用专用仪器设备(如专用示波器、电子诊断仪)检测整车、总成和机构的参数、曲线或波形,为分析、判断汽车技术状况提供定量依据。采用微机控制的仪器设备自动分析和判断汽车的技术状况。仪器设备诊断法相对于人工经验诊断法具有检测速度快、准确性高、能定量分析、可实现快速诊断等优点,但也存在投资大和对操作人员要求高等缺点。

(三)数据参数分析法

数据参数分析法采用的是综合诊断技术。综合诊断技术是指对复杂的故障症状,利用一切可能的和必要的手段对汽车进行检测诊断,并通过对诊断结果(包括各种数据参数)进行由此及彼、由表及里、由浅入深、去伪存真的认真分析,从而得出尽可能符合实际的判断,并在进一步的拆解和修理中不断验证和修正原判断,直至完全排除故障的全过程。

五、汽车故障诊断分析

汽车是一个由多个不同功能的子系统构成的复杂机电系统,要对其技术状况进行诊断并确认故障部位,除需要先进的诊断设备和手段外,还需要科学有效的诊断分析方法。故障树分析法和故障诊断流程图是常用的汽车诊断分析方法。

（一）故障树分析法

故障树分析法又称故障树诊断法，它是将系统故障形成的原因由总体至部分按树枝状逐级细化的分析方法，其目的是判明基本故障，确定故障部位和原因。它是对复杂系统进行故障诊断分析的有效工具。

用故障树分析法对汽车故障进行诊断，是将汽车最直接的故障现象作为分析目标，然后寻找直接导致这一故障发生的全部因素，再寻找造成下一级事件的全部直接因素，一直追查到那些最基本的、无需再深究的因素为止，其结果是反映汽车故障因果关系的树枝状图形——故障树。故障树分析法在汽车维修中主要用于对汽车故障的发生原因进行定性分析。发动机不能起动的故障分析的故障树如图1.1所示。

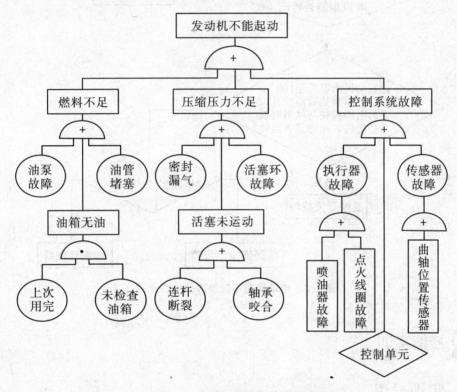

图1.1 发动机不能起动的故障树

（二）汽车故障诊断流程图

汽车故障诊断流程图是汽车故障诊断中检测思路、综合分析、逻辑推理和判断方法最常用的具体表达方式，深受汽车维修一线工作人员的欢迎。汽车故障诊断流程图是根据汽车故障现象的特征和技术状况之间的逻辑关系，反映汽车故障诊断的综合分析、逻辑推理和判断思路，描述汽车故障诊断的操作顺序和具体方法，从原始故障现象到具体故障部位和原因的顺序框图。

在用故障树分析法绘制出汽车故障的基础上，依据汽车故障诊断和维修的经验，排除部分具体车型汽车发生可能性很小的基本故障原因，根据从总体到局部，先易后难，由表及里、分层推进的原则，列出汽车故障诊断操作顺序，阐明具体操作方法，并用流程图的形式表达出来。电动风扇不转故障的诊断流程如图1.2所示。

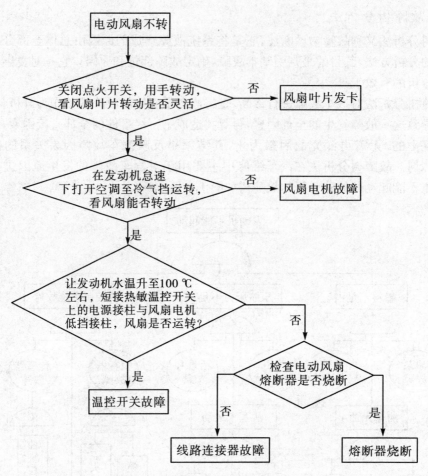

图1.2 电动风扇不转故障的诊断流程

一、实训导读

在汽车使用过程中,诊断参数的变化在一定程度上反映了汽车技术状况的变化。面对一个具体的汽车故障,在作出诊断结论前,首先必须正确了解诊断对象的技术状况,确定合适的诊断参数,定量地评价汽车技术状况或工作能力,选用合理的诊断标准,预报汽车无故障行驶里程,或确定维修的范围和深度,为汽车继续运行或维修提供依据。

通过实训,熟悉汽车诊断参数,并理解其意义和作用,掌握汽车诊断标准的使用,将获取的诊断参数值与诊断参数标准中的标准值对照,定量地评价汽车、总成及机构的技术状况,运用汽车故障诊断与分析方法,判断汽车是否可以继续运行还是要进行维修。

汽车常用诊断参数见表1.3。

表1.3 汽车常用诊断参数

诊断对象	诊断参数	诊断对象	诊断参数
汽车整体	最高车速(km/h)	润滑系统	机油压力(kPa)
	加速时间(s)		油底壳油面高度
	最大爬坡度(°或%)		机油温度(℃)
	驱动车轮输出功率(kW)		机油消耗量(kg或L)
	驱动车轮驱动力(kN)		理化性能指标变化量
	汽车燃料消耗量(L/100km)		清净性系数 K 的变化量
	汽车侧倾稳定角(°)		介电常数的变化量
	CO排放量(体积分数)		金属微粒含量容积百分数(%)
	HC排放量(ppm vol)	传动系统	传动系游动角度(°)
	NO_x排放量(ppm vol)		传动系功率损失(kW)
	CO_2排放量(% vol)		机械传动效率(%)
	O_2排放量(% vol)		总成工作温度(℃)
	柴油车自由加速烟度(Rb)	转向系统	车轮侧滑量(m/km)
汽油机供给系统	空燃比		车轮前束值(mm)
	汽油泵出口关闭压力(kPa)		车轮外倾角(°)
	供油系供油压力(kPa)		主销后倾角(°)
	喷油器喷油压力(kPa)		主销内倾角(°)
	喷油器喷油量(mL)		转向轮最大转向角(°)
	喷油器喷油不均匀度(%)		最小转弯直径(m)
柴油机供油系统	输油泵输油压力(kPa)		转向盘自由转动量(°)
	喷油泵高压油管最高压力(kPa)		转向盘最大转向力(N)
	喷油泵高压油管残余压力(kPa)	制动系统	制动距离(mm)
	喷油器针阀开启压力(kPa)		制动减速度(m/s^2)
	喷油器针阀关闭压力(kPa)		制动力(N)
	喷油器针阀升程(mm)		制动拖滞力(N)
	各缸喷油器喷油量(mL)		驻车制动力(N)
	各缸喷器喷油不均匀度(%)		制动时间(s)
	供油提前角(°)		制动协调时间(s)
	喷油提前角(°)		制动完全释放时间(s)

续表

诊断对象	诊断参数	诊断对象	诊断参数
发动机总成	额定转速(r/min)	曲柄连杆机构	气缸压力(MPa)
	怠速转速(r/min)		气缸漏气量(kPa)
	发动机功率(kW)		气缸漏气率(%)
	发动机燃料消耗量(L/h)		曲轴箱漏气量(L/min)
	单缸断火(油)转速下降值(r/min)		进气管真空度(kPa)
	排气温度(℃)	配气机构	气门间隙(mm)
点火系统	断电器触点间隙(mm)		配气相位(°)
	断电器触点闭合角(°)	行驶系统	车轮静不平衡量(g)
	点火波形重叠角(°)		车轮动不平衡量(g)
	点火提前角(°)		车轮端面圆跳动量(mm)
	火花塞间隙(mm)		车轮径向圆跳动量(mm)
	各缸点火电压值(kV)		轮胎花纹深度(mm)
	各缸点火电压短路值(kV)	其他	前照灯发光强度(cd)
	点火系最高电压值(kV)		前照灯光束照射位置(mm)
	火花塞加速特性值(kV)		车速表误差范围(%)
冷却系统	冷却液温度(℃)		喇叭声级(dB)
	冷却液液面高度		客车车内噪声(dB)
	风扇传动带张力(kN)		驾驶员耳旁噪声(dB)

二、学生实操训练

(一)训前准备

1. 学生组织

将学生按照3~4人一组进行分组,每组内按照实训要求进行分工,学习安全操作规程,制定故障诊断参数获取方案和实训计划。

2. 实训场地及工具准备

为完成该任务操作,需提前做好以下准备:

① 实训场地:汽车性能实训室或汽车4S店。
② 故障汽车一部或汽车性能实训台一台。
③ 汽车故障诊断仪器与维修工具。
④ GB 18565《营运车辆综合性能要求和检验方法》。
⑤ GB 7258《机动车运行安全技术条件》。
⑥ GB 21861《机动车安全技术检验项目和方法》。
⑦ GB/T 18344《汽车维护、检测、诊断技术规范》。
⑧ JT/T 198《营运车辆技术等级划分和评定要求》。

⑨ 诊断仪器预热至工作状态。
⑩ 实训室或汽车4S店安全操作规程。

（二）汽车故障诊断参数认知实训

按照已经分好的小组和实训计划，对故障汽车或汽车性能实训台实施外部和内部检查，获取故障诊断参数，判断故障原因并提出故障排除方案，实施排除。实训步骤如下。

1．获取资讯

检查故障汽车或汽车性能实训台工作状况，按照安全操作规程启动被检汽车或汽车性能实训台，运用诊断仪器进行故障诊断，获取诊断参数，并填写附表A1。

2．查阅维修手册进行原因分析

按照相关资料及诊断流程图进行故障原因分析。

3．故障诊断参数的确认

将故障诊断参数填入表1.4。

表1.4 故障诊断参数确认

序号	检查项目	诊断参数值	正常与否

4．故障排除

填写附表A3，进行故障排除。

5．废料和废品处理

任务结束后，对废料和废品进行处理。

（三）学生撰写实训报告

学生完成任务后，撰写实训报告。

（四）实训结果评价

对实训结果进行评价。

填写任务评价反馈表（见附表A4）。

项 目 评 价

汽车故障诊断基础项目评价见附表A5。

项 目 思 考

1．何谓汽车故障？常见的汽车故障现象有哪些？

2. 汽车产生故障的主要原因有哪些？
3. 叙述汽车故障变化规律。
4. 叙述汽车故障诊断与维修对保持或恢复汽车正常工作能力的作用。
5. 何谓汽车故障诊断？汽车故障诊断的原则是什么？
6. 汽车故障参数有哪些？
7. 叙述汽车故障诊断标准的作用。
8. 叙述汽车故障诊断方法。

塑料零件的失效形式

塑料零件在汽车上的使用越来越广泛，由于塑料零件的多样性，工作条件和环境的复杂多变，使塑料零件的失效形式众多，需要正确确定起决定作用的一个或几个主要失效形式，对汽车塑料零件故障原因进行分析。下面讲述几种常见的失效形式，供分析时参考。

1. 屈服失效

屈服点是塑性变形的起点。剪切屈服和银纹屈服是塑料零件破坏的先兆。短时静态负载作用的塑料零件，以一定的安全系数，用屈服点以下的许用应变或允许应力，作为塑料零件上危险截面的极限应变或极限应力。

2. 蠕变和松弛失效

长期负载使塑料零件产生过大的蠕变形变，最终会导致蠕变断裂。蠕变塑料零件材料的弹性模量称蠕变模量或表观模量，随着时间的增长而下降。压力装配的连接件和有预应力的密封件，应力松弛会使连接松动，密封失效。

3. 冲击失效

冲击下塑料零件的形变和断裂是常见失效形式。冲击负载的作用时间极短，塑料零件的变形速率很高。材料、取向、缺口、温度和冲击速度都影响着塑料零件的冲击性能。脆性聚合物与弹塑性聚合物及其复合塑料，有不同的冲击断裂机理；聚合物在低温和高速变形下有独特的冲击断裂特征。

4. 疲劳失效

在长期交变应力的作用下，疲劳裂纹的生成和扩展导致塑料零件最终断裂。各种塑料的抗疲劳性能有较大差异，疲劳破坏是塑料齿轮和传动带等传动零件及交通工具上受振塑料零件的失效形式。使塑料零件疲劳破坏的交变载荷的作用频率在 10 Hz 以下，过高的频率会产生力学致热的失效。

5. 力学致热

在振动负载的作用下，塑料响应的滞后使一部分能量以热的形式被耗散，单位时间产生的热量与振动频率、应变幅和损耗角的正切成正比。一旦塑料零件的工作系统失去热平衡，塑料零件会热软化失效。

6. 环境失效

气体和液体对塑料零件的渗透、扩散和溶解，会使整体力学性能劣化，并引发环境应力裂缝。化学介质、热、光和氧的环境导致塑料零件逐渐变质老化，缩短了使用寿命。

7. 摩擦与磨损
摩擦使运动塑料零件的工作能量有损失,导致塑料零件表面材料的损失和损伤。磨损破坏了塑料零件摩擦表面的性能、形状和尺寸精度。伴随产生的塑性变形、热软化和热熔化、裂纹和撕裂,使塑料零件过早丧失表面接触运动的功能。

8. 成型加工形成的损伤
熔接缝是模塑成型塑料零件的重要的缺陷,造成了塑料零件与原材料的力学性能的差距。模塑成型制品的取向、残余应力和收缩,影响塑料零件的内部和表面质量、形状和尺寸精度。以上两类损伤形成了塑料零件材质的弱点和缺陷,也是上述各种失效产生和加剧的内在原因。

汽车维修基础

项目描述

汽车维修基础知识包括汽车维修制度、维修工艺和汽车零件检验及修理方法等内容。汽车维修技术管理制度是保障汽车运行安全的重要管理制度；汽车零件检验及修理是恢复或保持汽车技术状况或工作能力，保障汽车运行安全的重要手段。

项目目标

1. 专业能力要求
① 熟悉汽车维修技术管理制度；
② 掌握汽车维护及修理技术制度及工艺；
③ 理解汽车零件的检验方法和修理方法。

2. 社会能力要求
① 具备团队协作意识和强烈的工作责任心；
② 具备发现问题并能积极处理的能力；
③ 具备足够的环境保护意识、强烈的职业道德和法律意识。

3. 方法能力要求
① 与人良好沟通的能力；
② 能主动独立地学习，具备一定的创造能力和创新能力；
③ 具备汽车系统检修过程的优化和控制能力；
④ 良好的心理承受能力。

4. 重点和难点
① 汽车零件的检验方法；
② 汽车零件的修理方法。

任务一　汽车维修制度及工艺

有一道路运输车辆,其机动车行驶证和道路运输证的定期审验时间即将到来,该车是否应该在规定的时间内到相关车辆管理部门参加定期审验?

一、汽车维修技术管理制度的建立

机动车定期审验制度是我国汽车技术管理制度中的一项重要管理制度,机动车应该在规定的时间内到相关车辆管理部门参加定期审验。目的是为了维护道路交通运输秩序,保障道路运输安全,预防和减少交通事故,保护人身安全,保护公民、法人和其他组织的财产安全及其他合法权益。

《中华人民共和国道路运输条例》规定:申请从事道路运输经营的申请人必须依法取得道路运输经营许可证,投入运输的车辆应配发道路运输证,道路运输经营许可证和道路运输证实行一年一审。道路运输经营者应当加强对车辆的维护和检测,确保车辆符合国家规定的技术标准。

为了加强汽车运输车辆技术管理,1990年原交通部发布了《汽车运输车辆管理技术规定》,规定以汽车可靠性理论和零件磨损理论为依据,强调车辆技术管理坚持以预防为主和技术与经济相结合的原则,对汽车维修机制推行"定期检测、强制维护、视情修理"的方针;2001年又以国家标准的形式出台了 GB/T 18344《汽车维护、检测、诊断技术规范》,建立了汽车维修技术管理制度。

汽车维修制度是指为实施汽车维修工作所采取的技术组织措施的规定。汽车维修是汽车维护和修理的泛称,汽车维修制度包括汽车维护和修理两部分内容。

汽车修理是指为恢复汽车完好技术状况(或工作能力)和寿命而进行的作业。修理作业包括故障诊断、拆卸、鉴定、更换、修复、装配、磨合和试验等作业。汽车修理应贯彻视情修理的原则,即根据车辆诊断检测和技术鉴定的结果,视情按不同作业范围和深度进行,既要防止拖延修理造成车况恶化,又要防止提前修理造成浪费。汽车修理按修理对象、修理深度、执行作业的计划性或组织形式等划分的不同类别或等级,即汽车大修、汽车小修、总成修理、零件修理和视情修理等。

汽车维修企业按照 GB/T 16739《汽车维修业开业条件》分为汽车整车维修企业(一类、二类)和汽车专项维修业户。

二、汽车维护技术管理制度及工艺

(一)汽车维护制度

汽车维护是指为维持汽车完好技术状况或工作能力而进行的作业。维护作业包括清洁、检查、补给、润滑、紧固、调整等内容,除主要总成发生故障必须解体外,不得对汽车进行解体,目的是保持车容整洁,及时发现和消除故障、隐患,防止车辆早期损坏。

我国汽车维护贯彻预防为主、强制维护的原则。按照GB/T 18344《汽车维护、检测、诊断技术规范》划分为日常维护、一级维护、二级维护。

日常维护是以清洁、补给和安全检视为作业中心内容,由驾驶员负责执行的车辆维护作业。日常维护的周期是出车前,行车中,收车后。

一级维护是指除日常维护作业外,以清洁、润滑、紧固为作业中心内容,并检查有关制动、操纵等安全部件,由维修企业负责执行的车辆维护作业。

二级维护是指除一级维护作业外,以检查、调整转向节、转向摇臂、制动蹄片、悬架等经过一定时间的使用容易磨损或变形的安全部件为主,并拆检轮胎,进行轮胎换位,检查调整发动机工作状况和排气污染控制装置等,由维修企业负责执行的车辆维护作业。

(二)汽车维护作业项目内容及技术要求

1. 日常维护

① 对汽车外观、发动机外表进行清洁,保持车容整洁。

② 对汽车各部润滑油(脂)、燃油、冷却液、制动液、各种工作介质、轮胎气压进行检视补给。

③ 对汽车制动、转向、传动、悬挂、灯光、信号等安全部位和位置以及发动机运转状态进行检视、校紧,确保行车安全。

2. 一级维护

汽车一级维护作业项目、作业内容和技术要求见表2.1。

表2.1 一级维护作业内容(节选)

序号	维护项目	作业内容	技术要求
1	点火系统	检查、调整	工作正常
2	发动机空气滤清器、空压机空气滤清器、曲轴箱通风系统空气滤清器、机油滤清器和燃油滤清器	清洁或更换	各滤芯应清洁无破损,上下衬垫无残缺,密封良好;滤清器应清洁,安装牢固
3	曲轴箱油面、化油器油面、冷却液液面、制动液液面高度	检查	符合规定
4	曲轴箱通风装置、三效催化转化装置	外观检查	齐全、无损坏
5	散热器、油底壳、发动机前后支垫、水泵、空压机、进排气歧管、化油器、输油泵、喷油泵连接螺栓	检查、校紧	各连接部位螺栓、螺母应紧固,锁销、垫圈及胶垫应完好有效

3. 二级维护

汽车二级维护作业项目、作业内容和技术要求见表2.2。

表 2.2 二级维护作业内容(节选)

序号	维护项目	作业内容	技术要求
1	发动机润滑油、机油滤清器	① 更换润滑油; ② 视情更换机油滤清器	① 润滑油规格性能指标符合规定; ② 液面高度符合规定; ③ 机油滤清器密封良好,无堵塞,完好有效
2	检查润滑油油面高度	检查转向器、变速器、主减速器等润滑油规格和液面高度,不足时按要求补给	符合出厂规定
3	空气滤清器	清洁空气滤清器	① 空气滤清器清洁有效,安装可靠; ② 恒温进气装置真空软管,安装可靠; ③ 进气转换阀工作灵敏、准确
4	① 燃油箱及油管; ② 燃油滤清器; ③ 燃油泵	① 检查接头及密封情况; ② 清洁燃油滤清器,并视情更换; ③ 检查燃油泵,必要时更换	① 接头无破损、渗漏,紧固可靠; ② 燃油滤清器工作正常; ③ 燃油泵工作正常、油压符合规定

(三)汽车维护工艺

日常维护由驾驶员在日常汽车使用中自行完成,一级维护和二级维护均需进厂作业。以下以二级维护为例介绍汽车维护作业的工艺流程。

1. 汽车维护作业过程

汽车二级维护时首先要进行检测,汽车进厂后,根据汽车技术档案的记录资料(包括车辆运行记录、维修记录、检测记录、总成修理记录等)和驾驶员反映的车辆使用技术状况(包括汽车动力性、异响、转向、制动及燃、润料消耗等)确定所需检测项目,依据检测结果及车辆实际技术状况进行故障诊断,从而确定附加作业。附加作业项目确定后与基本作业项目一并进行二级维护作业。二级维护过程中要进行过程检验,过程检验项目的技术要求应满足有关的技术标准或规范;二级维护作业完成后,应经维护企业进行竣工检验,竣工检验合格的车辆,由维护企业填写《汽车维护竣工出厂合格证》后方可出厂。二级维护工艺过程图如图 2.1 所示。

2. 汽车二级维护检测、诊断

在汽车进行二级维护时要对维护项目进行检测,检测时要使用该检测项目的专用检测仪器,仪器精度须满足有关规定。汽车二级维护检测项目的技术要求应参照国家有关的技术标准或原厂要求。根据检测结果对汽车故障进行诊断,确定以消除汽车故障为目的的二级维护附加作业项目和作业内容,恢复汽车的正常技术状况。附加作业项目确定后与基本作业项目一并进行二级维护作业。

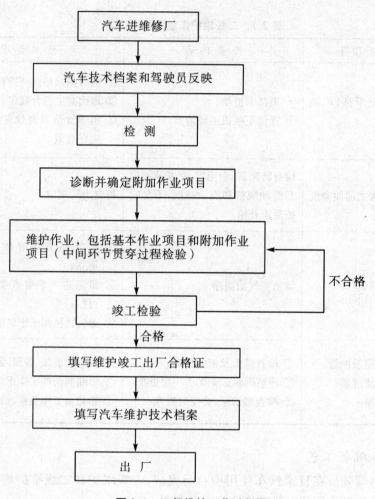

图 2.1 二级维护工艺过程图

3. 二级维护过程检验和竣工检验

(1) 二级维护过程

二级维护过程中，要始终贯穿过程检验，并作检验记录。过程检验中各维护项目的技术要求，需满足相应的有关技术标准或出厂说明书的有关规定。

(2) 二级维护竣工检验

汽车在维修企业进行二级维护后，必须进行竣工检验；各项目参数符合国家或行业及地方标准；竣工检验合格的车辆填写维护竣工出厂合格证后方可出厂。检验不合格的车辆应进行进一步的检验、诊断和维护，直到达到维护竣工技术要求为止。

二级维护竣工技术要求见表 2.3。

三、汽车修理技术管理制度及工艺

(一) 汽车修理类别

汽车修理是指为恢复汽车完好技术状况（或工作能力）和延长汽车寿命而进行的作业。汽车修理按修理对象、修理深度、执行作业的计划性或组织形式等划分不同类别或等级，分别是汽车大修、汽车小修、总成修理、零件修理和视情修理等。汽车修理的原则是视情修理。

表 2.3 二级维护竣工要求（节选）

检测部位	检测项目	技术要求	备注
整车	① 清洁	汽车外部、各总成外部、三滤应清洁	检视
	② 面漆	车身面漆、腻子无脱落现象，补漆颜色应与原色基本一致	检视
	③ 对称	车体应周正，左右对称	汽车平置检查
	④ 紧固	各总成外部螺栓、螺母按规定力矩扭紧，锁销齐全有效	检查
	⑤ 润滑	发动机、变速器、转向器、减速器润滑符合规定，各通气孔畅通。各部润滑点润滑脂加注符合要求。润滑脂嘴齐全有效，安装位置正确	检视
	⑥ 密封及电器	全车无油、水、气泄漏，密封良好，电器装置工作可靠，绝缘良好	检视
	⑦ 前照灯、信号、仪表、刮水器、后视镜等装置	稳固、齐全有效符合有关规定	检视

汽车大修是指通过修复或更换汽车零部件（包括基础件）的方法，恢复汽车完好技术状况和完全（或接近完全）恢复汽车寿命的修理。

汽车小修是指通过修理或更换个别零件，消除车辆在运行过程或维护过程中发生或发现的故障或隐患，恢复汽车工作能力的作业。

总成修理是指为恢复汽车总成完好技术状况（或工作能力）和延长汽车寿命而进行的作业。

零件修理是指恢复汽车零件性能和延长汽车寿命的作业。

视情修理是指按技术文件规定对汽车技术状况进行检测或诊断后，决定作业内容和实施时间的修理。

（二）汽车修理质量检查评定方法

GB/T 15746《汽车修理质量检查评定方法》规定了汽车修理质量检查的评定要求及评定规则，适用于对汽车整车、发动机及车身修理竣工质量的评定和行业检查。

汽车整车修理质量评定是对汽车整车修理竣工质量和汽车整车修理过程中维修档案完善程度的综合评价；汽车发动机修理质量评定是对汽车发动机修理竣工质量和汽车发动机修理过程中维修档案完善程度的综合评价；汽车车身修理质量评定是对汽车车身修理竣工质量和汽车车身修理过程中维修档案完善程度的综合评价。

1. 汽车整车修理竣工质量评定

汽车整车修理竣工质量的评定包括整车外观及装备检查、总成机构检查及主要技术性能测试等方面的 50 个核查项目，具体要求见表 2.4。

表2.4 汽车整车修理竣工质量的评定(节选)

序号	核查项目	技 术 要 求
1	整车外观及装备	
1.1	外观	整车外观应整洁、完好、周正,各处无漏油、漏水、漏电、漏气现象
1.2	整车装备	附属设施及装备应齐全、有效,各连接部件紧固完好
1.3*	整备质量	由于修理改变的质量,应不超出原车规定装备质量的3%
1.4	左右轴距差	应不大于原设计的1/1 000
1.5	润滑及其他工作介质	各总成应按照设计规定加注规定品质与数量的润滑油(脂)及其他工作介质
2	各总成机构	
2.1	发动机	
2.1.1	起动性能	汽油发动机在环境温度不低于-5 ℃,柴油发动机在环境温度不低于5 ℃时,应顺利起动。允许起动3次,每次不超过5 s
2.1.2	怠速运转性能	从起动后到正常工作温度,发动机怠速应运转稳定,其怠速转速应符合原设计规定
2.1.3	运转状况	发动机在各种工况下应运转稳定,无异响;改变工况时应过渡圆滑;急加速或减速时不得有突爆声
2.1.4	压缩压力	在正常工作温度下,气缸压缩压力应符合原设计规定;其压力差汽油机应不超过各缸平均压力的5%,柴油机应不超过8%
2.1.5	机油压力	正常工作温度和规定转速下,机油压力应符合原设计要求

注:带*号的项目为关键项,其余为一般项。

2. 汽车发动机修理竣工质量评定

汽车发动机修理竣工的质量评定应包括发动机外观及装备检查、起动性能、运转性能检查,动力性、经济性、排放性能检测等。其中汽油发动机和柴油发动机各16个核查项目,具体要求见表2.5。

表2.5 汽车发动机修理竣工质量评定

序号	评定项目	技 术 要 求
1	发动机外观及装备	
1.1	外观	发动机外观应整洁、无油污,各部无漏油、漏水、漏气、漏电现象
1.2	装备	发动机应装备应齐全、有效
1.3	润滑油(脂)及冷却液	发动机应按原设计规定加注润滑油、润滑脂及冷却液
2	起动性能	
2.1	冷机起动	汽油发动机在环境温度不低于-5 ℃,柴油发动机在环境温度不低于5 ℃时,应能顺利起动。允许起动3次,每次不超过5 s
2.2	热机起动	在正常工作温度下,发动机应能在5 s内一次顺利起动
3	发动机运转状况	

续表

序号	评定项目	技术要求
3.1	怠速运转性能	从起动后到正常工作温度,发动机怠速应运转稳定,其怠速转速应符合原设计规定
3.2	运转状况	发动机在各种工况下应运转稳定,改变工况时应过渡圆滑
3.3	加速或减速	发动机在急加速或减速时,不应有突爆声
3.4	异响	发动机在正常工况下运转时,不应有异常响声
4	进气歧管真空度	在正常工作温度和标准状态下,发动机怠速运转时,进气歧管真空度应符合原设计规定;其波动范围6缸汽油发动机一般不超过3 kPa,4缸汽油发动机一般不超过5 kPa
5*	气缸压缩压力	在正常工作温度下,气缸压缩压力应符合原设计规定;其压力差汽油机应不超过各缸平均压力的5%,柴油机应不超过8%
6	机油压力	正常工作温度和规定转速下,机油压力应符合原设计要求
7	紧急停机装置	柴油发动机紧急停机装置应可靠有效
8	额定功率	应符合GB/T 3799.1和GB/T 3799.2的要求
9	最大转矩	应符合GB/T 3799.1和GB/T 3799.2的要求
10	燃料消耗率	发动机最低燃料消耗率不应大于原设计标定值的105%
11*	排放性能	发动机排放装置齐全有效,车载诊断系统(OBD)应工作正常;排气污染物排放应符合国家标准的规定

* 该项目为关键项,其余为一般项。

3. 汽车修理质量评定规则与标准

汽车修理质量评定结果用综合项次合格率表示,分为优良、合格、不合格三个等级。每个核查项目的内容全部符合技术要求,即可判定该项目合格,否则判定为不合格;核查项目按其重要程度分为"关键项"和"一般项","关键项"中出现一项不合格的,即可判定该汽车修理质量为不合格。

"关键项"均合格时,综合项次合格率 β_0 按下式计算:

$$\beta_0 = \left(k_1 \frac{n_1}{m_1} + k_2 \frac{n_2}{m_2}\right) \times 100\% \tag{1.1}$$

式中,β_0 为综合项次合格率;n_1 为汽车维修档案核查合格项目数之和;n_2 为汽车修理竣工质量核查合格项目数之和;m_1 为汽车维修档案应核查项目数之和;m_2 为汽车修理竣工质量应核查项目数之和;k_1 为汽车维修档案核查的权重系数,取 $k_1=0.2$;k_2 为汽车修理竣工质量核查的权重系数,取 $k_2=0.8$。汽车修理质量的综合判定标准见表2.6。

表2.6 汽车修理质量的综合判定标准

等级	综合判定标准
优良	"关键项"均合格,且 $\beta_0 \geqslant 95\%$(大型营运货车*为 $\beta_0 \geqslant 90\%$)
合格	"关键项"均合格,$85\% \leqslant \beta_0 < 95\%$(大型营运货车为 $80\% \leqslant \beta_0 < 90\%$)
不合格	"关键项"均合格,$\beta_0 < 85\%$(大型营运货车为 $\beta_0 < 80\%$)

* 大型营运货车指最大允许总质量大于或等于25 000 kg的营运货车。

(三) 汽车修理工艺过程

汽车修理工艺过程是汽车修理的各项作业按一定的方式组合,顺序、协调进行的过程,它一般包括汽车的接收、外部清洗、汽车及总成的拆卸、零件的清洗及检验、零件修理、总成的装配与调试、汽车总装、出厂检验、资料移交、竣工合格证的签发及交车等。

汽车修理方法是指进行汽车修理作业的工艺和组织规则的总和。按照 GB/T 5624《汽车维修术语》标准,汽车修理方法分为总成互换修理法、周转总成、混装修理法和就车修理法等修理方法。汽车修理作业形式主要有汽车修理流水作业法、汽车修理定位作业法。汽车修理方法不同,其修理工艺过程也不同。下面主要介绍总成互换修理法和就车修理法的汽车修理工艺过程。

1. 总成互换修理法的修理工艺过程

总成互换修理法是指用储备的完好总成替换汽车上的不可用总成的修理方法,即在汽车修理过程中,除了车架(或车身)外,其他总成(或组件)都可换装已经修好的备用品,换下来的总成修理好后入库再作周转用。这种方法由于利用了周转总成(或组件),从而保证了汽车装配的连续性,可以缩短汽车修理在厂车日,同时也有可能对汽车装配和某些总成的修理组织流水作业。但总成互换修理法仅适用于生产规模大,承修车型单一,且具有一定周转总成的修理厂家。目前由于车辆管理制度限制、总成维修质量不高和车辆所有权、经营权关系复杂等因素的制约,该方法较少使用。

采用总成互换修理法的汽车大修工艺过程如图 2.2 所示。

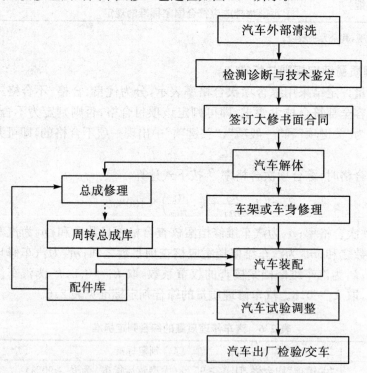

图 2.2 总成互换修理法的修理工艺过程

2. 就车修理法的修理工艺过程

就车修理法是指进行修理作业时,要求被修复的主要零件和总成装回原车的修理方法。

即在汽车修理过程中,从汽车上拆下的零件、组合件及总成除报废件以新件代替外,其余修理后仍装回原车。就车修理法不需要储备周转总成,且有利于单件成本核算,但该方法的汽车停修时间较长。就车修理法适用于生产规模不大、承修车型复杂、送修单位众多的修理企业组织生产。

采用就车修理法的汽车修理工艺过程如图2.3所示。

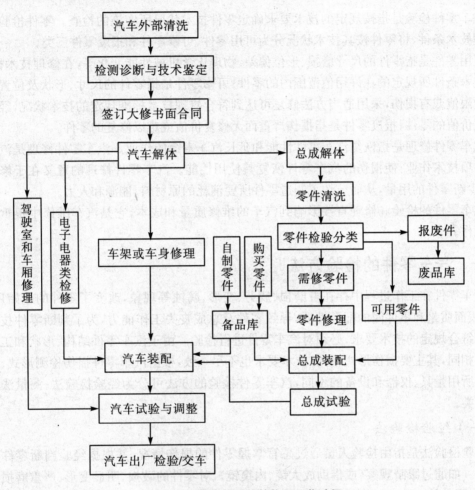

图2.3 就车修理法的修理工艺过程

任务二 汽车零件的检验及修理方法

一辆重型载货汽车,驾驶员制动时明显感到制动力不足,尤其连续制动效能变差。维修接待人员根据客户的描述,选择汽车检测诊断设备对汽车故障进行诊断,查阅维修手册确定

汽车故障类型,确认维修作业项目。

发现故障后如何对汽车故障零件进行检验和修理?

 相关知识

汽车零件检验是指按规定的技术要求确定零件技术状况所实施的检查。零件检验可根据修理技术条件,将零件按其技术状况分为可用零件、可修零件和报废零件三类。

可用零件是指零件的尺寸磨损、形位偏差、物理化学机械性能变化等,在修理技术标准、零件技术条件所规定的在许用值范围内的零件;可修零件是指零件的尺寸、形状及位置误差已达极限值或有损伤,采用适当方法修复可达到符合修理技术标准规定的技术状况,经济上有修复价值的零件;报废零件是指损伤严重而无修复价值或难以修复的零件。

汽车零件修理是指恢复汽车零件性能和延长汽车寿命的作业。汽车零件修理是汽车修理的一项技术作业,使损伤的汽车零件恢复其使用性能。汽车零件修理的意义在于修旧利废,减少新零件的用量,从而节约了制造零件所要消耗的原材料、能源和人力。

汽车零件的检验和修理直接影响到汽车的维修质量和成本,它是汽车维修中很重要的一项工作。

一、汽车零件的检验方法

汽车零件在工作过程中存在着磨损、疲劳、变形、腐蚀等现象,改变了零件的原始尺寸、形状、表面质量和零件间的配合性质,导致零件及总成丧失工作能力,为了判断零件技术状况是否符合规定的技术要求,必须对汽车零件进行检验。由于汽车零件结构、形状和工作条件各不相同,其主要损伤形式不同,技术要求也不尽一致,根据汽车零件损伤检测形式、检测精度和所用量具、仪器和设备的不同,汽车零件检验的方法可分为经验检验法、测量法和探伤法三类。

(一)经验检验法

经验检验法是指由检验人员通过感官掌握零件的损伤情况,并根据经验判断零件的技术状况。如通过眼睛观察(或借助放大镜、内窥镜),对零件的破损、明显变形、严重磨损和疲劳剥落、明显的裂纹、材料变质等进行检验;用耳朵闻听汽车或总成运转时发出的声音或敲击零件时的响声,再配合间隙、裂纹及铆钉松动进行检验;用手与被检验的零件接触,可判断其工作时的温度高低和表面状况;将配合件进行相对移动或摆动,或用新、旧件进行对比可判断配合间隙的大小。这种方法简便易行,但精度不高,适用于分辨缺陷明显或精度不高的零件,要求检验人员有丰富的经验和技术知识。

(二)测量法

测量法是指利用量具或测量仪器、设备测量零件技术状态的方法。如利用测量工具和仪器可以测量零件的尺寸、形状、位置状况。用弹簧检验仪或弹簧秤,可对各种弹簧的弹力和刚度进行检验。用试压装置可对气缸体和气缸盖进行渗漏检验。

(三)探伤检测法

探伤检测法是利用仪器设备对零件内部的裂纹或缺陷进行探测的方法。包括已存在的

细小裂缝、裂纹和材料中的气孔和夹渣等;零件内部存在的缺陷,可能引起零件的失效,造成严重的事故,因此有必要对主要零件内部的裂纹或缺陷进行检验。常用的探伤方法有:超声波探伤、磁粉探伤、渗透探伤(着色探伤)、涡流探伤、γ射线探伤、萤光探伤等方法。

二、汽车零件的修理方法

汽车零件的损伤主要有变形、断裂、锈蚀和磨损四类。为了恢复失效零件的工作能力和配合性质,对汽车零件进行修理。对前三类损伤一般采用冷加工、热加工或胶粘等方法修理。如一般零件变形可用冷压或热压校正后再进行机械加工修理;轴类零件断裂可用镶套、焊接、锻接等方法修理;气缸体水套出现裂纹可用焊、铆或胶粘方法修理。零件磨损是最常见的损伤。磨损没有超出规定修理尺寸的零件按修理尺寸加工,磨损已超出修理尺寸的零件则采用堆焊、喷涂、电镀等金属覆盖工艺以及胶粘等方法修理。尽管目前汽车修理过程中换件修理愈来愈多,但零件修理仍普遍存在。只要修理方法合适,零件修理仍具有修旧利废、节约原材料和降低维修费用等优点。

汽车零件的修理方法很多,如换件修理法、机械加工法、校正法、焊修法和喷涂、喷焊、堆焊、黏结等。下面主要介绍机械加工修理法、堆焊修理法、校正修理法、喷涂修理法、校正修理法、电镀修理法和黏结修理法。

(一) 机械加工修理法

机械加工是零件修理过程中最基本、最主要的方法。它既可以作为一种独立的手段直接修理零件,也可以是其他方法的准备或最后加工工序。汽车零件修理最常用的机械加工方法是修理尺寸法和镶套法。

1. 修理尺寸法

修理尺寸法即是在零件结构、强度和硬度允许的条件下,将配合副中主要零件的损伤表面进行机械加工至规定的尺寸,恢复其正确的几何形状和表面粗糙度,更换与其相配合的零件,从而恢复配合副配合性质的修理方法。零件加工后的尺寸叫作修理尺寸,显然,修理尺寸已不同于零件的原基本尺寸,而是形成了一个对孔增大,而对轴缩小的新基本尺寸。

汽车零件开始在基本尺寸(又称公称尺寸、标准尺寸或原厂尺寸)下使用。当磨损超过配合副允许的极限尺寸时便可加工成第一级修理尺寸(或以下任一级修理尺寸)使用。当磨损又超过允许的尺寸界限时,再次进行修理,加工到上次修理尺寸以下的任一级修理尺寸,直至用到最后一级修理尺寸。因受到结构合理性及强度限制,不允许超过零件的最后一级修理尺寸。

修理尺寸的大小与级别多少取决于汽车修理间隔期内零件的磨损量、加工余量、磨损造成的几何形状变化以及使用的安全可靠性。《汽车修理技术标准》规定,对于缸套和缸筒,汽油机分为6级修理尺寸,柴油机分为8级修理尺寸;对于曲轴主轴颈、连杆轴颈,汽油机分为8级修理尺寸,柴油机分为13级修理尺寸;活塞销分为4级修理尺寸,凸轮轴轴承孔内径分为2级修理尺寸。但应当指出,上述分级是标准允许的最多级数,现代汽车由于新车追求质量轻型化、性能指标最优化,其技术使用寿命大大延长,汽车零件修理的等级已大大减小,有的甚至无修理尺寸,只能更换新件进行修理。

修理尺寸的分级与级差值主要由汽车制造厂制定,为便于配件的生产和供应,已实行标准化。使用修理尺寸法修理零件可降低修理成本,缩短修理时间,因此在汽车修理中广泛采用。

2．镶套法

镶套修理法是对磨损的孔或外圆表面进行机械加工，把内衬套或外衬套以一定的过盈装在孔内或轴颈上，再进行机械加工，从而恢复到原来尺寸的修复方法。镶套修理法能一次恢复较多的磨损量，具有工艺简单、操作方便、节约材料等优点，被广泛应用于汽车基础件或主要零件的局部磨损部位的修理上，如气缸、气门座、气门导管这些易磨损件均用该方法修理。

（二）堆焊修理法

堆焊修理法是指在零件磨损的表面堆焊一层金属，然后进行加工，使零件恢复到原来尺寸的修理方法。此法的优点是焊层与基体熔合，结合强度高，可按零件需要选用适宜的焊条或焊丝，从而控制堆焊层的化学成分；缺点是零件焊后有较大的变形。堆焊方法有手工堆焊和自动堆焊。手工堆焊有电弧焊和氧-乙炔焊两种工艺。手工堆焊设备简单，在汽车修理企业中应用广泛。自动堆焊是将零件装在堆焊机床上，一边转动，一边施焊。常用的自动堆焊有振动堆焊、二氧化碳保护焊和埋弧焊三种工艺，以振动堆焊应用较为普遍。

（三）校正修理法

校正修理法是指利用外力或火焰使零件产生新的塑性变形，消除原有变形，恢复零件正确形状的方法。校正方法有压力校正、火焰校正和敲击校正。汽车零件修理中常采用压力校正法修理汽车轴类、车架和连杆等零件。

零件的压力校正是利用金属的塑性，通过施加静载荷使零件产生反向变形，以恢复零件正确形状的校正方法。压力校正多在室温下进行，如果零件塑性较差或尺寸较大，应适当加热。在压力校正中，不要矫枉过正，考虑金属材料的弹性回弹现象，控制保压时间，进行时效处理，消除内应力。

（四）喷涂修理法

此法是用高速气流将熔化的金属喷敷到零件的磨损表面上，以恢复其原来尺寸。喷涂工艺有：电弧喷涂、气喷涂和等离子喷涂。各种喷涂所形成的喷涂层系由金属小颗粒撞击堆砌而成。每个小颗粒包有一层氧化膜，小颗粒之间以及小颗粒与基体金属都仅仅是机械地挤结在一起，没有熔合，因此一般喷涂层的本身强度和喷涂层同基体的结合强度都不高（1～4 kg/mm^2）。喷涂层中含有10%左右的孔隙，有利于润滑油膜的吸附，却不利于承受冲击载荷和较大的接触应力。

（五）黏结修理法

黏结修理法采用黏结剂把裂纹、裂缝、断裂或两个独立的零件粘补或连接的一种修理工艺。该法可用于缸体、水箱、蓄电池的堵漏密封，制动蹄与摩擦衬片的连接等。

黏结是利用黏结剂渗入被黏结零件的缝隙中，固化产生机械镶嵌作用，实现对零件的粘补或连接作用。零件的黏结质量取决于黏结剂的性能和黏结工艺。此法所用设备和工艺简单，质量稳定可靠，成本低，不会引起零件变形。

一、实训导读

汽车维修制度是指为实施汽车维修工作所采取的技术组织措施的规定。当汽车出现故障时就必须对汽车进行维修,汽车修理是指为恢复汽车完好技术状况(或工作能力)和寿命而进行的作业。汽车修理工艺过程是汽车修理的各项作业按一定的方式组合,有序、协调进行的过程,它一般包括汽车的接收、外部清洗、汽车及总成的拆卸、零件的清洗及检验、零件修理、总成的装配与调试、汽车总装、出厂检验、资料移交、竣工合格证的签发及交车等。

通过对汽车修理工艺过程的实训,掌握汽车修理的过程、程序和方法。汽车修理工艺过程主要作业项目如下。

(一)汽车和总成解体

根据修理的需要,将汽车拆散为总成、组合件最后直到零件。解体作业要求:

① 不损伤零件;

② 对不允许互换的配合副和有平衡要求的旋转运动组合件标上记号;

③ 易变形的零件、易散失的小件和不允许混合清洗的零件要分类存放。

因此要选用合理的拆卸程序、拆卸方法和拆卸机具。

汽车解体要在配备有起重运输设备的工位进行。螺纹连接部分的拆卸普遍采用电动、风动或液力扳手。过盈过渡配合件和铆接件用机械的或液力的拉、压、铲机具拆开。总成或组合件的拆卸,常在备有多种拆卸机具的作业台上进行。拆卸机具的气、液力能源应采用集中供能方式。

(二)零件清洗

清除零件上的油污、胶质、积炭、水垢等,以便于零件的检验分类、修理、装配等工作。清洗要求干净彻底,不损伤零件表面和基体,零件表面不允许残留腐蚀剂。清洗时通常根据污垢的性质、零件的材质和表面精度等选用不同的清洗方法和规范。

清洗零件上的油污常用有机溶剂(汽油、柴油、煤油等)或碱溶液,有色金属的清洗液常用易于水解的碱盐,如碳酸钠等配制。清除积炭的方法有机械法和化学法,机械法以闭式喷核屑(桃、李、杏果核砸碎去仁制成)效果较好。化学法则使用无机或有机溶剂与稀释剂、缓蚀剂配成的退炭剂。清除水垢的溶液有多种配方,常用的为8%~10%浓度的盐酸水溶液,加适量缓蚀剂和活性炭,加热到50~60 ℃后,以耐酸泵泵液逆发动机和水套水流方向循环清洗。

近年来,零件清洗剂有较大发展。由不同成分配制成的清洗剂,有的无需加热,可在常温下清洗;有的除能清洗油污外,还同时能消除积炭和胶质。

(三)汽车零件检验

汽车零件检验是指按规定的技术要求确定零件技术状况所实施的检查。零件检验可根据修理技术条件,将零件按其技术状况分为可用零件、可修零件和报废零件三类。

(四)汽车零件修理

汽车零件修理是指恢复汽车零件性能和寿命的作业。零件修理尺寸:零件磨损表面通过修理,形成符合技术文件规定或小于原设计基本尺寸的修复基本尺寸。对具有修理尺寸的零件用修理尺寸法修复,即将磨损的轴颈或孔径经机械加工到规定分级的缩小或加大尺寸,并恢复正确的几何形状和表面精度。对没有修理尺寸的零件一般用机械切削、压力加工、金属覆盖、热处理等工艺修复到标准尺寸。

（五）零件配套和总成装配

零件配套是将装配总成所需的零件配备成套。装配总成的零件有三类：

① 可用的旧零件；

② 经修复合格的零件；

③ 补充的新零件。

使用这三种不同技术条件的零件装配时,既要符合配合副的装配技术条件,又要保证装配尺寸链限制在正常值内,有些运动副在重量上还要有一定限制。因此,在零件配套时必须对一些配合件进行选配,使其符合汽车修理技术标准。总成装配一般是将选择配套的零件先装成组合件,再按一定顺序装入总成的基础零件。

（六）总成磨合和测试

总成装配好后进行试运转,使其摩擦副相互磨合,然后进行测试。总成磨合与测试的目的是：

① 提高各运动副摩擦表面的质量和精度,以备承受使用负荷。

② 降低使用中走合阶段(见汽车走合期)的磨损量,延长使用寿命。

③ 鉴定总成的性能,并检查和消除修理装配中的缺陷。

各厂牌车型汽车的各总成结构、性能有所不同,磨合规范的转速、时间、所加的负荷也各有不同,但磨合经历的阶段基本一致。发动机分冷磨合、无负荷热磨合和部分负荷热磨合。传动系总成是先无负荷磨合,然后外加负荷磨合。磨合后的总成应在部分负荷情况下进行性能测试,与原车总成的规定性能对照比较,据以判断修理质量。测试时应对各机构作最佳调整。

（七）整车组装和调试

以车架为基础,将测试合格的各总成组装成汽车,然后进行调试。调试目的是检查整车组装是否符合技术条件,并在行驶(路试)中检查汽车的动力性、燃料经济性、制动性、操纵稳定性以及包括传动效率和滚动阻力的滑行性能。发现的故障和缺陷应予以排除,并进一步调试到符合运行技术条件的要求。路试时,汽车载荷75%,在规定道路条件下以一定车速行驶,并配备油耗计、五轮仪、噪声测试仪、排气分析仪等,按一定规范进行测量。也可用综合测试台进行模拟测试和调整以代替上述的路试。

（八）汽车修理档案移交及交车

汽车修理档案应包括维修合同、进厂检验单、过程检验单、竣工检验单、机动车维修竣工出厂合格证、维修工时费和材料费结算清单等六个项目。

二、学生实操训练

（一）训前准备

1. 学生组织

将学生按照3～4人一组进行分组,每组内按照实训要求进行分工,学习安全操作规程,制定故障维修方案和实训计划。

2. 实训场地及工具准备

为完成该任务操作,需提前做好以下准备:

① 实训场地:汽车整车维修企业。

② 故障汽车一部。

③ 汽车整车维修企业按要求配备的故障诊断仪器与维修工具。

④ GB/T 18344《汽车维护、检测、诊断技术规范》。

⑤ GB/T 16739《汽车维修业开业条件》。

⑥ 汽车整车维修企业安全操作规程。

(二)汽车修理工艺过程认知实训

按照已经分好的小组和实训计划,运用故障诊断仪器与维修工具对故障汽车实施外部和内部检查,发现故障,判断故障原因并确定修理作业项目,实施汽车修理工艺过程,对照汽车修理质量评定规则与标准评定汽车修理质量。实训步骤如下。

1. 获取资讯

按照安全操作规程,使用故障诊断仪器与维修工具,检查故障汽车的工作状况,观察汽车故障现象,并填写附表 A1。

2. 查阅维修手册进行原因分析

按照相关资料及诊断流程图进行故障原因分析,确定汽车修理工艺过程。

3. 故障零部件确认

进行故障零部件的确认,填写附表 A2。

4. 故障零部件的修理

确定修理作业项目,填入附表 A3。实施汽车修理工艺过程,使用合适的维修方法进行修理作业,运用 GB/T 18344《汽车维护、检测、诊断技术规范》标准对汽车修理竣工质量进行评定。

5. 废料和废品处理

任务结束后,对废料和废品进行处理。

(三)学生撰写实训报告

任务结束后,撰写实训报告。

(四)实训结果评价

对实训结果进行评价。

任务三 汽车诊断与维修设备

一辆重型载货汽车,驾驶员制动时明显感到制动力不足,尤其连续制动效能变差。维修

接待人员根据客户的描述,选择汽车检测诊断设备对汽车故障进行诊断,查阅维修手册确定汽车故障类型,确认维修作业项目。

发现故障现象后应选择合适的工具和量具对汽车故障零件进行检验和维修。

一、汽车维修通用工具

汽车维修通用工具包括钳子、起子、手锤、扳手、火花塞套筒、活塞环装卸钳、黄油枪、千斤顶和举升机等。下面简单介绍其中的部分工具。

1. 火花塞套筒

火花塞套筒用来拆装火花塞。使用时套筒应对正火花塞孔,确认火花塞放入套筒的六方内,不可歪斜,逐渐用力,顺时针为旋紧,逆时针为旋松,注意不要掉落地上,以防滑脱伤手损物。火花塞套筒如图2.4所示。

2. 活塞环装卸钳

活塞环装卸钳用于装卸发动机活塞环,避免活塞环受力不均匀而拆断。活塞环装卸钳如图2.5所示。

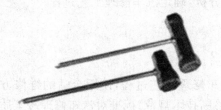

图 2.4　火花塞套筒

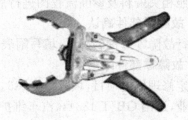

图 2.5　活塞环装卸钳

使用注意事项:使用活塞环装卸钳时,将活塞环装卸钳上的环卡卡住活塞环开口,轻握手柄稍稍均匀地用力,并使手把慢慢收缩,环卡将活塞环慢慢张开,将活塞环装入或拆出活塞环槽;使用活塞环装卸钳拆装活塞环时,用力必须均匀,避免用力过猛而导致活塞环折断,同时也能避免伤手事故。

3. 黄油枪

图 2.6　黄油枪

黄油枪用于各润滑点加注润滑脂,由油嘴、压油阀、柱塞、进油孔、杆头、杠杆、弹簧、活塞杆等组成。使用黄油枪时,将润滑脂小团小团地装入贮油筒,排除空气。装满后,拧紧端盖即可使用。对油嘴加注润滑脂时,应对正油嘴,不得歪斜。若不进油,应停止注油,检查油嘴是否堵塞。黄油枪如图2.6所示。

4. 千斤顶

千斤顶有螺旋千斤顶、液压千斤顶和液压举升器。汽车常用液压千斤顶。千斤顶的举升力为3吨、5吨、8吨等。千斤顶如图2.7所示。

图2.7 千斤顶

液压千斤顶用于举升汽车及其他重物。使用千斤顶前,用三角木垫好汽车;在松软路面上使用时,应在千斤顶底下加垫木;举升时,千斤顶应与重物垂直对正;千斤顶未支牢前或回落时,禁止在车下工作。使用千斤顶时,先把开关拧紧,放好千斤顶,对正被顶部位,压动手柄,就将重物顶起。当落下千斤顶时,将开关慢慢旋开,重物就逐渐下降。

二、汽车诊断设备

1. 气缸压力表

气缸压力表是用于检测气缸压缩压力的专用仪表。气缸密封性是影响发动机动力性和经济性的主要因素之一,气缸压缩压力是评价气缸密封性最为直接的指标。根据检测结果可以判断气缸垫、气缸体与气缸盖的密封状况,活塞、活塞环与缸壁配合以及进、排气门等零件的配合技术状况。气缸压力表如图2.8所示。

2. 发动机综合性能分析仪

发动机综合性能分析仪是集点火时间测试、点火能量测试、示波器、尾气分析、转速测量等发动机的基本信号采集分析于一体的仪器。主要测试项目有点火波形测试、气缸工作均匀性测试、起动测试与发电测试、转速稳定性分析、无外载测功试验等。发动机综合性能分析仪如图2.9所示。

图2.8 气缸压力表

图2.9 发动机综合性能分析仪

3. 汽车万用表

在发动机电控系统故障的检测与诊断中，经常需要汽车万用表检测电压、电阻和电流等参数，汽车万用表还可以检测转速、闭合角、频宽比（占空比）、频率、压力、时间、电容、电感、温度、半导体元件等项目参数。这些参数对于发动机电控系统的故障检测与诊断具有重要意义。

数字式万用表如图 2.10 所示，指针式万用表如图 2.11 所示。

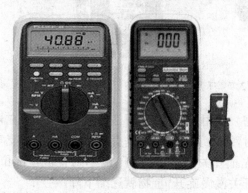

图 2.10 数字式万用表　　　　　　　图 2.11 指针式万用表

4. 汽车示波器

汽车示波器是用来检测汽车电子电路故障的仪器。示波器显示被测电信号瞬时值轨迹变化情况，可以观察到各种不同信号幅值随时间变化的波形曲线，它还可以测试各种不同电量，如电压、电流、频率、相位差、幅值等。示波器按照工作方式的不同可分为模拟示波器、数字示波器和混合示波器。数字示波器如图 2.12 所示。

5. 汽车故障解码器

汽车解码器又称电脑诊断仪，是维修汽车电子控制装置必备的检测仪器。维修人员只要把解码器的插头接在汽车诊断插座上，根据解码器的提示操作按键，了解汽车的工作状况，并查找故障部位和故障原因。汽车故障解码器具有读取故障码、清除故障码、数据流测试、动作元件测试、系统匹配和电脑编码等功能。解码器如图 2.13 所示。

图 2.12 数字示波器　　　　　　　图 2.13 解码器

 技能实训

一、实训导读

在汽车故障诊断与维修的作业中,为了获得诊断参数和恢复汽车的工作能力,维修人员不仅要选择合适的汽车故障诊断与维修设备,而且还要正确地使用这些设备。

通过对汽车故障诊断与维修设备使用的实训,掌握设备的结构、使用方法和注意事项,为汽车故障诊断与维修作业打下基础。

(一)百分表的使用

百分表是一种精度较高的比较量具,它只能测出相对数值,不能测出绝对值,主要用于检测工件的形状和位置误差(如圆度、平面度、垂直度、跳动等),也可用于校正零件的安装位置以及测量零件的内径等。分度值为 0.01 mm。

1. 百分表的结构

百分表的构造主要由三个部件组成:表体部分、传动系统、读数装置。百分表的使用方法如图 2.14 所示。

图 2.14 百分表的使用方法

2. 百分表的读数方法

先读小指针转过的刻度线(即毫米整数),再读大指针转过的刻度线(即小数部分),并乘以 0.01,然后两者相加,即得到所测量的数值。

3. 百分表使用注意事项

① 使用前,应检查测量杆活动的灵活性。即轻轻推动测量杆时,测量杆在套筒内的移动要灵活,没有如何轧卡现象,每次手松开后,指针能回到原来的刻度位置。

② 使用时,必须把百分表固定在稳固的夹持架上,切不可贪图省事,随便夹在不稳固的地方,否则容易造成测量结果不准确,或摔坏百分表。

③ 测量时,不要使测量杆的行程超过它的测量范围,不要使表头突然撞到工件上,也不要用百分表测量粗糙或有明显凹凸不平的表面。

④ 测量平面时,百分表的测量杆要与平面垂直,测量圆柱形工件时,测量杆要与工件的中心线垂直,否则,将使测量杆活动不灵或测量结果不准确。

⑤ 为方便读数,在测量前一般都让大指针指到刻度盘的零位。

（二）量缸表的使用

量缸表又称内径百分表，是用来测量孔径的。在汽车修理中主要用来测量发动机气缸的圆度、圆柱度和磨损情况等。

1. 量缸表的结构

量缸表由百分表和测量附件组成。量缸表诊断工作如图 2.15 所示。

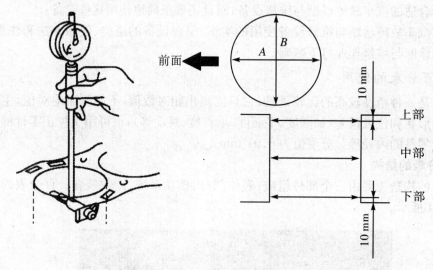

图 2.15 量缸表的使用

2. 量缸表的测量方法

① 使用量缸表，一手拿住隔热套，另一只手托住管子下部靠近本体的地方。

② 将校对后的量缸表活动测杆在平行于曲轴轴线方向和垂直与曲轴轴线方向等两方位，沿气缸轴线方向上、中、下取三个位置，共测六个数值。上面一个位置一般定在活塞在上止点时，位于第一道活塞环气缸壁处，约距气缸上端 10 mm。下面一个位置一般取在气缸套下端以上 10 mm 左右处，该部位磨损最小。

③ 测量时，使量缸表的活动测杆同气缸轴线保持垂直，才能测量准确。当前后摆动量缸表表针指示到最小数字时，即表示活动测杆已垂直于气缸轴线。

④ 读取测量数据。

3. 量缸表使用注意事项

测量时，必须使量缸表与气缸的轴线保持垂直，应前后摆动量缸表，指针指示到最小数字时，即表示量杆与气缸轴线垂直，此读数为标准读数；当大指针顺时针方向离开"0"位，表示气缸直径小于标准尺寸的缸径，若逆时针方向离开"0"位，表示气缸直径大于标准尺寸的缸径。

（三）气缸压力表的使用

气缸压力表是用于检测气缸压缩压力的专用仪表。

1. 气缸压力表的结构

气缸压力表一般由表头、导管、单向阀和接头等组成。气缸压缩压力检测诊断工作如图 2.16 所示。

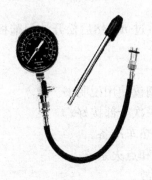 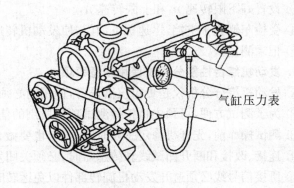

气缸压力表

图 2.16　气缸压缩压力的测量

2. 气缸压力表的检测步骤

① 起动发动机并运转至正常工作温度,旋下所测气缸的火花塞(汽油发动机)或喷油器(柴油发动机)。

② 汽油发动机必须将节气门和阻风门完全打开,把气缸压力表的锥形橡胶圈压紧在火花塞座孔上;柴油发动机必须采用螺纹接口式气缸压力表,将气缸压力表螺纹接口旋入喷油器座孔内。

③ 用启动机带动曲轴旋转 3~5 s,使发动机转速保持在 150~180 r/min(汽油发动机)或不低于 500 r/min(柴油发动机),此时气缸压力表所指示的压力值即为该缸的气缸压缩压力。

④ 按下气缸压力表上的放气阀,则表针回零。

⑤ 实际测量时,每个气缸应重复检测 2~3 次,测量结果应取其测量次数的平均值。

(四)发动机综合性能分析仪的使用

发动机综合性能分析仪主要测试项目有点火波形测试、气缸工作均匀性测试、起动测试与发电测试、转速稳定性分析、无外载测功试验等。发动机综合性能分析仪检测诊断工作如图 2.17 所示。

图 2.17　发动机综合性能分析仪的使用

1. 发动机综合性能分析仪的结构

发动机综合性能分析仪一般由信号提取系统、信息处理系统和采控显示系统三大部分组成。

2. 发动机综合性能分析仪的测试步骤

① 接通显示器、主机电源,观察内部自检情况,确认设备处于正常工作状态。

② 将转速传感器接在任意一缸火花塞上,同时接好白金传感器。

③ 设置好下限转速 n_1 和上限转速 n_2。
④ 受检车辆置于空挡,迅速踩下油门,使发动机转速经 n_1 过 n_2;然后松开油门踏板。
⑤ 记录测量值。

3. 发动机综合性能分析仪使用注意事项
① 发动机综合分析仪是贵重仪器设备,使用前必须仔细阅读使用说明书。
② 为了测试方便,可预先将拟做测试项目所用的信号线一次全部接好。
③ 测试操作前,先开机稳定一段时间,汽车也要做必要的热车准备。
④ 连接、改接和断开测试线和传感器时,必须关闭发动机和点火系统。
⑤ 所接信号线必须避开发动机旋转部件以免运转时出事故。

(五) 汽车示波器的使用

汽车示波器是用来检测汽车电子电路故障的仪器。

1. 示波器的结构

示波器主要由诊断模块、测试主机、存储卡、外接电源线、热起动开关、主电源开关、串行接口、外部电源接口、测试线缆等组成。示波器的检测诊断工作如图 2.18 所示。

图 2.18 数字示波器的使用

2. 示波器的使用步骤
① 连接仪器。连接仪器和需要测试的元件,红表笔接信号线,黑表笔接搭铁线。
② 启动仪器。显示主菜单,启动相应检测项目。
③ 调整电压比例。电压比例也称量程,是指屏幕垂直方向上显示的每个格数所对应的实际电压值,电压比例值决定了信号波形的高度,即幅度,设定值越低,示波器显示屏上显示波形就越高。
④ 调整时基。时基是指屏幕水平方向上显示的每个格数所对应的实际时间值,时基的选择决定了重复性信号在屏幕上显示的频数。
⑤ 零点设置。各通道零点的设置。
⑥ 调整触发。触发参数的调整是信号在屏幕上能稳定显示的前提,触发参数包括触发电平、触发源和触发沿。
⑦ 判断波形。所有设置完成后,屏幕上就会显示被测元件的波形。将其与标准波形比对,即可判断波形是否正常,分析故障波形产生的原因。

3．示波器使用注意事项

① 保持仪器及测试连线与汽车的运动部件（如传动带、风扇、齿轮等）有一定的距离。
② 禁止用导电物体短路电池的正负电极。
③ 防止仪器被冷却液、水、油或其他液体弄湿。
④ 进行各种测试前应首先接好搭铁线。
⑤ 禁止在没有安装防滑护套的情况下使用仪器。
⑥ 禁止在仪器信号输入端输入大于 500 V 的直流或交流电压。
⑦ 使用完毕后，应将所有的插头、测试导线及测试夹卸下，并完整保存于包装箱中。

二、学生实操训练

（一）训前准备

1．学生组织

将学生按照 3~4 人一组进行分组，每组内按照实训要求进行分工，学习安全操作规程，制定汽车故障诊断与维修设备使用实训方案和实训计划。

2．实训场地及工具准备

为完成该任务操作，需提前做好以下准备：
① 实训场地：汽车整车维修企业。
② 故障汽车一部。
③ 汽车故障诊断与维修设备。
④ 汽车整车维修企业安全操作规程。

（二）汽车故障诊断与维修设备使用实训

按照已经分好的小组和实训计划，使用汽车故障诊断与维修设备对故障车辆实施外部和内部检查，发现故障，判断故障原因。实施汽车故障诊断与维修设备使用实训，熟练地掌握汽车故障诊断与维修设备的结构、使用方法和注意事项。实训步骤如下。

1．获取资讯

检查故障汽车工作状况，按照安全操作规程和故障汽车的故障情况选择汽车故障诊断与维修设备，使用故障诊断设备诊断汽车故障，提出检测作业项目，并填写附表 A1。

2．查阅设备使用手册、维修手册进行数据分析和故障原因分析

按照相关资料进行故障原因分析。

3．故障零部件确认

填写附表 A2，进行故障零部件的确认。

4．故障零部件的修理

确定维修作业项目，填入附表 A3。使用维修设备对作业项目进行维修，掌握汽车维修设备的结构、使用方法和注意事项。

5．废料和废品处理

任务结束后，对废料和废品进行处理。

（三）学生撰写实训报告

任务完成后，撰写实训报告。

（四）实训结果评价

对实训结果进行评价。

填写任务评价反馈表,见附表A4。

项目评价

填写项目评价,见附表A5。

项目思考

1. 何谓汽车维修制度?
2. 汽车维护和汽车修理的含义分别是什么?
3. 如何对汽车修理竣工质量进行评定?
4. 汽车修理方法有哪些?
5. 简述汽车修理工艺过程中的主要作业项目。
6. 常见的汽车故障诊断设备有哪些?

开展机动车定期审验管理部门的介绍

开展机动车定期审验管理部门的名单见表2.7。

表2.7 机动车定期审验管理部门名单

审验部门	审验证件	检验项目	法律法规	审验技术标准
公安机关交通管理部门	机动车登记证书、号牌、行驶证	安全技术检验项目	道路交通安全法	GB 7258《机动车运行安全技术条件》; GB 21861《机动车安全检验项目和方法》
道路运输管理机构	车辆道路运输证	汽车综合性能检验项目	道路运输条例	GB 18565《道路运输车辆综合性能要求和检验方法》; GB 18344《汽车维护、检测、诊断技术规范》
环境保护行政主管部门	机动车环保标志	环保性能检验项目	大气污染防治法	GB 18285《点燃式发动机汽车排气污染物排放限值及测量方法》; GB 3847《车用压燃式发动机和压燃式发动机汽车排气烟度排放限值及测量方法》

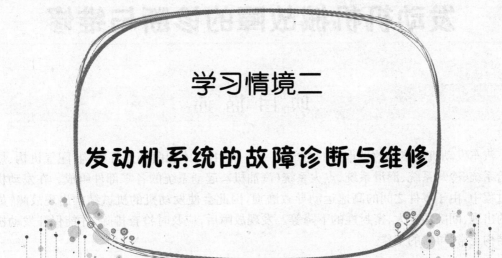

学习情境二

发动机系统的故障诊断与维修

项目三

发动机机械故障的诊断与维修

项目描述

汽车发动机是整车的最重要的总成之一,一般由机体和曲柄连杆机构、配气机构、燃油供给系统、冷却系统、润滑系统、点火系统(汽油机)、起动系统的各零部件组成。在发动机工作过程中,由于零件之间的高速运动导致磨损,因此会使发动机的机械结构出现故障,如异响的出现、间隙的变大、密封性的下降等。发现故障后,应及时检查排除,才能保证发动机机械结构正常、可靠的工作。

项目目标

1. 专业能力要求

① 能熟练进行发动机两大机构和五大系统机械结构的检查和检测;
② 能正确判断发动机机械机构的工作状态;
③ 能进行发动机机械系统常见故障的排除。

2. 社会能力要求

① 具备团队协作意识和强烈的工作责任心;
② 具备发现问题并能积极处理的能力;
③ 具备足够的环境保护意识、强烈的职业道德和法律意识。

3. 方法能力要求

① 与人良好沟通的能力;
② 能主动独立地学习,具备一定的创造能力和创新能力;
③ 具备故障诊断及检修过程的优化和控制能力;
④ 良好的心理承受能力。

4. 重点和难点

① 机械异响的诊断分析;
② 发动机各机械机构的磨损变化。

任务一　发动机异响的诊断与维修

一辆奇瑞旗云轿车运行了12万公里后,在行车过程中驾驶员出现发动机有异常响声出现,类似于金属敲击声,伴随有发动机动力下降。作为汽车维修人员,根据维修接待和初步判断,为发动机异响故障,需查明故障原因及部位,并排除;完成此任务,提交一份分析报告并归档。

发动机异响是指发动机在正常工作中发出的超过技术文件规定的不正常的响声。发动机异响分为气体与金属的冲击声响和金属与金属之间的敲击异响两大类,其原因和故障部位如表3.1所示。

表3.1　发动机异响的故障部位及原因

异响类别	故障部位	故障原因
气体冲击金属异响	不正常燃烧异响	发动机爆燃、突燃、早燃、点火敲击响
		排气管放炮
	不正常气流异响	排气衬垫烧穿声
		活塞环漏气声
		气门烧损漏气声
金属冲击金属异响	曲柄连杆机构异响	主轴承响、连杆轴承响
		活塞敲缸响、活塞销响、活塞环响
	配气机构异响	气门脚响、气门响、气门座圈响、气门弹簧响、气门挺杆响
		凸轮轴响、正时齿轮响、正时链条响
	其他机械异响	水泵、发电机等附件异响

一、影响发动机异响的主要因素

发动机异响与发动机转速、负荷、温度、缸位、工作循环、润滑条件等多种因素有关,异响部位不同,其振动区域、声调特征、伴随现象也不相同。

1. 转速

一般情况下,发动机转速越高,异响越严重。但高速运转时响声混杂,反而不易于听诊,诊断异响应在响声最明显的转速范围内进行。异响部位不同,响声最为清晰的转速范围也不相同。例如,活塞敲缸响、活塞销响、气门脚响等在怠速或低速时异响较为明显;连杆轴承响、气门座圈响、气门烧损响、凸轮轴响等在中速时异响较为明显;而曲轴轴承响、连杆轴承响、活塞环响等在稳定转速下运转时异响不明显,急加速时较为明显。

2. 负荷

许多异响与发动机负荷有关,如曲轴主轴承响、连杆轴承响、活塞敲缸响、点火敲击响等均随负荷增大(爬坡、加速、满载等)而增强,随负荷减小而减弱。而有些异响与负荷无关,如气门响、凸轮轴响等,负荷变化时响声基本不变。

3. 温度

有些异响与发动机温度有关,而有些异响与发动机温度无关或关系不大。例如,活塞冷敲缸响在低温时响声明显,温度升高后异响减弱或消失;发动机过热引起的早燃突爆声,活塞因变形、配合间隙过小引起的敲缸异响等在低温时响声不明显,温度升高后异响明显加重;主轴承响、连杆轴承响、气门脚响等受温度影响较小。

4. 润滑条件

若发动机润滑不良,曲柄连杆机构和配气机构异响均会明显加重。而有些异响又会导致润滑条件进一步恶化,如曲轴主轴承异响和连杆轴承异响,往往会造成机油压力过低、润滑不良。

5. 缸位

单缸断火(断油)或复火(复油)时响声有明显变化的现象称为异响上缸,即异响与缸位有关。例如,连杆轴承响、活塞环响、因气缸配合间隙过大造成的活塞敲缸异响等在单缸断火(断油)时响声减轻或消失;活塞销窜出或松旷响、连杆轴承盖螺栓松动响、活塞因裙部锥度过大造成的敲缸等,在单缸断火(断油)时响声明显加重;曲轴主轴承响单缸断火(断油)时响声变化不明显,相邻两缸同时断火(断油)时响声减轻或消失;气门脚等配气机构异响在单缸断火时响声不变或变化不明显。

6. 工作循环

发动机异响与工作循环有很大关系,尤其是曲柄连杆机构和配气机构。一般曲柄连杆机构异响每工作循环发响两次,配气机构异响每工作循环发响1次。

二、发动机常见异响的故障诊断

异响具有各自的特点和规律,可由人工诊断,也可利用诊断仪诊断。维修企业一般采用人工经验诊断法进行异响的诊断分析,即由诊断人员综合异响的音调、异响部位及改变发动机的转速、负荷、温度、润滑条件或单缸断油(断火)时响声的变化情况,结合自己的经验,对故障原因和故障部位作出判断。

(一) 曲轴主轴承响

1. 故障现象

发动机稳定运转时声响不明显,急加速或负荷较大时,发出较沉重、有力、有节奏的"铛铛"声,严重时机体振抖。

2. 故障原因

① 主轴颈磨损失圆造成主轴承配合间隙过大或配合不良。
② 润滑不良。

③ 主轴承盖螺栓松动,轴承合金脱落、烧损、轴承破裂等。
④ 曲轴弯曲。

3. 异响特征分析

① 改变发动机转速,转速增高,响声增大,中速向高速过渡时响声明显,急加速异响明显。

低速时,用手微微抖动并反复加大节气门,同时仔细察听异响,如响声随转速升高而增大,抖动节气门时在加速的瞬间响声较明显,一般是主轴承松旷;如在急速或低速时响声较明显,高速时杂乱,可能是曲轴弯曲;如在高速时有较大振动,油压显著降低,一般是主轴承松旷严重、烧损或减摩合金脱落。

② 负荷增大(如爬坡、载重)时,响声加大、加重,负荷变化时响声较明显。

③ 发动机温度变化时,异响变化不明显。

④ 单缸断油(断火)时,响声不变(末道主轴承响,响声减弱),相邻两缸均断油(断火)时,响声明显减弱。

⑤ 发动机跳火一次,发响两次,即每工作循环响两次。

⑥ 润滑不良时,响声加重,一般有明显的油压降低现象。

⑦ 反复抖动节气门,从加机油口(或曲轴箱通风管口)处听诊,可听到明显的、沉重有力的金属敲击声。用听诊器放在油底壳或曲轴箱与曲轴轴线齐平的位置上听诊,响声最强的部位即为发出异响的主轴承。

⑧ 伴随现象。主轴承异响往往会伴随有油压降低现象,严重时发动机振抖,尤其是在高速或大负荷时。

曲轴主轴承响诊断流程图如图 3.1 所示。

(二) 连杆轴承响

1. 故障现象

发动机急速运转时无异响或响声较小,急加速时有明显的较重且短促的"铛铛"连续敲击声。

2. 故障原因

① 连杆轴承或轴颈磨损,使配合间隙过大或配合不良。
② 油压过低或机油变质,或连杆轴承油道堵塞,致使润滑不良。
③ 连杆轴承盖螺栓松动或折断。
④ 连杆轴承尺寸不符,引起转动或断裂。
⑤ 连杆轴承减摩合金脱落或烧毁。

3. 异响特征分析

① 改变发动机转速,急速时声响较小,中速时较为明显,稍微加大节气门有连续的敲击声,急加速时敲击声随之增加,高速时因其他杂音干扰而不明显。

连杆轴承响比主轴承响清脆、缓和、短促,诊断时使发动机急速运转,然后逐渐由急速→低速→中速→高速加大节气门进行试验,同时结合单缸断油(断火)法,并在曲轴箱通风口处听诊,响声随转速的升高而增大,抖动节气门时,在加油的瞬间异响突出。响声严重时,在任何转速下均可听到清晰、明显的敲击声。

② 负荷增大,响声加剧。
③ 发动机温度变化时,响声通常不变,但有时也受润滑油温度的影响。

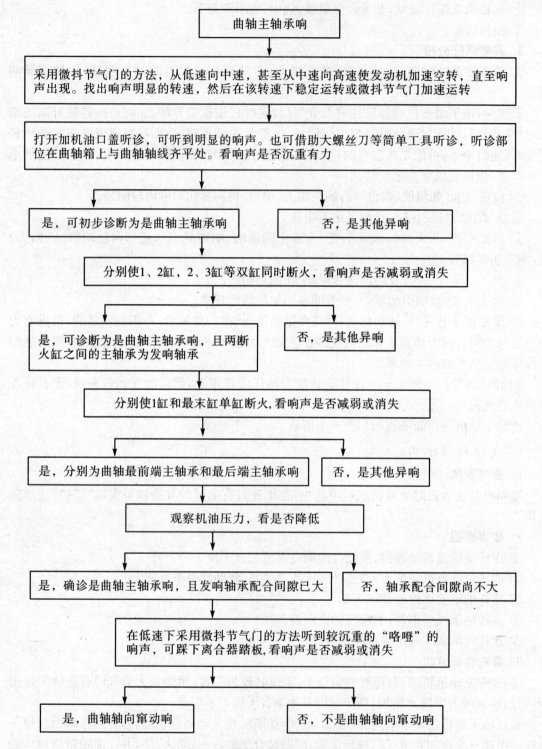

图 3.1 曲轴主轴承响诊断流程图

④ 单缸断油(断火),响声明显减弱或消失,但复火时又能立即出现,即响声上缸。但当连杆轴承松旷过甚时,单缸断火声响无明显变化。

⑤ 点火一次,发响两次,即每工作循环响两次。

⑥ 连杆轴承响声在油底壳侧面较大。如用听诊器放在机体上听诊,响声不十分清晰,但在加机油口处或曲轴箱通风管口处直接察听,可清楚地听到连杆轴承敲击声。

⑦ 伴随现象。连杆轴承响伴随有油压明显降低现象,严重时机体振抖,这有别于活塞销响和活塞敲缸。可用手将螺丝刀或听诊器抵住缸体下部或油底壳处,当触试相应的故障缸位时有明显振动感。

(三)活塞敲缸响

活塞敲缸响是指活塞上下运动时在气缸内摆动或窜动,其头部或裙部与气缸壁、缸盖碰撞发出的响声。通常专指活塞与气缸壁间隙较大,活塞上下运动时撞击气缸壁发出的响声。

1. 故障现象

发动机怠速或低速运转时,在气缸的上部发出清晰而明显的、有节奏的"嗒嗒"的连续不断的金属敲击声,严重时响声沉重,即为"铛铛"的响声。

2. 故障原因

① 活塞与气缸壁配合间隙过大。

② 活塞裙部腐蚀,或气缸磨损过大。

③ 活塞装配不当。

④ 油压过低,气缸壁润滑不良。

3. 异响特征分析

① 怠速或低速时比较清晰,中速以上运转时,异响减弱或消失。

② 负荷加大,响声加大。

③ 一般冷车时响声明显,热车后响声减弱或消失,即冷敲缸。严重时冷热均敲缸,并伴有振抖。

④ 将发动机置于异响明显的转速下,进行单缸断油(断火)试验,响声明显减弱或消失。

⑤ 曲轴转一圈,发响一次,且有节奏性,转速提高则响声加快。

⑥ 润滑不良,响声加大。

⑦ 将听诊器或听诊杆触在机体上部两侧进行听诊,若响声较强并稍有振动,再结合断油(断火)试验,即可判断出异响气缸。

4. 伴随现象

伴随现象有排气管冒蓝烟、缸压降低等。用手将螺丝刀或听诊器抵在气缸两侧上部触试,有明显振动感。

活塞冷敲缸也可采用加注机油法确诊,即从火花塞孔加入少量机油,在发动机刚起动时响声减弱或消失,但不久响声又恢复。

发动机敲缸包括冷态敲缸、热态敲缸和冷热态均敲缸。发动机冷态不响,热车后怠速发响,并伴有机体轻微抖动,且温度越高,响声越大,即为热态敲缸。热态敲缸要及时排除,否则会转化成拉缸事故。

活塞敲缸响的诊断流程图如图3.2所示。

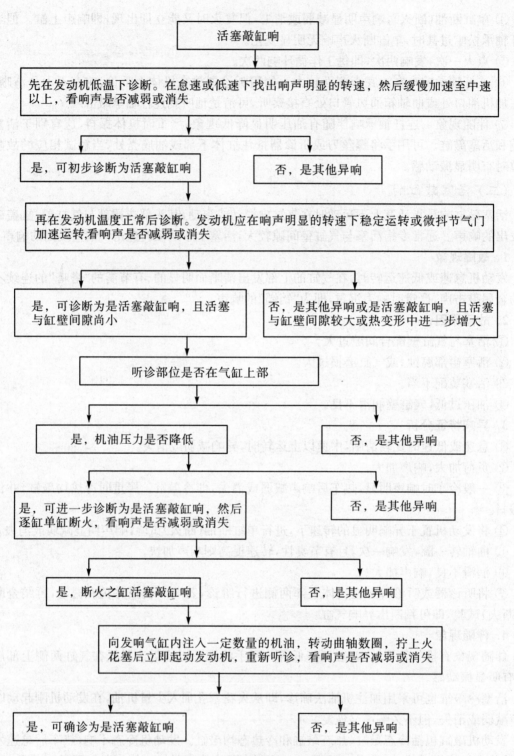

图 3.2 活塞敲缸响诊断流程图

（四）活塞销响

1．故障现象

在急速、低速和从急速向低速抖动节气门时，发出响亮而有节奏的"喀喀"金属敲击声，将点火时间稍微提前，声响加剧，在同样转速下比活塞敲缸响连续而尖锐。

2．故障原因

① 活塞销与销孔、连杆衬套磨损严重，配合间隙过大。
② 卡环松旷、脱落，活塞销断裂。
③ 润滑不良等。

3．异响特征分析

① 转速变化时，响声也随之周期性地变化，加速时声响更大，在发动机转速稍高于急速时比较明显，比轴承响声清脆。抖动节气门，从急速向低速加速时，响声能随转速的变化而变化，且在转速升高的瞬间，发出清脆、连续而有节奏的响声。

② 温度上升，响声没有减弱，甚至更明显。有时冷车时响声小，热车时响声大。

③ 单缸断油（断火）时，响声减弱或消失。复火时响声会明显出现一响或连续两响。严重时在响声较大的转速下进行断油（断火）试验，往往响声不消失且变得杂乱。

④ 用螺丝刀或听诊器抵在发动机上侧部或气缸盖上察听，同时变换转速，在气缸壁上部听诊比在下部明显。若响声不明显，可略将点火正时提前，响声会较前明显，特点是上下双响，声音较脆。

（五）气门脚响

1．故障现象

急速时，在气门室处发出连续的"嗒嗒"声，响声清脆有节奏，易区分。若有多只气门脚响，则声音杂乱，且断油（断火）试验响声无变化。

2．故障原因

① 气门脚润滑不良，或因磨损、调整不当造成气门间隙过大。
② 气门间隙处两接触面不平。
③ 气门杆与气门导管配合间隙过大。
④ 摇臂轴配合松旷。

3．异响特征分析

① 转速增高响声增大，节奏加快。急速、低速时响声明显，中速以上变得模糊杂乱。
② 负荷、温度、缸位对气门脚响无影响，断油（断火）试验异响无变化。
③ 急速下在气门室或气门罩处听诊异响非常明显，气门脚响清脆有节奏，在发动机周围就能听到较为清晰的响声。
④ 将气门室盖拆下，在急速时用适当厚度的塞尺插入气门间隙处，若响声消失或减弱即可确诊为该气门间隙过大。也可用塞尺检查或用手晃动摇臂，间隙最大的往往是最响的气门。为进一步确诊是气门脚响还是气门落座响，可在气门间隙处滴入少许机油，如瞬间响声减弱或消失，说明是气门脚响；如响声无变化，说明是气门落座响。
⑤ 插入塞尺后，气门没有间隙，若响声不变，可用螺丝刀撬动气门杆，若响声消除，说明气门杆与导管磨损过甚。

 **技能实训**

一、实训导读

在发动机运行过程中，各种异响的响声模糊杂乱，现象与成因之间的关系复杂，因此异响诊断一直是汽车故障诊断中的难点，诊断人员必须经过大量的诊断实践，才能区分各种不同异响。发动机异响的综合诊断流程如图 3.3 所示，诊断过程中需加速时，应仔细监听响声变化情况，同时密切注意机油压力表或机油压力报警器的工作状况，逐级缓慢加速，以免造成新的更为严重的故障，影响发动机的寿命。

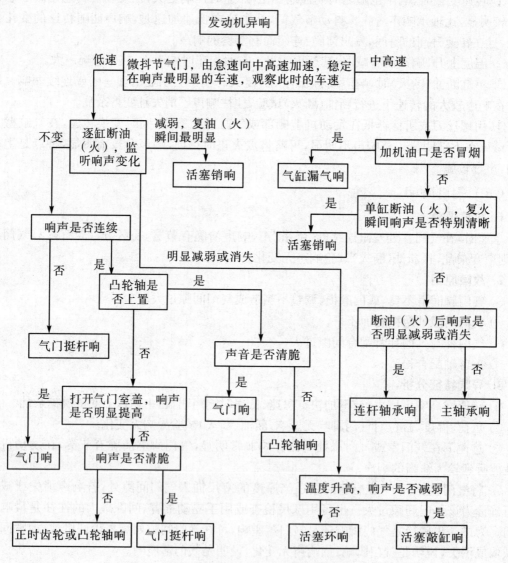

图 3.3 发动机异响的综合诊断流程

二、学生实操训练

(一)训前准备

1. 学生组织

让学生按小组讨论组内分工及组织任务实施,同时将《任务工单》分发给每位学生。各组根据任务要求做好人员分工和操作计划。

2. 实训场地及工具准备

为完成该任务操作,除将检测工具、工作台布置好以外,还需提前做好以下准备:

① 车辆维修手册。
② 故障车辆(或发动机台架)。
③ 举升机。
④ 其他汽车书籍。
⑤ 维修工具套装及工具车。
⑥ 保护套装。
⑦ 听诊器。

(二)发动机异响故障诊断与排除实训

按照已经分好的小组,让学生制定检修计划,由教师辅助,对发动机异响实施诊断检查,判断故障类型并提出排除方案,实施排除。

1. 资讯

根据任务描述和实车表现,填写附表 A1。

2. 查阅维修手册进行原因分析

查阅相关资料,按照图 3.3 诊断流程进行原因分析。

3. 故障点确认

填写附表 A2,进行故障点确认。

4. 故障排除

填写附表 A3,进行故障排除。

5. 废料和废品处理

任务结束后,对废料和废品进行处理。

(三)学生撰写实训报告

完成任务后,撰写实训报告。

(四)实训结果评价

对实训结果进行评价。

任务评价

填写任务评价反馈表,见附表 A4。

任务二　发动机机械系统的磨损维修

一辆桑塔纳出租车,行驶20万公里,根据车主反应,发动机动力不足,加油门动力提升较慢,排气管冒黑烟,并伴随放炮声音。作为汽车维修人员,根据维修接待和初步判断,可能由于气缸磨损严重,导致发动机气缸密封性下降,需查明故障原因及部位,并排除;完成此任务,提交一份分析报告并归档。

在汽车行驶过程中,汽车的零部件之间,工作介质、燃油及燃烧产物与相应零部件之间,均存在相互作用,从而引起零部件受力、发热、变形、磨损、腐蚀等现象,进而造成零件失效。其中,磨损是造成发动机机械零部件失效的主要形式。

一、发动机的磨损

磨损是指由于摩擦而使零件表面物质不断损失的现象,是摩擦副相互作用的结果。磨损是汽车零件损坏的主要原因。汽车使用过程中出现的磨损主要分为黏着磨损、磨料磨损、表面疲劳磨损和腐蚀磨损四类,已在本书学习情境一中有所描述,这里不再赘述。

二、发动机常见的机械故障及其主要原因

常见故障为气缸压力过低和发动机异响,其故障部位和故障原因如表3.2所示。

表3.2　发动机机械系统常见故障部位

序号	故障部位	主要故障原因	主要故障现象和危害
1	缸体、缸盖	磨损、变形、裂纹	漏气、漏水、漏油、异响
2	气缸垫	损坏	漏气、漏水、漏油
3	活塞	磨损、变形	漏气、异响
4	活塞环	耗损、断裂、对口、装配错误	漏气、窜油、拉缸、异响
5	曲轴、连杆	变形、轴颈磨损	异响
6	轴承	磨损、腐蚀	异响
7	气门组件	磨损	漏气、异响
8	气门传动组件	磨损、正时失准	漏气、异响

(一)气缸的磨损

1.气缸磨损的特点

在正常磨损情况下,气缸磨损的特点是不均匀磨损。

气缸沿工作表面在活塞环运动区域内呈上大下小的不规则锥形磨损。磨损的最大部位是活塞在上止点位置时第一道活塞环相对应的气缸壁,而活塞环接触不到的上口几乎没有磨损而形成了明显的"缸肩"。气缸沿圆周方向的磨损也是不均匀的,形成不规则的椭圆形。其最大磨损部位往往随气缸结构、使用条件不同而异,一般是前后或左右方向磨损最大。

2.气缸磨损的原因

(1) 正常磨损

气缸磨成上大下小的主要原因是:上部润滑最差;活塞环在上、下止点运行速度接近0,油膜不易形成。气缸径向磨损不均的主要原因是:进气的吹射、冲刷作用,使缸壁的润滑油被稀释并形成较多腐蚀性成分。

(2) 异常磨损

① 发动机气缸在低温、燃油燃烧不充分的条件下将产生严重的腐蚀性磨损。发动机冷却水温较低或低温起动频繁时,易产生较多的酸性物质,酸性物与气缸直接接触形成脆弱薄层,此薄层在外力作用下剥落,从而形成腐蚀性磨损。

② 进入气缸的空气中含有大量灰尘而造成严重的磨料磨损。

③ 机油中的杂质、尘粒等引起严重的磨料磨损。

④ 新的或大修后未经磨合的气缸直接投入作业时,由于气缸和活塞表面凹凸不平,运动时相互嵌入产生磨料磨损,在气缸表面产生平行于气缸的轴线拉痕,俗称"拉缸"。

⑤ 黏着磨损。气缸与活塞环在润滑不良的情况下相对滑动时,两者之间极微小部分金属表面的直接摩擦产生局部高温,使之熔融黏着、脱落,逐步扩大即产生黏着磨损。

⑥ 断环后的磨损。活塞环通常有3~4道,第一道环较易断裂。该环断裂后,第二道环的润滑条件遭到破坏,加剧了气缸的磨损,形成"二台"。

3.气缸磨损的检验

(1) 气缸磨损的测量位置和量缸表的使用

在进行测量时,测量部位的选择很重要,气缸的测量位置,在气缸体上部距气缸上平面10 mm处,气缸中部和气缸下部距缸套下口10 mm处的三个截面,按A、B两个方向分别测量气缸的直径,如图3.4所示。

气缸磨损情况采用量缸表测量。量缸表实际上是在一个百分表上接上一个测量表头,其使用方法如下:

① 选择接杆。测量前先根据所测量气缸的大小,选择相应量程的接杆插入量缸表的下端,并将百分表装入量缸表杆上端的安装孔中(安装后,用手压缩量缸表的下端测量头,表针应转动灵活)。

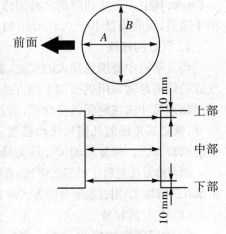

图3.4 气缸的测量位置

② 校对量缸表尺寸。将外径千分尺调到所量气缸的标准尺寸,然后将量缸表校对到外径千分尺的尺寸(保证量缸表的活动量杆有2 mm左右的压缩量),并转动表盘使表针对正零位。

③ 为保证测量的准确性,测量时量缸表的接杆与气缸的轴线应保持垂直,即表头指针为顺时针最大位置,如图 3.5 所示。

(2) 气缸圆度和圆柱度的测量

① 气缸圆度的测量

a. 根据气缸直径的尺寸,选择合适的接杆,装入量缸表的下端,并使伸缩杆有 1～2 mm 的压缩量。

b. 将量缸表的测杆伸入到气缸中的相应部位,微微摆动表杆,使测杆与气缸中心线垂直,量缸表指示的最小读数即为正确的气缸直径。用量缸表在上部 A 向测量,旋转表盘使"0"刻度对准大表针,然后将测杆在此截面上旋转 90°,此时表针所指刻度与"0"位刻度之差的 1/2 即为该截面的圆度误差。

② 气缸圆柱度的测量

用量缸表在上部 A 向测量并找出正确的直径位置,旋转表盘使"0"刻度对准大表针。然后依次测出其他五个数值,取六个数值中最大差值的 1/2 作为该气缸的圆柱度误差。

(3) 气缸磨损尺寸的测量

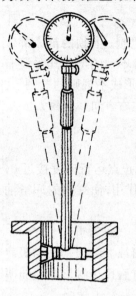

图 3.5　量缸表的读数位置

测量时,用量缸表在上部 A 向测量并找出正确气缸直径位置,旋转表盘使"0"刻度对准大表针,并记住小表针所指位置。取出量缸表,将测杆放置于外径千分尺的两测头之间,旋转外径千分尺的活动测头,使量缸表的大指针指向"0",且小指针指向原来的位置(在气缸中所指示的位置)。此时,外径千分尺的尺寸即为气缸的磨损尺寸。

3. 气缸的检验分类技术条件

① 圆度误差达到 0.050～0.063 mm;

② 圆柱度误差达到 0.175～0.250 mm;

③ 最大磨损量:有修理尺寸的气缸达到 0.2 mm;无修理尺寸的气缸(薄型缸套)达到 0.4 mm;其中一项达到限值时必须修理或更换气缸(套)。气缸的圆度误差和圆柱度误差均小于限值,而磨损量小于 0.15 mm 时,可更换活塞及活塞环。

4. 气缸的修理

当发动机中磨损量最大的气缸,其磨损程度衡量指标超过规定标准时,则应进行修理。气缸的修理通常采用机械加工的方法,即修理尺寸法和镶套修复法。

修理尺寸法在前面已经介绍,通过将配合副中主要件的磨损部位经过机械加工至规定尺寸,恢复其正确的几何形状和精度,然后更换相应的配合件,得到尺寸改变而配合性质不变的修理方法。修复后的尺寸称为修理尺寸,对于孔件是扩大了的,对于轴件是缩小了的。

镶套修复法是对于经多次修理,直径超过最大修理尺寸,或气缸壁上有特殊损伤时,可对气缸承孔进行加工,用过盈配合的方式镶上新的气缸套,使气缸恢复到原来的尺寸的修理方法。

(1) 气缸的镗磨

① 确定气缸的修理尺寸。气缸的修理尺寸应按修理级别进行。修理级别一般分为 4～6 级,每加大 0.25 mm 为一级,即 +0.25 mm、+0.50 mm、+0.75 mm、+1.00 mm、+1.25 mm、+1.50 mm,最大不超过 1.00 mm 或 1.50 mm。常用的气缸修理加大尺寸为 +0.50 mm、+1.00 mm 和 +1.50 mm 三级。计算公式为

$$气缸的修理尺寸 = 气缸最大直径 + 镗磨余量$$

式中,镗磨余量一般取 0.10～0.20 mm。

② 确定镗削量:

镗削量＝活塞裙部最大直径－气缸最小直径＋配合间隙－磨缸余量

式中,磨缸余量一般取 0.01～0.05 mm。

③ 镗缸。在镗缸机上进行操作。

(2) 气缸的珩磨

气缸珩磨后的技术要求是:缸壁表面粗糙度应不大于 Ra0.63;气缸的圆度、圆柱度及配缸间隙符合规定。

(3) 镶装气缸套

气缸用修理尺寸法修理超过最后一级时,可用镶套法恢复至原始尺寸。

(二) 气门和气门座的磨损

1. 气门的磨损与检验

气门的常见磨损是:气门杆及尾端的磨损、气门工作锥面磨损等。

气门出现下列耗损之一时,应予以更换:

① 轿车气门杆的磨损大于 0.05 mm,载货汽车气门杆的磨损大于 0.10 mm 或出现明显的台阶形磨损。

② 气门头圆柱面的厚度小于 1.0 mm。因为气门头圆柱部分厚度过小会增加燃烧室容积,影响发动机工作的平稳性,同时使气门头的强度降低。

③ 气门尾端的磨损大于 0.5 mm。

气门磨损情况可通过测量如图 3.6 所示的尺寸进行检查,若测得的尺寸不符合规定,应更换气门。气门杆的直线度检查方法如图 3.7 所示,将气门杆支撑在两只 V 形支架上,用百

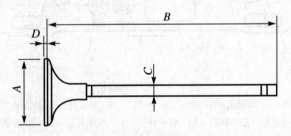

图 3.6 气门尺寸

A. 气门头部直径 B. 气门总长度 C. 气门杆直径 D. 气门头部厚度

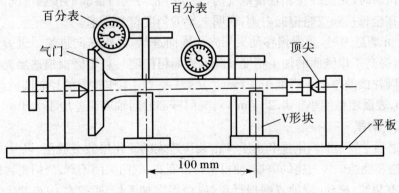

图 3.7 气门杆弯曲的检验

分表检查气门杆中部,检查时将百分表触头抵住气门杆的中部,将气门杆转动一周,表针摆差的一半,即为气门杆的直线度误差。校直的方法是将气门支撑在两只 V 形支架上,使凸面向上,用手动压力机校压,校压量约为弯曲量的 10 倍,保压 2 min。校压时,在压具与气门杆间垫上铜片。

2. 气门工作锥面的修磨

气门工作锥面的修磨是在气门光磨机上进行的,如图 3.8 所示。气门的光磨工艺如下:

① 光磨前应将气门进行校直。校直后,气门杆与工作锥面的径向圆跳动公差分别为 0.03 mm 和 0.05 mm。

② 将校直的气门杆紧固在夹架上,气门头的伸出长度为 30~40 mm,调整夹架的位置,使之与气门工作锥角相符。

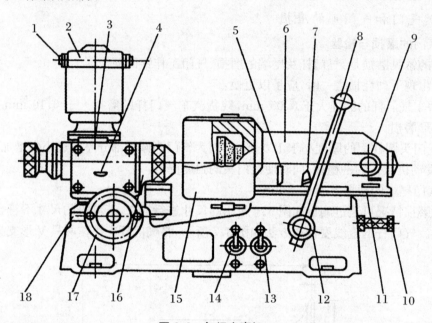

图 3.8　气门光磨机

1. 电刷架　2. 车头电机　3. 加油孔　4. 油窗　5. 出风口　6. 磨头体　7. 注油孔　8. 扳杆　9. 电刷架
10. 定位螺钉　11. 纵导轨面　12. 插销　13. 磨头开关　14. 车头开关　15. 玻璃罩　16. 车头　17. 手轮
18. 横向导面

③ 试磨。开动车头和磨头电机,观察砂轮工作面是否平整,气门工作锥面有无偏斜,然后进行试磨。试磨时,先使砂轮轻轻接触气门,查看砂轮与气门锥面的接触情况。若磨削痕迹与工作锥面在全长接触或略偏向内侧,说明夹架的角度符合要求。

④ 光磨。光磨进刀时,要慢慢移动夹架先作横向进给,再作纵向进给。进刀量要小,冷却液要充足,以提高工作锥面的加工精度和降低表面粗糙度。直至磨损痕迹磨光为止,光磨后的气门大端圆柱面的厚度不得低于 1 mm。光磨后,气门工作锥面的径向圆跳动误差应不大于 0.01 mm,表面粗糙度小于 0.25 μm,对气门杆部的同轴度误差应不大于 0.05 mm。

3. 气门座的磨损

气门座的磨损主要是磨料磨损和由于冲击载荷造成的硬化层疲劳脱落,以及由于高温燃气所导致的腐蚀和烧蚀。气门座的磨损,使得密封带变宽,气门关闭不严,气门密封性降低。

当气门座有裂纹、松动、烧蚀或磨损严重,或经多次加工修理,新气门被装入后,气门头

部顶平面仍低于气缸盖燃烧室平面 2 mm 以上时,应镶换新的气门座圈。镶配气门座圈的工艺如下:

① 取出旧气门座圈。取出旧气门座圈的方法有多种。如果气门座圈的下边沿与气道间形成台阶的,可用小撬棒撬出,但要注意在支点处加垫块,以免压坏气缸盖平面;用气门座圈专用拉具拉出;用电焊沿气门座圈工作面轻轻地匀布点焊几点,待气门座圈冷却收缩后轻轻一撬即可取出。应注意,无论采用何种方法,均不得伤及座孔。

② 选择新气门座圈。用外径千分尺测量座圈外径,用内径量表测量座圈孔内径,根据气门座和气缸盖承孔的材质选择合适的过盈量(一般在 0.07~0.17 mm)。

③ 气门座圈的镶换。将检验合格的新气门座圈用干冰或液氮冷却,时间不少于 10 min,同时将缸盖的座圈承孔用汽油喷灯或在箱式炉中加热至 373~423 K,同时取出加热的缸盖和冷缩的气门座圈,并在座圈外涂上一层密封胶,将座圈压入承孔中。

4. 气门的研磨

气门工作锥面经光磨或更换新件,气门座经过磨削后,为使它们达到密合,还需要互相研磨。气门研磨可用手工操作或使用气门研磨机。

① 手工研磨。研磨前应先用汽油清洗气门、气门座和气门导管,将气门按顺序排列或在气门头部打上记号,以免错乱;再在气门工作锥面上涂上一层粗研磨砂,同时在气门杆上涂以润滑油,插入导管内;然后利用螺丝刀或橡皮捻子(图 3.9)将气门作往复和旋转运动与气门座进行研磨,注意旋转角度不宜过大,并不时地提起和转动气门,变换气门与气门座的相对位置,以保证研磨均匀。手工研磨时,不应过分用力,也不要提起气门用力在气门座上撞击,否则会将气门工作面磨宽或磨出凹槽。

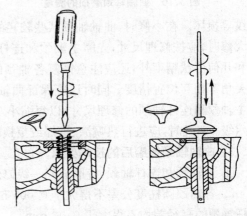

(a) 用螺丝刀研磨气门　(b) 用橡皮捻子研磨气门

图 3.9　气门的研磨

当气门工作面与气门座工作面磨出一条完整且无斑痕的接触环带时,可以将粗研磨砂洗去,换用细研磨砂,继续研磨。当工作面出现一条整齐的灰色的环带时,再洗去细研磨砂,涂上润滑油,继续研磨几分钟即可。

② 机器研磨。将气缸盖(或气缸体)清洗干净,置于气门研磨机工作台上,在已配好的气门工作面上涂一层研磨膏,在气门杆上涂以润滑油,装入导管内,调整各转轴,对正气门座孔,连接好研磨装置,调整气门升程,进行研磨。一般研磨 10~12 min 即可。研磨后的工作面应成为一条平滑、有光泽的圆环,不允许有中断和可见的凹槽。

(三) 曲轴轴颈磨损的检验及修理

1. 曲轴轴颈磨损的检查

首先对曲轴进行外观、常规的检查(轴颈有无拉伤、明显损伤及缺陷等),然后用外径千分尺对各道主轴颈、连杆轴颈进行测量。测量截面与气缸测量类似,要求多测量几个点,记录各道的测量数据,验证和分析磨损规律及原因。

曲轴主轴颈和连杆轴颈的磨损在轴向和径向都是不均匀的。其主要表现是轴向磨损锥形,径向磨损椭圆。检验曲轴各轴颈的磨损情况,主要是测量轴颈的圆柱度误差。其目的是为了掌握轴颈的磨损程度,以便根据其磨损程度确定轴颈是否需要修理,同时也可确定修理尺寸。测量如图 3.10 所示。

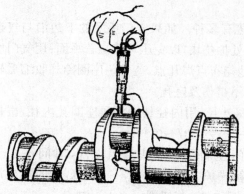

先在轴颈磨损的最大部位处测量,找出最小直径,然后在轴颈磨损最小部位处测量,找出最大直径,此时测微器的读数与最小直径之差的一半即为该道轴颈的圆柱度误差。

2. 曲轴轴颈磨损的修理

当主轴颈和连杆轴颈的圆柱度误差大于 0.012 5 mm 时,应进行曲轴光磨修理。另外,还可以用眼看、手摸的方法,来发现曲轴轴颈表面的擦伤、起槽、烧蚀和较严重的

图 3.10 曲轴轴颈磨损的测量

裂纹等损坏。在小修时,曲轴轴颈某些较轻的表面损伤,可用油石、细锉刀或砂布加以修磨。在大修时,应按修理尺寸,光磨主轴颈和连杆轴颈。光磨轴颈时,除了要恢复轴颈的尺寸精度和几何形状精度外,还应注意恢复各轴颈的同心度、平行度、曲柄半径以及各连杆轴颈间的夹角等相互位置精度。同时还应保证曲轴中心线的位置不变,以保持原有的平衡性。曲轴主轴颈和连杆轴颈的修理尺寸,以每缩小 0.25 mm 为一级,逐级缩小至 1.5 mm 为止,共分六级。超过时,应进行热喷涂、堆焊或更换新品的方法修复。

3. 曲轴轴颈修磨后的技术要求

① 主轴颈和连杆轴颈,应磨成同一级修理尺寸,以便选配同一级的轴承。

② 各轴颈圆柱度公差不得大于 0.005 mm;粗糙度不超过 0.40 μm;主轴颈的直径差和连杆轴颈的直径差均不得大于 0.02 mm。

③ 轴颈长度应不超过标准长度的 0.30 mm,轴颈两端应保持有半径为 2~3 mm 的过渡圆弧;轴颈上的油孔口应有 1×45° 倒角、无毛刺。

④ 各道连杆轴颈中心线对于曲轴主轴颈中心线的平行度公差,应不大于 0.01 mm。

一、实训导读

(一) 气缸密封性测量

气缸的密封性能可以通过检测气缸压缩压力、曲轴箱窜气量、气缸漏气量(率)及进气歧管真空度等多项参数进行综合诊断。现主要依据气缸压缩压力和进气歧管真空度来判断气缸的密封性。

1. 气缸压缩压力的检测

气缸压缩压力可用气缸压力表检测,也可用气缸压力测试仪检测。

(1) 用气缸压力表检测缸压

这是维修企业检测气缸压力最常用和最实用的检测方法。检测缸压时应保证蓄电池电压充足,有足够的起动转速,节气门全开,发动机工作温度正常。拆下全部火花塞,并将高压线搭铁,并拔下所有喷油器连接器;把气缸压力表接入待测气缸的火花塞孔,用起动机带动

曲轴转动 3~5 s,读取压力表读数,然后按下压力表单向阀使指针回零,再进行下一次测量。通常每缸测量 3 次,并与标准值对比,各缸缸压应不低于标准值的 85%,且各缸缸压差应不大于 3%(极限为 10%)。

(2) 用气缸压力测试仪检测缸压

可采用压力传感器式气缸压力测试仪、起动电流式或起动电压降式气缸压力测试仪等检测气缸压力。在发动机综合测试仪和综合试验台上,多采用起动电流或起动电压降式气缸压力测试仪来检测缸压,其检测原理是:起动机带动发动机曲轴所需的转矩是起动机电流的函数,并与气缸压力成正比。起动电流的变化与气缸压力的变化存在着对应关系,通过测量起动时某缸的起动电流,即可确定该缸的气缸压力。通过测起动电源——蓄电池的电压降,也可获得气缸压力。这是因为起动机工作时,蓄电池端电压的变化取决于起动机电流的变化,当起动电流增大时,蓄电池端电压降低,即起动电流与电压降成正比,因此起动时蓄电池的电压降与气缸压力也成正比,所以通过测蓄电池电压降也可以测得气缸压力。

对桑塔纳轿车发动机气缸压力进行检测时,发动机油温至少为 30 ℃,具体步骤如下:

① 拔下点火线圈及火花塞插头,用专用扳手拧下火花塞。
② 将加速踏板踩到底,使节气门全开。
③ 将气缸压力表或其专用检测仪装入火花塞孔。
④ 用起动机带动发动机运转,直至气缸压力表或检测仪显示的压力值不再上升,记录此值。

桑塔纳轿车发动机气缸压缩压力值应为 1~1.3 MPa,压力极限值为 0.75 MPa,各缸间压力差最大允许值为 0.3 MPa。

2. 气缸压缩压力检测分析

若气缸压力低于标准值,可由火花塞孔或喷油器孔注入适量润滑油(为 20~30 mL),再次检测气缸压力,并比较两次检测结果。

① 如果第二次测量值高于第一次,并接近标准值,可能是气缸、活塞、活塞环磨损严重,活塞环对口、断裂、缸壁拉伤等原因造成密封不良。
② 如果第二次测量结果与第一次基本相同,可能是进、排气门或气缸垫损坏造成密封不良。
③ 若两次测量某相邻两缸压力均较低,则可能是相邻两缸处的气缸垫烧损相互窜气。若气缸压力高于标准值,可能是燃烧室积炭过多、气缸垫过薄、缸体缸盖结合面修磨过度所至。

(二) 气缸磨损量检测

① 解体发动机,用量缸表测量气缸内径。
② 量缸表的使用方法见文中内容表述。
③ 测量并记录数据。

(三) 制定修理工艺

制定修理工艺,排除故障。

二、学生实操训练

（一）训前准备

1. 学生组织

让学生按小组讨论组内分工及组织任务实施,同时将《任务工单》分发给每位学生。各组根据任务要求做好人员分工和操作计划。

2. 实训场地及工具准备

为完成该任务操作,除将检测工具、工作台布置好以外,还需提前做好以下准备:

① 车辆维修手册。
② 故障车辆(或发动机台架)。
③ 维修工具套装及工具车。
④ 气压表。
⑤ 量缸表。
⑥ 吊机。
⑦ 机油、抹布、刷子、油盆等。

（二）发动机机械磨损实训

按照已经分好的小组,让学生制定维修计划,实施维修,包括:资讯、查阅维修手册进行原因分析(诊断方案)、故障点确认(实施诊断方案)、故障排除等。

1. 资讯

根据任务描述和实车(发动机)情况,填写附表 A1。

2. 查阅维修手册进行原因分析

查阅维修手册和相关资料进行原因分析。

3. 故障点确认

填写附表 A2,进行测量数据记录并确认故障点。

4. 故障排除

确定故障排除工艺和方法,填写附表 A3。

5. 废料和废品处理

任务结束后,对废料和废品进行处理。

（三）学生撰写实训报告

任务结束后,撰写实训报告。

（四）实训结果评价

对实训结果进行评价。

 任务评价

填写任务评价反馈表,见附表 A4。

项目评价

填写项目评价表,见附表 A5。

项目思考

1. 发动机常见的机械异响有哪些?
2. 造成发动机机械异响的主要原因是什么?
3. 发动机的磨损形式有哪几种?
4. 气缸磨损后如何修理?
5. 如何进行气门座的铰削?
6. 气门和气门座为何需要配合研磨?
7. 曲轴磨损的修理方法有哪些?

拓展提升

发动机传动件的磨损检修

1. 正时链条和正时链轮的检查

采用上置凸轮轴式配气机构的发动机在工作中,正时传动机构会因正时链条的磨损,造成节距变长,噪声增大,严重时会使配气正时失准。因此,在维修中应认真检查。

(1) 正时链条的检查

测量全链长。测链条长度时,对链条施以一定的拉力拉紧后测量其长度,如图 3.11 所示。测量时的拉力可定为 50 N。如丰田 2Y、3Y 发动机的链条长度应不超过 291.4 mm,如长度超过此值,应更换新链条。

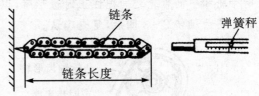

图 3.11 正时链条长度的测量

(2) 正时链轮的检查

测量最小的链轮直径。将链条分别包住凸轮轴正时链轮和曲轴正时链轮,用游标卡尺测量其直径,如图 3.12 所示,其直径不得小于允许值。例如丰田 2Y、3Y 发动机允许的最小值:凸轮轴正时链轮为 114 mm,曲轴正时链轮为 59 mm。若小于此值,应更换链条和链轮。

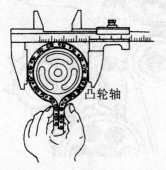

图 3.12 正时链轮直径的测量

2. 正时带轮和正时齿形带的检查

采用上置凸轮轴式配气机构的发动机在工作中,正时传动机构会因正时带轮和正时齿形带的磨损,造成配气正时失

准。因此,在维修中应认真检查。

一般厂家推荐正时齿形带的使用寿命为 32 000～96 000 km。检查齿形带时,若发现有如图 3.13 所示的缺陷之一,必须更换齿形带。

凸轮轴或曲轴正时带轮的常见故障是磨损,可用游标卡尺测量正时带轮直径检查其磨损情况,如图 3.14 所示。若正时带轮直径超过允许极限,应更换正时带轮。

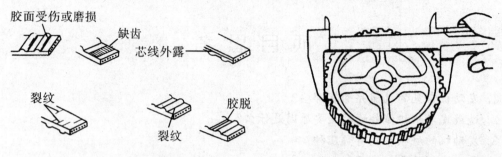

图 3.13　正时齿形带常见缺陷　　　　图 3.14　正时带轮磨损的测量

3. 正时齿形带的安装

正时齿形带安装、调整或保护不当时,会造成正时齿形带的磨损和损伤。安装时,正时齿形带必须与正时带轮相吻合。更换正时齿形带时,新、旧正时齿形带必须完全相同。正时齿形带不能过度弯曲(如扭转 90°以上或盘起存放等),也不能沾水或油,否则很容易造成正时皮带的损坏。正时齿形带安装时应注意:

① 齿形带传动装置装配时必须按相关维修手册中的规定对正正时标记。常见齿形带传动装置的正时标记如图 3.15 所示,装配时,应对正下列标记:凸轮轴正时带轮与气缸盖上的标记,曲轴正时带轮与气缸体前端标记。

② 装上正时齿形带。检查并确认正时齿形带不开裂,齿数、齿形不残缺,否则更换。

③ 正时齿形带张紧度的检查。如图 3.16 所示,检查正时齿形带的张紧度,用手指在正时带轮和中间带轮之间捏住正时齿形带,以刚好能转 90°为合适,调整张紧轮固定螺母并拧紧。将曲轴转 2～3 圈后,复查确认。

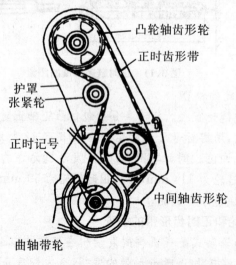
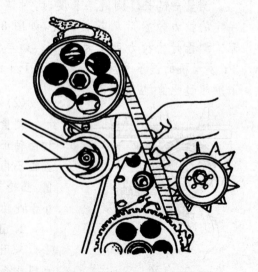

图 3.15　常见正时齿形带传动装置的正时标记　　　　图 3.16　正时齿形带张紧度检查

项目四

汽油机电控系统故障诊断与维修

项目描述

电控汽油机目前在车用发动机中广泛应用,其电控系统主要是以电控单元(ECU)为控制中心,并利用安装在发动机上的各种传感器测出发动机的各种运行参数,再按照电脑中预存的控制程序精确地控制喷油器的喷油量,使发动机在各种工况下都能获得最佳空燃比的可燃混合气。由于电子控制的汽油喷射系统的各项功能是由许多元件相互配合完成的,如果元件产生故障,必将影响整个系统正常工作。因而,发现故障后,应及时检查排除,才能保证发动机机械结构正常、可靠的工作。

项目目标

1. 专业能力要求
① 能熟练进行汽油机电控系统的检查和检测;
② 能正确判断电控汽油机的工作状态;
③ 能进行汽油机电控系统常见故障的排除。

2. 社会能力要求
① 具备团队协作意识和强烈的工作责任心;
② 具备发现问题并能积极处理的能力;
③ 具备足够的环境保护意识、强烈的职业道德和法律意识。

3. 方法能力要求
① 与人良好沟通的能力;
② 能主动独立地学习,具备一定的创造能力和创新能力;
③ 具备汽车故障检修过程的优化和控制能力;
④ 良好的心理承受能力。

4. 重点和难点
① 汽油机电控系统的故障诊断分析;
② 电控系统元件的检修。

任务一　汽油机电控系统故障诊断基础

2011年1月16日,售后服务经理接到客户宋先生反映,他的汽车出现动力不足的现象。进行排查后确定为节气门位置传感器故障,需要更换。制定更换节气门位置传感器的计划,完成此任务,提交一份执行报告并归档。

电子燃油喷射控制系统(Electronic Fuel Injection,EFI)的优点有:进气管道中没有狭窄的喉管,空气流动阻力小,提高了发动机的充气效率,从而增加了发动机的功率和扭矩(5%~10%);可对混合气成分和点火提前角进行精确的控制,使发动机在任何工况下都保持最佳的工作状态(经济性、动力性、排放的最佳折中),尤其是对过渡工况的动态控制。多点汽油喷射系统可彻底解决发动机各缸混合气的分配不均匀问题;可节省燃油(油耗降低5%~10%)并减少废气中的有害成分(有害排放减少15%~20%),尤其是在减速滑行时可切断燃油的供应。

电子控制汽油喷射系统的各项功能是由许多元件相互配合完成的,如果元件产生故障,必将影响整个系统正常工作。

一、电子控制汽油喷射系统的常见故障部位及危害

① 加速踏板位置传感器故障:动力不足、加速不良、转速不稳、喘振、点火爆燃等,它还是自动变速器换挡控制的主要控制信号之一,发生故障后将引起换挡点不正常等。

② 蓄电池电压异常:电压过低可能导致起动困难、无法起动、熄火、喘振等;电压过高会损害系统中电子元件。

③ ECM故障:发动机无法起动或起动困难、熄火、喘振、转速不稳、加速迟缓、点火爆燃、动力不足、怠速抖动、游车、燃油消耗过大、排放超标等。

④ 燃油压力调节器故障:发动机无法起动或起动困难、加速迟缓、动力不足、燃油消耗过大、排放超标等。

⑤ 燃油泵故障:发动机无法起动或起动困难、发动机熄火、喘振、转速不稳、加速迟缓、爆燃、动力不足、怠速抖动、燃油消耗过大、排放超标等。

⑥ 空气流量计故障:发动机起动困难、起动后又熄火、发动机间歇熄火、喘振、转速不稳、加速迟缓、点火爆燃、动力不足、怠速不稳、游车、燃油消耗过大、排放超标等。如果电脑检测到其发生故障,记忆相应故障码,可能进入安全-失效模式。

⑦ 进气温度传感器故障:故障灯亮、油耗增大,对增压发动机则可能产生爆燃等。

⑧ EVAP活性炭罐故障:炭罐饱和、汽油味大、油耗增大等。

⑨ EVAP活性炭罐电磁阀故障：急速不稳、汽油味大、混合气过浓、有时熄火、排放超标、油耗增大等。

⑩ 空气流量计故障或进气道漏气：起动困难、发动机易熄火、喘振、转速不稳、加速迟缓、急速不稳、游车、燃油消耗过大。

⑪ 电子节气门控制执行器故障：起动困难、无法起动、发动机熄火、喘振、转速不稳、加速迟缓、动力不足、加速不良、急速过高、急速不稳、游车、抖动、燃油消耗过大等，视故障情况进入安全-失效模式。

⑫ 节气门位置传感器故障：急速过高或急速不稳，加减速不良或不能降回急速，进入安全-失效模式等。在不装备电子节气门的车上，还会出现加速不良、动力不足、起动困难等现象。同时它也是自动变速器换挡控制信号之一，发生故障后将引起换挡点不正常等。

⑬ 进气歧管或真空罐、真空管泄漏故障：急速不稳、发动机易熄火、喘振、转速不稳、游车、排放超标、相关的真空控制系统工作不良等。

⑭ 点火线圈（带功率晶体管）或点火模块故障：发动机缺火、无火、急速不稳、抖动、喘振、加速不良、动力不足、燃油消耗过大、排放超标等。对有分电器电子点火系的故障主要是起动困难、无法起动、发动机熄火、急加速不良、高速不良等。

⑮ 冷却液温度传感器故障：冷起动困难、热起动困难、急速过高、加速不良、动力不足、急速不稳、排放超标、燃油消耗过大等。

⑯ 三元催化器故障：尾气排放超标、动力不足、加速不良、不能高速运转、行驶无力、起动困难甚至不能起动。如果一侧的三元催化器堵塞会导致该侧的气缸工作不良。

⑰ 曲轴位置传感器故障：绝大多数发动机不能起动、发动机熄火、有时起动困难。如果信号轮轮齿损坏还可能出现缺火、喘振等。

⑱ 爆燃传感器故障：喘振、爆燃、转速不稳、加速迟缓、燃油消耗过大等。

⑲ 氧传感器故障：排放超标、排气管冒黑烟、放炮、油耗升高、发动机无力、急速不稳、热车起动困难等。

⑳ 凸轮轴位置传感器故障：无法起动、起动困难、发动机熄火，有些机型不影响起动，但影响燃油喷射正时控制等，可能出现动力下降，排放增大的现象等。

㉑ PCV阀故障：急速不良、机油消耗量过大。

㉒ 火花塞故障：发动机缺火、火弱、急速不稳、加速不良、燃油消耗过大、排放超标等。

㉓ 喷油器故障：冷起动困难、热起动困难、急速不稳、加速不良、排放超标、燃油消耗过大等。

㉔ 进气动力阀真空促动器故障：高速大负荷动力不足。

㉕ 冷却风扇电动机：发动机过热，空调系统制冷不足。当发动机过热后也将伴随着动力不足、加速不良、爆燃、发动机熄火等现象。如果冷却风扇一直高速运转，会使发动机升温太慢，暖机时间长，加剧磨损，增加噪声与油耗等。

㉖ 挡位开关故障：起动机不工作、急速过高或停车挂挡时急速不稳、油耗增大等。

㉗ 动力转向压力传感器故障：转向时发动机急速抖动、熄火、急速过高或不稳。

二、电子控制汽油喷射系统的故障诊断方法

1. 电控发动机的故障诊断方法

电控汽油喷射系统十分复杂，且在控制系统中设有故障自诊断功能，因此电控发动机的故障诊断即采用人工经验法，但更多的是利用仪器和发动机控制系统的自诊断程序进行故障诊断。

目前，发动机电控汽油喷射系统的诊断方法主要有以下三种：

(1) 仪器诊断法

利用各种形式的诊断仪器通过发动机诊断检测接口提取故障码,并用各种形式的仪表测量各传感器的静态和动态参数,判断故障的具体部位。

(2) 故障指示灯诊断法

利用仪表板上的指示灯或利用 LED 灯提取故障码。

(3) 人工经验法

在全面掌握电喷系统的工作原理及各元件结构的情况下,根据故障现象,凭借维修经验进行综合分析判断,确定故障原因和故障部位。

在上述三种主要诊断方法中,人工经验法是在任何情况下都必不可少的一种方法。虽然先进仪器的检测效率和检测精度都比较高,但仪器只能从宏观角度提出一个总的方向,而对具体故障的诊断和排除,最终还是要依靠人来解决。因此,不能忽视人工经验法的实用性。

2. 电控发动机故障诊断的一般原则

(1) 先思后行

当发动机出现故障时,根据故障现象先进行故障分析,在清楚可能的故障原因后再选择适当的程序和方法进行故障诊断操作,以防止故障诊断操作的盲目性。尤其是对故障原因比较复杂的故障现象,"先思后行"既可避免对无关部位做无效的检查,又不会漏检有关的故障部位,从而达到准确迅速排除故障之目的。

(2) 先外后内

在选择故障诊断程序和操作次序时,先对发动机电子控制系统以外的故障原因进行检查,然后再对电子控制系统进行诊断操作,以避免费时费力地去检查发动机电子控制系统,而不能及时找到真正的故障原因。

(3) 故障码优先

当故障自诊断系统监测到电子控制系统故障时,均会以故障码的方式储存故障信息,但并不是所有的故障都通过发动机故障警告灯报警。因此无论仪表板上的发动机故障警告灯是否亮起报警,在对发动机电子控制系统进行检查以前,均应先进行读取故障码再操作,以便充分利用故障自诊断系统迅速而又准确地排除故障。

(4) 先简后繁

能以简单方法检查的可能故障部位优先检查。直观检查最为简单,一些通过看、摸、听、闻等方法对可以确认的故障部位优先检查;需要用仪器、仪表或其他专用工具进行检测的部位,也应将较易检查的安排在前面进行检查。这样可使电控发动机的故障诊断变得较为简单。

(5) 先熟后生

电控发动机的一些故障现象可能有多个故障原因,不同故障原因出现的概率是不同的,对常见的故障部位先进行检查,往往可迅速确定故障部位,省时省力。

(6) 先备后用

电子控制系统元件性能是否良好、电路是否正常,通常以电压或电阻等参数值来判断。没有这些诊断参数,不了解检测的位置,往往会使电子控制系统的故障诊断变得很困难或根本无法进行。所谓先备后用就是在检修前,应准备好有关的诊断参数、检修资料或备件,以保证故障诊断的顺利进行。

3. 系统故障检修程序

对于电喷发动机一般采用下列程序进行诊断:

① 向车主询问故障产生的过程,是否经过检修,是否更换过零部件等。
② 利用自诊断或仪器诊断的方法读取故障码,并进行验证。
③ 故障码如被正确读出,则按仪器显示的故障原因或按维修手册中的故障码表进行检测和维修。
④ 若无故障码,或显示代码正常,则按运行数据流和故障症状进行诊断。
⑤ 验证故障是否已经排除。

4. 故障征兆的模拟方法

如果发动机出现故障,但又没有明显的故障征兆,在这种情况下必须模拟与用户车辆出现故障时相同或相似的条件和环境,然后进行全面的故障分析。例如,一些故障只有在发动机冷态时出现,热车后正常;一些故障是由于车辆行驶时振动引起,时有时无。这些故障决不能仅仅依靠发动机热态和车辆停驶时的故障征兆来进行确诊,故障征兆模拟试验就是解决这种故障的一种有效措施,它可以在停车条件下判断出故障所在。在试验之前,必须把可能发生故障的电路范围缩小,然后进行故障征兆模拟试验,判断被测试的电路是否正常,同时也验证了故障征兆。

三、电子控制汽油喷射系统的诊断注意事项

1. 维修电喷系统注意事项

维修电喷系统时应注意以下几个方面:
① 在安装蓄电池时,应注意正、负极不可接反。
② 在拆卸电喷系统各导线连接器时,首先要关掉点火开关,并拆下搭铁线。检查发动机电子控制系统时,只关闭点火开关即可。若拆下搭铁线,ECU 所储存的所有故障码和自适应值都会被清除。因此,检测时如果需要拆下搭铁线,应先读取故障码。带安全气囊的汽车,应在拆下搭铁线 120 s 或更长一段时间后,才能开始诊断工作。
③ 拆装时,注意零部件不要弄混,要严防火星。
④ ECU 不能承受下列情况:高于 70 ℃ 的温度环境、磁场作用、振动、焊接、水、通信设备干扰、人体静电作用等。
⑤ 充电时,要拆下蓄电池导线,不允许在车上充电。
⑥ 起动时,应按程序进行。当发动机系统蜂鸣器鸣叫时不能起动,汽车过水后不能起动。
⑦ 检测时,不能像检测货车那样用试灯检测,可以用发光二极管串联一个阻值较大的电阻,或者使用高阻抗的万用表。
⑧ 拆卸供油元件和油管时,必须先卸压。
⑨ 没有正确、全面的维修资料时,不要盲目检修车辆。

2. 维修进气系统注意事项

ECU 主要是根据空气流量来控制喷油量的,因此,进气系统的密封情况对电子控制汽油喷射系统有很大影响。维修进气系统时,应注意以下事项:
① 机油尺、机油加油口盖、乙烯塑料软管等脱落会引起发动机失调。
② 当空气流量计与气缸盖之间的进气系统漏气、管件脱开松动或裂开时,均会导致发动机失调。

3. 维修电子控制系统注意事项

维修电子控制系统时应注意以下几个方面:
① 因为电子线路比较复杂,存在大量的晶体管电路,有时轻轻接触一下端子,也可能人

为地制造故障。所以检查和排除故障时不可大意,不能盲目乱动,否则可能导致新的故障。

② ECU 故障率极低,除人为因素外很少发生故障。如果怀疑 ECU 有故障,尽量不要打开 ECU,因为 ECU 损坏,通常需专业维修人员检修。若 ECU 没有故障,打开盖子有可能导致人为损坏。

③ 雨天检修及清洗发动机时,注意电子线路不可溅到水。

④ 拆出导线连接器时,要松开锁紧弹簧或按下锁扣。在装复连接器时,应按到底并锁止。

4. 维修燃油系统注意事项

(1) 拆卸油管前应先卸压

常用的泄压方法有油泵泄压和来油管泄压。

① 油泵泄压。为防止大量汽油漏出,可以拔下燃油泵继电器或熔丝,再起动发动机,直至发动机自然停机,再松开油管接头。

② 来油管泄压。将一油盆放在油管接头下面,用毛巾等物盖住,拧开油管,并将油导入油盆。

(2) 注意操作顺序

当将连接螺母或接头螺栓与高压油管接头连接时,应注意操作顺序,并按规定力矩拧紧。

(3) 拆装喷油器注意事项

拆装喷油器时应注意以下几个方面:

① 切勿重复使用 O 形圈。

② 把 O 形圈装入喷油器时,注意不要损坏。

③ 安装前,用汽油湿润 O 形圈,切勿使用机油、齿轮油或制动油。

(4) 燃油系统维修后要确认无漏油现象

① 在发动机停机情况下,多次将点火开关旋至"ON"位置,观察是否漏油。

② 给燃油泵继电器通电,使燃油泵工作,适当夹住回油软管,高压油管内的汽油压力会升高。在此状态下,检查和观察燃油系统是否有漏油部位(注意只能夹住软管,不可弯曲软管,否则会使软管破裂)。

四、电子控制汽油喷射系统的自诊断

1. 自诊断系统的功能

现代汽车的电控系统都配备有自诊断系统,ECU 的自诊断系统主要用于检测电子控制系统各部件的工作情况。自诊断系统具有以下功能:

① 检测电子控制系统的故障。

② 将故障码存储在 ECU 的存储单元中。

③ 提示驾驶员 ECU 已检测到故障,应谨慎驾驶。

④ 启用故障保护功能,确保车辆安全运行。

⑤ 协助维修人员查找故障,为故障诊断提供信息。

当某一电路出现超出规定范围的信号时,诊断系统就判定该信号线路出现故障。如果故障状态存在超过一定的时间,此故障码就会储存在电控单元 ECU 的随机存储器中。

2. 故障码的读取与清除方法

(1) 准备工作

① 拉紧驻车制动,变速器置于空挡。

② 用直观检查法对发动机控制系统进行全面检查。

③ 检查蓄电池电压,电压值应在 11 V 以上。
④ 起动发动机,怠速运转,使发动机达到正常工作温度。
⑤ 关闭所有电控系统和辅助设备。
⑥ 检查发动机故障指示灯是否正常。

(2) 故障码的闪烁方式

发动机故障码的闪烁方式可以分为以下几类:

① 直接计数法。故障码为故障指示灯的闪烁次数。若只有一个故障码,则故障指示灯循环显示该故障码。循环显示中间有一时间间隔,称之为循环间隔时间。若有多个故障码同时显示,两个代码之间也有一定的时间间隔,称之为代码间隔时间。循环间隔时间大于代码间隔时间。

② 十进制计数法。故障码由两位数组成,在十位数和个位数之间有一时间间隔,以区分十位数和个位数,该时间间隔叫作数位间隔时间,它比代码时间间隔要短。十位数和个位数的闪烁时间是相同的,首先闪烁十位数,中间熄灭,再闪烁个位数。

③ 长/短法。它实际上也是一种十进制计数法,为了进一步区分十位数和个位数,在十位数计数法的基础上,将十位数闪烁的时间加长了。

④ 4-LED 法。利用四个发光二极管闪烁故障码,是一种二进制计数法。每一个二极管代表一个数位,读取故障码时,将闪烁的二极管对应的数位相加,即得故障码数值。此种方法每次只能读取一个故障码。

⑤ 2-LED 法。利用两个发光二极管显示故障码,是一种十进制计数法。其中红发光二极管代表十位数,绿发光二极管代表个位数,其闪烁次数分别代表十位数和个位数的数字。

一、实训导读

(一) 金德 KT600 汽车诊断系统简介

金德 KT600 汽车诊断系统由主机、诊断盒、示波盒和打印机组成。这四个部分可以分开,各自具有独立的功能和作用,根据需要和配置情况进行工作。KT600 还配有一些进行汽车诊断和网上升级所需的附件,如测试延长线、电源延长线、汽车鳄鱼夹、点烟器接头、14 V 电源、CF 卡、CF 卡读卡器,以及各种测试接头等。

(二) 金德 KT600 汽车诊断系统使用步骤

使用汽车诊断仪时,一定要在连接好主机、测试延长线和诊断接头后,才把测试接头连接到诊断座上,否则容易导致连接过程中因导线短路造成诊断座保险丝熔化。

金德 KT600 汽车诊断系统的操作步骤如下:

① 将 KT600 诊断盒插入诊断插槽,注意插入方向,将有"UP"字样的一面朝上。
② 确定诊断座的位置、形状以及是否需要外接电源。
③ 根据车型及诊断座的形状选择相应的接头。
④ 将测试延长线的一端插入 KT600 的测试口内,另一端连接测试接头。
⑤ 将连接好测试延长线的测试接头插到车辆的诊断座上。
⑥ 连接好仪器接通电源,起动 KT600 进入主菜单,选择汽车诊断模块(图 4.1),点击某汽车相应的图标即可对该车进行诊断。

⑦ 选择相应的车型图标进行车辆故障测试,如点击中国车系下的奥迪大众图标,屏幕显示该车型的诊断信息,V02.32 为当前仪器内该车型的诊断车型版本,如图 4.2 所示。

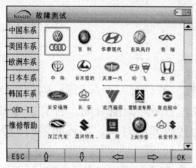

图 4.1　汽车诊断模块

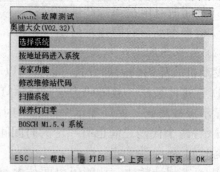

图 4.2　奥迪大众的诊断车型版本

⑧ 直接点击"选择系统"栏进入下一级操作界面,如图 4.3 所示。

⑨ 选择"01-发动机",将显示汽车电脑版本号,部分车型会有多屏显示,点击查看。读取完汽车电脑版本号后,按任意键,进入系统诊断界面。测试功能包括读取车辆电脑型号、读取故障码、清除故障码、读取动态数据流、基本设定、控制器编码、元件控制测试、各种调整匹配、自适应值清除、系统登录、防盗钥匙匹配等。

a. 读取车辆电脑型号。在系统功能选择菜单中选择"01-读取车辆"电脑型号,屏幕显示如图 4.4 所示。

图 4.3　奥迪大众各测试系统

图 4.3　读取车辆电脑型号

b. 读取故障码。在系统功能选择菜单中选择"02-读取故障码",系统开始检测电脑随机存储器(ROM)中存储的故障记忆内容,测试完毕屏幕显示出测试结果,如图 4.5 所示。

c. 清除故障码。在系统功能选择菜单中选择"05-清除故障码",进入操作界面,如图 4.6 所示。

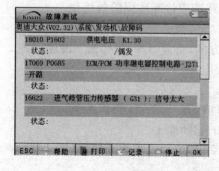

图 4.5　读取故障码

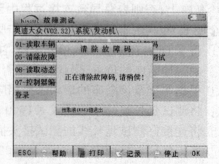

图 4.6　清除故障码

d. 元件控制测试。在系统功能选择菜单选择"03-元件控制测试",进入操作界面,如图 4.7 所示。

e. 读取动态数据流。在系统功能选择菜单选择"08-读取动态数据流",进入操作界面,如图 4.8 所示。

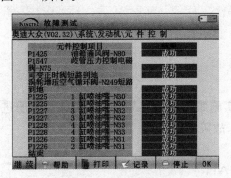

图 4.7　元件控制测试

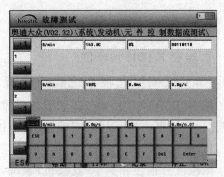

图 4.8　读取动态数据流

f. 基本设定。一般情况下,可以先查看基本设定组号对应的数据流,如果无此组数据流或者数据流和基本设定内容不符合,则此基本设定组号不正确。基本设定的操作步骤如下:在系统功能选择菜单里选择"04-基本设定功能",屏幕显示如图 4.9 所示。通过界面弹出的小键盘进行组号设定,完成设定后选择"ENTER"按钮确认并退出。

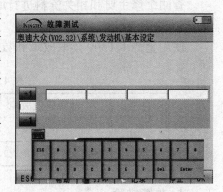

图 4.9　基本设定

(三) 使用注意事项

① 该仪器为精密电子仪器,勿摔碰。

② 首次测试时,仪器可能响应较慢耐心等待,不要频繁操作仪器。

③ 发动机点火瞬间显示屏可能发生闪烁,属正常现象。

④ 若显示屏闪烁后,程序中断或花屏,关掉电源,重新开机测试。

⑤ 保证仪器和诊断座连接良好,以免信号中断影响测试。如发现不能正常连接,拔下接头重插一次,不要在使用过程中剧烈摇动接头。

⑥ 使用过程中尽量不要摘下 KT600 的保护套,尽量将仪器放置于水平位置,屏幕水平朝上。

⑦ 使用连接线和接头时尽量使用螺钉紧固,避免移动时断开和损坏接口。拔接头时握住接头前端,切忌拉扯后端连接线。

⑧ 插拔打印机、诊断盒、示波盒时,握紧主机,避免跌落。

⑨ 尽量轻拿轻放,置于安全的地方,避免撞击,不使用时断开电源。用完后注意将触摸笔插入主机背面的插孔中,将配件放回箱子,以免丢失。

二、学生实操训练

(一) 训前准备

1. 学生组织

让学生按小组讨论组内分工及组织任务实施,同时将《任务工单》分发给每位学生。各组根据任务要求做好人员分工和操作计划。

2. 实训场地及工具准备

为完成该任务操作,除将检测工具、工作台布置好以外,还需提前做好以下准备:

① 车辆维修手册。

② 发动机台架。

③ 维修工具套装及工具车。

④ 金德KT600诊断仪。

(二)汽油机电控系统故障诊断实训

按照已经分好的小组,让学生制定维修计划,实施维修,包括:资讯、查阅维修手册进行原因分析(诊断方案)、故障点确认(实施诊断方案)、故障排除等。

1. 资讯

根据任务描述和实车(发动机)表现,填写附表A1。

2. 查阅维修手册进行原因分析

查阅维修手册和相关资料进行原因分析。

3. 故障点确认

使用金德KT600读取故障和数据流,并在表4.1中记录。

表4.1 数据记录及故障点确认

序号	故障码及故障	数据流信息	正常与否

4. 故障排除

填写附表A3,写出故障排除工艺和方法。

5. 废料和废品处理

任务结束后,对废料和废品进行处理。

(三)学生撰写实训报告

任务结束后,撰写实训报告。

(四)实训结果评价

对实训结果进行评价。

任务评价

填写任务评价反馈表,见附表A4。

任务二　汽油机电控系统主要元件的维修

2013年1月16日,售后服务经理接到客户李先生反映,他的汽车无法启动,初步检查,接通点火开关后油箱内油泵不工作。需进一步检查,排除故障,完成此任务,提交一份执行报告并归档。

电子控制汽油喷射系统一般由空气供给系统、燃油供给系统和电子控制系统三大部分组成,图4.10为桑塔纳2000轿车AJR型发动机电子控制汽油喷射系统的结构示意图,其组件在车上的布置如图4.11所示,AJR型发动机电子控制系统由传感器、执行元件和ECU等组成,其主要电子控制元件如图4.12所示。发动机工作时,ECU不断检测传感器的性能参数,经计算、处理后,再控制执行元件动作。如果发动机主要元件出现故障,可通过读取故障码的方法,确定故障部位。

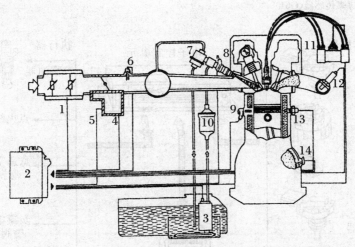

图4.10　AJR型发动机电子控制汽油喷射系统结构示意图
1.热膜式空气流量计　2.电子控制单元　3.电动汽油泵　4.节气门控制组件　5.急速电动机(与节气门控制组件一体)　6.进气温度传感器　7.油压调节器　8.喷油器　9.爆燃传感器　10.汽油滤清器　11.点火线圈　12.氧传感器　13.冷却液温度传感器　14.转速传感器

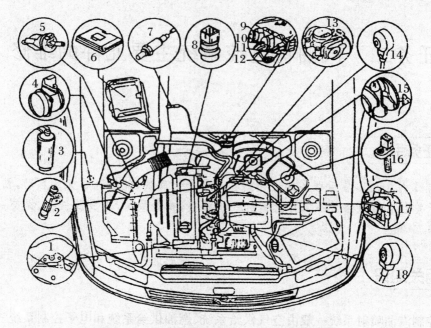

图 4.11 汽油喷射系统和点火系统位置布置图

1. 霍尔传感器（G40） 2. 喷油器（N30～N33） 3. 活性炭罐 4. 热膜式空气流量计（G70）
5. 活性炭罐电磁阀（N80） 6. ECU（J220） 7. 氧传感器（G39） 8. 水温传感器（G62）
9. 转速传感器插接器（灰色） 10. 1号爆燃传感器插接器（白色） 11. 氧传感器插接器（黑色）
12. 2号爆燃传感器插接器（黑色） 13. 节气门控制组件（J338） 14. 2号爆燃传感器（G66）
15. 转速传感器（G28） 16. 进气温度传感器（G72） 17. 点火线圈（N152）
18. 1号爆燃传感器（G61）

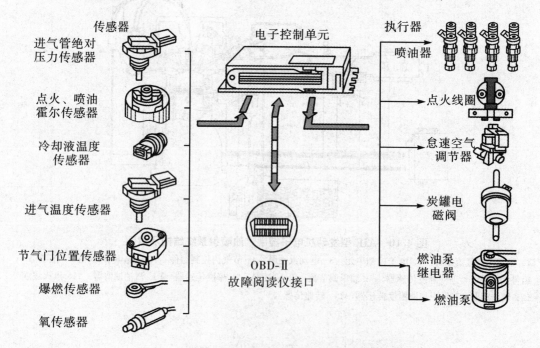

图 4.12 电子控制汽油喷射系统的主要电子控制元件

一、传感器

广义地说,传感器是一种能把物理量或化学量转变成便于利用的电信号的器件。进入传感器的信号幅度是很小的,而且混杂有干扰信号和噪声。为了方便随后的处理过程,首先要将信号整形成具有最佳特性的波形,有时还需要将信号线性化。成形后的信号随后转换成数字信号,并输入到微处理器。传感器把某种形式的能量转换成另一种形式的能量。通常有两类传感器:有源的和无源的;若按传感器的输出信号分类,有模拟式和数字式传感器两种。

(一) 发动机上的各种传感器及其作用

空气流量计(MAF):测量发动机吸入空气量并转化电信号输入 ECU,作为燃油喷射和点火控制的主控制信号。

进气(歧管绝对)压力传感器(MAP):测量进气管压力,并将信号输入 ECU,作为燃油喷射和点火控制的主控制信号。

发动机转速与曲轴位置传感器:检测曲轴位置信号和曲轴转角信号,并输入 ECU,作为燃油喷射和点火控制的主控制信号。

凸轮轴位置传感器:也叫同步信号传感器,是气缸判别定位装置,是点火控制的主控制信号。

缸序判别传感器:向 ECU 提供各缸工作顺序,作为点火控制的主控制信号。

冷却液温度传感器:给 ECU 提供冷却液温度信号,作为燃油喷射和点火控制的修正信号。

进气温度传感器:检测进气温度信号(修正信号)。

节气门位置传感器:检测节气门的开度及开度变化,信号输入 ECU。

氧传感器:检测排气中的氧含量,向 ECU 输入反馈信号。

爆燃传感器:检测汽油机是否爆燃及爆燃强度。

转速传感器:控制发动机转速,实现超速断油控制,也是自动变速器的主控制信号。

起动信号:发动机起动时,给 ECU 提供一个起动信号。作为喷油量和点火提前角的修正信号。

发电机负荷信号:发电机负荷增大时,作为喷油量和点火提前角的修正信号。

空调开关信号:当空调开关打开,空调压缩机工作,发动机负荷加大时,由空调开关向 ECU 输入信号。

挡位开关信号和空挡位置开关信号:自动变速器由 P/N 挡挂入其他挡时,发动机负荷增加,向 ECU 输入信号。当挂入 P/N 挡时向 ECU 提供 P/N 挡信号才能起动发动机。

蓄电池电压信号:当 ECU 检测到蓄电池和电源系的电压过低时,将对供油量进行修正。

离合器开关信号:在离合器接合和分离时,由离合器开关向 ECU 输入离合器工作状态信号,修正喷油量和点火提前角。

制动开关信号:在制动时,由制动开关向 ECU 提供制动信号,作为对喷油量、点火提前角、自动变速器等的控制信号。

动力转向开关信号:由于动力转向液压泵工作使发动机负荷加大,动力转向开关向 ECU 输入修正信号。

EGR 阀位置传感器:向 ECU 提供 EGR 阀的位置信号。

巡航(定速)控制开关：ECU输入巡航控制状态信号,由ECU对车速进行自动控制。

(二) 传感器的检修

1. 空气流量计的检测

空气流量计是测量发动机进气量的装置,它将吸入的空气量转换成电信号送至电脑,作为决定喷油量的基本信号之一,主要用于L型EFI系统,是启动后电脑控制喷油量的主要信号。根据测量原理不同,空气流量计有翼片式(现很少采用)、卡门旋涡式(卡门涡流式或卡尔曼涡流式)、热线式及热膜式几种类型。目前热线式、热膜式得到了广泛应用。

如图4.13所示为桑塔纳时代超人轿车热膜式空气流量计电路图。拆下空气流量计,检查防护网、热膜,如有异常,则应更换

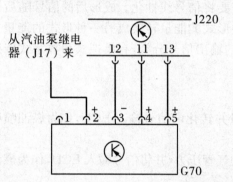

图4.13 桑塔纳时代超人热膜式空气流量计电路

空气流量计;在流量计插座端子4(电源线+5 V)与搭铁线之间加5 V直流电压;用吹风机向空气流量计内吹风,用万用表测量插座端子5(信号正极线)与端子3(搭铁线)之间的电压。改变距离,电压表读数应平稳缓慢变化。距离接近时电压值升高;距离远时电压值下降。否则应更换空气流量计。

2. 进气歧管压力传感器的检测

电喷发动机中采用进气压力传感器来检测进气量的称为D型喷射系统。进气压力传感器间接检测进气量,同时它还受诸多因素的影响,因而在检测和维修中就有许多不同于进气流量传感器的地方,所产生的故障也有它的特殊性。如图4.14所示为比亚迪F3的进气歧管压力/进气温度传感器电路图。

① 点火开关转至"ON"位置,检测发动机ECM连接器端子4输出电压,应为5 V左右。若正常,则进行下一步检查;若不正常,则检查并更换发动机ECM。

② 检测发动机连接器端子42输入电压,应在0.1～5 V之间。进气压力为40 kPa时,输入电压为1.52～

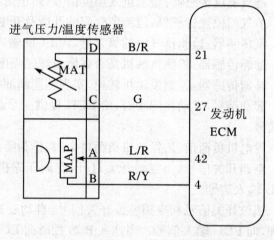

图4.14 进气歧管压力/进气温度传感器(比亚迪F3)

1.68 V;进气压力为94 kPa时,输入电压为4.44～4.60 V。若正常,则检查并更换发动机ECM;若不正常,则进行下一步检查。

③ 检查歧管压力/温度传感器与发动机ECM之间的线束和连接器。检测歧管压力/温度传感器连接器端子A与发动机ECM连接器端子42间的电阻(是否断路),应小于1 Ω;检测歧管压力/温度传感器连接器端子B与发动机ECM连接器端子4间的电阻(是否断路),应小于1 Ω。

3．进气温度传感器的检测

一般安装在进气支管内或空气流量计、进气歧管压力传感器内。它的作用是测量发动机吸入空气的温度，并将其转化为进气温度电压信号输入给ECU，作为燃油喷射和点火正时控制的修正信号。常采用负温度系数的热敏电阻，即随温度升高，电阻值下降，ECU得到的信号电压下降。

检测时，拔下插头，拆下进气温度传感器，并用万用表电阻挡测量传感器输出端与接地端间的冷态电阻，其电阻值应符合规定值。然后用电热吹风机或红外线灯对其加热，其电阻值应随传感器温度的升高而由大变小。若电阻值不随温度升高而由大变小，表明传感器有故障，应更换。连线检测时，要切断点火开关，拔下进气温度传感器插座，其两端线与ECU端的电阻值应小于规定值，并检查导线是否与电源正极短路，电阻值应为无穷大。

4．水温传感器的检测

水温传感器安装在气缸盖上的冷却水通道上，其功用是给ECU提供发动机冷却液温度信号，作为燃油喷射和点火正时控制的修正信号。常采用负温度系数的热敏电阻（图4.15），即随冷却液温度升高，电阻值下降。冷却液温度传感器如图4.16所示。

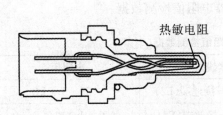
图4.15 热敏式水温传感器

图4.16 冷却液温度传感器外观

检查时从发动机上拆卸水温传感器，将水温传感器放入热水中检测电阻。若电阻值超出规定值更换水温传感器。在丰田车系中，电脑根据水温传感器信号，冷车是增大起动初始喷油量，以利于启动，着车后改善暖机特性。其主要的故障现象见表4.2。

表4.2 发动机温度传感器（冷却液、进气温度）的主要故障机现象

主要故障	可能产生的现象
传感器线束插接器松动	①冷车起动困难；
传感器端子锈蚀或受潮	②急速发抖；
传感器线束与搭铁线开路或短路	③暖机过程不正常；
传感器内部损坏	④冷车进挡转速下降过大
进气温度传感器产生故障使ECU对空燃比修正产生偏差，导致混合气过浓或过稀	

5．节气门位置传感器的检测

节气门位置传感器（TPS）的电压信号表示节气门位置。ECU利用该信号和其他传感器输入的信号一起，确定当时的发动机工况，并调整喷油器喷油脉冲宽度和点火时刻，TPS安装在节气门体上，它与节气门轴相连，TPS实质上是一个可变电阻器，当节气门位置发生变

化时，TPS 的电阻值也发生变化。TPS 与 ECU 的连接关系如图 4.17 所示。

有些节气门位置传感器上装有怠速开关，这个开关与控制单元连接。这类传感器的接线方式与三线传感器相同，多出的一根线接在怠速开关上(图 4.18)。

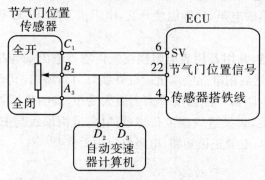 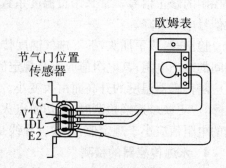

图 4.17　切诺基节气门位置传感器电路　　　　图 4.18　带急速开关的四线式节气门位置传感器(丰田)

四线式节气门位置传感器可以用欧姆表测试，接线方法是把搭铁线和其他所有线头分别连在欧姆表的两个接线端上。当欧姆表被接在 VAT 和 E2 两个接线端之间时，油门必须全开。表 4.3 是丰田公司提供的节气门位置传感器电阻值检测数据。

表 4.3　节气门位置传感器电阻值检测数据(丰田)

节气门杆与止动螺钉间的间隙	接线端	电阻值
0 mm	VTA 端—接地端(E2)	0.28～6.4 kΩ
0.35 mm	怠速端—接地端(E2)	0.5 kΩ 或更小
0.70 mm	怠速端—接地端(E2)	无穷大
节气门全开	VTA 端—接地端(E2)	2.0～11.6 kΩ
节气门全开	电压端—接地端(E2)	2.7～7.7 kΩ

6. 曲轴位置传感器的检测

曲轴位置传感器是发动机电子控制系统中最主要的传感器之一，它提供点火时刻(点火提前角)、确认曲轴位置的信号，用于检测活塞上止点、曲轴转角及发动机转速。曲轴位置传感器所采用的结构随车型不同而不同，可分为磁脉冲式、光电式和霍尔式三大类。它通常安装在曲轴前端、凸轮轴前端、飞轮上或分电器内。

(1) 磁感应式曲轴位置传感器的检测

桑塔纳 2000GSi 曲轴位置传感器的检测：拔下传感器导线连接器；用万用表电阻挡，检测传感器端子 2 与端子 3 间的电阻值，如图 4.19 所示。其电阻值应为 480～1 000 Ω。如测得的电阻值不符，则应更换传感器。传感器输出信号的检测：拔下传感器导线连接器；用万用表交流电压挡或示波器连接在传感器导线连接器的端子 2 与端子 3 上，起动发动机，应有交流电压信号产生，如图 4.20 所示。

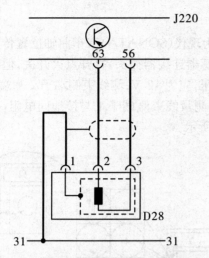

图 4.19 桑塔纳 2000GSi 曲轴位置传感器
电路空气流量计插脚连接

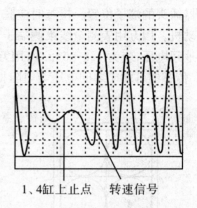

图 4.20 曲轴位置传感器输出波形

(2)霍尔式曲轴位置传感器的检测

霍尔式曲轴位置传感器的检测主要是电源电压、信号输出电压和连接导线电阻的检测。北京切诺基汽车霍尔式曲轴位置传感器与ECU的连接电路以及该传感器的三个端子A、B、C的位置如图4.21所示。

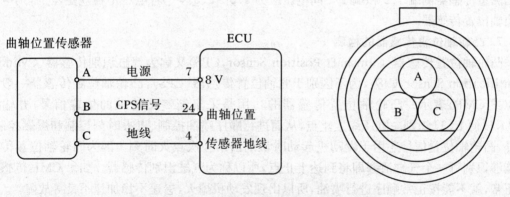

图 4.21 切诺基曲轴位置传感器电路图及插脚

① 传感器电源电压的检测。打开点火开关,用万用表测量 ECU 侧 7 端子与 4 端子间电压,应为 8 V;测量 A 端子与 C 端子间电压,也应为 8 V,否则说明电源线断路或接头处接触不良。

② 传感器输出的信号电压检测。用万用表对传感器的三个端子 A、B、C 间进行电压检测。打开点火开关,A 与 C 间的电压应为 8 V 电源电压;在发动机运转时,测量 B 与 C 间的电压,应在 0.3～5 V 间变化,电压呈脉冲变化,最高为 5 V,最低为 0.3 V,该脉冲电压为传感器的信号电压。如果无脉冲电压输出,说明传感器损坏,则应更换。

③ 电阻的检测。关闭点火开关,拔下曲轴位置传感器导线连接器。用万用表测量传感器的 A 与 B 或 A 与 C 间的电阻,应为 ∞,如果不是 ∞,则应更换曲轴位置传感器。

(3) 光电式曲轴位置传感器的检测

① 曲轴位置传感器连接线束的检查。图 4.22 为现代(SONATA)汽车曲轴位置传感器连接器插头的端子位置。检查时应脱开曲轴位置传感器连接器插头,打开点火开关,但不起动发动机。用万用表测量线束侧端子 4 与接地间电压,应为 12 V;测线束侧端子 2 和端子 3 与接地间电压,应为 4.8~5.2 V;用万用表的电阻挡测量线束侧端子 1 与接地间电阻,应为 0 Ω。传感器各端子之间电压与电阻检查如图 4.23 所示。

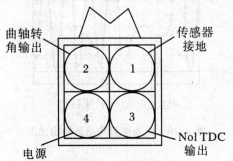

图 4.22 曲轴位置传感器连接器插头的端子位置

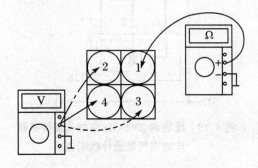

图 4.23 曲轴位置传感器各端子间电压与电阻检查

② 曲轴位置传感器输出信号的检查。将万用表电压挡连接在传感器侧端子 3 和端子 1 上,如图 4.23 所示,发动机起动后,电压应为 0.2~1.2 V;发动机怠速运转期间,用万用表电压挡测量传感器侧端子 2 和端子 1 间电压应为 1.8~2.5 V。若电压不在规定范围,则应更换曲轴位置传感器。

7. 凸轮轴位置传感器的检测

凸轮轴位置传感器(Camshaft Position Sensor,CPS)又称为气缸识别传感器(Cylinder Identification Sensor,CIS),为了区别于曲轴位置传感器(CPS),凸轮轴位置传感器一般用 CIS(或 CMP)表示。凸轮轴位置传感器的功用是采集配气凸轮轴的位置信号,并输入 ECU,以便 ECU 识别一缸压缩上止点,从而进行顺序喷油控制、点火时刻控制和爆燃控制。此外,凸轮轴位置信号还用于发动机起动时识别出第一次点火时刻。因为凸轮轴位置传感器能够识别哪一个气缸活塞即将到达上止点,所以称为气缸识别传感器。如果 CMP 传感器不正常,就不能按正常顺序进行喷油,所以出现发动机熄火,怠速不稳加速不良等故障。

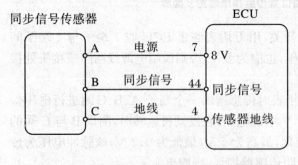

图 4.24 切诺基汽车凸轮轴位置传感器电路

北京切诺基汽车使用的凸轮轴位置传感器,其检测可使用原厂提供的 DRBⅡ或 DRBⅢ诊断仪,也可以用万用表对传感器进行电压检查。检查对照图 4.24 进行,测量 A、B、C 三个端子间电压值。在检查电压时,不要把分电器上的导线连接器拆下。当点火开关在 ON 时,A 与 C 端子间的电压值应为 8 V;拆下分电器盖,转动发动机曲轴,使脉冲环进入同步信号发生器时,B-C 端子间的电压值应为 5 V;如果继续转动曲轴,电压表的读数应在 0~5 V 之间变化。否则,应进一步检查传感器导线连接情况,如果仍然不正常,则应更换凸轮轴位置传感器。

8. 氧传感器的检测

根据氧传感器监测混合气浓度的范围可分为窄带式和宽带式两种。早期的氧传感器只能监测浓稀两种状态,不能确定空燃比偏离理论空燃比的程度,所以称窄带型氧传感器。窄带型又分为氧化锆式和氧化钛式两种氧传感器。目前监测空燃比为10.0～60.0的新型氧传感器已实际应用,因能确定空燃比偏离理论空燃比的程度,所以也称宽带型氧传感器。宽带型氧传感器已经在2002年开始在中高档汽车上广泛应用。

氧传感器一旦出现故障,将使电子燃油喷射系统的电脑得不到排气管中氧浓度的信息,因而不能对空燃比进行反馈控制,会使发动机油耗和排气污染增加,发动机出现怠速不稳、缺火、喘振等故障现象。因此,必须及时地排除故障或更换。

氧传感器的常见故障有:氧传感器中毒(铅中毒或硅中毒)、积炭、氧传感器陶瓷碎裂、加热器电阻丝烧断、氧传感器内部线路断脱。

氧传感器的常见故障可以用以下几种方法进行检测:

① 氧传感器加热器电阻的检查。拔下氧传感器线束插头,用万用表电阻挡测量氧传感器接线端中加热器接柱与搭铁接柱之间的电阻,其阻值为4～40 Ω(参考具体车型说明书)。如不符合标准,应更换氧传感器。

② 氧传感器反馈电压的测量。在正常情况下,随着反馈控制的进行,氧传感器的反馈电压将在0.45 V上下不断变化,10 s内反馈电压的变化次数应不少于八次。如果少于八次,则说明氧传感器或反馈控制系统工作不正常。在发动机运转中测量反馈电压,先脱开接在进气管上的曲轴箱强制通风管或其他真空软管,人为地形成稀混合气,读取数据流时电压值应下降。人为地形成浓混合气,电压值应上升。也可以用突然踩下或松开加速踏板的方法来改变混合气的浓度,如果氧传感器的反馈电压无相应变化,表明氧传感器已损坏。

通过观察氧传感器顶尖部位的颜色也可以判断故障。淡灰色顶尖是氧传感器的正常颜色;白色顶尖是由硅污染造成的,此时必须更换氧传感器;棕色顶尖:由铅污染造成的,如果严重,也必须更换氧传感器;黑色顶尖是由积炭造成的,在排除发动机积炭故障后,一般可以自动清除氧传感器上的积炭。

9. 爆震传感器的检测

爆震传感器是发动机电子控制系统中必不可少的重要部件,它的功用是检测发动机有无爆震现象,并将信号送入发动机ECM。常见的爆震传感器的有两种,一种是磁致伸缩式爆震传感器,另一种是压电式爆震传感器。

图4.25为DA4G18发动机电控系统(德尔福MT20U系统)爆震传感器电路图(比亚迪)。检测方法如下:

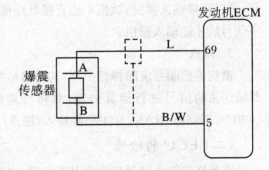

图4.25 爆震传感器与ECM的连接(比亚迪)

① 检查线束和连接器。脱开ECM连接器,检测端子69与车身接地间电阻,应大于1 MΩ。

② 检查爆震传感器。检查爆震传感器是否按规定扭矩拧紧扭矩:16～24 N·m,检查爆震传感器连接器两端子间电阻应为1 MΩ或更大。

③ 检查线束和连接器(ECM——爆震传感器)。脱开ECM连接器,脱开爆震传感器连

接器,检查 ECM 连接器端子 69 和爆震传感器端子 A 间的电阻,应小于 1 Ω。

二、汽车 ECU

(一) 汽车电脑(ECU)

汽车电脑(ECU)主要由输入回路、模/数转化器(A/D 转换器)、微型计算机(微机)和输出回路组成,如图 4.26 所示。

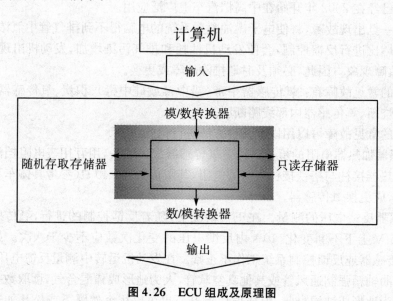

图 4.26 ECU 组成及原理图

1. 输入回路

从传感器来的信号,首先进入输入回路。在输入回路里,对输入信号进行预处理,一般是在去除杂波和把正弦波变为矩形波后,再转换成输入电平。

2. A/D 转换器

传感器传送给 ECU 的信号有数字信号和模拟信号,如果传感器输出的是脉冲(数字)信号,可以直接输入微机;微机不能直接处理模拟信号,A/D 转换器必须将模拟信号转换为数字信号后才能输入微机。

3. 微机

微机是控制系统的神经中枢,其功用是根据工作需要,利用其内存程序和数据对各传感器输送来的信号进行运算处理,并将处理结果送往输出回路。微机主要由中央处理器(CPU)、存储器(RAM/ROM)和输入/输出(I/O)装置组成。

(二) ECU 的检修

在维修安装电脑时应注意以下事项:电脑使用有二忌:一忌电脑受干扰,二忌电脑进水受潮。在拆装电脑插接器之前,首先要关闭点火开关或拆下蓄电池负极,使电源断开 30 s 以上方可进行;装电池时,要特别小心,不要把正极和负极接错;拆卸或安装电脑时,不要使其受到严重的冲击和振动;在动手检修电脑之前,要先对电脑的控制电路(即外电路)进行检查,排除电路中的故障。因为在外电路中存在故障的情况下,易对电脑进行误修,检修或更换电脑前一定要对外电路进行检查,否则容易出现好电脑被修坏或新电脑装上去故障还不能消除,甚至将新电脑又烧坏等情况;外电路故障排除后,如果确定是电脑损坏,可对电脑板进行检修,经粗略统计,有90%的被损坏的电脑都是可以修复的。

① 电脑电源部分故障。一般是在就车充电时,由于充电机电压调整过高,或极性接反,或充电的同时开钥匙,甚至起动电机,或发动机在运转过程中,电池接头松脱造成发电机直接给电脑板供电等原因造成的。这种情况一般会烧坏大功率稳压二极管等元件,更换即可,比较容易修复。

② 输入/输出部分故障。一般是放大电路元件烧坏,有时伴随着电路板上覆钢线条烧断。很多电喷车辆经过烤漆后,再起动时经常会出现各种故障,如果生产紧张需要腾出烤漆房,可以用人力将车推出来,待其充分冷却后,再行起动。

③ 存储器部分故障。存储器共有四种,对于可消除可编程存储器(EPROM 或 EEPROM)出现问题,可进行更换,需找一只已知良好的带有程序内容的存储器芯片,再买一只同型号的空白芯片,通过烧录器,从原片中读出程序,再写入到空白芯片中去,可复制出新的芯片,再将新的芯片装入电脑。

④ 特殊故障。被水浸过的车辆,电脑板会出现腐蚀,造成元件引脚断路、黏连或元件损坏,可逐项检查修复或更换元件。

三、执行器

电控燃油喷射系统的主要执行元件有电动汽油泵、怠速控制阀、喷油器、活性炭罐电磁阀、EGR 电磁阀等。执行元件的检测既可以采用简单的仪表(如万用表)进行检测,也可以用电子检测仪器进行动态检测。本书主要介绍燃油系统执行器的检修。

(一)喷油器

喷油器是电控汽油喷射系统中一个非常重要的执行元件,在 ECU 的控制下,把雾化良好的汽油喷入进气管道或缸内。电控汽油喷射系统中都使用电磁式喷油器。按喷油口的结构不同,喷油器可分为轴针式和孔式两种,如图 4.27 所示。孔式喷油器在现代车中比较多,减少了喷油器内的沉积物。喷油器主要由滤网、线束连接器、电磁线圈、回位弹簧、衔铁和针阀等组成,当电磁线圈通电时,产生电磁吸力,将衔铁吸起并带动针阀离开阀座,同时回位弹簧被压缩,燃油经过针阀并由轴针与喷口的环隙或喷孔中喷出。当电磁线圈断电时,电磁吸力消失,回位弹簧迅速使针阀关闭,喷油器停止喷油。一般针阀升程约为 0.1 mm,而喷油持续时间在 2~10 ms 范围内,见图 4.28。在喷油器的结构和喷油压力一定时,喷油器的喷油量取决于针阀的开启时间,即电磁线圈的通电时间。回位弹簧弹力对针阀密封性和喷油器断油的干脆程度会产生影响。各车型装用的喷油器,按其线圈的电阻值可分为高阻(电阻为 13~16 Ω)和低阻(电阻为 2~3 Ω)两种。

1. 喷油器的检测

喷油器应主要进行喷油器线圈电阻、控制线路、喷油量、雾化效果及针阀卡滞和泄漏的检测。喷油器的检测方法有多种,既可以采用人工经验法,也可以利用通用仪表和喷油器专用检测仪器进行检测。

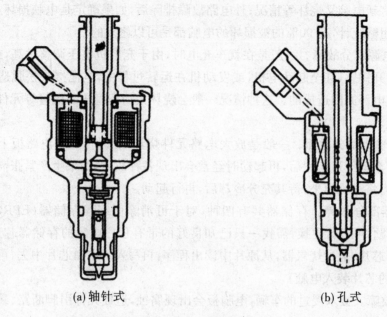

(a)轴针式　　　　　　　　　　(b)孔式

图4.27　喷油器的形式

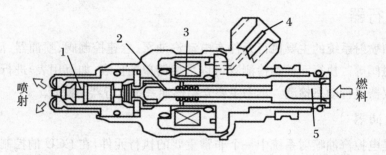

图4.28　喷油器的工作原理

(1)人工经验检测法

① 听诊法。喷油器是由电磁操纵的,线圈通电时会发出"喀哒"的吸合声,针阀打开喷油时会发出"嚓嚓"的喷油声。"听"主要是倾听是否有吸合声和喷油声,以判断喷油器是否有卡滞、堵塞及线圈烧损现象。听诊法的具体操作如下:

a. 将听诊器抵触到喷油器处,发动机怠速运转,倾听线圈吸合时的"喀哒"声及喷油时的"嚓嚓"声。若无,说明喷油器不工作,可能是喷油器堵塞、卡滞或线圈烧损。

b. 点火开关调至"OFF"位置,断开喷油器与控制单元的导线连接器,人为地给喷油器进行脉冲式供电(喷油器供电电压多为12 V,可直接利用蓄电池供电)。若听不到"喀哒"的吸合声,说明喷油器针阀卡滞或线圈烧损。(注:线圈烧损可通过检测喷油器电阻值验证。)

② 触摸法。发动机怠速运转,用手或听诊器触摸喷油器的相应部位,喷油器喷油时应有轻微的振动感,否则,说明喷油器没有喷油。

③ 断缸法。在发动机怠速运转时拔下某缸喷油器的导线连接器,若发动机转速明显下降(约下降200 r/min),或发动机振抖较为明显,说明该喷油器工作良好;否则说明该喷油器不工作或工作不良。

(2) 通用仪器、仪表检测法

① 利用万用表检测。利用万用表,既可检测喷油器线圈,又可检测喷油器的控制线路。

a. 喷油器电阻值的检测。断开喷油器的导线连接器,万用表选欧姆挡,两表笔接喷油器两个端子,其电阻值应在规定范围之内;否则说明喷油器线圈损坏。不同的喷油器其阻值亦不相同,如别克车喷油器阻值为 11.4～11.6 Ω;桑塔纳车的喷油器阻值为 15.9±0.35 Ω。

b. 喷油器供电电压的检测。断开喷油器的导线连接器,万用表选电压挡,表笔"+"接连接器控制端的电源线端子,表笔"-"搭铁,起动发动机或点火开关调至"ON"位置的瞬间应有 12 V 电压;否则说明控制线路有故障,应继续检查熔断器、继电器、连接导线和控制单元。

② 利用测试灯检测。许多车上带有专用测试灯,也可自制测试灯。用一个发光二极管串接上一个大阻值的电阻(约 1 kΩ,以防元件烧损)即可制成一个简易的二极管测试灯。

断开喷油器的导线连接器,测试灯正极接蓄电池正极,测试灯负极接连接器控制端的搭铁线端子,起动发动机,观察测试灯工况。或插好连接器,用探针将测试灯的两端与喷油器两端子相连(即测试灯与线圈并联),然后起动发动机。测试灯闪亮为正常,若测试灯不亮或常亮,说明喷油器的控制线路不正常。

③ 利用汽油压力表检测。发动机工作时,喷油器针阀一直处于反复开、闭的状态,长时间使用磨损严重导致滴漏,就车检测时可借助油压表进行检漏。

首先给燃油供给系统泄压,在燃油滤清器后串接上油压表。起动发动机,油压建立后,关闭点火开关,经过一段时间后,观察油压表的压力降。不同的车,要求观察的时间不同,对应的保持油压值也不同,如桑塔纳发动机要求熄火 10 min 后,油压不低于 0.2 MPa,否则说明系统有泄漏。若供给系其他部位密封良好,则可断定喷油器有泄漏现象。(注:若喷油器只有轻微滴漏,这种检测方法效果不甚明显。)

除利用油压表检漏外,还可利用油压表检查喷油器是否有脏堵现象。接好油压表,起动发动机建立油压,断开所有喷油器的导线连接器,用外接电源(蓄电池)给某一喷油器供电(喷油器线圈正常)。若油压迅速下降,说明喷油器喷油良好;若油压无明显变化,则喷油器有堵塞现象。

(3) 专用仪器检测法

人工及通用仪表检测只能检查喷油器的启闭、脏堵和卡、漏现象,而利用喷油器专用检测仪——超声波清洗检测仪,可以对喷油器进行综合性能检测。

① 拆下所有喷油器,清洗外表并安装到检测仪支架上。

② 利用检测仪为喷油器加压(正常喷射油压),检测其密封性,一般 1 min 内滴漏不超过两滴。

③ 利用检测仪控制喷油器喷油,观察喷雾形状,判断喷孔的脏堵及磨损情况,并计量喷油量。在正常喷射油压下 15 s 常开喷油量为 45～75 mL;各喷油器的喷油量误差不得超过 5 mL。

④ 利用超声波对喷油器进行正反向清洗,并吹净吹干。

在上述几种检测方法中,人工经验法简单方便,但准确性差;专用仪器检测法检测功能全,准确可靠,但需拆下喷油器,操作不便;通用仪表检测法的优缺点介于二者之间。在实际应用中,常常将各种检测方法综合使用。在检测结果正确可靠的基础上,尽量避免喷油器的拆卸。

2. 喷油器的检修

(1) 喷油器故障的形式

① 喷油器针阀胶结,使喷油器无法喷油。

② 喷油器接线有油垢脏污,造成接触不良。

③ 喷油器出现裂纹,产生泄漏。

④ 喷油器线路出现故障。

⑤ 喷油器其他元件损坏,导致工作失常。

(2) 喷油器的维修注意事项

① 喷油器有很多种类,外形相同、能够装得上的喷油器未必是合适的喷油器,维修时采用的喷油器的零件号必须跟原来的喷油器一致,不允许换错。

② 为了便于安装,推荐在与燃油分配管相连接的上部 O 形圈表面涂上无硅的洁净机油。注意不要让机油污染喷油器内部及喷孔。

③ 拆卸和重新安装喷油器时,必须更换 O 形圈,此时不得损伤喷油器的密封面。

④ 若喷油器有两条卡槽,在安装卡夹时应注意不要卡错,可参照原件的安装位置。

⑤ 严禁随意拆卸清洗滤网或更换滤网。

⑥ 拆卸后应保证喷油器座的清洁,避免异物进入汽缸。

(3) 喷油器工作状况的检查

发动机热车后怠速运转时,用手触试、旋具(螺丝刀)或听诊器(触杆式)接触喷油器,通过测听各缸喷油器工作的声音来判断喷油器是否工作。在发动机运转时应能听到喷油器有节奏的"嗒嗒"声——这是喷油器在电脉冲作用下喷油的工作声。若各缸喷油器工作声音清脆均匀,则各喷油器工作正常;某缸喷油器的工作声音很小,则该缸喷油器的工作不正常——可能是针阀卡滞,应作进一步的检测;若听不见某缸喷油器的工作声音,则该缸喷油器不工作,应检查喷油器及其控制线路。也可将 12 V 电源接到喷油器接线座的一个端子上,将另一个端子重复地与地接通和断开,如果每次接通地线,喷油器都能发出短促的"咔嗒"声,则说明喷油器工作良好,否则更换;喷油器滴漏检查可在专用设备上进行,在 1 min 内喷油器滴油超过 1 滴油,否则应更换喷油器;可在专用设备上进行喷油量检查,喷油器通电后喷油,用量杯检查喷油器的喷油量。每个喷油器应重复检查 2~3 次,各缸的喷油量和均匀度应符合标准,否则应清洗或更换。

低阻喷油器必须串联一个 8~10 Ω 电阻后进行检查。一般喷油量为 50~70 mL/15 s,各缸喷油器的喷油量相差不超过 10%。

(二) 电动汽油泵

1. 电动汽油泵的控制方式

装有电控燃油喷射(EFI)系统的汽车,只有发动机运转时,油泵才开始工作。即使点火开关接通,只要发动机没有转动,油泵就不工作。压力感应式(D 型)和流量感应式(L 型) EFI 系统油泵控制电路各不相同,但一般都是当发动机点火开关置于"ON"位时,油泵运转 2 s 后停止,发动机起动后油泵才继续工作。目前较为常用的是安装在油箱中的涡轮式电动汽油泵。

2. 电动汽油泵的检修

用专用导线将诊断座上的燃油泵测试端子跨接到 12 V 电源上;将点火开关调至"ON"位置,但不要起动发动机;旋开油箱盖能听到燃油泵工作的声音,或用手捏进油软管应感觉有压力。若听不到燃油泵工作的声音或进油管无压力,应检修或更换燃油泵;若有燃油泵不工作故障,且上述检查正常,应检查燃油泵电路导线、继电器、易熔线和熔丝有无断路。

拆装燃油泵时注意:应释放燃油系统压力,并关闭用电设备;拆下燃油泵后,测量燃油泵两端子之间电阻,应为规定电阻值(2~3 Ω);用蓄电池直接给燃油泵通电,应能听到油泵电机高速旋转的声音。(注意:通电时间不能太长。)

 技能实训

一、实训导读

1. 喷油器的检测

(1) 直观检查

如图 4.29 所示,在喷油器应该工作时,如果感觉不到喷油器的振动或听不到声响,需做进一步检查。

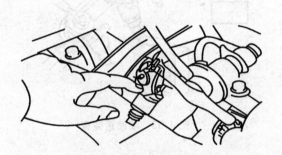 

(a) 用手指感觉喷油器的工作　　　　　(b) 听喷油器的声音

图 4.29　直观检查喷油器的工作

(2) 检查喷油器电阻值

如图 4.30 所示,应与维修手册中的数值相符。

(3) 测量喷油器供电电压

脱开喷油器连接插头,打开点火开关时,检查连接器线束端电源线的电压,如图 4.31 所示,应符合要求,通常为蓄电池电压。否则,应检查点火开关至喷油器电源线之间的线路是否正常。

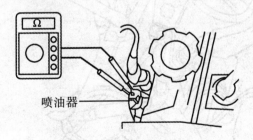 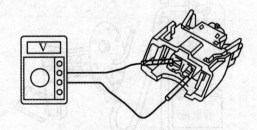

图 4.30　检查喷油器电阻　　　　　图 4.31　测量喷油器供电电压

(4) 断开点火开关

在线束插头上接发光二极管试灯(需串接限流电阻,通常为 330 Ω 左右,并注意发光二极管的极性)。起动发动机,发光二极管应闪烁。否则,说明控制电路有故障,应进一步检查喷油器至 ECU 的线路、传感器等。

(5) 检查喷油器的滴漏

若每分钟超过 1 滴,应更换喷油器,如图 4.32 所示。

(6) 喷油量检查

如图 4.33 所示,将喷油器两接线端子直接与蓄电池相连,接通电源,用量筒测量喷油量的大小并同时观察喷油器喷油雾化状况。每个喷油器测 2~3 次,喷油量应符合标准值,否则应予以清洗或更换。

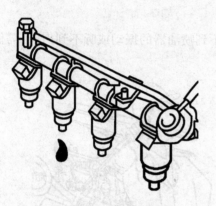

图 4.32 喷油器的滴漏检查

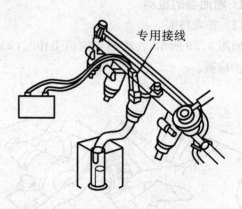

图 4.33 喷油量检查

(7) 喷油器喷射形状检查

所有喷射应符合要求,否则应清洗或更换喷油器。

2. 电动汽油泵的检修

(1) 电动汽油泵控制电路的检查

检测蓄电池电压,确保汽油泵保险丝、汽油泵继电器工作正常,线路连接可靠。

(2) 汽油泵工作状态的检查

如图 4.34 所示,将电动汽油泵直接与蓄电池相接(注意正负极,并且每次接通不超过 10 s),用手摸或耳听,观察电动汽油泵是否工作,若不转动,则应更换电动汽油泵。

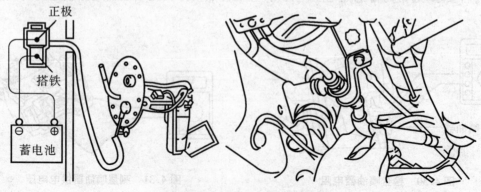

图 4.34 汽油泵工作状态检查

(3) 测量汽油泵电枢绕组的电阻

如图 4.35 所示,用万用表检测汽油电枢绕组的电阻值,并与参考值相比较,如果过大或过小,说明油泵电枢绕组存在短路、断路或电刷接触不良故障。

(4) 汽油泵工作电流的检查

拆下燃油泵电源线,将电流表串联接入汽油泵工作电路,然后起动发动机,观察电流表指示值,一般应不大于 7 A,如果过大,说明电机存在短路、阻塞或卡滞等现象,会导致供油压力不足。

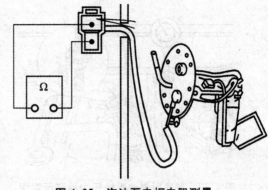

图 4.35 汽油泵电枢电阻测量

(5) 燃油压力的检查

① 检查油箱内燃油应足够,释放燃油系统压力。

② 检查蓄电池电压应在 12 V 左右(电压高低直接影响燃油泵的供油压力),拆开蓄电池负极电缆线。

③ 将专用油压表连接到燃油系统中。对于不同车型,压力表的连接方式有所不同。有油压检测孔的可将油压表直接接在油压检测孔上,没有油压检测孔的可拆下进油管,将三通管接头串接在进油管路中,然后在三通管上接上油压表,如图 4.36 所示。

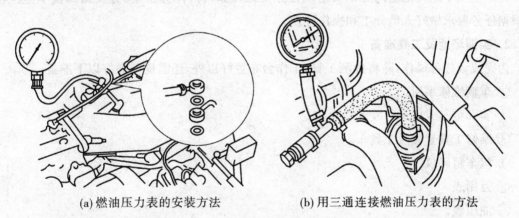

(a) 燃油压力表的安装方法   (b) 用三通连接燃油压力表的方法

图 4.36 测量油压

④ 将溅出的汽油擦净,重新接好蓄电池负极电缆线,起动发动机并维持怠速运转,检测怠速时燃油系统的压力,如图 4.37 所示。

⑤ 拆开燃油压力调节器上的真空软管,并用手指堵住进气管一侧的管口,如图 4.38 所示,检查油压表指示压力,并与参考值相比较。

⑥ 如果测试燃油系统压力符合标准,使发动机运转至正常工作温度后,重新接上燃油压力调节器上的真空软管,检查燃油压力表指示压力应略有下降(约为 0.05 MPa)。

⑦ 使发动机熄火,燃油泵停止工作,油压表的读数在 5 min 内不会降低,否则燃油泵单向阀损坏。等待 10 min 后,观察燃油压力表压力(即燃油系统残余压力),多点喷射系统压力应不低于 0.20 MPa,单点喷射系统压力应不低于 0.05 MPa。

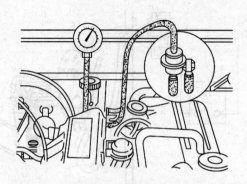 

图 4.37　怠速时燃油系统压力检测示意图　　图 4.38　用手堵住真空软管的方法

⑧ 检查完毕后,释放燃油系统压力,并拆下油压表,装复燃油系统。然后,预置燃油系统压力,并起动发动机检查有无泄漏。

二、学生实操训练

(一) 训前准备

1. 学生组织

让学生按小组讨论组内分工及组织任务实施,同时将《任务工单》分发给每位学生。各组根据任务要求做好人员分工和操作计划。

2. 实训场地及工具准备

为完成该任务操作,除将检测工具、工作台布置好以外,还需提前做好以下准备：

① 车辆维修手册。

② 实训整车或可运行发动机台架。

③ 维修工具套装及工具车。

④ 汽车解码仪。

⑤ 万用表。

⑥ 油压表。

⑦ 二极管试灯、抹布。

(二) 汽油机电控系统故障诊断实训

按照已经分好的小组,让学生制定维修计划,实施维修,包括：资讯、查阅维修手册进行原因分析(诊断方案)、故障点确认(实施诊断方案)、故障排除等。

1. 资讯

根据任务描述和实车(发动机)表现,填写附表 A1。

2. 查阅维修手册进行原因分析

查阅维修手册和相关资料进行可能的原因分析,填入附表 A1。

3. 故障点确认

根据前文中所述方法进行检修,并在附表 A2 中记录。

4．故障排除

填写附表 A3，确定故障点并写出故障排除工艺和方法。

5．废料和废品处理

任务结束后，对废料和废品进行处理。

（三）学生撰写实训报告

任务结束后，撰写实训报告。

（四）实训结果评价

对实训结果进行评价。

  任务评价

填写任务评价反馈表，见附表 A4。

项 目 评 价

填写项目评价表，见附表 A5。

项 目 思 考

1．简述电控发动机故障诊断的原则。
2．简述电控发动机故障诊断的一般流程。
3．使用汽车解码仪的注意事项有哪些？
4．如何检测发动机的各个传感器？
5．怎样利用万用表检测轿车的传感器？
6．喷油器需检测哪些项目？如何检测？
7．如何检测电动燃油泵？

FSA740 汽油机诊断中心的使用

FSA740 汽油机诊断中心由 KTS 540、测量模块、信号模拟、气体尾气分析仪、ESI【tronic】(电子信息服务系统)、打印机等组成。其主要功能是完成汽车故障(特别是电子控制系统故障)的诊断分析、汽车基本性能和技术状况的检测，完成车身结构参数和行驶系统定位参数的检测及调整、汽车动力性能、模拟行驶和特殊工况、部分仪表校核、简易工况排放性能的检测等。

1. 测试前准备

① 接通电源,打开主机,连接 KT540 并打开点火钥匙至"ON"挡。

② 起动博世应用菜单(最好设备为自动起动);进行端口设置;选择 DSA 和博世应用菜单语言;安装应用软件;升级用户和车辆的技术数据;关闭博世应用菜单。

③ 起动 FSA 操作软件。

④ 设置 FSA 诊断软件的语言:在"设置"菜单项,可以选择 FSA 诊断软件的使用语言。设置其使用语言后,博世的其他应用程序也一并被设置。

⑤ ESI【tronic】软件的操作:

a. 查找发动机、ABS、ESP 等控制系统的电路图。

选择车辆(方法)→调出"SIS/CAS"信息类型→显示其信息已被保存的车辆系统→打开所需文件夹→从文件夹中选择所列出的某一个子系统→在窗口界面中选择所需的故障查找说明→从说明的目录中选择"电气接线图"一章。要查找某个插头的针脚配置时,可浏览该章内容。

b. 故障诊断指南及维修信息查询。

"SIS/CAS"提供所选汽车的系统信息,包含故障查找、故障码表、系统电路图以及部件安装位置的故障诊断指南。其中,"计算机辅助维修"用于分析汽车中控制总成的自诊断(CAS 为计算机辅助维修的英文缩写),系统还包含维修信息及博世内部服务信息。"牌号信息"提供专门的汽车牌号服务信息,如 MB 照明距离调整说明。"一般信息"提供一般品牌和系统相关故障诊断说明及维修信息,如博世汽车报警说明。

c. 用 CAS【plus】完成故障诊断。

从 SIS 直接调出故障保存器里的故障→根据所读出的故障码表,直接排除故障→直接从 SIS 说明中调出实际值和 URI 测量值→读出的实际值、URI 测量值和状态信息在 SIS 说明中的一个特定的窗口里动态显示→读出的实际值和 URI 测量值自动与 SIS 说明内的额定值相比较,并用颜色突出显示→额定范围内的数值在白色背景上显示绿色,额定范围外的数值在红色背景上显示黑色→读出的实际值、URI 测量值和状态信息可转入说明的输入栏中→可自动产生带诊断数值的工作记录,从 SIS 中打印。

2. 线路连接

① 将 KT540 与汽车诊断插口连接,用蓝牙与 KT540 连接。

② 将转速测试专用仪器与一缸高压线连接,将电瓶电压测试工具与蓄电池连接,将换机油温度测试工具替代机油标尺插入管中。

③ 可以进行一系列的后续测试,并按帮助说明方法进行连接。

3. 项目测试

① 选择所要测试的项目(发动机控制系统诊断、尾气分析、通用示波器),进入下一级测试子项目。

② 选择所要测试的内容,视情况进行测试。

③ 选定某一瞬时测试结果,通过打印机打印输出,进行分析。

④ 移动左、右键观察整个测试波形。

⑤ 选择"清除测试结果",可回到动态测试。

⑥ 按"F11"返回到子项目的界面。

⑦ 按"F11"退出该系统。

4. 诊断帮助

① 在诊断测试模块下,选择"F1"可进入帮助界面,进入帮助界面后可根据说明进行正确的操作。

② 选择你所需要的项目,可查找有关帮助信息。

③ 按"ESC"退出该项功能。

测试完毕后,关闭所有设备电源,拆下所有连接线及探针,收好所有测试用件。

注:如无特别说明,各个接入汽车测试件的接线均需通过探针连接。

项目五

发动机系统常见故障诊断与维修

项目描述

　　汽车发动机是整车的最重要的总成之一，也是汽车行驶中故障易发的总成之一。发动机系统一旦发生故障会直接影响汽车的正常使用，且故障形成原因较多，很多故障诊断较复杂，尤其是电控系统故障需要借助于专用仪器进行诊断。因此，一旦发现发动机工作异常，需立即到专业修理机构进行故障诊断和排除，以保证发动机正常工作和汽车的可靠行驶。

项目目标

1. 专业能力要求
① 能根据故障现象初步判断发动机的故障和主要原因；
② 能正确使用专用仪器检测发动机工作数据和状态；
③ 能进行发动机常见综合故障的诊断与排除。

2. 社会能力要求
① 具备团队协作意识和强烈的工作责任心；
② 具备发现问题并能积极处理的能力；
③ 具备足够的环境保护意识、强烈的职业道德和法律意识。

3. 方法能力要求
① 与人良好沟通的能力；
② 能主动独立地学习，具备一定的创造能力和创新能力；
③ 具备故障诊断及检修过程的优化和控制能力；
④ 良好的心理承受能力。

4. 重点和难点
① 发动机常见故障的诊断分析；
② 发动机常见故障的排除方法。

任务一　发动机温度异常

任务引入

2012年12月20日，售后服务经理接到客户宋先生反映，他的汽车在行驶过程中水温表指针经常指在100 ℃以上。作为汽车维修人员，接到冷却系统的检修任务后，检查并判断冷却系统是否有故障，制定维修计划，得到经理确认后，完成此任务，提交一份分析报告并归档。

相关知识

一、冷却系统的常见故障

发动机工作过程中，气缸内气体温度可高达2 200～2 800 K，直接与高温气体接触的机件（如气缸体、气缸盖、气门等）若不及时加以冷却，则其中运动机件将可能出受热膨胀而破坏正常间隙，或因润滑油在高温下失效而卡死；各机件也可能因高温而导致其机械强度降低甚至损坏。所以，为保证发动机的正常工作，必须冷却这些在高温条件下工作的机件，因此发动机中设有冷却系统。

发动机的冷却必须适度。如果发动机冷却不足，由于气缸充气量减少和燃烧不正常，将使发动机功率下降，且发动机零件也会因润滑不良而加速磨损。但如果冷却过度，则一方面由于热量散失过多，使转变为有用功的热量减少，而另一方面由于混合气与冷气缸壁接触，使其中原已汽化的燃油又凝结并流到曲轴箱，使磨损加剧。

发动机冷却系统一般由散热器、风扇及离合器或热敏开关、水泵、节温器、百叶窗、水套及指示与报警装置等组成，其常见故障部位及原因如表5.1所示。其中发动机温度异常是常见易发故障，主要包括两种情况：发动机温度过高和发动机温度过低。

表5.1　发动机冷却系统常见故障部位

序号	故障部位	主要故障原因	主要故障现象和危害
1	百叶窗	不能完全打开或关闭	发动机过热或水温过低
2	散热器	堵塞、变形、破裂	发动机过热、漏水
3	风扇	离合器失效、热敏开关或电动机损坏	发动机过热或水温过低
4	水泵	传动带过松或断开、水封损坏、叶片折断	发动机过热、漏水
5	节温器	失效、漏装	发动机过热
6	水套	堵塞	发动机过热

二、发动机温度异常故障诊断与排除

(一) 冷却液温度过高(发动机过热)

1. 故障现象

运转中的汽车,水温表指针经常指在 100 ℃ 以上或指针长时间处在红色区,水温报警灯闪亮,并伴随有冷却液沸腾现象,且发动机易产生突爆或早燃、熄火困难等。

2. 故障原因

造成发动机过热的原因很多,涉及发动机的各个组成系统(起动系统除外),还与发动机的合理使用有关,具体原因如下:

① 冷却液液面过低,循环水量不足,或冷却系统严重漏水。
② 冷却液中水垢过多,致使冷却效能降低。
③ 冷却液温度表或报警指示有误,如传感器损坏,线路搭铁、脱落或指示表失灵等。
④ 百叶窗没有完全打开。
⑤ 散热器芯管堵塞、漏水、水垢过多或散热器片变形导致冷却效果下降。
⑥ 风扇传动带松弛或因油污打滑,风扇离合器失效,温控开关、风扇电动机损坏,叶片变形等。
⑦ 水泵泵水量不足,水泵传动带过松或因油污打滑,轴承松旷,水泵轴与叶轮脱转,水泵叶轮、叶片破损,水泵密封面、水封漏水,水泵内有空气等。
⑧ 节温器失效,不能正常开启,致使冷却液大循环工作不良。
⑨ 冷却水套、分水管等积垢过多、堵塞、锈蚀等。
⑩ 点火过迟或过早、混合气过稀或过浓、润滑不良等。
⑪ 压缩比过大、缸压过高、突爆或进、排气不畅等。
⑫ 使用不合理,如经常长时间、超负荷工作等。
⑬ 空调冷凝器温度过高,影响冷却系散热。

3. 故障诊断与排除

发动机自身症状与冷却液指示、报警装置不一致时,可能是冷却液指示、报警装置出现故障。就车诊断时,将感应器中心电极与发动机机体搭铁,若搭铁后水温表指针摆动,说明水温表良好,感应塞有故障;否则说明水温表有故障。

若是发动机点火系统、供给系统、机械系统或润滑系统等工作不良导致过热,往往在过热之前会出现明显的故障征兆,应注意观察并及时排除。

① 检查冷却液。若液面过低,应检查有无泄漏;冷却液中锈皮或水垢过多应清洗散热器和水套。
② 检查百叶窗能否完全打开。
③ 是否长时间大负荷或超载运行。
④ 检查风扇转动是否正常。若风扇不转或转速过低,对机械式风扇,应首先检查风扇传动带,如过松、打滑应予以调整;若风扇传动带正常,则说明风扇离合器失效,应予以维修或更换。对电动风扇,可在怠速低温时开启空调,若风扇运转,说明热敏开关损坏;否则为风扇电动机损坏。也可将热敏温控开关短接,如果风扇立即转动,说明温控开关损坏;如果风扇仍然不转,应检查线路熔断器、继电器、电动机等是否损坏。
⑤ 检查散热器有无变形、出水管是否凹瘪,并触试散热器,检查其各部温度是否均匀。

若散热器上下温差较大,有明显的上高下低现象,且出水管被吸瘪,说明散热器堵塞,应进行除垢清洗。

⑥ 触试散热器及上下通水管,若温度较低,说明节温器大循环阀门打不开,应拆检节温器。也可检测气缸盖与散热器上部的温差,若温差较大,也可说明节温器失效。

节温器应检查其开启温度和阀门升程,不同发动机的节温器开启温度略有差别,如桑塔纳发动机节温器在冷却液温度为 84 ℃时应开始打开,当冷却液温度为 98 ℃时,开启行程应不小于 7 mm。

⑦ 检查水泵。先检查水泵传动带是否过松、轴承是否松旷、水泵是否漏水等,再就车检测水泵的泵水能力。检查时用手握住发动机上部至散热器的回水管,加大节气门,提高发动机转速,如感到水管内的流速随发动机转速的增加而加快,说明水泵工作正常;反之,说明水泵工作不良,应拆检或更换水泵。

⑧ 检查发动机前后端温度,若温差较大,说明分水管损坏或堵塞,应予以更换。

⑨ 若冷却系统正常而发动机仍然过热,则需根据发动机的其他故障征兆,检查并排除点火系统、供给系统、润滑系统或机械系统故障。

(二)冷却液温度过低或升温缓慢

1. 故障现象

运行中的汽车,水温表指针经常指在 75 ℃以下(水温过低);发动机工作时,水温表指针长时间达不到 90～100 ℃的正常位置(升温缓慢)。

2. 故障原因

冷却液温度过低或升温缓慢的主要原因为节温器不良、水温指示装置失效。

① 水温表或冷却液温度传感器损坏,指示有误。
② 在冬季或寒冷地区行驶时,未关闭百叶窗或未采取车身保温措施。
③ 节温器漏装或阀门黏结不能闭合。
④ 风扇离合器或温控开关接合过早。
⑤ 冷车快怠速调整过低。

3. 故障诊断与排除

① 若环境温度较低,应检查百叶窗是否关闭,是否采取了保温措施。
② 检查水温表、传感器及线路是否正常。
③ 拆检节温器,如损坏,应更换。
④ 风扇运转时,观察水温表指示温度,判断风扇是否过早运转。

技能实训

一、实训导读

① 发动机水温过高的诊断流程见图 5.1。

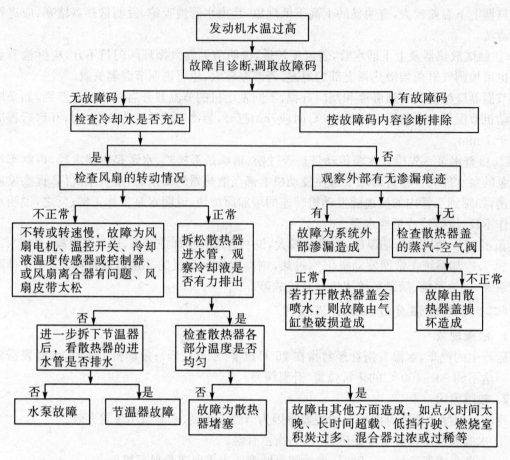

图 5.1 发动机水温过高的诊断流程图

② 发动机水温过低的诊断流程见图 5.2。

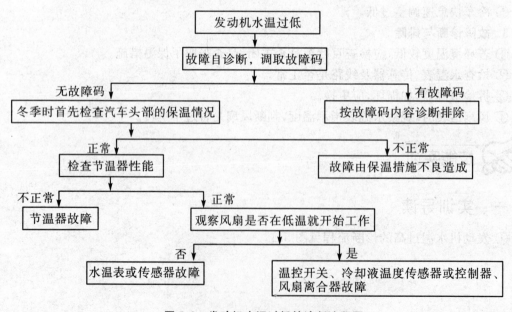

图 5.2 发动机水温过低的诊断流程图

二、学生实操训练

(一)训前准备

1. 学生组织

让学生按小组讨论组内分工及组织任务实施,同时将《任务工单》分发给每位学生。各组根据任务要求做好人员分工和操作计划。

2. 实训场地及工具准备

为完成该任务操作,除将检测工具、工作台布置好以外,还需提前做好以下准备:

① 车辆维修手册。
② 故障车辆(或发动机台架)。
③ 举升机。
④ 其他汽车书籍。
⑤ 维修工具套装及工具车。
⑥ 加热计、温度计、烧杯。
⑦ 解码器、万用表。
⑧ 保护套装。

(二)汽油机电控系统故障诊断实训

按照已经分好的小组,让学生制定维修计划,实施维修,包括:资讯、查阅维修手册进行原因分析(诊断方案)、故障点确认(实施诊断方案)、故障排除等。

1. 资讯

根据任务描述和实车(发动机)表现,填写附表 A1。

2. 查阅维修手册进行原因分析

查阅维修手册和相关资料进行可能的原因分析,填入附表 A1。

3. 故障点确认

根据前文中所述方法使用仪器和设备进行检修,并记录在附表 A2 中。

4. 故障排除

填写附表 A3,确定故障点并写出故障排除工艺和方法。

5. 废料和废品处理

任务结束后,对废料及废品进行处理。

(三)学生撰写实训报告

任务结束后,撰写实训报告。

(四)实训结果评价

对实训结果进行评价。

任务评价

填写任务评价反馈表,见附表 A4。

任务二　发动机机油压力异常

2013年7月20日，售后服务经理接到客户李先生反映，他的汽车在行驶过程中从排气管排出大量蓝色气体，机油报警指示灯闪烁。作为汽车维修人员接到该检修任务后，要求检查并判断润滑系统是否有故障，制定维修计划，得到经理确认后，完成此任务，提交一份分析报告并归档。

一、润滑系统概况

发动机工作时，传力零件的相对运动表面（如曲轴与主轴承、活塞与气缸壁、正时齿轮副等）之间必然产生摩擦。这些摩擦会使零件工作表面迅速磨损，而且由于摩擦产生的大量热可能导致零件工作表面烧损，致使发动机无法正常运转。因此，为保证发动机正常工作，必须对相对运动表面加以润滑，以减小摩擦阻力，降低功率损耗，减轻机件磨损，延长发动机使用寿命。

发动机的润滑是由润滑系统来实现的。润滑系统的基本任务就是将机油不断地供给各零件的摩擦表面，减少零件的摩擦和磨损。流动的机油不仅可以清除零件表面的磨屑等杂质，而且还可以冷却摩擦表面。气缸壁和活塞环上的油膜还能提高密封性。此外，机油还能防止零件表面生锈。

发动机润滑系统一般由机油盘（油底壳）、集滤器、滤清器、机油泵、限压阀、旁通阀、机油压力表、报警开关和报警器等组成，常见故障为机油压力过低（润滑不良）、机油压力过高、机油变质、机油消耗过大等。由于润滑系统是保证发动机能正常运转的基本结构，一旦发生故障便会导致发动机不能正常工作并熄火，而机油压力异常即为一种常见易发故障，发生此类故障时可由驾驶室仪表盘上的报警指示灯显示并报警，通常其常见故障部位在机油泵和机油滤清器。

二、润滑系统的故障诊断与排除

（一）机油压力过低

1. 故障现象

发动机起动后，机油压力迅速降至规定值以下；或发动机在正常温度和转速下，报警器报警或机油压力表读数始终低于规定值。

2. 故障原因

油压过低有润滑系统的原因,也有非润滑系统的原因,具体原因如下:

① 机油油面过低、黏度过小或未按规定换油、油变质以及油中混入汽油、冷却液等。
② 机油压力指示有误。如油压表、传感器、油压开关、油压报警灯、报警器失效等。
③ 油底壳漏油,放油螺塞漏油,机油管道、接头漏油或堵塞等。
④ 机油泵工作不良,机油泵进油滤网堵塞等。
⑤ 机油限压阀调整不当、卡滞,或限压阀弹簧过软、折断。
⑥ 机油集滤器、滤清器堵塞,密封衬垫损坏漏油,旁通阀堵塞等。
⑦ 曲轴主轴承、连杆轴承或凸轮轴承配合间隙过大,轴承盖松动,造成泄油量过大,导致机油压力过低。
⑧ 点火正时失准、混合气浓度不当、发动机过热等。

3. 故障诊断与排除

① 根据发动机的故障征兆,确认机油压力过低为润滑系统所致。首先区分是机油压力指示系统故障还是润滑系统油路故障。

观察机油压力表、报警灯或报警器,如果所示信号不一致,则可能是指示系统或报警系统有故障。可检查油压表与传感器的连接状况,若正常,拆下传感器导线,打开点火开关,使导线与机体搭铁。若油压表指针急速上升,说明油压表良好;若油压表指针不动或微动,说明油压表失效。若油压表良好,应检查传感器的工作性能。

若怀疑油压指示或报警系统出现故障,也可采用换件测试法进行确诊。

② 拔出机油尺,检查油面高度、机油黏度和机油质量。若油面过低,应检查有无泄漏,并按规定添加机油。用手指检查机油黏度,同时检查机油质量,观察是否混入汽油或水分,如果机油变稀或呈乳膏状,应及时更换,并查明泄漏原因。

③ 拆下机油滤清器,起动发动机,观察喷油情况。若喷油有力,说明机油泵工作正常,应检查机油滤清器的滤芯、旁通阀是否堵塞,视情况更换。若喷油无力,应拆检机油泵。

④ 检查机油泵齿轮副的端面间隙、径向间隙和啮合间隙,并进行油压、泵油量等性能检测。

润滑系统的安全阀多安装在机油泵上,拆检机油泵时必须检查安全阀是否失效。有的安全阀安装在主油道上(外装式),此类安全阀的检查,应在拆检机油泵前进行。

⑤ 若润滑系统正常,则需检查曲轴主轴承和连杆轴承、凸轮轴轴承等配合间隙。因配合间隙过大造成机油压力过低时,往往伴随有发动机异响产生,分解发动机之前,应注意听诊。

(二)机油压力过高

1. 故障现象

发动机在正常温度和转速下,机油压力表读数始终高于规定值。

2. 故障原因

① 机油黏度过大,机油量过多。
② 油压表、传感器及油压指示装置失效。
③ 机油压力限压阀调整不当或卡滞。
④ 机油滤清器滤芯堵塞,且旁通阀开启困难。
⑤ 润滑油道、气缸体主油道堵塞、积垢过多。

⑥ 发动机各轴承间隙过小。

3. 故障诊断与排除

① 试车检查,根据故障征兆进行分析和诊断。

② 检查油面高度,若油面正常,应检查机油黏度、牌号是否符合要求。

③ 检查油压指示系统装置。若接通点火开关就有压力指示,则说明油压表或传感器有故障,检查方法同前。

④ 检查、调整限压阀,对于与机油泵一体的限压阀,则应拆检机油泵。

⑤ 拆检发动机,检查、清洗润滑油道,并用压缩空气吹通;同时检查曲轴主轴承、连杆轴承、凸轮轴轴承等各配合间隙是否过小。

 技能实训

一、实训导读

① 机油压力过低的诊断流程见图5.3。

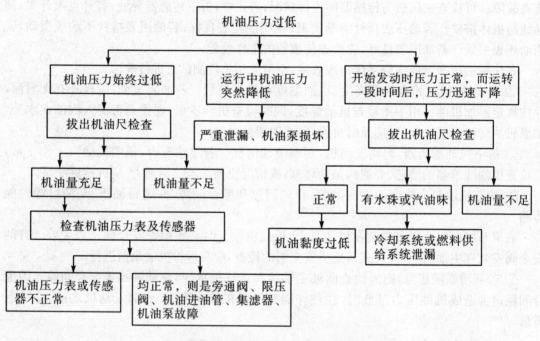

图5.3 机油压力过低诊断流程图

② 机油压力过高的诊断流程见图5.4。

（二）机油压力异常故障诊断实训

按照已经分好的小组,让学生制定维修计划,实施维修,包括:资讯、查阅维修手册进行原因分析(诊断方案)、故障点确认(实施诊断方案)、故障排除等。

1. 资讯

根据任务描述和实车(发动机)表现,填写附表A1。

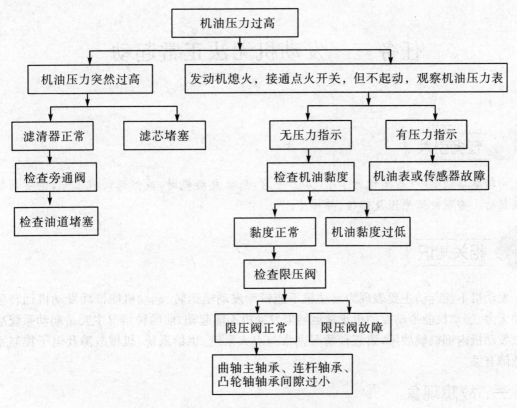

图 5.4 机油压力过高诊断流程图

2. 查阅维修手册进行原因分析

查阅维修手册和相关资料,进行可能的原因分析,填入附表 A1。

3. 故障点确认

根据前文中所述方法使用仪器和设备进行检修,并记录在附表 A2 中。

4. 故障排除

按照附表 A3 确定故障点并写出故障排除工艺和方法。

5. 废料和废品处理

任务结束后,对废料和废品进行处理。

(三)学生撰写实训报告

任务结束后,撰写实训报告。

(四)实训结果评价

对实训结果进行评价。

 任务评价

填写任务评价反馈表,见附表 A4。

任务三 发动机无法正常起动

一辆桑塔纳 2000 轿车运行了 15 万公里后,起动发动机时,虽然起动机工作,但发动机无法起动。查明故障原因及部位,并排除。

发动机不能起动主要表现为起动机不能带动发动机运转、起动机能带动发动机运转但转动无力、起动机能带动发动机正常运转但发动机不能起动;前两种情况主要是起动系统故障或发动机内部机械故障,第三种情况则常与点火系统、供给系统、机械故障及电子控制系统故障有关。

一、故障现象

起动机能够带动发动机曲轴正常运转,但发动机长时间不能起动,或需多次反复起动才能起动成功;曲轴不能正常转动,发动机无法起动。

二、故障原因

1. 起动系统故障使发动机不能转动或转动太慢

① 蓄电池存电不足、电极桩柱夹松动或电极桩柱氧化严重;
② 电路总保险丝熔断;
③ 点火开关故障;
④ 起动线路断路或线路连接器接触不良。

2. 点火系统故障

① 点火线圈工作不良,造成高压火花弱或没有高压火花;
② 点火器故障;
③ 点火时间不正确。

3. 燃油喷射系统故障

① 油箱内没有燃油;
② 燃油泵不工作或泵油压力过低;
③ 燃油管泄漏或变形;
④ 断路继电器断开;
⑤ 燃油压力调节器工作不良;
⑥ 燃油滤清器过脏;

⑦ 无起动信号、无点火信号造成的不喷油。

4. 进气系统故障

① 怠速控制阀或其控制线路故障；

② 怠速控制阀空气管破裂或接头漏气；

③ 空气流量计故障；

④ 冷却液温度、进气温度传感器及控制线路故障。

5. ECU 故障

电子控制系统造成发动机不能起动的主要故障原因为高压无火、点火正时严重失准和供油系统不喷油。

6. 其他故障

由发动机气缸压力过低或其他机械引起的故障，也可能导致发动机非正常运行。

一、实训导读

① 发动机不能起动的故障诊断流程如图 5.5 所示。

② 发动机冷起动困难的故障诊断流程如图 5.6 所示。

③ 发动机热车起动困难的故障诊断流程如图 5.7 所示。

二、学生实操训练

（一）训前准备

1. 学生组织

让学生按小组讨论组内分工及组织任务实施，同时将《任务工单》分发给每位学生。各组根据任务要求做好人员分工和操作计划。

2. 实训场地及工具准备

为完成该任务操作，除将检测工具、工作台布置好以外，还需提前做好以下准备：

① 车辆维修手册。

② 故障车辆（或发动机台架）。

③ 举升机。

④ 其他汽车书籍。

⑤ 维修工具套装及工具车。

⑥ 废气分析仪。

⑦ 解码器。

⑧ 点火正时灯、数字式万用表、发动机转速表、气缸压力表、燃油压力表。

（二）发动机无法起动（或起动困难）故障诊断实训

按照已经好的小组，让学生制定维修计划，实施维修，包括：资讯、查阅维修手册进行原因分析（诊断方案）、故障点确认（实施诊断方案）、故障排除等。

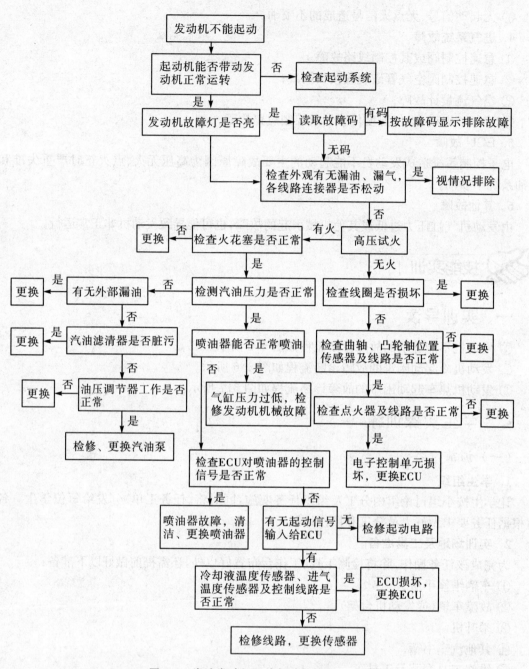

图 5.5 汽油发动机不能起动的故障诊断流程

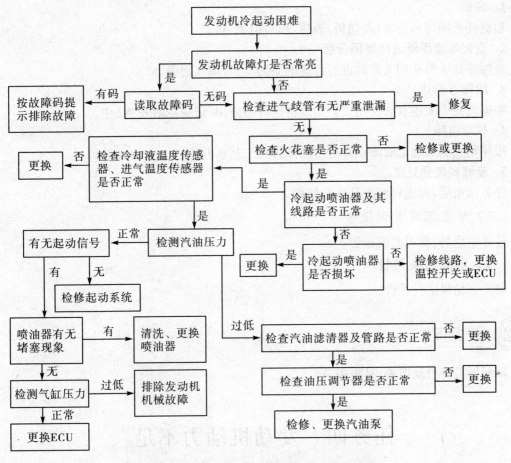

图 5.6 发动机冷起动困难的故障诊断流程

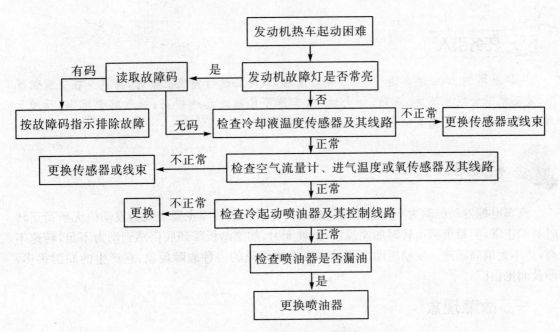

图 5.7 发动机热车起动困难的故障诊断流程

1. 资讯

根据任务描述和实车(发动机)表现,填写附表 A1。

2. 查阅维修手册进行原因分析

查阅维修手册和相关资料进行可能的原因分析,填入附表 A1。

3. 故障点确认

根据前文中所述方法使用仪器和设备进行检修,并记录在附表 A2 中。

4. 故障排除

按照附表 A3,确定故障点并写出故障排除工艺和方法。

5. 废料和废品处理

任务结束后,对废料和废品进行处理。

(三)学生撰写实训报告

任务结束后,撰写实训报告。

(四)实训结果评价

对实训结果进行评价。

填写任务评价反馈表,见附表 A4。

任务四　发动机动力不足

一辆桑塔纳 2000 轿车运行了 12 万公里后,汽车高速行驶或上坡时,特别是在重载情况下,发动机动力明显不足、没劲,加大油门,车速不能随之迅速提高;排气感觉沉闷,行驶无力,油耗直线上升。需查明故障原因及部位,并排除。

汽车电控发动机动力不足就是指它的动力性差。该故障主要表现为发动机无负荷运转时基本正常,但带负荷运转时加速缓慢,上坡无力,加速踏板踩到底仍感到动力不足,转速不高,达不到最高转速。发动机动力不足是汽车很常见的一种故障现象,它产生的原因很多,涉及面也很广。

一、故障现象

① 发动机运转不平稳,振抖严重,急速时尤甚,且运转无力,加速困难,油耗增加,排气

管发出有节奏的"突突"声,有时伴有回火、放炮现象。

② 节气门突然开大加速时,发动机转速不能及时升高,甚至下降、熄火,并且伴随有爆燃声、排气管"突突"声或回火声。

二、故障原因

导致发动机动力不足、加速无力的原因很多,除点火系统、供给系统、电子控制系统和机械故障外,冷却系统和润滑系统故障也直接影响到发动机的工作性能。

发动机在各种转速下运转不稳的主要原因是:个别缸不工作、混合气浓度不当、点火正时失准或点火能量过弱、气缸压力偏低等;加速不良的主要原因是混合气过稀、点火过迟、进排气不畅等;进气管回火的主要原因是混合气过稀、点火正时不当、炽热点不正常点火、进气门关闭不严等;排气管放炮的主要原因是混合气过浓、点火过迟、个别缸不工作、排气门关闭不严等。故障具体原因如下:

① 点火过迟、高压火弱。
② 汽油质量差、汽油压力不正常。
③ 喷油器工作不良、油压调节器损坏。
④ 空气滤清器脏堵、三元催化器或排气消声器堵塞造成进、排气不畅。
⑤ 进气系统漏气。
⑥ EGR 系统工作不正常。
⑦ 氧传感器、爆燃传感器、节气门位置传感器、曲轴位置传感器及凸轮轴位置传感器信号失准。
⑧ 空气流量计、进气压力传感器信号不良。
⑨ 进、排气门密封不良,气缸压力过低。
⑩ 个别缸不工作或多缸工作不良。
⑪ 电子控制单元有故障。

三、故障诊断与排除

发动机动力不足的故障诊断流程如图 5.8 所示。

一、实训导读

发动机动力不足的故障诊断流程如图 5.8 所示。

二、学生实操训练

(一)训前准备

1. 学生组织

让学生按小组讨论组内分工及组织任务实施,同时将《任务工单》分发给每位学生。各组根据任务要求做好人员分工和操作计划。

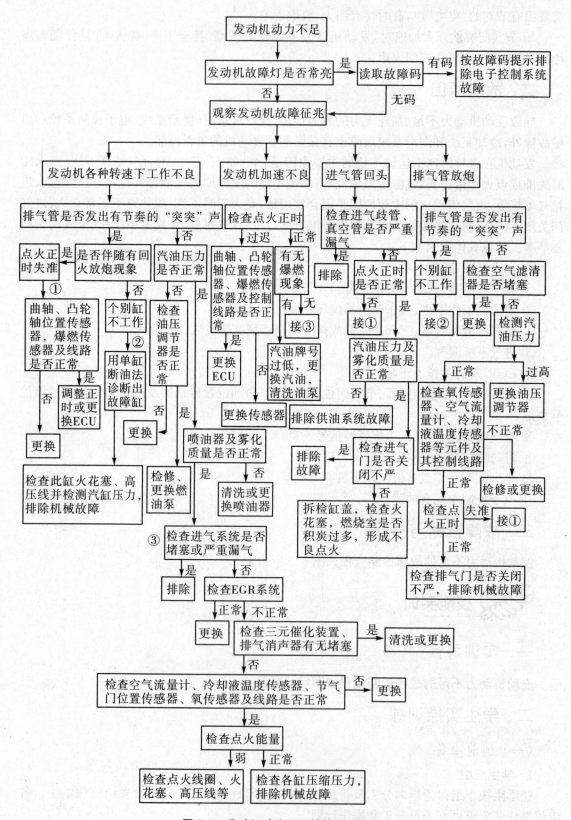

图5.8 发动机动力不足的故障诊断流程

2. 实训场地及工具准备

为完成该任务操作,除将检测工具、工作台布置好以外,还需提前做好以下准备:
① 车辆维修手册。
② 故障车辆(或发动机台架)。
③ 举升机。
④ 其他汽车书籍。
⑤ 维修工具套装及工具车。
⑥ 废气分析仪。
⑦ 解码器。
⑧ 点火正时灯、数字式万用表、发动机转速表、气缸压力表、燃油压力表。

(二)发动机动力不足故障诊断实训

按照已经分好的小组,让学生制定维修计划,实施维修,包括:资讯、查阅维修手册进行原因分析(诊断方案)、故障点确认(实施诊断方案)、故障排除等。

1. 资讯
根据任务描述和实车(发动机)表现,填写附表 A1。

2. 查阅维修手册进行原因分析
查阅维修手册和相关资料进行可能的原因分析,填入附表 A1。

3. 故障点确认
根据前文中所述方法使用仪器和设备进行检修,并记录在表 5.2 中。

表 5.2 数据记录及故障点确认

序号	检测部位	检测数据	正常与否

4. 故障排除
按照附表 A3,确定故障点并写出故障排除工艺和方法。

5. 废料和废品处理
任务结束后,对废料和废品进行处理。

(三)学生撰写实训报告
任务结束后,撰写实训报告。

(四)实训结果评价
对实训结果进行评价。

任务评价

填写任务评价反馈表,见附表 A4。

任务五　发动机怠速不良

一辆上海桑塔纳 2000GSi（时代超人）轿车（装备 1.8 L AJR 电控发动机），故障现象为发动机怠速不稳、怠速时发抖、易熄火，并且最高车速只能提高到 140 km/h，试车发现急加速时发动机排气管冒黑烟，且有回火现象。

发动机起动后经过暖机过渡到稳定的怠速运转时，有时会产生怠速不稳、抖动、游车或者熄火现象，发动机低温、空调运转与转向助力时都有此类现象；有时发动机达到正常工作温度后怠速转速依然过高，导致怠速过高。以上情况均属于怠速不良。

一、发动机怠速运转不稳定

1. 故障现象

① 起动后，发动机怠速运转时，转速偏低、抖动、游车甚至熄火。
② 接通空调开关或动力转向开关时，怠速不稳、转速下降甚至熄火。

2. 故障原因

① 怠速控制阀或线路故障、怠速空气通道堵塞。
② 节气门位置传感器信号不良。
③ 氧传感器故障。
④ 进气歧管漏气。
⑤ 个别缸不工作。
⑥ EGR 阀常开。
⑦ 燃油蒸气回收装置工作不良。
⑧ 空气流量计、进气压力传感器信号不良。
⑨ 空调开关、动力转向开关信号不良。
⑩ 电子控制单元损坏。
⑪ 气缸压力过低。

3. 诊断排除

发动机怠速运转不稳的故障诊断流程如图 5.9 所示。

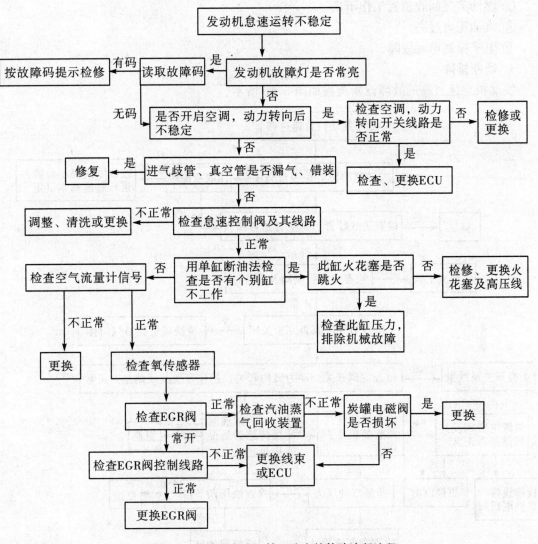

图 5.9 发动机怠速运转不稳定的故障诊断流程

二、发动机怠速转速过高

1. 故障现象

发动机达到正常工作温度后,怠速转速仍然偏高。

2. 故障原因

造成发动机怠速偏高的主要原因是空气量过多或发动机控制信号有误。

① 怠速控制阀故障。

② 节气门位置传感器、冷却液温度传感器信号失准。

③ 进气歧管、真空管漏气。

④ 空气流量计、进气压力传感器信号不良。

⑤ 空调开关、动力转向开关、自动变速器挡位开关信号有误。

⑥ 节气门不能完全关闭。

⑦ 燃油蒸气回收装置工作不良。
⑧ 汽油压力过高。
⑨ 电子控制单元故障。

3. 诊断排除

发动机怠速过高的故障诊断流程如图 5.10 所示。

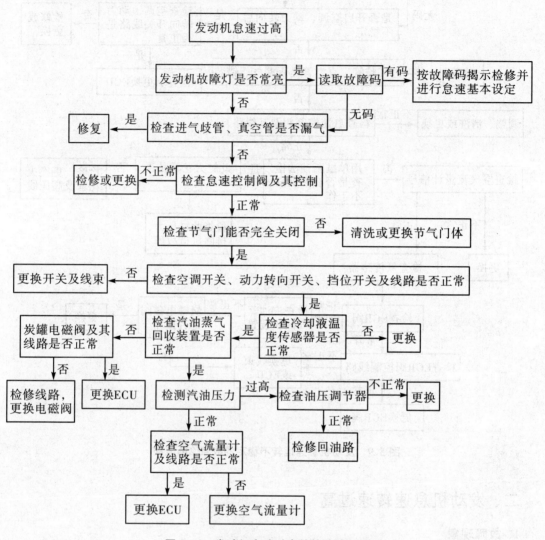

图 5.10 发动机怠速过高的故障诊断流程

一、实训导读

发动机怠速不良的故障诊断流程如图 5.9 和图 5.10 所示。

二、学生实操训练

(一) 训前准备

1. 学生组织

让学生按小组讨论组内分工及组织任务实施,同时将《任务工单》分发给每位学生。各组根据任务要求做好人员分工和操作计划。

2. 实训场地及工具准备

为完成该任务操作,除将检测工具、工作台布置好以外,还需提前做好以下准备:
① 车辆维修手册。
② 故障车辆(或发动机台架)。
③ 解码器。
④ 万用表。
⑤ 维修工具套装、火花塞专用套筒及工具车。
⑥ 点火正时灯、数字式万用表、发动机转速表、气缸压力表、燃油压力表。

(二) 怠速不良故障诊断实训

按照已经分好的小组,让学生制定维修计划,实施维修,包括:资讯、查阅维修手册进行原因分析(诊断方案)、故障点确认(实施诊断方案)、故障排除等。

1. 资讯

根据任务描述和实车(发动机)表现,填写附表 A1。

2. 查阅维修手册进行原因分析

查阅维修手册和相关资料进行可能的原因分析,填入附表 A1。

3. 故障点确认

根据前文中所述方法使用仪器和设备进行检修,并在表 5.3 中记录。

表 5.3 数据记录及故障点确认

序号	检测部位	检测数据或现象	正常与否

4. 故障排除

按照附表 A3,确定故障点并写出故障排除工艺和方法。

5. 废料和废品处理

任务结束后,对废料和废品进行处理。

(三) 学生撰写实训报告

任务结束后,撰写实训报告。

(四) 实训结果评价

对实训结果进行评价。

任务评价

填写任务评价反馈表,见附表A4。

项目评价

填写项目评价表,见附表A5。

项目思考

1. 发动机温度异常会导致怎样的后果?
2. 发动机过热的主要原因有哪些?
3. 发动机过冷的主要原因有哪些?
4. 机油压力异常会导致怎样的后果?
5. 机油压力过高的主要原因有哪些?
6. 机油压力过低的主要原因有哪些?
7. 发动机不能起动的故障通常有几种情况?分别是什么现象?
8. 造成发动机不能起动的原因有哪些?
9. 如何判断发动机动力不足?
10. 造成发动机动力不足的主要原因是什么?
11. 发动机怠速不良通常会有哪些现象?
12. 造成怠速不良的原因有哪些?

拓展提升

电控发动机常见故障案例

1. 桑塔纳2000轿车起动机正常,发动机却不能起动

(1) 故障现象

一辆桑塔纳2000轿车正常运行后熄火,第二天却出现了无法起动的现象。点火时起动机运转强劲有力,但发动机却不能起动。

(2) 故障诊断与排除

用故障诊断仪 V. A. G1552 检测发动机,读取故障码,没有故障码输出。随后进行基本检查:检测发动机的燃油压力和气缸压力,都在正常范围内;检查喷油器,均能按顺序正常工作;检查配气相位、点火正时以及火花塞的跳火情况,也都没有发现问题。通过一系列检查,发现发动机有油、有火,但就是不能起动。在拆检火花塞时发现,经多次起动发动机,火花塞却没有被油浸湿的迹象,显然,是由于喷油器喷油量过少,混合气过稀造成冷车不能起动。必须找出冷车喷油少的原因,因此再次连接故障诊断仪V.A.G1552,读取该车静态发动机数据,发现ECU输出的冷却液温度为105 ℃,而此时发动机的实际温度只有20 ℃。很明显,水温传感器出现了故障,为发动机ECU提供了错误的水温信号。为了进一步确定此判断是否正确,用万用表测量水温传感器,水温传感器既没有断路,也没有短路,因而没有故障码输出,但阻值却很小。仔细询问车主知道其曾在发动机很热的情况下冲洗过发动机,这恰恰是引起此故障的关键,即由于车主的错误操作,冷却液温度传感器输出信号失真。更换已损坏的水温传感器,故障排除。

2. 桑塔纳2000GSi时代超人轿车加速不良

(1) 故障现象

一辆1999款桑塔纳2000GSi时代超人轿车,故障现象为加速不良,无故障码。

(2) 故障诊断与排除

在没有故障码的情况下,可能是电控系统没有故障,也有可能是电控系统有故障,但自诊断系统监测不到。根据这种分析,首先对燃油压力进行检测。从结果看,燃油系统油压正常。接着用V.A.G1552检测仪的数据流功能检查了节气门位置传感器和空气流量传感器的动态数据流。在节气门从怠速位置缓慢打开到全开位置时,吸入的空气量和喷油时间随节气门开大而均匀增加,一切正常。在快速踩下加速踏板时,吸入空气量的数据值正常,但节气门开度角数据值变化出现了异常。从怠速位置开启到45°左右范围内,数据值迅速提高;在50°~70°范围内数据值提高较慢,即数据值变化滞后于节气门实际开度角变化。由此可以判断,由于节气门位置传感器工作特性发生了变化,灵敏度下降,对节气门快速开启反应迟钝,ECU发出错误的指令,使喷油器不能迅速响应节气门开度变化,喷油滞后,从而造成发动机转速提高缓慢,加速不良。

更换节气门位置传感器,经路试,故障现象消失。

(3) 故障分析

节气门位置传感器是将节气门的开度即发动机负荷的变化转变为电信号输送给ECU。ECU根据此信号,判断汽车所处的工况,及时对喷油量进行修正。如果节气门位置传感器工作特性不良,就会造成ECU对当前汽车所处工况判断错误,使喷油量的调节与汽车工况不适应,从而产生故障。

3. 桑塔纳2000GSi(时代超人)轿车怠速不稳

(1) 故障现象

一辆上海桑塔纳2000GSi(时代超人)轿车(装备1.8 L AJR电控发动机),故障现象为发动机怠速不稳,并且最高车速只能提高到140 km/h,试车发现急加速时发动机排气管冒黑烟,且有回火现象。

(2) 故障诊断与排除

拆检火花塞发现火花塞电极发黑;测量高压线电阻正常(5～6 kΩ);更换所有火花塞试车故障依旧,据此判断故障为发动机混合气过浓所致。

用修车王SY-2000发动机故障电脑检测仪读取系统故障码,没有故障码记忆;采用数据流检测功能进入05读取动态数据流,查看09显示组,发现氧传感器信号电压几乎一直停留于0.7～0.9 V。此时踩几脚踏板加速,则氧传感器信号电压能够随之变化,从而说明氧传感器本身及其电路正常;查看发动机冷却液温度传感器和节气门开度的数据也正常;再进入05显示组检查发现发动机怠速运转时空气流量传感器的数据"进气流量"为6～7 g/s(正常值为2～4 g/s)。进入01显示组,发现其第二位显示值(发动机怠速负荷)大于2.5 ms,证明发动机电控单元接收到偏大的进气质量信号后加浓了混合气。

根据上述检测基本可以判定可能是空气质量流量传感器有软故障(失准)。但为了保险起见,将空气质量流量传感器关闭,但保持其导线处于连接状态(不拔下其导线插头),打开点火开关,用万用表V挡的正、负表笔分别连接在空气质量流量传感器的5号和3号端子,并用嘴对空气质量流量传感器吹气,发现信号电压并不随吹气的大小而有规律地变化。此时完全可以证明空气质量流量传感器已经损坏,应更换空气流量传感器。

学习情境三

汽车底盘的故障诊断与维修

汽车底盘故障诊断基础

项目描述

汽车能否安全运行,与底盘各部分的技术状况有密切关系。汽车底盘的技术状况,关系到整车行驶的操纵稳定性和安全性,同时还影响发动机的动力传递和燃油消耗,因此汽车底盘也是汽车故障诊断的重点内容之一。

项目目标

1. 专业能力要求
① 能熟练进行底盘各部分常见故障的辨识;
② 能正确判断底盘各部分常见故障;
③ 能进行底盘各部分常见故障的排除。

2. 社会能力要求
① 具备团队协作意识和强烈的工作责任心;
② 具备发现问题并能积极处理的能力;
③ 具备足够的环境保护意识、强烈的职业道德和法律意识。

3. 方法能力要求
① 与人良好沟通的能力;
② 能主动独立地学习,具备一定的创造能力和创新能力;
③ 具备汽车底盘系统检修过程的优化和控制能力;
④ 良好的心理承受能力。

4. 重点和难点
① 底盘各部分的常见故障诊断;
② 底盘各部分的常见故障排除方法。

任务一 底盘常见部位的故障辨识

2013年1月19日,售后服务经理接到客户宋先生反映,他的汽车在停放了一夜之后地面出现大量油迹。作为汽车维修人员接到底盘漏油的检修任务后,要求检查并判断漏油出自何处,确定故障所在,制定维修计划,得到经理确认后,完成此任务,提交一份分析报告并归档。

汽车底盘由传动系统、转向系统、制动系统和行驶系统等组成。传动系统将发动机动力传给驱动轮;行驶系统将转矩转化为牵引力,同时吸收振动、缓和冲击;转向系统控制汽车行驶方向;制动系统根据需要使汽车减速或停车;底盘的功能就是其各组成部分功能的综合。底盘在运行过程中经常受到复杂的、变化极大的冲击载荷,各零件除运动表面的自然磨损外,还存在因受力过大引起的变形或断裂,因而导致各种故障的产生。在故障诊断的过程中,必须综合考虑底盘各总成的相互关联和影响才能找到真正的故障原因,确定故障部位。

一、传动系统的常见故障部位

汽车传动系统与发动机协同工作,保证汽车在各种使用条件下的正常行驶,具有减速增矩、实现汽车倒驶、必要时中断传动、差速及万向传动等功能。传动系统由离合器、变速器(及分动器)、万向传动装置和驱动桥(减速器、差速器、半轴)等组成,如图6.1所示的捷达轿车传动系统组成示意图。传动系统常见故障为功能异常和异响,其常见故障部位如图6.2所示。

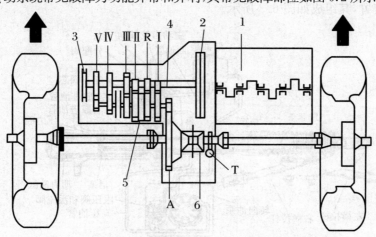

图6.1 捷达轿车传动系统组成示意图
1.发动机 2.离合器 3.变速器 4.输入轴 5.输出轴/小齿轮轴 6.差速器

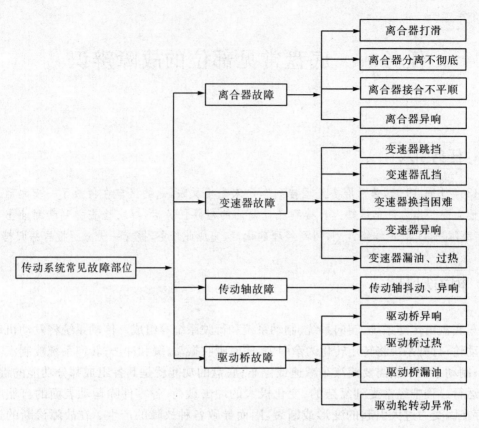

图6.2 传动系统常见故障部位

二、转向系统常见故障部位

转向系统用来改变或恢复汽车的行驶方向,它有机械转向系统和动力转向系统之分。轿车机械转向系统主要由转向操纵机构、齿轮齿条式转向器和转向传动机构组成;动力转向系统则是在机械转向系统的基础上,增加了一套由转向油泵、转向控制阀和转向动力油缸组成的转向助力装置,其组成如图6.3所示。

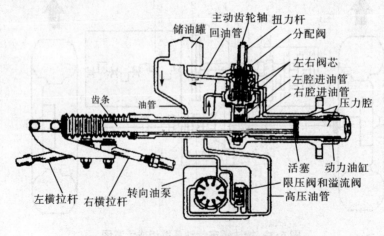

图6.3 奥迪100轿车动力转向系统的组成

转向系统出现故障,会影响汽车行驶方向和行驶稳定性,还关系到汽车的行驶安全,必须及时诊断与排除。转向系统常见故障部位和故障原因如表6.1所示。

表6.1 转向系统常见故障部位和故障原因

故障部位	主要故障原因	故障现象及危害
转向盘	自由行程过大、过小	转向沉重、转向不灵敏、摆振
转向器	啮合间隙过大、轴承损坏、调整不当	转向沉重、转向不灵敏、摆振
传动机构	球铰磨损松旷、拉杆与支架配合松旷	转向沉重、转向不灵敏、摆振、轮胎异常磨损
转向油泵	传动带过松、油压低	助力不足,转向沉重
转向控制阀	损坏、失效	助力不足,转向沉重
动力缸	漏油	助力不足,转向沉重

(三)行驶系统常见故障部位

行驶系统由车架、车桥、车轮及悬架等组成,它接受发动机经传动系统传来的转矩,通过驱动轮产生汽车牵引力,并缓和路面对车身的冲击和振动。

行驶系统如出现故障,会影响行驶稳定性,还关系到汽车的行驶安全,必须及时诊断与排除。行驶系统常见故障部位和故障原因如表6.2所示。

表6.2 行驶系统常见故障部位和故障原因

故障部位	主要故障原因	故障现象及危害
车轮	前轮定位失准,轮胎气压不正常,车轮动平衡超标,轮毂轴承过紧或过松	转向沉重、行驶跑偏、轮胎异常磨损、车轮摆振,汽车行驶不平顺
悬架	悬架弹簧过软或损坏、减振器损坏	行驶跑偏、轮胎异常磨损、车轮摆振,车身横向倾斜,汽车行驶不平顺
车架	变形	行驶跑偏、轮胎异常磨损、车轮摆振

(四)制动系统常见故障部位

汽车制动系统一般包括行车制动系统和驻车制动系统。行车制动系统在汽车行驶过程中使用,使行驶中的汽车减速或停车;驻车制动系统在汽车停车后使用,防止汽车溜车。行车制动系统按传力介质不同,分为液压制动系统和气压制动系统,图6.4为奥迪100轿车真空助力式液压制动系统组成示意图,图6.5为CA1092汽车双管路气压制动系统组成示意图。液压制动系统主要由制动主缸、制动轮缸、真空助力器、制动器及液压管路组成;气压制动系统主要由空气压缩机、制动控制阀、制动气室、制动器及气压管路组成。

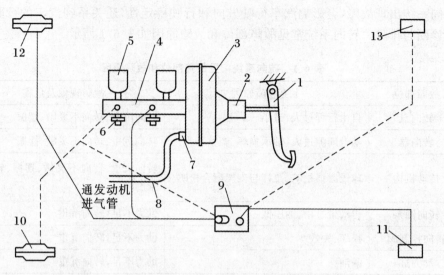

图 6.4 奥迪 100 轿车真空助力式液压制动系统的组成

1. 制动踏板 2. 控制阀 3. 真空助力气室 4. 制动主缸 5. 储液罐 6. 制动灯开关 7. 真空单向阀 8. 真空管路 9. 感载比例阀 10. 左前轮缸 11. 左后轮缸 12. 右前轮缸 13. 右后轮缸

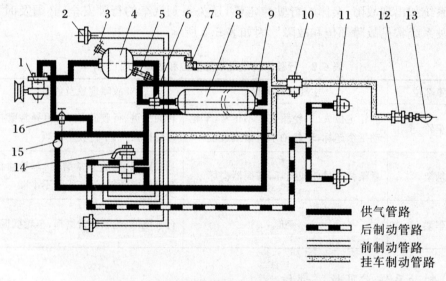

图 6.5 CA1092 汽车双管路气压制动系统的组成

1. 空气压缩机 2. 前制动气室 3. 放气阀 4. 湿储气罐 5. 安全阀 6. 三通阀 7. 低压报警开关 8. 储气罐 9. 单向阀 10. 挂车制动阀 11. 后制动气室 12. 分离开关 13. 连接头 14. 制动控制阀 15. 气压表 16. 气压调节器

制动系统的常见故障是制动失效、制动效能不良、制动拖滞、制动跑偏等,其常见故障部位和故障原因如表 6.3 所示。

表6.3 制动系统常见故障部位和故障原因

故障部位		故障原因	故障现象及危害
液压制动系统	储液罐	液面过低或无制动液	制动失效或效能不良
	制动踏板	连接松脱,调整不当,自由行程过大、过小	制动失效或效能不良、拖滞
	制动主缸	活塞磨损、皮碗老化、密封圈破裂、气孔不畅	制动效能不良、拖滞
	真空助力器	膜片破裂、阀门密封不良、真空单向阀失效、真空管漏气	制动效能不良、跑偏
	制动轮缸	活塞磨损、密封圈损坏	制动失效或效能不良
	车轮制动器	制动蹄(块)摩擦片磨损、硬化、油污、铆钉外露,回位弹簧过软,制动鼓(盘)磨损有沟槽,制动钳支架松动	制动失效或效能不良、跑偏、拖滞、异响
	液压管路	堵塞、漏油,软管老化	制动失效或效能不良、拖滞、跑偏
气压制动系统	制动踏板	连接松脱,调整不当,自由行程过大、过小	制动失效或效能不良、拖滞
	制动控制阀	膜片破裂、平衡弹簧过软,进、排气阀不良,调整不当	制动失效或效能不良、拖滞
气压制动系统	空气压缩机	传动带过松,排气阀密封不良	制动失效或效能不良
	制动气室	膜片破裂,回位弹簧过软,推杆调整不当	制动失效或效能不良、跑偏、拖滞
	车轮制动器	制动蹄、制动凸轮卡滞,制动间隙不当,摩擦片硬化、磨损、油污、铆钉外露,回位弹簧软,制动鼓磨损有沟槽	制动失效或效能不良、跑偏、拖滞、异响
	气压管路	通气不畅或漏气,软管老化	制动失效或效能不良、跑偏

 技能实训

一、实训导读

无论新车或是老车都有可能碰到托底的事情发生,而托底除了对底盘造成外伤,还会损伤汽车的各个储油及供油系统,造成漏油。底盘的作用是支撑、安装汽车发动机及其各部件、总成,形成汽车的整体造型,并接受发动机的动力,使汽车产生运动,保证正常行驶。汽车底盘一般由传动系、行驶系、转向系和制动系四部分组成。因此,汽车托底造成的漏油包含了全部五种油类:汽油、机油、制动液、齿轮油、助力油。

汽油的颜色很多,但一般呈淡黄色,挥发较快;机油呈古铜色,黏度较高;齿轮油呈金黄色,黏度较低;制动液呈黑黄色,黏度最低,易蒸发;助力油呈红色,黏度极低还有一股和家用缝纫机油一样的气味。

底盘漏油应尽快处理。机油渗漏主要是托底造成机油底壳的损坏,会导致发动机缺油损毁。还有变速箱,一样会导致裂缝漏油,齿轮烧毁。另外汽油导管,托底损坏导致漏油,不仅损失汽油,还埋下了火灾隐患。转向助力装置渗漏是助力油渗漏中最严重的,会导致转向敏感度下降。最可怕的是刹车油导管损坏导致制动液缺失,一旦造成刹车失灵很容易发生危险。

一般处理底盘漏油要先判断漏油种类,分析判定是哪种油渗漏。知道了漏油的种类再来分析部位就容易很多,一般小轿车车后部除了两个后轮有可能制动液泄漏外,没有其他的漏油可能。如果你停车后发现后半部地上有油迹,那就根本不关你的事,不是你的车漏的,大可放心。如果你停车后发现前半部地上有油迹,那你必须仔细查一查。一般漏油部位会有明显的油迹,根据渗漏程度不同油迹也不同:

① 飞溅油:上下左右四周都有痕迹,不规则而且面积大。
② 明漏油:大注滴下,下方很快会有大滩油迹,中间有油,四周逐渐淡化;
③ 滴漏油:点点滴下,下方随时间也会有大滩油迹,中间黑但没有油,四周逐渐淡化;
④ 挂漏油:在泄漏处常挂着油,不滴下。但时间一长,下方也会有小滩油迹,中间黑但没有油、四周逐渐淡化。
⑤ 渗漏油:在泄漏处没有油滴,四周常有一片黑黑的油迹,根据渗的程度,还有中间黑四周逐渐淡化和干脆是一片淡淡的油迹之分。
⑥ 阴漏油:和渗漏油的区别是没有明确的渗漏点,仅仅是一片淡淡的油迹,沾上灰就变成一片黑黑的湿淋淋的面积。

飞溅油、明漏油一般在底盘拖地造成开裂或破口时才会形成,一般较为明显。滴漏油、挂漏油有明显的油滴,看到油滴后观察四周是否有明显的油路(油流过的痕迹),如果沿着油路倒找,一般都可以找到渗漏处。渗漏油、阴漏油一般是由托底造成的储油供油系统细微的缝隙,漏油部位中间黑四周渐渐变淡,据此仔细排查一般都可找到。渗漏油、阴漏油可以通过密封添加剂来解决。

二、学生实操训练

(一)训前准备

1. 学生组织

让学生按小组讨论组内分工及组织任务实施,同时将《任务工单》分发给每位学生。各组根据任务要求做好人员分工和操作计划。

2. 实训场地及工具准备

为完成该任务操作,需提前做好以下准备,并将故障车、检修工具、工作台布置好。
① 不同类型的故障车 5 辆。
② 密封胶 5 管。
③ 变速器油封 5 套。
④ 抹布、汽油若干。

(二)底盘漏油故障检修实训

按照已经分好的小组,让学生制定检修计划,对底盘漏油故障提出排除方案,实施排除。

1. 资讯

检查底盘各系统密封状况并填写表 6.4。

表 6.4 底盘检查登记表

检查项目	测量器具	检查内容	检查结果
动力传递	目测	① 确认变速器润滑油量,漏油	
		② 确认驱动桥漏油	
转向系统	目测	① 检查储油罐存油量	
		② 检查储油罐漏油	
		③ 检查转向油泵漏油	
		④ 检查油管连接处漏油	
行驶系统	目测	检查减振器漏油	
制动系统	目测	① 检查储液罐存油量	
		② 检查制动总泵漏油	
		③ 检查制动分泵漏油	
		④ 检查油管连接处漏油	

2. 查阅维修手册进行原因分析

根据资讯中所检查的结果进行原因分析。

3. 故障点确认

按照附表 A2,进行故障点确认。

4. 故障排除

填写附表 A3,进行故障排除。

5. 废料和废品处理

任务结束后,对废料和废品进行处理。

(三) 学生填写《任务工单》

任何结束后,填写《任务工单》。

(四) 实训结果评价

对实训结果进行评价。

 任务评价

填写任务评价反馈表,见附表 A4。

任务二 底盘常见故障的类型及其诊断办法

2013年2月10日,售后服务经理接到客户宋先生反映,他的汽车在停放了一夜之后地面出现大量油迹。作为汽车维修人员接到底盘漏油的检修任务后,要求检查并判断漏油处,确定故障所在,制定维修计划,得到经理确认后,完成此任务,提交一份分析报告并归档。

一、传动系统的常见故障

(一)离合器的故障诊断

离合器是依靠摩擦力矩来传递动力的,其功用是保证发动机顺利起动和汽车平稳起步,保证传动系统换挡时工作平顺,防止传动系统过载。离合器主要由主动部分、从动部分、压紧机构和操纵机构组成,图6.6为捷达轿车离合器零件分解图。离合器使用频率较高,常见故障为分离不彻底、离合器打滑、接合不平顺、异响等,其常见故障部位如表6.5所示。

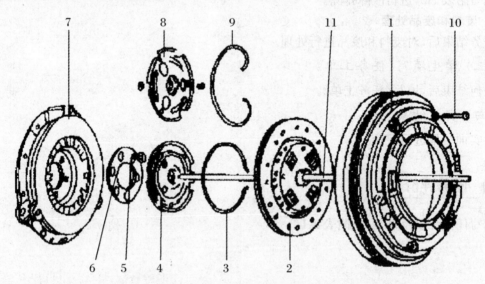

图6.6 捷达轿车离合器零件分解图

1.飞轮 2.从动盘 3,9.B卡簧 4.分离盘(直径190 mm) 5,10.螺栓 6.中间盘
7.压盘 8.离合分离盘(200 mm) 11.离合器压杆

表6.5 离合器常见故障部位及分析

序号	故障部位	故障原因	故障现象和危害
1	踏板	不能回位,自由行程过大、过小	打滑,分离不彻底
2	分离杠杆	调整不当,不在一个平面内;支架螺母松动	调整不当,打滑或分离不彻底;支架松旷发响
3	从动盘	油污,变薄,烧损,破裂,铆钉外露,钢片翘曲,盘毂键槽锈蚀	打滑,异响,分离不开
4	分离轴承	严重缺油,回位弹簧过软、脱落	烧蚀卡滞,发响
5	压紧弹簧	过软,折断,弹力不均,膜片弹簧变形	打滑,起步发抖
6	离合器盖	变形,分离杠杆座磨损	壳盖高度不够,分离杠杆位置过低,分离不开
7	压盘	翘曲划伤,龟裂	起步发抖
8	减振弹簧	断裂失效	发抖
9	飞轮	端面翘曲,连接螺栓松动	离合器打滑
10	分离叉轴	衬套松旷	间隙过大,分离不开

1. 离合器分离不彻底

（1）故障现象

① 汽车起步时,将离合器踩到底仍感到挂挡困难;或虽勉强挂上挡,而离合器踏板尚未完全放松车就前移或发动机立即熄火。

② 变速器挂挡困难或不能换挡。

（2）故障原因

离合器分离不彻底的故障实质是将离合器踏板踩到底时,从动盘与主动盘没有完全分离,离合器处于半接合状态。离合器操纵系统类型不同,造成其分离不彻底的原因略有不同,液压操纵系统由于液压元件的存在而变得较为复杂。离合器分离不彻底的故障主要原因如下：

① 离合器踏板自由行程过大。

② 液压操纵系统进入空气,油液不足或漏油。

③ 液压操纵系统主缸、工作缸工作不良。

④ 离合器从动盘翘曲、偏移量过大、摩擦片破损、铆钉松脱。

⑤ 膜片弹簧变形,压紧弹簧部分折断或弹力不均等。

⑥ 分离杠杆内端不在同一平面内,分离杠杆调整螺钉松动或支架松动,个别分离杠杆弯曲或调整螺钉折断。

⑦ 离合器压盘变形失效。

⑧ 发动机前后支撑固定螺栓松动等。

⑨ 如果离合器是刚维修的,则可能是更换的新摩擦片过厚、从动盘装反等。

⑩ 双片离合器中间压盘限位螺钉调整不当,其个别支撑弹簧折断、过软、弹性相差过大,定位块损坏等。

（3）故障诊断与排除

离合器分离不彻底的故障诊断流程如图6.7所示。

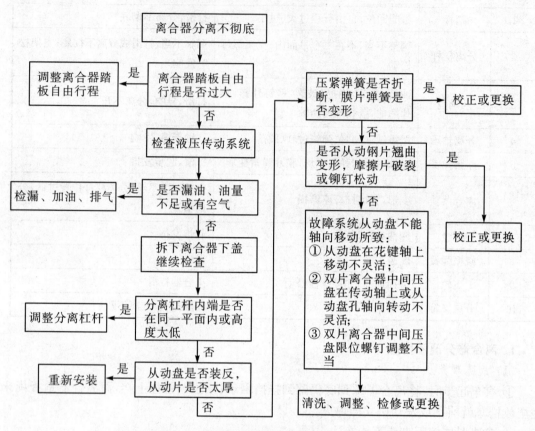

图6.7 离合器分离不彻底的故障诊断流程

① 离合器操纵系统不同，踏板自由行程调整方法也不同。对于杆式操纵系统，用改变踏板拉杆长度的方法来调整踏板自由行程；对于拉索式操纵系统，可用改变拉索长度的方法来调整其自由行程。车型不同，踏板自由行程标准值也不相同，如桑塔纳轿车离合器踏板自由行程为15～20 mm；捷达轿车离合器拉索具有自动补偿离合器自由行程的功能，是一种免维护、免保养、免调整的自动调整拉索。

② 对离合器液压操纵系统可参照后述"液压制动系统"的同类故障予以诊断和排除。

③ 对双片离合器，其中间压盘限位螺钉与中间压盘的间隙为1～1.25 mm。调整时将限位螺钉旋入并抵住中间压盘，然后退出5/6圈即可。注意：各限位螺钉的调整必须一致。

④ 让汽车起步前进或倒退，检查离合器分离情况。若离合器分离不彻底现象时有时无，则为发动机前后支撑固定螺栓松动，应加以紧固。

⑤ 对新装复的离合器，如果出现分离不彻底现象应进行如下检查：

a. 踩下离合器踏板，若踏板沉重，多为更换的新从动盘摩擦片过厚而使离合器压紧弹簧过度压缩，预紧力过大，且离合器分离后压盘间隙不足，致使分离不彻底，可重新更换摩擦片。

b. 踏下离合器踏板观察从动盘位置，若双片离合器从动盘前端面与中间压盘紧抵或单片离合器从动盘前端面与飞轮紧抵，而其后端面却与压盘有足够的间隙，则说明变速器-轴后轴承盖颈部过长,以致抵触从动盘花键毂,使从动盘不能后移。

c. 若上述检查正常,经调整后仍难以分离,则应检查从动盘是否装反。单片离合器从动盘毂多朝向飞轮,双片离合器两从动盘毂相对(解放车)或按规定装配。

d. 若以上各项均正常,则应检查和调整分离杠杆高度(方法如前述)。若分离杠杆高度合适,则参照上述诊断过程进行诊断和排除。

2. 离合器打滑

(1) 故障现象

① 完全放松离合器踏板,汽车不能起步或起步困难。

② 汽车行驶中车速不能随发动机转速的提高而提高,感到行驶无力。

③ 上坡行驶或重载时,动力明显不足,严重时可嗅到离合器摩擦片的焦臭味。

(2) 故障原因

离合器打滑的故障实质是离合器踏板完全放松时,主动盘与从动盘没有完全结合,离合器处于半分离状态,其主要原因如下:

① 离合器踏板自由行程过小或没有自由行程、踏板不能完全回位,分离轴承常压在分离杠杆上,使压盘处于半分离状态。

② 离合器拉索失效,丧失自调功能。

③ 分离杠杆调整不当,弯曲变形。

④ 离合器摩擦衬片变薄、硬化,铆钉外露或粘有油污等。

⑤ 压紧弹簧过软或折断,膜片弹簧受热退火变软或变形,致使压紧力不足。

⑥ 离合器与飞轮连接螺栓松动。

⑦ 离合器压盘或飞轮表面翘曲变形。

(3) 故障诊断与排除

首先进行故障确诊,然后再接以下步骤进行逐项检查:

① 起动发动机,拉紧驻车制动,挂上低速挡,缓缓放松离合器踏板,使离合器逐渐接合,若汽车不能起步,而发动机无负荷感能继续运转又不熄火,即为离合器打滑。

② 汽车加速行驶时,若发动机转速升高,而车速不随之相应升高,感到行驶无力,严重时有焦臭味或出现冒烟现象,则为离合器打滑。

按如图6.8所示的流程诊断并排除故障。在诊断过程中要注意检查离合器压盘和从动盘的磨损和变形情况,若超过规定的技术要求必须及时维修或更换。如桑塔纳轿车离合器的从动盘摩擦衬片铆钉头最小深度为0.3 mm,在从动盘外边缘2.5 mm处端面圆跳动量不应大于0.5 mm,压盘向内扭曲量最大不应大于0.20 mm,超出极限应更换。

3. 离合器接合不平顺

(1) 故障现象

离合器接合不平顺具体表现为汽车起步发抖或发闯。汽车用低速挡起步时,虽然逐渐放松离合器踏板,并缓缓踩下加速踏板,但离合器不能平顺接合,产生振抖;严重时整车出现振抖或突然闯出。

(2) 故障原因

离合器发抖的实质是其主、从动盘之间接触不平顺,在同一平面内接触时间不同。离合器发闯则为主、从动盘突然接合之结果。

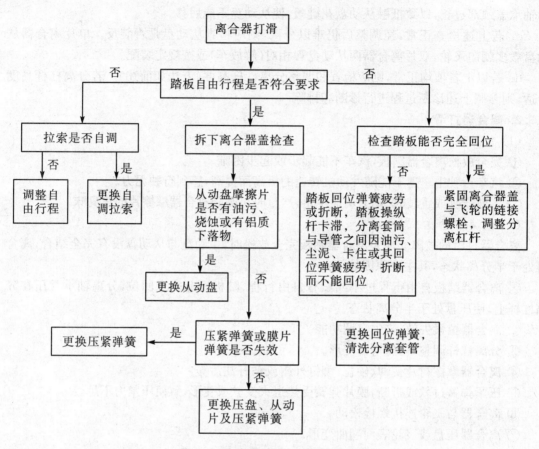

图 6.8 离合器打滑的故障诊断流程

离合器发闯的主要原因为分离套筒卡滞,踏板回位弹簧折断、脱落,踏板轴锈涩等,导致踏板回位不自如。而离合器发抖的主要原因如下:

① 离合器自由行程过小,分离杠杆内端面不在同一平面内。
② 从动盘波形弹簧片损坏,摩擦片油污、破裂、凹凸不平或铆钉外露,接合时断时续。
③ 主、从动盘磨损不均或翘曲不平,接合时出现局部接触,因压不紧而出现抖动现象。
④ 离合器压紧弹簧弹力不均,个别弹簧折断或高度不一致,膜片弹簧弹力严重不足。
⑤ 变速器与飞轮壳或发动机固定螺栓松动。
⑥ 从动盘扭转减振器损坏,膜片弹簧固定铆钉松动。
⑦ 从动盘、中间压盘因花键锈蚀、积污而使移动卡滞。
⑧ 分离叉轴及衬套磨损严重或分离叉支点破损。

(3) 故障诊断与排除

使发动机怠速运转,踩下离合器踏板,变速器挂入低速挡,再慢慢放松离合器踏板,轻踩加速踏板让汽车起步,若车身有明显的振抖,并发出"哐啷"的撞击声,则为离合器发抖;若汽车不是平顺起步,而是突然闯出,则为离合器发闯。其故障诊断流程如图 6.9 所示。

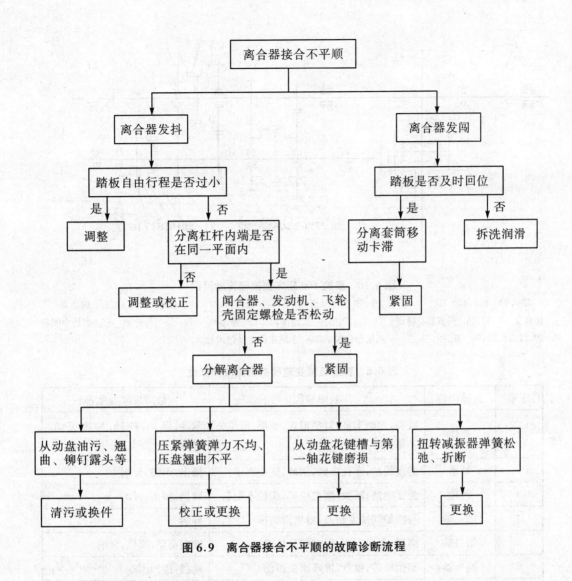

图 6.9 离合器接合不平顺的故障诊断流程

(二) 变速器的故障诊断

变速器具有变速变矩、使汽车倒驶、利用空挡切断发动机的动力传递等功用，其主要由操纵机构、传动机构及壳体组成。图 6.10 为奥迪 100 轿车变速器传动简图。变速器工作时，各零部件需适应运转速度的频繁变化，同时承受各种不同载荷，随汽车行驶里程的增加，磨损、变形也随之加大，各零件间的配合关系变坏，引起跳挡、乱挡、换挡困难、卡挡、异响及漏油等一系列故障。

变速器操纵机构有手动和自动之分，下面以手动普通机械变速器为例进行变速器的故障分析，普通机械变速器的常见故障部位如表 6.6 所示。

1. 变速器跳挡 (脱挡)

(1) 故障现象

汽车在某一挡位行驶时，变速杆自动跳回空挡。跳挡一般发生在发动机中高速、负荷突然变化或车辆剧烈振动时，尤其在重载加速或爬坡时，且多发生在直接挡或超速挡。

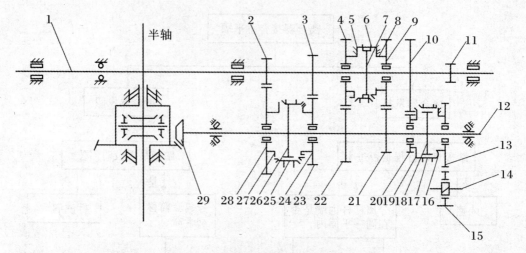

图 6.10 奥迪 100 轿车变速器传动简图

1. 输入轴 2,3,4,9,10. 一、二、三、四、五挡主动齿轮 5,8,16,19,24,27. 同步器锁环 6,17,25. 同步器接合套 7,18,26. 同步器花键毂 11,13. 倒挡主、从动齿轮 12. 输出轴 14. 倒挡齿轮轴 15. 倒挡中间轴 20,21,22,23,28. 五、四、三、二、一挡从动齿轮 29. 主减速器主动锥齿轮

表 6.6 普通机械变速器的常见故障部位

序号	故障部位	故障原因	故障现象及危害
1	壳体	破裂,端面不平,衬垫损坏,变形,形位公差超标	漏油,跳挡,松动,冲击振动,异响
2	轴承	磨损松旷,座孔失圆,钢球、支架剥落	撞击,卡滞,异响
3	齿轮	齿面剥落,断裂,磨损松旷,齿轮不配套	跳挡,撞击,异响
4	第一轴	与曲轴同轴度超差,键槽齿磨损	异响
5	第二轴	磨损,弯曲变形,固定螺母松动	轴向窜动,跳挡,异响
6	同步器	锁销松旷,锥盘、锥环磨损擦伤	跳挡,换挡困难
7	锁止机构	磨损,失效	跳挡,乱挡
8	变速叉轴	磨损,弯曲变形	跳挡,挂挡困难
9	拨叉	弯曲变形,磨损,固定螺钉松动	齿轮不能正常啮合,跳挡
10	变速杆	球头磨损,定位销松旷,下端面磨损	换挡困难,乱挡
11	油封	损坏,密封不良	漏油

(2) 故障原因

变速器跳挡主要是由于操纵机构磨损、变形或调整不当,变速器轴轴向窜动或轴线的同轴度、平行度误差过大,齿轮、齿圈严重磨损等原因所致,具体表现如下:

① 齿轮、齿圈上的齿在先进入啮合的一端磨损较为严重,沿齿长方向磨损不均形成锥形,在传动过程中产生轴向推力,使之脱离啮合,造成跳挡。

② 啮合齿啮入深度不足,同步器严重磨损或损坏。

③ 滑移齿轮键槽与花键毂、花键齿磨损松旷。

④ 操纵杆调整不当、弯曲变形、磨损严重,而使变速叉不能完全到位。
⑤ 变速叉磨损严重,弯扭变形,使齿轮或齿套不能完全到位。
⑥ 变速叉轴弯曲或磨损,导致锁紧机构工作不可靠。
⑦ 锁止装置的定位球、锁销及凹槽磨损,定位弹簧过软,导致锁紧机构工作失效。
⑧ 变速器轴、轴承严重磨损松旷或轴向间隙过大。
⑨ 变速器轴的同轴度、平行度误差过大。
⑩ 变速器第二轴前端固定螺母松动、变速器固定螺栓松动。

(3) 故障诊断与排除

变速器跳挡应按如图 6.11 所示的诊断流程进行检查与排除。

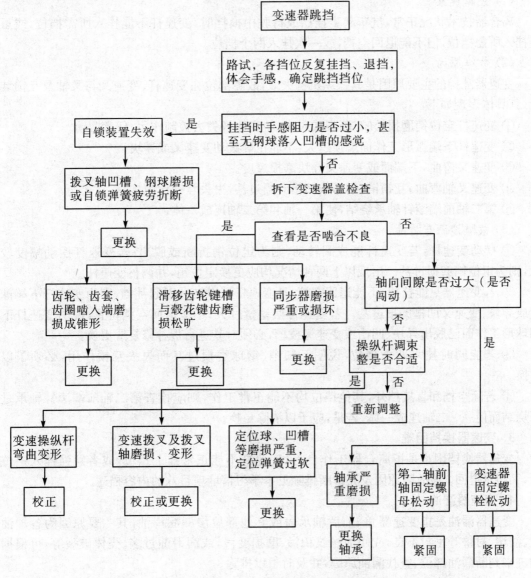

图 6.11 变速器跳挡的故障诊断流程

① 确定跳挡的挡位。在行驶过程中将变速杆挂入某挡,稍减小节气门,若变速杆自动

跳回,则可诊断为该挡跳挡。

② 若变速器直接挡跳挡,但并未发现变速器其他故障,则应检查第一轴与曲轴同轴度。

③ 变速器挂挡时,变速杆阻力甚小或无阻力,且该挡跳挡,多为变速叉轴自锁不良。

④ 挂挡时变速杆移动距离变短,且该挡跳挡,说明齿轮啮入深度不足,多是变速叉磨损或向一侧弯曲变形所致。

⑤ 变速器维修后出现跳挡时,则应考虑变速器在装配时改变了原来的配合状况,如花键毂方向装反等。

⑥ 变速器操纵机构的调整。

2. 变速器乱挡

(1) 故障现象

离合器技术状况正常,汽车起步挂挡或行驶中换挡时,变速杆不能挂入所需挡位,或虽能挂入所需挡位,但不能退回空挡,或一次挂入两个挡位。

(2) 故障原因

变速器乱挡的主要原因是其操纵机构失效,故障部位在变速杆、变速叉与叉轴及互锁装置,其具体表现如下:

① 变速杆定位销磨损松旷、断裂或脱出,使变速杆失去控制作用,任意摆动。

② 变速杆下端弧形工作面磨损过大,不能正确拨动变速叉或导块。

③ 变速叉弯曲,下端面或变速叉导块磨损过度。

④ 变速叉轴弯曲,互锁销、钢球或凹槽磨损过甚,失去互锁作用。

⑤ 第二轴前端滚针轴承烧结,使第一轴和第二轴连成一体。

(3) 故障诊断与排除

① 摆动变速杆,若变速杆能成圈转动,则为定位销折断或脱出;若变速杆摆动幅度较大,则为定位销磨损过甚。出现以上两种情况均应更换定位销,并调整变速杆。

② 若变速器只能挂挡,不能退回空挡,且变速杆可以转动引起乱挡,则为变速杆下端球面或导块、变速叉凹槽磨损过甚。若变速杆摆动量过大,不能退回空挡位置,说明变速杆下端球形工作面已脱出导块、凹槽或变速叉拨槽,必须对其进行焊补修复或更换。

③ 若能同时挂入两个挡位,说明互锁销、钢球磨损过甚而失去互锁作用,必须予以更换。

④ 若除空挡和直接挡外,其他挡位均不能正常工作,则应检查第二轴前端滚针轴承是否烧结而使一、二轴连成一体,若是,应予以清除更换。

3. 变速器换挡困难

变速器换挡困难是指离合器工作良好,变速杆不能正常挂上挡位,或者勉强挂入挡位后,又很难退回。该故障原因及其诊断排除见本学习情境项目八的内容描述。

4. 变速器漏油

变速器漏油是指变速器盖、前后轴承盖或其他部位渗漏润滑油,其主要原因为各轴油封、油堵、衬垫等密封不良,或回油螺纹积污、磨损变浅,或润滑油过多、壳体破裂等,可根据油迹来判断漏油部位、查找漏油原因,并及时予以排除。

(三) 万向传动装置和驱动桥的故障诊断

汽车经常在复杂的道路上行驶,传动轴便是在其角度和长度不断变化的情况下传递转矩的部件。万向节轴承磨损松旷、各连接处的松动、传动轴的弯曲变形、不平衡等,均可导致异响与振抖。表 6.7 为万向传动装置的常见故障部位。

表 6.7 万向传动装置的常见故障部位

序号	故障部位	故障原因	故障现象及危害
1	传动轴	凹陷、弯扭变形、安装不当、平衡块脱落	严重摆振
2	万向节	装配不当、转动不灵活、轴颈磨损	异响
3	中间支撑	装配歪斜、支架螺栓松动、减振胶垫裂损	异响
4	中间轴承	润滑不良、内座圈松旷、轴承损坏	异响
5	十字轴轴承	轴颈磨损松旷、滚针断碎、润滑不良	异响
6	万向节滑动叉	花键齿配合松旷、轴承座孔磨损	异响

1. 万向传动装置异响故障

汽车行驶过程中，随着万向传动装置工作时间的延长，各机件间的配合和连接均会发生机械变化，因而导致异响，这是万向传动装置的主要故障表现形式。万向传动装置异响故障的原因和诊断流程详见本学习情境项目八的内容描述。

2. 后轮转动异常

（1）故障现象

制动系统正常，后轮转动困难，行驶一段路程后轮毂发热烫手，或后轮旋转偏摆，轮胎磨损异常。

（2）故障原因

① 轮毂轴承装配过紧。
② 轮毂轴承装配间隙过大或磨损松旷。
③ 轮毂轴承调整螺母和锁紧螺母松动。
④ 轮辋变形。

（3）故障诊断

① 若后轮旋转偏摆、轮胎磨损异常，可检查车轮轴承是否松旷。若轴承调整螺母、锁紧螺母并未松动，但车轮松旷，说明轮毂轴承磨损或调整不当。若车轮并不松旷，但车轮转动时偏摆，说明轮辋拱曲变形。

② 若后轮轮毂过热，可抽出半轴，架起车轮，若车轮转动阻力过大，说明轴承装配过紧，否则应检查润滑脂是否足够。

3. 前驱动桥的故障诊断

现代轿车多采用前轮驱动方式，主减速器、差速器与变速器组装在一起，没有单独的驱动桥桥壳。前驱动桥主减速器或差速器故障可参照后驱动桥同类故障作出判断，同时应注意等速万向节工作不良引起的故障。

二、转向系统的故障诊断

转向系统的常见故障为转向沉重、转向不灵敏、前轮摆振、异响等。

1. 机械转向系统转向沉重

（1）故障现象

汽车行驶过程中，驾驶员左右转动转向盘时，感到沉重费力，无回正感，甚至转不动。

(2) 故障原因

转向沉重既与转向系统有关,又与行驶系统有关,其主要故障原因如下:

① 轮胎气压不足。

② 前轮定位失准。

③ 转向器润滑不良或轴承、啮合间隙调整不当。

④ 转向柱弯曲变形,转向器或转向柱的轴承损坏。

⑤ 齿条弯曲变形或与衬套配合过紧。

⑥ 横、直拉杆球头销润滑不良或调整不当。

⑦ 转向主销、转向节润滑不良。

(3) 故障诊断与排除

① 首先检查轮胎气压,并按规定要求充气。

② 悬空转向轮,转动转向盘,若仍感转向沉重,则故障在转向系统;若沉重感消失,则故障在转向轮。给转向主销、转向节加注润滑脂,若仍有沉重感,则故障为前轮定位失准,应对前轮定位参数进行检查和调整。

③ 拆下横(直)拉杆,使横拉杆与转向器(齿条)脱开,再转动转向盘检查。若转向盘转动灵活,表明拉杆球头销运动卡滞、润滑不良或传动轴外万向节卡滞、润滑不良等;若转向仍然沉重,则故障在转向器和转向操纵机构。

④ 拆下凸缘管与转向器主动齿轮间的夹紧箍,再转动转向盘检查,若转向仍然沉重,应对转向柱的弯曲程度进行检修,并检查其支撑轴承是否损坏卡滞等;若转向盘转动灵活,则故障在转向器,应检查转向器润滑油是否充足、轴承是否过紧,啮合间隙是否过小,有无卡滞等,视情况予以加油、调整或换件。

2. 动力转向系统转向助力不足或转向沉重

动力转向系统转向助力不足或转向沉重,指的是装有液压助力式转向器的车辆转向时转向盘转动沉重或存在忽轻忽重现象,是动力转向车型易发生的故障类型。其详细内容见本学习情境项目八描述。

3. 转向不灵敏

(1) 故障现象

汽车行驶转向时,需用较大幅度转动转向盘才能控制汽车的行驶方向,感到转向盘松旷量很大,有明显的间隙感,且在直线行驶时汽车方向不稳定。

(2) 故障原因

转向不灵敏主要是由于磨损或装配、调整不当造成各部配合间隙过大、连接松旷所致。

① 转向器主动齿轮与齿条(主、从)啮合间隙过大、轴承松旷。

② 横拉杆及各连接杆件松旷。

③ 轮毂轴承调整不当或磨损松旷。

④ 转向主销磨损松旷。

(3) 故障诊断与排除

一人转动转向盘,另一人打开车前盖观察转向机构的转动情况。

① 转动转向盘,转向器齿条不能立即随之运动,表明齿条与主动齿轮啮合间隙过大,可通过补偿机构进行调整,消除转向器的啮合间隙。

② 若齿条随转向盘转动而横拉杆不动,应更换横拉杆内端连接孔内的缓冲衬套,并检

查齿条及连接板与转向支架的连接情况,如有松动,应重新紧固。

③ 横拉杆随转向盘运动而转向臂不动,应对横拉杆外端球头销进行检修与调整。

④ 若转向臂能随之灵活摆动,可支起前桥晃动前轮检查,轮毂轴承松旷时,应进行调整或更换。

⑤ 对其他类型的转向系统,还应检查和调整转向器的轴承预紧度、啮合间隙,调整、紧固各连接杆件球头销等。

4. 前轮摆振

(1) 故障现象

汽车在中、高速或某一较高车速运行时,转向轮绕主销摆振,汽车行驶不稳,严重时转向盘抖动,有振手的感觉。

(2) 故障原因

① 转向减振器失效,前悬架减振弹簧或减振器损坏。

② 车轮不平衡或轮辋变形。

③ 前轮定位失准。

④ 转向器啮合间隙过大。

⑤ 转向传动机构磨损松旷或连接松动。

⑥ 轮毂轴承松旷。

⑦ 传动轴不平衡。

(3) 故障诊断与排除

① 转动转向盘检查其自由行程,若自由行程过大,应查明原因予以排除。

② 检查转向减振器,若有漏油痕迹应更换。拆下减振器用手推拉,若阻力过小或出现空行程应进行更换。

③ 检查前悬架减振器有无漏油现象,推压车身检查前悬架的减振性能是否良好,检查前悬架连接有无松动现象。减振器漏油或减振弹簧弹力减弱应更换新件,连接松动则重新紧固。

④ 检查和调整转向轮定位参数。

⑤ 进行车轮动平衡检测和校正。

⑥ 检测、校正传动轴。

三、行驶系统的故障诊断

行驶系统的常见故障有车辆行驶跑偏、车辆行驶平顺性不良、车身横向倾斜、轮胎异常磨损等。其中车辆行驶跑偏和轮胎异常磨损故障的原因和诊断流程见本学习情境项目八的内容描述。

1. 行驶平顺性不良

(1) 故障现象

汽车行驶时出现振动,加速时出现窜动,驾乘人员感觉不舒服。

(2) 故障主要原因及处理方法

造成行驶平顺性不良的主要原因如下:

① 前稳定杆卡座松旷或橡胶支撑损坏,应予以更换。

② 车轮动平衡超标,应予以校正。

③ 减振器或缓冲块失效,应予以修理或更换。
④ 传动轴动不平衡,应予以校正。
⑤ 钢板弹簧支架衬套磨损松旷,应予以更换。
⑥ 车轮轴承松旷或转向横拉杆球头松旷,应予以更换。
⑦ 钢板弹簧 U 形螺栓滑牙或松动,应予以更换或紧固。
⑧ 发动机横梁和下摆臂的固定螺栓或衬套松旷,应予以修理或更换。
⑨ 半轴内外万向节磨损松旷,应予以更换。
⑩ 轮胎气压过高,磨损不均,应予以调整或更换等。

(3) 故障诊断流程

汽车行驶平顺性不良的故障诊断流程如图 6.12 所示。

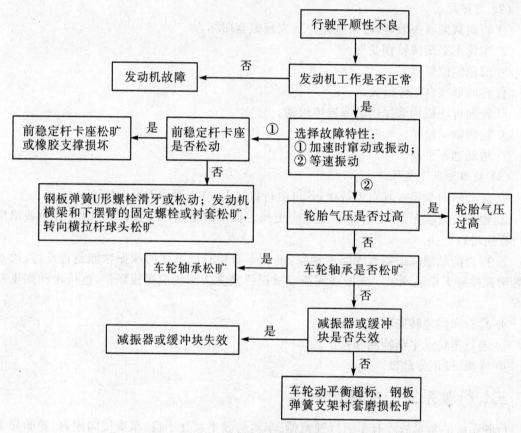

图 6.12　汽车行驶平顺性不良故障诊断流程

2. 车身横向倾斜

(1) 故障现象

汽车车身左高右低或左低右高,出现倾斜。

(2) 故障主要原因及处理方法

造成车身横向倾斜的主要原因及处理方法如下:

① 左右轮胎气压不一致,应按规定气压充气。
② 左右轮胎规格不一致,应予以更换。
③ 悬架弹簧自由长度或刚度不一致,应予以更换。

④ 下摆臂变形（独立悬架是双摆臂），应予以校正或更换。
⑤ 发动机横梁和下摆臂的固定螺栓或衬套松旷，应予以修理或更换。
⑥ 减振器或缓冲块损坏，应予以更换。
⑦ 发动机横梁变形，应予以校正或更换。
⑧ 车身变形，应予以整形修理等。

（3）故障诊断流程

车身横向倾斜常见故障诊断流程如图6.13所示。

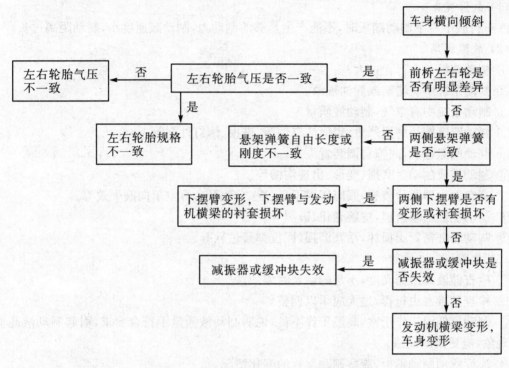

图6.13 车身横向倾斜常见故障诊断流程

四、制动系统的故障诊断

1. 制动失效

（1）故障现象

汽车行驶中，迅速将制动踏板踩到底，不能减速；连续多次踩下制动踏板，无制动作用。

（2）故障原因

① 制动液不足或没有制动液。
② 制动主缸或轮缸密封圈磨损严重或破损。
③ 制动管路破裂或接头松脱漏油。
④ 制动系统中有大量空气。
⑤ 制动踏板与制动主缸的连接松脱。

（3）故障诊断与排除

① 检查储液罐液面。制动液液面应位于标记"Min"与"Max"之间，无制动液或制动液过少应及时添加补充。

② 检查制动管路有无漏油现象,如管路破裂漏油应予以更换,各油管接头松动漏油需重新紧固密封。

③ 检查制动踏板与制动主缸的连接情况,若松脱应重新连接紧固。

④ 上述检查正常时,可踩下制动踏板,检查放气螺钉的出油情况。出油气泡时,应进行放气;出油无力或不出油,表明主缸工作不良,应予以更换;出油急促有力,表明故障在制动轮缸,应更换轮缸密封圈。

2. 制动效能不良

(1) 故障现象

汽车行驶中踩下制动踏板时,不能产生足够的制动力,制动减速度小,制动距离过长。

(2) 故障现象

① 制动踏板自由行程过大。

② 制动系统中有堵塞或漏油现象。

③ 制动系统中有空气,制动液质量差。

④ 制动蹄摩擦片磨损严重、表面沾有油污、破损、铆钉外露等。

⑤ 制动间隙过大,间隙自调装置失效。

⑥ 制动鼓或制动盘磨损、变形、出现沟槽等。

⑦ 真空助力器膜片破裂,阀门密封不良,真空管漏气,真空单向阀失效等。

⑧ 制动主缸活塞磨损,皮碗老化、破裂等。

⑨ 制动轮缸密封圈损坏,活塞磨损,回位弹簧过软等。

(3) 故障诊断与排除

① 检查储液罐液面高度,不足的话及时添加。

② 检查踏板自由行程,过大应予以调整。

③ 制动器低温工作正常,高温工作不良,说明制动液质量不符合要求,引起制动液高温汽化现象,应更换制动液。

④ 连续踩动制动踏板,观察制动踏板的变化情况。

a. 踩下制动踏板时有弹性感,说明制动系统中混有空气,应进行放气。

b. 踩下制动踏板时,感觉较硬,制动仍然无力,可检查放气螺钉出油情况。若出油无力,表明制动管路有堵塞现象或主缸活塞有卡滞现象,应检查管路或更换主缸;若出油急促有力,表明轮缸活塞卡滞或制动器有故障,应检修轮缸,拆检制动器,视情况更换制动蹄和制动块,修复制动鼓和制动盘。

c. 连续踩动几次制动踏板,使踏板高度升高后,用力将其踩住。制动踏板若有缓慢或迅速下降现象,说明制动管路有渗漏部位或轮缸密封圈损坏,应检修管路,更换轮缸密封圈。

d. 连续踩动几次制动踏板,仍感觉踏板低而软,应检查并疏通主缸进油孔及储液罐空气孔。

e. 踩动制动踏板时出现金属撞击声,则为主缸密封圈损坏或主缸活塞回位弹簧过软及折断等,应更换制动主缸。

f. 踩下制动踏板时,踏板沉重发硬,阻力明显加大,表明真空助力器失效,应检修真空助力器总成及真空管路。

3．制动拖滞

(1) 故障现象

制动后抬起制动踏板，车辆行驶无力，重新起步困难，全部或个别车轮制动鼓或制动钳发热。踏下离合器踏板后，车速迅速降低，有制动感。

(2) 故障原因

① 制动踏板自由行程、制动间隙、主缸活塞与推杆间隙过小，踏板回位不良等。
② 车轮制动器制动蹄回位弹簧弹力减弱或折断。
③ 制动主缸或轮缸活塞运动卡滞。
④ 制动管路堵塞致使回油不畅。
⑤ 制动主缸补偿孔堵塞或活塞回位弹簧弹力减弱。
⑥ 制动钳支架或制动底板松动、制动盘翘曲变形。
⑦ 真空助力器内部卡滞。
⑧ 驻车制动装置调整不当或拉索卡滞。

(3) 故障诊断与排除

① 检查制动踏板自由行程是否过小或无自由行程，并进行相关部位的调整。
② 停车后检查各车轮制动鼓（制动钳）是否过热，或将车辆支起后检查各车轮转动是否灵活。各车轮均过热或转动不灵活，故障一般在制动主缸之前，应检查制动主缸及真空助力器的工作情况。制动主缸补偿孔堵塞，应予以疏通；制动主缸活塞运动卡滞或回位弹簧损坏，应更换主缸；真空助力器工作不良（存在内部卡滞等），应更换助力器总成；制动液过脏，应予以更换。
③ 个别车轮存在转动不灵活及过热现象，故障一般在该轮制动器及制动轮缸，应检查车轮制动器及其制动轮缸的工作性能。若为后轮制动拖滞，制动底板松动应重新紧固，制动蹄回位弹簧弹力减弱或折断应更换新件；驻车制动装置调整不当或卡滞应重新调整并对相应部位进行润滑；轮缸密封圈发胀卡滞、轮缸磨损严重卡滞应更换；制动底板或制动鼓变形严重应予以更换。若为前轮制动拖滞，制动钳支架松动应重新紧固，轮缸活塞在缸筒中运动不灵活应更换密封圈或制动钳总成，制动盘严重变形应更换新件。此外，若制动管路堵塞，应予以疏通或更换。

4．制动跑偏

(1) 故障现象

制动时，左、右车轮制动效能不同，致使车辆行驶方向产生偏斜。

(2) 故障原因

制动跑偏的故障实质是两侧车轮受力不等或制动生效时间不一致。

① 两侧轮胎气压不同、磨损程度不一致。
② 一侧制动轮缸工作不良，存在漏油或黏滞等现象。
③ 一侧制动管路漏油、凹陷堵塞使制动液流动不畅或存在空气。
④ 一侧制动蹄或制动钳摩擦片沾有油污。
⑤ 一侧制动蹄、制动鼓或制动盘变形，致使制动蹄鼓（或蹄盘）贴合不良。
⑥ 两侧车轮制动器制动间隙、摩擦片磨损程度不一致。
⑦ 一侧制动底板或制动钳支架紧固螺栓松动。
⑧ 压力调节器调整不当或制动压力分配阀失效。

⑨ 两侧轮毂轴承预紧度调整不一致。
⑩ 前轮定位失准,两侧主销内倾、主销后倾、车轮外倾角不一致,前束不正确,悬架固定件松动等。

(3) 故障诊断与排除

出现制动跑偏现象,应根据跑偏方向及制动时轮胎印迹确定制动效能不良的车轮。汽车向右(左)跑偏,说明左(右)侧车轮制动力不足或制动迟缓。其中印迹短的车轮为制动迟缓,印迹轻的为制动力不足。

① 路试。车辆运行中减速制动时,若车辆向一侧偏斜,说明另一侧车轮制动迟缓或制动力不足,仔细检查该轮制动管路有无凹瘪堵塞及漏油现象,并予以排除。

② 若上述情况良好,可对该轮轮缸进行排气,并检查轮胎气压及其磨损程度。

③ 若上述检查均无问题,应检查制动底板或制动钳支架是否松动,并检查、调整轮毂轴承预紧度。

④ 拆检制动器,检查摩擦片表面是否有油污,并查明油污来源。同时应检查制动蹄、鼓或制动钳、盘是否变形严重,制动轮缸是否工作不良等,视情况维修或更换。

⑤ 检查压力调节器或制动压力分配阀,视情维修或更换。

⑥ 若汽车还存在行驶跑偏现象,需检查前轮定位、悬架、车身等。

5. 制动器异响

(1) 故障现象

车辆行驶或制动时,制动器发出不正常的响声。

(2) 故障原因

① 制动蹄摩擦片磨损严重,铆钉外露。
② 摩擦片硬化或破裂。
③ 制动鼓或制动盘变形或磨损起槽。
④ 盘式制动器制动蹄定位(防振)弹簧或鼓式制动器制动蹄保持弹簧损坏。
⑤ 制动底板松动、变形或制动钳支架松动,造成制动鼓与制动底板或制动钳与制动盘相碰擦。
⑥ 制动器滑动部位润滑不良。

(3) 故障诊断与排除

① 车辆未制动时,制动器即发出不正常的响声,应检查制动底板或制动钳支架是否松动,制动底板是否明显翘曲变形,制动蹄定位弹簧是否损坏等,视情况予以紧固或更换。

② 车辆制动时制动器发响,应检查制动蹄片的损伤程度,制动鼓、制动蹄及制动盘有无明显变形,制动器各运动副润滑是否良好等,并对其运动副表面进行润滑或更换损坏的机件。

6. 驻车制动不良

(1) 故障现象

拉紧驻车装置后,车辆仍能以低速挡起步。

(2) 故障原因

① 驻车制动装置调整不当或拉索卡滞。
② 后轮制动器工作不良。

(3) 故障诊断与排除

① 拉动驻车制动手柄,检查其自由行程及拉索是否存在运动卡滞现象,并进行必要的调整和润滑,或更换拉索。

② 驻车制动器操纵机构工作正常时,应对后轮制动器进行检修。

 技能实训

一、实训导读

1. 轿车液压制动系统的检查与调整

下面以一汽大众轿车为例,介绍液压制动系统的检查与调整。

(1) 制动液液面高度的检查

制动液储液罐外壳表面刻有"Min"和"Max"标记,制动液液面应位于"Min"与"Max"之间。液面过低说明系统可能有泄漏,应检查修复,并添加制动液。

(2) 制动踏板的调整

① 制动踏板与底板距离的调整。用 300 N 的力踩下制动踏板,制动踏板与底板之间的距离应不小于 80 mm。若不符合要求,应拆下真空助力器与制动踏板的连接弹簧锁片,拔出销子,旋松锁紧螺母,调整推杆叉,直至满足要求,如图 6.14 所示。

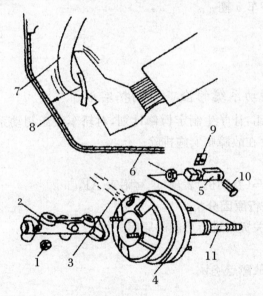

图 6.14 捷达轿车制动踏板的调整

1. 螺母 2. 制动主缸 3. 真空管单向阀 4. 真空助力器 5. 推杆叉 6. 锁紧螺母
7. 制动踏板 8. 底板 9. 弹簧锁片 10. 销 11. 推杆

② 制动踏板自由行程的调整。关闭发动机,踩几次制动踏板,消除真空助力器内存留的真空,用手压下制动踏板,当感到有阻力时,踏板下降的距离即为自由行程,其规定值为 3~6 mm。若不符合要求,应调整真空助力器推杆与制动主缸的间隙。

(3) 制动系统的排气

液压制动系的排气必须按规定顺序进行,大众轿车制动系排气顺序为:右后轮缸→左后

轮缸→右前轮缸→左前轮缸。排气时,接通专用充液-放气装置VW1238/1,按此顺序打开放气螺栓,并用排液瓶盛放排出的制动液。如果没有专用设备,可按以下步骤进行排气:

① 将一根软管接到排气螺钉上,另一端插入排液瓶。

② 一人连续踩制动踏板数次,直至踏板踏不下去为止,并用力踩住踏板不放。另一人将制动轮缸的排气螺钉稍稍松开,让制动系统内的空气连同一部分制动液一起排出;当制动踏板被踩到底后,立即旋紧排气螺钉。排气顺序同上。

③ 重复上述过程,直至排出的制动液中无气泡为止。

④ 在排气过程中,必须观察储液罐液面高度,必要时添加制动液。

二、学生实操训练

(一)训前准备

1. 学生组织

让学生按小组讨论组内分工及组织任务实施,同时将《任务工单》分发给每位学生。各组根据任务要求做好人员分工和操作计划。

2. 实训场地及工具准备

为完成该任务操作,除了将故障车、检修工具、工作台布置好以外,还需提前做好以下准备:

① 不同类型的故障车5辆。

② 制动液5筒。

③ 软管5根。

④ 抹布、汽油若干。

(二)轿车液压制动系统的检查与调整实训

按照已经分好的小组,让学生制定检修计划,对轿车液压制动系统进行检查与调整,并与标准值进行比对,若存在故障则实施排除。

1. 资讯

根据任务描述和实车(发动机)表现,填写附表A1。

2. 查阅维修手册进行原因分析

查阅维修手册和相关资料进行可能的原因分析。

3. 故障点确认

按照附表A2,进行故障点确认。

4. 故障排除

填写附表A3,进行故障排除。

5. 废料和废品处理

任务结束后,对废料和废品进行处理。

(三)学生撰写《任务工单》

任务结束后,填写《任务工单》。

(四)实训结果评价

对实训结果进行评价。

任务评价

填写任务评价反馈表,见附表 A4。

项目评价

填写项目评价表,见附表 A5。

项目思考

1. 传动系统常见故障的部位有哪些?
2. 行驶系统常见故障的部位有哪些?
3. 转向系统常见故障的部位有哪些?
4. 制动系统常见故障的部位有哪些?
5. 离合器打滑的实质是什么?故障原因有哪些?如何确诊?
6. 离合器分离不彻底的故障原因是什么?如何诊断并排除?
7. 变速器乱挡的故障现象、故障原因是什么?如何诊断并排除?
8. 转向不灵的故障现象及原因是什么?如何诊断并排除?
9. 动力转向不稳的原因是什么?如何诊断并排除?
10. 液压制动效能不良的原因是什么?如何诊断并排除?
11. 如何根据踩踏板时的感觉来确定液压制动系统的故障部位?

汽车新技术"双离合器变速箱"

双离合变速器(Dual Clutch Transmission,DCT)有别于一般的自动变速器系统,除了拥有手动变速器的灵活性及自动变速器的舒适性外,还能提供无间断的动力输出。而传统的手动变速器使用一台离合器,当换挡时,驾驶员须踩下离合器踏板,使不同挡的齿轮做出啮合动作,而动力就在换挡期间出现间断,令输出动力有所断续。

DCT 内含两台自动控制的离合器,由电子控制及液压推动,能同时控制两台离合器的运作。当变速器运作时,一组齿轮被啮合,而接近换挡时,下一组挡段的齿轮已被预选,但离合器仍处于分离状态;当换挡时,一台离合器将使用中的齿轮分离,同时另一台离合器啮合已被预选,在整个换挡期间能确保最少有一组齿轮在输出动力,从而不会出现动力中断的状况。

与传统的手动变速器相比,DCT 使用更方便,因为说到底,它还是一个自动变速器,只是使用了 DCT 的新技术,使得手动变速器具备自动性能,同时大大改善了汽车的燃油经济性,DCT 比手动变速器换挡更快速、顺畅,动力输出不间断。

以大众汽车 DSG(大众公司对双离合变速器的自有叫法)双离合自动变速箱为例,厂家宣称:DSG 的换挡动作比手动挡变速箱还要快,带来更多驾驶乐趣;DSG 换挡过程中不产生动力间断,DSG 极为快速的换挡过程令人难以察觉无顿挫感,DSG 的油耗水平与手动挡车型相当,甚至低于手动挡车型。

1. 双离合器变速箱的工作原理

双离合器变速器省略了传统手动变速器的离合器踏板,改由电子控制液压系统对两个离合器进行控制。双离合器变速器的输入轴也被分为两部分,两个离合器各自与一根输入轴相连,中空的外轴用于连接变速器中的偶数挡位,外轴套嵌的实心内轴则用于连接奇数挡位。两个离合器在工作时相互配合,各自负责一根输入轴的动力传递。

当汽车正常行驶时,一个离合器与变速器中的某一挡位相连,将发动机动力传递至驱动轮,与此同时,控制单元根据车辆行驶速度和发动机转速对驾驶者的换挡意图进行预先判断,控制另一个离合器与变速器中下一挡位的齿轮组相连,离合器仍处于分离状态,尚未进行任何动力传输。

换挡时,第一个离合器断开连接,同时第二个离合器将之前预连接的变速器中下一挡位的齿轮组与发动机接合,进行下一个挡位的动力传输,从而不会出现动力中断的状况。除了空挡之外,双离合器变速器中的一个离合器总处于接合状态,另一个离合器总处于断开状态。

2. 双离合自动变速器的优势

① 换挡快。双离合变速器箱的换挡时间非常短,比手动变速箱的速度还要快,只有 0.2 s 不到。

② 省油。双离合变速器因为消除了扭矩的中断,也就是让发动机的动力一直在利用,而且始终在最佳的工作状态,所以能够省油 10%。

③ 舒适性。因为换挡速度快,又不会受人的技术干扰,所以 DCT 的每次换挡都是完美的体验,顿挫感已经小到了人体会不到的地步。

3. 双离合变速器的不足

① 成本问题。双离合变速器的结构复杂,制造工艺要求的也比较高,所以成本也是比较高的。所以我们看到,配备双离合变速器的都是一些中高档的车型。

② 扭矩问题。虽然在可以承受的扭矩上,双离合变速箱已经绝对能满足一般的车辆的要求,但是对于剧烈的使用还是不够。因为如果是干式的离合,则会产生太多的热量,而湿式的离合,摩擦力又会不够。

项目七

底盘性能的检测

项目描述

汽车底盘的技术状况,关系到整车行驶的操纵稳定性和安全性,因此汽车底盘性能的检测也是汽车底盘故障诊断的重点内容之一。

项目目标

1. 专业能力要求
① 能熟练进行四轮定位、车轮动平衡的操作;
② 能正确判断检测结果;
③ 能根据检测结果进行调整。

2. 社会能力要求
① 具备团队协作意识和强烈的工作责任心;
② 具备发现问题并能积极处理的能力;
③ 具备足够的环境保护意识、强烈的职业道德和法律意识。

3. 方法能力要求
① 与人良好沟通的能力;
② 能主动独立地学习,具备一定的创造能力和创新能力;
③ 具备汽车底盘系统检测过程的优化和控制能力;
④ 良好的心理承受能力。

4. 重点和难点
① 四轮定位的操作;
② 车轮动平衡的操作。

任务一 四轮定位的检测

2012年12月3日,售后服务经理接待客户李先生,他的汽车需要做四轮定位检测。作为汽车维修人员接到四轮定位的检测任务后,要求进行检测并调整,制定维修计划,得到经理确认后,完成此任务,提交一份分析报告并归档。

为了满足人们对操纵稳定性、舒适性及良好的转向特性的要求,现代轿车不仅具有前轮定位,而且还具有后轮定位,即四轮定位。前轮定位包括前轮外倾、前轮前束、主销后倾和主销内倾,是前轴技术状况的重要诊断参数。后轮定位主要有后轮外倾、后轮前束等。车轮定位正确与否将直接影响汽车的操纵稳定性、安全性、燃油经济性以及轮胎等有关机件的使用寿命,因此,对高速行驶的汽车进行四轮定位检测就显得尤为重要,四轮定位仪的使用也越来越广泛。

一、汽车四轮定位的概念

汽车四轮定位汽车的转向车轮、转向节和前轴三者之间的安装具有一定的相对位置,这种具有一定相对位置的安装叫作转向车轮定位,也称前轮定位。前轮定位包括主销后倾(角)、主销内倾(角)、前轮外倾(角)和前轮前束四个内容。这是对两个转向前轮而言,对两个后轮来说也同样存在与后轴之间安装的相对位置,称作后轮定位。后轮定位包括车轮外倾(角)和逐个后轮前束。这样前轮定位和后轮定位合起来说叫四轮定位。

二、汽车四轮定位仪

四轮定位仪主要由定位仪主机及必要的附件组成。定位仪主机由机箱(大机箱带后视镜)、电脑主机(含显示器、打印机)、四个机头(定位传感器)、通信系统、充电系统、总供电系统共六部分组成。必要的附件由方向盘固定器、刹车固定器、转角盘及夹具共四部分组成。要很好地完成定位调车工作,用户还应自行配备必要的工具,如:各种型号的开口扳手、梅花扳手、套筒、接杆、快速扳手、扭力杆、钳子、螺丝刀、气动扳手(小风炮)、拉杆球头拆装器、外倾角校正器以及各种型号的调整垫片和调整螺栓等。

电脑拉线式四轮定位仪如图7.1所示,其主要结构由带微处理器的主机柜及彩色监视器、键盘、80系列A4打印机、红外电子测量尺(用来检测轮距)、红外遥控器、标准转盘或电子转盘、自定心卡盘、传感器、接线盒、电缆、传感器拉线、方向盘锁定杆和刹车制动杆等组成。

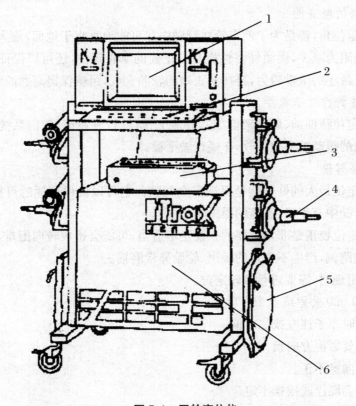

图 7.1 四轮定位仪
1. 彩色监视器 2. 键盘 3. 打印机 4. 自定心卡盘 5. 转盘 6. 主机柜

三、汽车四轮定位的重要性和必要性

为了提高汽车行驶的安全性、平顺性和乘坐的舒适性,汽车研发部门必须恰当地设计车轮定位角。正确的车轮定位角可以保证汽车转向轻便,转向后能自动回正,汽车转向时、急剧改变车速时和高速行驶时,以及在坏路行驶,或紧急制动时能保证行驶方向的稳定性。操作车辆时能稳定准确,路面振动小,坏路上车身没有明显摇摆,乘车舒适,轮胎寿命长。

正确的车轮定位可以帮助系统中所有部件都处于正常关系中,可以获得以下好处:

(1) 延长轮胎的使用寿命

一组新的轮胎,有时表现为某一个轮胎使用不久就会发生异常磨损,有时发生在前轮,有时发生在后轮。在大多数情况下,轮胎的异常磨损,或跑长途时爆胎的原因都是车轮定位不准确。

(2) 操纵的稳定性

不正确的车轮定位可以加剧转向,以至整个转向系的摆振;还可以造成行驶跑偏、高速时转向发飘、左右牵引、车轮不能自动回正、路面的振动无法被有效吸收。正确的车轮定位则可以避免或排除上述故障。

(3) 减少转向机械和悬架的磨损

由于不同的车轮定位角可以使汽车处于不同的平稳关系中,因此不正确的车轮定位角不仅会加剧车轮的磨损,而且会造成悬架和转向系传动部分的转动部件,如控制臂衬套、球头销、主销衬套等的非正常磨损。

(4) 提高燃油的经济性

所有的车轮定位角,都是为了使车轮在行驶中尽可能地垂直于地面,最大限度减少车轮滑移,使车轮滚动阻力减少,燃油经济性提高。正确的车轮定位,还可以保证四个车轮彼此平行,这样保证了最小的滚动阻力,再加上正确的轮胎充气,可确保提高燃油经济性。

(5) 得到最佳的行驶平顺性

正确的车轮定位帮助前、后悬架恰如其分地工作,使行驶系统、转向系统所有部件处在正确关系中,路面的振动被有效吸收,车辆行驶平稳。

(6) 确保安全驾驶

正确的车轮定位最大的好处就是保证安全驾驶。它可以确保车辆的可操作性,操作的稳定性,在正常行驶中有正确、迅速的操纵响应。

正确的车轮定位校正是非常重要的。校正不适当,可能会造成转向困难,转向后车轮不能自动回正,行驶跑偏,产生不正常的噪声,轮胎异常磨损。

在以下情况出现时,需要进行四轮定位:

① 每行驶 10 000 公里或 6 个月后。
② 直线行驶时车子往左或往右偏。
③ 直行时需要紧握方向盘。
④ 直行时方向盘不正。
⑤ 感觉车身会漂浮或摇摆不定。
⑥ 前轮或后轮单轮磨损。
⑦ 安装新的轮胎后。
⑧ 碰撞事故维修后。
⑨ 换装新的悬挂或转向有关配件后。
⑩ 新车行驶 3 000 公里后。

四、前轮定位的内容

转向轮、转向节和前轴或下摆臂三者之间装配要具有一定的相对位置,这种具有一定相对位置的装配关系叫作前轮定位。其内容包括:主销后倾、主销内倾、前轮外倾、前轮前束。

后轮定位参数包含后轮外倾、后轮前束、驱动力作用线等。设置后轮前束最主要的目的是为了使后轮推力线和几何中心重合,设置后轮外倾角最主要的目的就是改善转向的稳定性。设置后轮定位可削弱后轴偏向、偏迹的问题在正常行驶和转向时的负面保持正确的后轮外倾角和后轮前束是非常重要的。如出现轮胎畸形磨损,特别是再现后轮胎冠偏磨损(后轮外倾角不对),后轮胎肩处出现锯齿形磨损(后轮前束严重超差),以及后轮悬架发生早期磨损时都应作四轮定位。

五、前轮定位与四轮定位的区别

若汽车只做前轮定位(又叫二轮定位),在定位基准上就可能发生偏差,因为前轮定位是以几何中心线,即表示两前轮和两后轮之间的中心线为定位基准的,而不是以后轮推力线为定位基准。一旦后轮定位角发生偏差,后轮推力线就会和几何中心线发生偏离,形成推力角,无法保证直线行驶时四个车轮处于平行状态。在直线行驶时前轮必然难以保证行驶的直线性,脱离定位基准。

四轮定位和前轮定位的最大区别是在定位基准的选定上。做四轮定位时是以后轮推力线作为车轮定位基准线的,后轮推力线是后轮总前束的中心线,该基准线由后轮定位角决定。做四轮定位时先检测和调整后轮定位。如果后轮定位角不对,而后轮定位在设计上又是可以调整的,则需要换那些变形了的零部件,即负责车轮定位的悬架上的部件,常见的是摆臂、减振器以及导向装置。在后轮定位调整完后,后轮推力线和几何中心线重合,再以该参考线为基准,对每一个前轮进行测量调整,可以保证四个车轮在直线上行驶时位置处于平行状态,转向系处于几何中心,满足车辆在设计时的动力学条件,达到车辆在设计时的性能要求。

任何机械式的定位装置都只能做前轮定位,而无法做后轮定位和四轮定位。

 技能实训

一、实训导读

四轮定位仪是专门用来检测车轮定位参数的设备,其检测项目包括前轮前束、前轮外倾角、主销后倾角、主销内倾角、后轮前束、后轮外倾角、轮距、轴距、转向 20°时的前张角、推力角和左右轴距差等,如图 7.2 所示。下面以 SUN 汽车四轮定位仪为例,说明四轮定位仪的使用方法及四轮定位参数的检测过程。

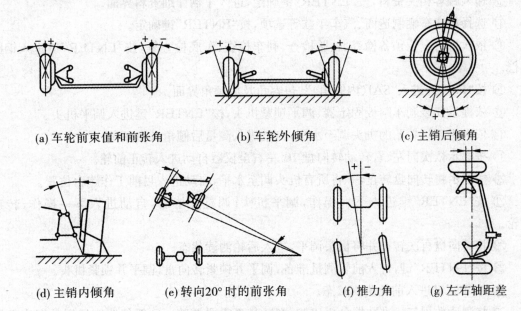

(a) 车轮前束值和前张角　　(b) 车轮外倾角　　(c) 主销后倾角

(d) 主销内倾角　(e) 转向20°时的前张角　(f) 推力角　(g) 左右轴距差

图 7.2　四轮定位的检测项目

SUN 汽车四轮定位仪属于电脑式静态检测车轮定位仪,主要由主机(计算机主机、显示器、打印机)、测试光学机头、传感器连接线、机头固定夹具、四柱举升机等组成。此仪器可以记录有关测试信息,并存储于本机内,以便下次调用;还可以提供有关帮助信息,便于调整和

操作。该仪器储存了多种常见车型的四轮定位参数的标准数据,使用者可随时调用,以便与实测数据进行比较,作出正确判断。操作步骤如下:

① 将待测车辆置于四柱举升机上,停放平直,车轮位置要合适,拉紧驻车制动。

② 在四只轮胎上,分别装上四轮定位机头,接好传感器连接线。

③ 接通仪器电源,开机进入"SUN"主界面,选择四轮定位测试,系统开始自检。

④ 按"ENTER"键,发出提示音,显示器出现"SUN"字样。

⑤ 按"ENTER"键,仪器进入基本功能选择,显示器显示:开始定位操作;设定;定位机操作说明;保养定位机;档案库管理(以上功能可通过上下光标键进行选择)。

⑥ 选择设定功能,按"ENTER"键确定,进入定位机设定选项,此时显示器显示:工作台设定;系统配置设定;修改设定;文字及车辆规格数据库设定;测量单位设定;日期/时间设定(以上功能可通过上下光标键进行选择,按"F6"键返回基本功能选择界面)。

⑦ 选择文字及车辆规格设定,按"ENTER"键确认,出现"荧屏文字"和"车辆规格选项"。

⑧ 选择车辆规格,按"ENTER"键确认,进入汽车规格资料库。

⑨ 选择正确的车辆制造商,按确认键进入车型规格界面。

⑩ 按"F6"键返回基本功能选项,并选择"开始定位机操作",显示器出现清机指令:开始新的定位(归零),所有定位数值归零;继续现行定位,保存现有数值。

⑪ 选择开始新定位,进入定位功能,显示器出现:高级四轮定位;前轮定位(方向盘可能不正);快速测读;车轮定位故障诊断等选项。

⑫ 选择高级四轮定位,进入系统,并进入顾客登记。

⑬ 输入顾客相关资料,按"ENTER"键确定,进入车辆详细资料界面。

⑭ 选择相应车辆制造商、汽车年款等选项,按"ENTER"键确定。

⑮ 依次进行定位预备检查、轮胎检查、刹车检查、车底检查等,按"ENTER"键进入钢圈补偿。

⑯ 按"F9"键,进入"SAI(内倾角)"、包容角及后倾角界面。

⑰ 依提示安装刹车踏板固定器、调平锁紧机头,按"ENTER"键进入调平机头。

⑱ 依次将四只轮胎的机头调至水平,自动进入测量后倾角及内倾角。

⑲ 按提示依次向左、右转动转向盘10°左右至仪器自动进入转正前轮。

⑳ 按提示将转向盘转正,并将所有机头调至水平,自动进入目前工作跑台位置。

㉑ 按"ENTER"键进入下一操作,调平机头;调整完毕后,自动进入下一操作,转正前轮。

㉒ 将转向盘再次转正并将机头调平,进入后轮测读状态。

㉓ 按"ENTER"键,进入前轮测量准备,调平并锁紧转向盘,调平并锁紧机头。

㉔ 按"F9"键进入前轮测读状态。

㉕ 将测读数据与标准数据分析比较,判断是否需要调整。一般仪器能根据数据库数据自动判断。

㉖ 按帮助中提示的调整部位和方法调整后,再进行测试,直至符合要求为止。

大众 Golf、Bora 轿车和旅行车的车轮定位参数值如表7.1所示。

表 7.1　Golf 和 Bora 轿车和旅行车的车轮定位参数

车桥	驱动形式	总前束	外倾角	20°时左右锁止位置前束最大允许偏差	后倾角（不可调）
前桥	前轮驱动	0 ± 10′（未受压）	−30′ ± 30′左右最大允差 30′	−1°30′ ± 20′	+7°40′ ± 30′
前桥	四轮驱动	0 ± 10′（未受压）	−33′ ± 30′左右最大允差 30′	−1°31′ ± 20′	+7°15′ ± 30′
后桥	前轮驱动	+20′ ± 10′最大允差 20′	−1°27′ ± 10′左右最大允差 30′		
后桥	四轮驱动	+25′ ± 10′最大允差 20′	−1°27′ ± 10′左右最大允差 30′		

二、学生实操训练

（一）训前准备

1. 学生组织

让学生按小组讨论组内分工及组织任务实施，同时将《任务工单》分发给每位学生。各组根据任务要求做好人员分工和操作计划。

2. 实训场地及工具准备

为完成该任务操作，除了将四轮定位仪、故障车、检修工具、工作台布置好以外，还需提前做好以下准备：

① 不同类型的故障车 5 辆。
② 调整工具 5 套。
③ 气压表 5 个。
④ 抹布、汽油若干。

（二）四轮定位仪检测实训

按照已经分好的小组，让学生制定检修计划，对四轮定位的结果提出排除方案，实施排除。

1. 资讯

检查四轮定位状况并填写表 7.2。

表 7.2　底盘检查登记表

车轮定位参数	标准值		测量值			
	前轮	后轮	左前轮	右前轮	左后轮	右后轮
外倾角						
前束角						
后倾角						
内倾角						
推进角						

2. 查阅维修手册进行原因分析

根据资讯中所检查的结果进行原因分析。

3. 故障点确认

按照表附表 A2，进行故障点确认。

4. 故障排除

按照附表 A3，进行故障排除。

5. 废料和废品处理

任务结束后，对废料和废品进行处理。

（三）学生填写《任务工单》

任务结束后，填写《任务工单》。

（四）实训结果评价

对实训结果进行评价。

任务评价

填写任务评价反馈表，见附表 A4。

任务二　动平衡的检测

任务引入

2013 年 1 月 10 日，售后服务经理接到客户王先生反映，他的汽车在行驶过程中突然爆胎。作为汽车维修人员接到更换轮胎的检修任务后，要求更换轮胎做动平衡检测，制定维修计划，得到经理确认后，完成此任务，提交一份分析报告并归档。

相关知识

随着汽车行驶速度的不断提高，车轮不平衡越来越严重地影响着汽车行驶的平顺性、安全性和乘坐舒适性。如果车轮不平衡，在高速旋转时，会引起车轮的上下跳动和摆动，使车辆难于控制，同时还会加剧轮胎和有关机件的非正常磨损和冲击。因此，车轮平衡度检测已成为汽车检测的重要项目之一。

一、车轮平衡的概念与不平衡的原因

（一）车轮平衡的概念

车轮的平衡可分为车轮静平衡和车轮动平衡。

1. 车轮静平衡与静不平衡

支起车轴,调整好轮毂轴承松紧度,用手轻转动车轮,使其自然停转。车轮停转后在离地最近处作一标记,然后重复上述试验多次。若车轮经几次转动自然停转后,所做标记的位置各不一样,或强迫停转后,消除外力车轮也不再转动,则车轮为静平衡。静平衡的车轮,其旋转中心与车轮中心重合。

如果每次试验的标记都停在离地最近处,则车轮为静不平衡。静不平衡的车轮,其旋转中心与车轮中心不重合。

2. 车轮动平衡与动不平衡

在图 7.3(a)中,车轮是静平衡的,在该车轮旋转轴线的径向反位置上,各有一作用半径相同质量也相同的不平衡点 m_1 与 m_2,且不处于同一平面内。对于这样的车轮,其不平衡点的离心力合力为零,但离心力的合力矩不为零,转动中产生方向反复变动的力偶为 M,使车轮处于动不平衡中。动不平衡的前轮绕主销摆动。如果在 m_1 与 m_2 同一作用半径的相反方向上配置相同质量 m'_1 与 m'_2,则车轮处于动平衡中,如图 7.3(b)所示。动平衡的车轮肯定是静平衡的,因此对车轮主要应进行动不平衡检测。

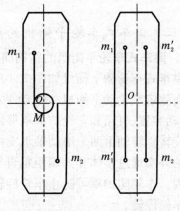

(a) 车轮静平衡但动不平衡　(b) 车轮动平衡且静平衡

图 7.3　车轮平衡示意图

(二) 引起车轮不平衡的原因

引起车轮不平衡的原因如下:

① 轮毂、制动鼓(盘)加工时定心定位不准,加工误差大,非加工面铸造误差大,热处理变形,使用中变形或磨损不均。

② 轮胎螺栓质量不等,轮辋质量分布不均或径向圆跳动,端面圆跳动太大。

③ 轮胎质量分布不均,尺寸或形状误差太大,使用中变形或磨损不均,使用翻新胎或补胎。

④ 并装双胎的充气嘴未相隔 180°安装,单胎的充气嘴未与不平衡点标记(经过平衡试验的新轮胎,往往在胎侧标有红、黄、白或浅蓝色的□、△、○、或◇符号,用来表示不平衡点位置)相隔 180°安装。

⑤ 轮毂、制动鼓(盘)、轮胎螺栓、轮辋、内胎、衬带、轮胎等拆卸后重新组装成车轮时,累计的不平衡质量或形位偏差太大,破坏了原来的平衡。

二、车轮平衡机及其使用方法

(一) 车轮平衡机的类型

车轮平衡机也称为车轮平衡仪,用来检测车轮的平衡度。按功能可分为车轮静平衡机和车轮动平衡机两类;按测量方式可分为离车式车轮平衡机和就车式车轮平衡机两类;按车轮平衡机转轴的形式可分为软式车轮平衡机和硬式车轮平衡机两类。

使用离车式车轮平衡机时,将车轮从车上拆下安装到车轮平衡机的转轴上检测其平衡状况。就车式车轮平衡机既可进行静平衡试验,又可进行动平衡试验。

软式车轮平衡机，安装车轮的转轴由弹性元件支撑。当被测车轮不平衡时，该轴与其上的车轮一起振动，测得该振动即可获得车轮的不平衡量。硬式车轮平衡机的转轴由刚性元件支撑，工作中转轴不产生振动，它是通过直接测量车轮旋转时不平衡点产生的离心力来确定不平衡量的。

凡是可以测定车轮左、右两侧的不平衡量及其相位的，可以称为二面测定式车轮平衡机。

（二）离车式车轮平衡机的结构与使用方法

1. 离车式车轮平衡机的结构简介

离车式车轮动平衡机如图7.4所示，其专用卡尺如图7.5所示。目前应用最多的是硬式二面测定车轮动平衡机。该动平衡机一般由驱动装置、转轴与支撑装置、显示与控制装置、制动装置、机箱和车轮防护罩等组成。驱动装置一般由电动机、传动机构等组成，可驱动转轴旋转。转轴由两个滚动轴承支撑，每个轴承均有一个能将动反力变为电信号的传感器。转轴的外端通过锥体和大螺距螺母等固装被测车轮。驱动装置、转轴与支撑装置等均装在机箱内。车轮防护罩可防止车轮旋转时其上的平衡块或花纹内夹杂物飞出伤人。制动装置可使车轮停转。

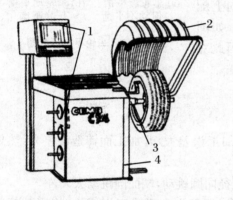
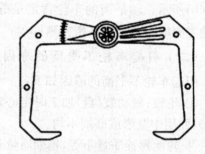

图7.4 离车式车轮动平衡机　　　　图7.5 离车式车轮动平衡机的专用卡尺
1. 显示与控制装置　2. 车轮防护罩　3. 转轴　4. 机箱

近年来生产的车轮动平衡机，其显示与控制装置多为微机式，具有自动诊断和自动采集系统，能将传感器的电信号通过微机运算、分析、判断后显示出不平衡量及相位。为了使显示的不平衡量恰是轮辋边缘所加平衡块的质量，还必须将测得的轮辋直径 d、轮辋宽度 b（使用专用卡尺测量）和轮辋边缘至平衡机机箱的距离 a（轮辋外悬尺寸），通过键盘或选择器旋钮输入微机。

2. 离车式车轮平衡机的使用方法

离车式车轮平衡机的使用方法如下：

① 清除被测车轮上的泥土、石子和旧平衡块。

② 检查轮胎气压，势必充至规定值。

③ 根据轮辋中心孔的大小选择锥体，仔细地装上车轮，用大螺距螺母上紧。

④ 打开电源开关，检查指示与控制装置的面板是否指示正确。

⑤ 用卡尺测量轮辋宽度 b、轮辋直径 d（也可由胎侧读出），用平衡机上的标尺测量轮辋边缘至机箱距离 a，用键入或选择器旋钮对准测量值的方法，将 a、b、d 直接输入指示与控制

装置中。为了适应不同计量制式,平衡机上的所有标尺一般都同时标有英制和公制刻度。

⑥ 放下车轮防护罩,按下起动键,车轮旋转,平衡测试开始,微机自动采集数据。

⑦ 车轮自动停转或听到"嘀"声,按下停止键并操纵制动装置使车轮停转后,从指示装置读取车轮内、外不平衡量和不平衡位置。

⑧ 抬起车轮防护罩,用手慢慢转动车轮。当指示装置发出指示(音响、指示灯亮、制动、显示点阵或显示检测数据等)时停止转动。在轮辋的内侧或外侧的上部(时钟12点位置)加装指示装置显示的该侧平衡块质量。内、外侧要分别进行,平衡块装卡要紧固。

⑨ 安装平衡块后有可能产生新的不平衡,应重新进行平衡试验,直至不平衡量<5 g (0.3 oz),指示装置显示"00"或"OK"时才能满意。当不平衡量相差10 g左右时,如平衡块能沿轮辋边缘左右移动一定角度,将可获得满意的效果。

(三) 注意事项

① 离车式车轮动平衡机的主轴固定装置和就车式车轮动平衡机的支架上都装有精密的位移传感器和易碎裂的压电晶体传感器,因此严禁冲击和敲打主轴或传感器支架。

② 在检修车轮动平衡机时,传感器的固定螺栓不得松动。因为这一螺栓不是一般的紧固件,需要由它向传感晶体提供必要的预紧力。当这一预紧力发生变化时,电算过程将完全失准。

③ 车轮动平衡机的平衡重也称配重,通常有卡夹式和粘贴式两种类型。卡夹式适用于轮辋有卷边的车轮。对于铝镁合金轮辋,因无卷边可夹,可使用粘贴式配重。粘贴式配重的外弯面有不干胶,粘贴于轮辋内各面。

④ 必须明确,车轮动平衡机的机械系统和电算电路都是针对正常车轮使用条件下平衡失准或轻微受损但仍能使用的车轮而设计的,对因交通事故而严重变形的轮辋或胎面大面积剥离的车轮是不能上机进行平衡检测的。一方面不平衡量过大的车轮旋转时的离心力可能损伤车轮动平衡机的传感系统,另一方面超值的不平衡力可能溢出电算范围而使仪器自动拒绝工作。

⑤ 当不平衡量超过最大配重时,可用两个以上配重并列使用。但这时要注意因多个配重占用较大的扇面会使其有效质量低于实际质量。

 技能实训

一、实训导读

使用车轮动平衡检测仪,检查车轮的动态不平衡量,并修复不平衡量。

1. 拆卸车轮和轮胎总成

① 用举升机将车辆定位,然后顶起,以便使轮胎可以正常体位接近并进行操作。

② 用冲击扳手,按照交叉顺序拆卸车轮螺母。

③ 将车轮和轮胎总成从车上拆下。

2. 平衡前的准备

① 清除被测车轮上的泥土、石子和旧平衡块。

② 检查轮胎气压,势必充至规定值。

③ 根据轮辋中心孔的大小选择锥体,仔细地装上车轮,用大螺距螺母上紧。

④ 打开电源开关,检查指示与控制装置的面板是否指示正确。

⑤ 用卡尺测量轮辋宽度 b、轮辋直径 d(也可由胎侧读出),用平衡机上的标尺测量轮辋边缘至机箱距离 a,用键入或选择器旋钮对准测量值的方法,将 a、b、d 直接输入指示与控制装置中。为了适应不同计量制式,平衡机上的所有标尺一般都同时标有英制和公制刻度。

3. 测量及调整车轮动平衡量

① 放下车轮防护罩,按下起动键,车轮旋转,平衡测试开始,微机自动采集数据。

② 车轮自动停转或听到"笛"声,按下停止键并操纵制动装置使车轮停转后,从指示装置读取车轮内、外不平衡量和不平衡位置。

③ 抬起车轮防护罩,用手慢慢转动车轮。当指示装置发出指示(音响、指示灯亮、制动、显示点阵或显示检测数据等)时停止转动。在轮辋的内侧或外侧的上部(时钟12点位置)加装指示装置显示的该侧平衡块质量。内、外侧要分别进行,平衡块装卡要紧固。

④ 安装平衡块后有可能产生新的不平衡,应重新进行平衡试验,直至不平衡量<5 g(0.3 oz),指示装置显示"00"或"OK"时才满意。当不平衡量相差10 g左右时,如平衡块能沿轮辋边缘左右移动一定角度,将可获得满意的效果。

⑤ 测试结束,关闭。

二、学生实操训练

(一) 训前准备

1. 学生组织

让学生按小组讨论组内分工及组织任务实施,同时将《任务工单》分发给每位学生。各组根据任务要求做好人员分工和操作计划。

2. 实训场地及工具准备

为完成该任务操作,除了将实训车、检修工具、工作台布置好以外,还需提前做好以下准备:

① 实训车5辆。

② 轮胎5个。

③ 平衡块若干。

④ 抹布、汽油若干。

(二) 轿车液压制动系统的检查与调整实训

按照已经分好的小组,让学生制定检修计划,对轿车液压制动系统进行检查与调整,并与标准值进行比对,若存在故障实施排除。

1. 资讯

根据任务描述和实车(发动机)表现,填写附表A1。

2. 查阅维修手册进行原因分析

根据维修手册及相关资料,对原因进行分析。

3. 故障点确认

按照表7.3进行动平衡测试。

表 7.3 动平衡测试

车轮的动不平衡量(g)		车轮的配重质量(g)	
内侧：		内侧：	
外侧：		外侧：	

4. 废料和废品处理

任务结束后，对废料和废品进行处理。

（三）学生填写《任务工单》

任务结束后，填写《任务工单》。

（四）实训结果评价

对实训结果进行评价。

任务评价

填写任务评价反馈表，见附表 A4。

项目评价

填写项目评价表，见附表 A5。

项目思考

1. 四轮定位的操作步骤有哪些？
2. 车轮动平衡的实质是什么？
3. 车轮动平衡的操作步骤有哪些？

四轮定位后仍存在车辆跑偏的故障诊断

很多时候，车辆在做完四轮定位之后，仍有这样或那样的毛病，但四轮定位仪显示所有角度都没有问题，原因何在？这就需要按照下面的诊断程序，找出问题所在，并加以排除。

这一过程的目的是排除定位角度正确时车辆仍然偏向行驶的故障。车辆行驶时左偏或右偏存在几种可能的原因，以下工作将协助你确定并排除其根源。

1. 起动发动机时转向盘突然转动

如果起动发动机时转向盘突然朝某一方转动，通常表明转向助力系统控制阀门调整不当。调整阀门直至上述现象消失。

2. 制动时车辆偏转

车辆在制动时发生偏转,可能是由制动故障引起的。使用驻车制动确定故障范围,检查制动部件的温度,也有助于确定故障的部位,参考适当的维修资料以进行故障寻迹及维修操作。

3. 持续偏向行驶

持续偏向行驶,可能是由不合要求的定位角或轮胎的锥形磨损引起的。

4. 定位角度符合要求但车辆仍偏向行驶

有些轮胎由于制造上的缺陷而导致车辆偏向行驶。如果轮胎左右两边的直径不同,将导致车轮沿弧线滚动,这种车轮被称为具有"锥度"。锥形轮胎位于前轮时导致的故障更为严重。给每一个轮胎和钢圈作上标记,然后将两前轮互换。

5. 偏转方向不变

如果车辆偏转方向未发生改变,则"锥形轮胎"的毛病不存在,将轮胎归还原位。下面的程序将指导你使用定位角补偿纠正偏向毛病:

(1) 车辆左偏

后倾角和外倾角可用来补偿一般情况下的偏向行驶故障。

如果车辆左偏,增大右轮外倾角或减小左轮外倾角或同时改变两边的外倾角。所有外倾角和总外倾角都应在厂家建议的范围内,调整定位角的方法不应掩盖大的故障。

(2) 车辆右偏

如果车辆右偏,增大左轮外倾角或减小右轮外倾或同时改变两边的外倾角。所有外倾角和总外倾角都应在厂家建议的范围内,调整定位角的方法不应掩盖大的故障。

6. 偏转方向改变

如果在交换两前轮的位置后偏向行驶的方向也随着改变,说明其中一个轮胎有毛病,将前后两左轮相互交换,若故障排除,说明现在位于左后轮的轮胎有问题,应予更换新轮胎;若故障仍然存在,交换前后两右轮,偏向消除,说明现在位于右后轮的轮胎有问题,应予更换新轮胎。

项目八

汽车底盘的常见故障诊断与维修

项目描述

汽车底盘是支撑、安装汽车发动机及各总成、部件的基体结构,由传动系、行驶系、转向系和制动系四大部分组成。汽车在使用过程中,底盘各部分机构和总成发挥着重要作用,以保障汽车的正常、安全行驶。汽车底盘常见的故障有底盘异响、手动变速器故障、转向沉重、车辆跑偏、ABS异常等,在现代汽车维修技术中,应正确使用各种新型、智能检测设备,准确分析和诊断故障原因及部位,从而保证底盘高效、可靠地工作。

项目目标

1. 专业能力要求
① 能熟练进行底盘各部件的检查和检测;
② 能正确分析判断底盘各常见故障的原因及故障部位;
③ 能进行底盘各部位常见故障的排除。
2. 社会能力要求
① 具备团队协作意识和强烈的工作责任心;
② 具备发现问题并能积极处理的能力;
③ 具备足够的环境保护意识、强烈的职业道德和法律意识。
3. 方法能力要求
① 与人良好沟通的能力;
② 能主动独立地学习,具备一定的创造能力和创新能力;
③ 具备汽车底盘系统检修过程的优化和控制能力;
④ 良好的心理承受能力。
4. 重点和难点
① 底盘异响故障的诊断;
② 车辆行驶跑偏故障排除方法。

任务一　传动系异响

2013年8月19日,客户李先生向4S店反映,他的汽车在行驶过程中,车底有异常响声,要求检查并排除故障。作为汽车维修人员接到该底盘异响检修任务后,要求检查并判断底盘异响的部位、原因,制定维修计划,排除故障,任务完成后提交一份分析报告并归档。

汽车底盘的常见异响,主要出现在传动系的离合器、变速器、驱动桥等总成和结构中,一旦异响出现,表明相关结构和零部件已发生故障。因而应及时查找异响部位,排除故障。

一、离合器异响

1. 故障现象

在汽车行驶过程中,踩下离合器踏板时发出异响,放松踏板时异响消失;或踩下、放松离合器踏板时都有异响。离合器异响往往在发动机起动后、汽车起步前离合器接合和分离时产生。

2. 故障原因

① 分离轴承损坏或润滑不良。

② 踏板回位弹簧过软、折断,离合器踏板无自由行程。

③ 分离轴承套筒与导管脏污,其回位弹簧过软、折断,使分离轴承回位不佳。

④ 分离叉或其支架销、孔磨损松旷。

⑤ 从动盘摩擦片铆钉松动、外露或摩擦片破裂、减振弹簧折断等。

⑥ 离合器盖与压盘配合松动,从动盘花键配合松旷。

⑦ 双片离合器中间压盘传动销、孔磨损松旷。

3. 故障诊断与排除

初步判断为离合器异响故障时,可通过以下方法进一步确定:发动机怠速运转,拉紧驻车制动,变速器挂空挡,慢慢踩下离合器踏板,听响声变化;再缓缓放松离合器踏板,听响声变化。如此反复多次,均出现不正常响声,即为离合器异响。

确诊为离合器异响故障后,根据故障可能存在的原因,可按照如图8.1所示诊断流程进行诊断。

二、变速器异响

1. 故障现象

变速器异响是指变速器工作时所发出的不正常响声,其主要表现如下:

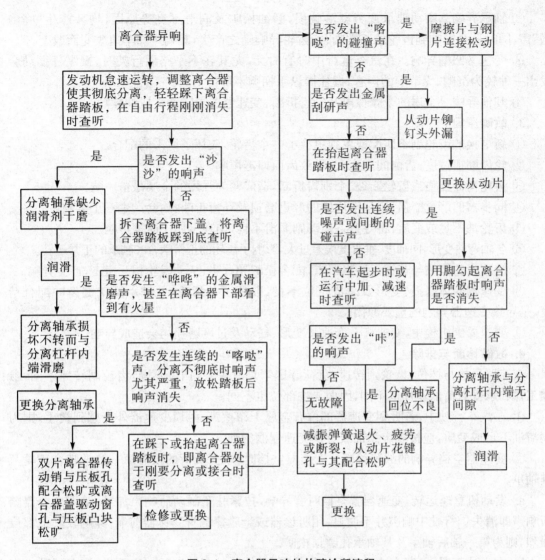

图 8.1　离合器异响的故障诊断流程

① 变速器空挡异响。发动机怠速运转,变速器处于空挡时即有异响,踩下离合器踏板后响声消失。有的空挡异响不明显,但在汽车起步、离合器处于半接合状态时有强烈的金属摩擦声。

② 直接挡工作无异响,其他挡均有异响。

③ 低速挡有异响,高速挡时响声减弱或消失。汽车在一挡、二挡、倒挡行驶时异响明显,高速挡(直接挡或超速挡)行驶时,响声减弱或消失。

④ 变速器个别挡有异响。汽车行驶时,只在某一挡位有异响。

⑤ 变速器各挡均有异响。汽车以各挡行驶时,变速器均有异响,车速越高,响声越大。

2. 变速器异响部位

变速器异响较复杂,异响部位较多,发出的响声也不同。

① 齿轮啮合异响。一般是"刚唧、刚唧"的相互撞击声,与道路条件有关。当车速相对稳定时,响声减弱或消失;在变速器温度升高、润滑油较稀时响声较为严重。

②轴承异响。滚动轴承疲劳剥落破损,磨蚀松旷及润滑不良等原因,均会产生"哗啦啦"声,同时还会影响到齿轮的正常啮合,齿轮异响随之产生,其响声随车速改变而改变。

③变速叉凹槽异响。在汽车运行中时有时无,尤其在不平路面行驶时,操纵杆摆动会发出一种较为沉闷、无节奏的声音,握住操纵手柄响声即可消失。

④其他异响。金属的干摩擦声及轮齿折断、变速器内异物所造成的异响。

3. 故障原因

① 新更换的齿轮副不匹配或单独更换了一个齿轮,破坏了原来的配合。

② 轮齿磨损过度,齿侧间隙变大,导致齿面撞击声响。

③ 齿轮齿面损伤或齿轮断裂、个别齿折断,造成较为强烈的金属敲击声响。

④ 同步器的严重磨损,锁环滑块槽的严重磨损及环齿折断,均会产生不正常响声。

⑤ 齿轮油不足或变质,将导致各运动副润滑不良,出现金属干摩擦声响。

⑥ 各轴弯曲变形,同轴度、垂直度误差过大,影响了齿轮的正常啮合和轴承的正常运转。

⑦ 滑移齿轮齿槽与花键齿磨损严重,配合松旷导致主、从动齿轮相互撞击,产生异响。

⑧ 变速器壳体磨损、变形及总成定位不良,破坏了各齿轮副、轴承及花键齿的配合精度,是导致变速器异响的重要原因。

⑨ 变速操纵机构中,变速杆及变速叉变形、松动及过度磨损均会造成异响。

4. 故障诊断与排除

变速器异响与挡位、齿轮副转速、负荷等因素均有关系,挡位不同,齿轮副转速不同,参加工作和承受载荷的零件也不同,因而异响部位也不同。

① 在汽车行驶中,若听到变速器部位有金属干摩擦声,触摸变速器外壳感到烫手,则为润滑油不足或变质,应按规定添加或更换变速器润滑油。

② 变速器空挡异响的故障诊断。变速器空挡时,承受负荷的仅有第一轴常啮合齿轮及其轴承。

a. 发动机怠速运转,变速器置空挡时有异响,拉紧驻车制动后响声加重,踏下离合器踏板响声即消失。行驶中响声并不明显,用听诊器或金属棒触听变速器前端,异响较其他部位强烈,则为第一轴后轴承及其轴承孔磨损松旷。

b. 在上述工况下,若变速器有不均匀的噪声,拉紧驻车制动后响声更大,汽车行驶中声响也清晰,多为常啮合齿轮啮合不良。变速器轴同轴度、垂直度误差过大,将导致齿轮啮合不良,产生异响,且在非直接挡行驶时,响声增大。

c. 发动机怠速运转,变速器有明显噪声,转速提高,噪声增大并转为齿轮撞击声。可先轻轻推拉变速杆,若有明显振动感,可旋松变速器盖固定螺栓,将变速器盖微微移动,若移至某种程度时响声减轻或消失,说明变速器盖原来定位失准,应重新定位、安装。若响声不变,则应检查变速叉有无松动、变形,若有则进行校正和紧固。

③ 低速挡有异响,高速挡时响声减弱或消失的故障诊断。变速器在一挡、二挡和倒挡传递转矩较大,且一挡、二挡齿轮又接近第二轴后轴承,因此在低挡时轴承负荷比高挡时大得多,若有损坏则特别易在一挡、二挡时表现出来。

a. 架起驱动桥,起动发动机,使变速器在一挡、二挡或倒挡运转。察听异响并辅之以听诊器或金属棒听诊,可确诊异响部位在第二轴后轴承及倒挡齿轮处。

b. 停车并将变速器置于空挡,放松驻车制动。径向晃动第二轴凸缘,若其径向间隙过大,说明第二轴后轴承松旷或损坏。

④ 变速器个别挡异响的故障诊断。变速器个别挡异响多为在异响挡位工作时，承受负荷的齿轮、轴承磨损或损坏所致。

a. 若某挡有异响，可能是该挡齿轮啮合不良或齿面剥落损伤、断齿等，可拆下变速器盖予以验证。

b. 更换某挡齿轮后该挡产生异响，则因单独更换了一个齿轮，破坏了原来的配合所致。

三、万向传动装置异响

汽车经常在复杂的道路上行驶，传动轴便是在其角度和长度不断变化的情况下传递转矩的部件。万向节轴承磨损松旷、各连接处的松动、传动轴的弯曲变形、不平衡等，均可导致异响与振抖。如表8.1所示为万向传动装置的常见异响故障部位。

表8.1 万向传动装置的常见故障部位

序号	故障部位	故障原因	故障现象及危害
1	传动轴	凹陷、弯扭变形、安装不当、平衡块脱落	严重摆振
2	万向节	装配不当、转动不灵活、轴颈磨损	异响
3	中间支撑	装配歪斜、支架螺栓松动、减振胶垫裂损	异响
4	中间轴承	润滑不良、内座圈松旷、轴承损坏	异响
5	十字轴轴承	轴颈磨损松旷、滚针断碎、润滑不良	异响
6	万向节滑动叉	花键齿配合松旷、轴承座孔磨损	异响

（一）汽车起步时有撞击声，行驶中始终有异响

1. 故障现象

汽车起步时传动轴有撞击声，行驶中当车速变化或高速挡低速行驶时也会出现撞击声，整个行驶过程中响声不断。

2. 故障原因

此故障为连接松旷所致，具体部位及故障原因如下：

① 传动轴各凸缘连接处有松动。
② 万向节轴承磨损松旷。
③ 中间轴承支架固定螺栓松动，内座圈松旷。
④ 后钢板弹簧 U 形螺栓松动。

3. 故障诊断与排除

① 汽车在行驶中突然改变车速时，总有一声金属敲击响，多为个别凸缘或万向节轴承松旷，应紧固凸缘或更换轴承。

② 制动减速时，传动轴出现沉重的金属敲击声，应检查并紧固后钢板弹簧螺栓。

③ 起步和改变车速时，撞击声明显，汽车低速行驶比高速行驶时异响明显，则为中间轴承内座圈静配合松动，应重新压配或更换轴承。

④ 起步或行驶中，始终有明显异响并感觉有振动，则为中间轴承支架固定螺栓严重松动，重新拧紧则异响消失。

⑤ 停车，检测其游动间隙或目测并晃动传动轴各部，即可找出松旷部位。

（二）起步时无异响，行驶中却有异响

1. 故障现象

汽车起步时虽无异响，但加速时异响出现，脱挡滑行时异响仍然十分清晰。

2. 故障原因

① 万向节装配过紧，转动不灵活。
② 传动轴两端万向节不在同一平面内，破坏了传动轴的等速排列。
③ 中间轴承球架散离、轴承滚道损伤、轴承磨损松旷或润滑不良。
④ 中间轴承支架安装偏斜，或轴承在支架中的位置不正。

3. 故障诊断与排除

① 低速行驶时出现清脆而有节奏的金属敲击声，脱挡滑行时声响仍清晰存在，多为万向节轴承壳压紧过甚使之转动不灵活，一般发生在维修之后。

② 汽车行驶时，车速加快响声增大，脱挡滑行时尤为明显，直到停车才消失，一般为中间轴承响。若响声混浊、沉闷而连续，说明轴承散架，可拆下传动轴挂挡运转，验证响声是否出自中间轴承。若响声是连续的"呜呜"声，应检查中间轴承支架橡胶垫圈、紧固螺钉是否过紧或过松而使轴承位置偏斜，可旋松轴承盖螺栓；若响声消失，表明中间轴承安装偏斜；若仍有响声，则应检查轴承的润滑情况。如果响声杂乱，时而出现不规则的撞击声，则应检查传动轴万向节叉的等速排列情况。

③ 高速时传动轴有异响，脱挡滑行也不消失，则应检查中间轴承座圈表面是否有损伤以及支架的安装情况。

（三）行驶中有异响并伴随车身振抖

1. 故障现象

车速超过中速出现异响，车速越高响声越大，达一定速度时车身振抖，车门、转向盘等强烈振响。若此时空挡滑行，振动更强烈，降到中速时振抖消失，但传动轴异响仍然存在。

2. 故障原因

① 传动轴弯曲、平衡块脱落或轴管凹陷破坏了动平衡。
② 传动轴凸缘和轴管焊接时歪斜。
③ 中间轴承支架垫圈磨损松旷。
④ 万向节十字轴回转中心与传动轴同轴度误差过大。
⑤ 传动轴万向节滑动叉花键配合松旷，变速器输出轴上的花键与凸缘花键槽磨损过甚。

3. 故障诊断

① 周期性异响，车速越快响声越大，应检查传动轴是否弯曲、平衡块有无脱落，传动轴套管是否凹陷，万向节滑动叉花键配合是否松旷。可检查传动轴游隙或用手晃动传动轴，若有晃动感，则可确诊花键齿或各部螺栓松动、万向节轴及滚针磨损松旷。

② 举起汽车或支起驱动桥，挂入高速挡，查看传动轴摆振情况。如果抬起加速踏板车速突然下降时摆振更大，则为凸缘和轴管焊接歪斜或传动轴弯曲所致，可拆下传动轴，检查是传动轴弯曲、轴管凹陷，还是凸缘和轴管焊接处歪斜。

③ 若连续振响，应检查中间轴承支架垫圈径向间隙是否过大。松开中间轴承支架螺栓，发动机怠速运转，挂入低速挡，查看摆动情况。若摆动量较大，可拆下中间轴检查。若没弯曲又没有摆量或摆量不大，说明凸缘与轴管焊接良好，其故障在中间轴支架孔偏斜。若中

间轴承无故障,则应检查万向节十字轴回转中心与传动轴的同轴度。

四、后驱动桥异响

在行驶时后驱动桥发响,脱挡滑行时响声减弱或消失;或者,脱挡滑行时响声也不消失。

(一)行驶时后驱动桥发响,脱挡滑行时响声减弱或消失

1. 故障现象

行驶时发响,车速加快,响声增大;脱挡滑行时,响声减弱或消失。

2. 故障原因

① 圆锥及圆柱主、从动齿轮、行星齿轮及半轴齿轮等啮合间隙过大,或半轴齿轮花键槽与半轴配合松旷。

② 圆锥主、从动齿轮啮合不良或啮合间隙不均、齿面损伤或轮齿折断。

③ 半轴齿轮与行星齿轮不配套。

3. 故障诊断

后驱动桥传递动力时产生异响,滑行时异响明显减弱或消失,说明异响与各齿轮副的齿隙及啮合情况有关,其故障诊断流程如图 8.2 所示。

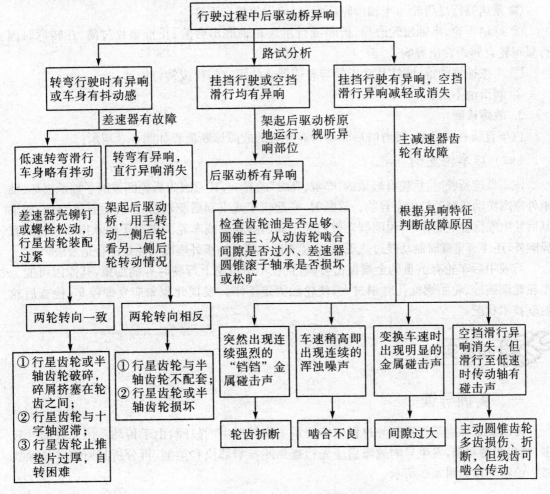

图 8.2 后驱动桥异响的故障诊断流程

（二）汽车行驶时后驱动桥发出异响，脱挡滑行也不消失

1. 故障现象

行驶时发响，车速加快，响声增大；脱挡滑行时，响声不消失或无变化。

2. 故障原因

① 圆锥、圆柱主动齿轮轴承松旷，多为轴承磨损、凸缘螺母松动或轴承调整不当所致。

② 差速器圆锥滚子轴承松旷，多为磨损、调整不当或轴承盖固定螺母松动所致。

③ 轴承间隙过小，预紧力过大，齿轮啮合间隙过小。

④ 润滑油不足。

3. 故障诊断

诊断时应注意，这种异响与传动轴异响相似，但往往在车速变低时更为明显，其故障诊断流程如图8.3所示。

（三）汽车直线行驶良好，转弯时后驱动桥有异响

1. 故障现象

汽车直线行驶时良好无异响，转弯时后驱动桥发出异响。

2. 故障原因

① 差速器行星齿轮与半轴齿轮不配套，使齿轮啮合不良。

② 行星齿轮、半轴齿轮磨损、折断或行星齿轮轴磨出台阶、止推垫片过薄，在转弯时因行星齿轮自转而发出异响。

③ 主减速器圆锥、圆柱从动齿轮与差速器壳的固定螺栓或铆钉松动。

④ 润滑油不足。

3. 故障诊断

汽车直线行驶良好，转弯时后驱动桥有异响的故障诊断流程如图8.3所示。

（四）后车轮发响

汽车低速行驶时，后轮有轻微的"哗啦、哗啦"的异响，其原因为后轮圆锥滚子轴承损坏、轴承外座圈松动或制动鼓内有异物。诊断时，举起汽车或支起后驱动桥，加速后挂入空挡，如果其后轮出现行驶中的异响，说明制动鼓内有金属屑等异物或车轮圆锥滚子轴承损坏。若除有异响外，还伴有重载时制动鼓过热现象，应检查圆锥滚子轴承外座圈与轮毂配合是否松旷。

行驶中后车轮有沉重的金属撞击异响，且在不平道路上行驶时异响加重，其原因可能为车轮轮辋破碎、轮胎螺栓孔磨损过大，使轮胎固定不牢。发现此现象应立即停车，检查后轮轮辋技术状况。

一、实训导读

传动系统异响是汽车行驶过程中传动系统常易发生的故障，由于传动系统总成部件较多，结构相对复杂，发生异响故障后应先检查判断异响部位和类型，再分析其原因并排除故障。诊断流程如图8.3所示。

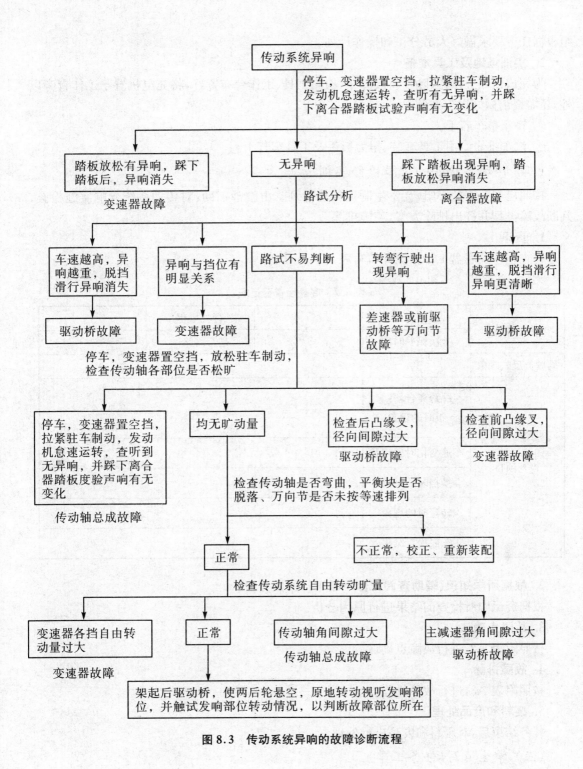

图 8.3 传动系统异响的故障诊断流程

二、学生实操训练

（一）训前准备

1. 学生组织

让学生按小组讨论组内分工及组织任务实施，同时将《任务工单》分发给每位学生。各组根据任务要求做好人员分工和操作计划。

2. 实训场地及工具准备

为完成该任务操作,除了将故障车、检测工具、工作台布置好,将充电机置于工作台旁以外,还需提前做好以下准备:

① 轿车整车若干。

② 汽车维修专用工具套装、扭力扳手及工具车若干。

(二)传动系统异响故障检修实训

按照已经好的小组,让学生制定检修计划。由教师辅助,对传动系统异响实施检查,判断故障类型并提出排除方案,实施排除。

1. 资讯

检查整车及底盘工作状况并填写表 8.2。

表 8.2 底盘检查登记表

基本信息	车型		行驶里程	
	上次保养时间		是否需路试	
驾驶员反映现象				
检查项目	踩踏离合器踏板时的现象			
	车速变化时的现象			
	换挡时的现象			
	转弯时的现象			
	车底检查结果			

2. 根据所学知识、辅助查阅维修手册进行原因分析

根据资讯中所检查的结果进行原因分析。

3. 故障点确认

按照附表 A2,进行故障点确认。

4. 故障排除

按照附表 A3,进行故障排除。

5. 废料和废品处理

任务结束后,对废料和废品进行处理。

(三)学生填写《任务工单》

任务结束后,填写《任务工单》。

(四)实训结果评价

对实训结果进行评价。

任务评价

填写任务评价反馈表,见附表 A4。

任务二　手动变速器挂挡困难

任务引入

2013 年 9 月 9 日,客户李先生向 4S 店反映,他的汽车在行驶过程中,变速器挂挡困难,很费力,要求检查并排除故障。作为汽车维修人员接到该检修任务后,要求检查并判断变速器换挡困难的原因,制定维修计划,排除故障,任务完成后提交一份分析报告并归档。

相关知识

手动变速器具有变速变矩、使汽车倒驶、利用空挡切断发动机的动力传递等功用,其主要由操纵机构、传动机构及壳体组成,如图 6.10 所示为奥迪 100 轿车变速器传动简图。变速器工作时,各零部件需适应运转速度的频繁变化,同时承受各种不同载荷,随汽车行驶里程的增加,磨损、变形也随之加大,各零件间的配合关系变坏,引起跳挡、乱挡、换挡困难、卡挡、异响及漏油等一系列故障。

一、手动变速器常见故障部位

手动变速器在货车、客车及部分轿车中广泛应用。在汽车行驶过程中,随着行驶工况的变化,变速器进行频繁的换挡工作,以适应车速变化的需要。并且手动变速器的工作还与离合器动作相配合,因此变速器也较易发生故障。普通手动变速器的常见故障部位如表 6.6 所示。

二、变速器换挡困难

目前,手动变速器换挡主要通过操纵机构移动同步器来实现,如果出现换挡困难的故障,通常是操纵机构或同步器失效导致。

1. 故障现象

离合器工作良好,变速杆不能正常挂上挡位,或者勉强挂入挡位后,又很难退回。

2. 故障原因

造成变速器换挡困难或挂不上挡的根本原因是汽车换挡时啮合齿的圆周速度不相等,或换挡拨叉移动时的阻力过大。具体原因如下:

① 离合器调整不当或分离不彻底。

② 变速叉轴弯曲变形,严重锈蚀,端头出现毛刺,移动困难。

③ 变速叉或导块、凹槽磨损严重，换挡时变速杆从槽中滑出，造成挂挡、摘挡困难。

④ 锁止钢球或凹槽严重磨损，导致定位不准，挂不上挡，还可能出现乱挡。

⑤ 变速杆弯曲或调整不当。

⑥ 同步器损坏或严重磨损。

3. 故障诊断与排除

换挡手柄的进挡感觉明显而不能顺利换挡，由拨叉的固定销钉脱落造成；没有明显的进挡感觉，则应检查自锁、互锁装置是否卡死，换挡操纵机构杆件是否弯曲变形。换挡时若伴随有异响，在排除了离合器分离不彻底的原因后，检查同步器是否损坏，润滑油油量是否充足或质量是否合格。具体方法如下：

① 检查离合器操纵机构及自由行程，并视情调整。

② 检查变速杆有无损坏，调整是否正常，并视情调整、校正或更换。

③ 查看齿轮齿端倒角是否过小、是否出现毛刺，若出现此类情况，应予以更换。

④ 检查变速叉轴能否正常移动，变速叉及导块凹槽是否磨损过度，锁紧螺钉有无松动，视情修复或更换。

⑤ 检查锁止机构的钢球、凹槽磨损情况，视情况修复或更换。

⑥ 检查各同步器，失效则更换。

⑦ 若上述各项均正常，则需检查变速器齿轮及轴的装配和配合情况；若不正常，需重新装配。

一、实训导读

变速器换挡困难的故障现象明显，因此较易确定该故障的发生。在确定故障之后，应根据故障可能的原因，诊断分析故障的具体发生部位和确切原因，并制定操作方案排除故障。变速器换挡困难故障的诊断流程见图8.4。

二、学生实操训练

（一）训前准备

1. 学生组织

让学生按小组讨论组内分工及组织任务实施，同时将《任务工单》分发给每位学生。各组根据任务要求做好人员分工和操作计划。

2. 实训场地及工具准备

为完成该任务操作，除了将故障车、检测工具、工作台布置好，将充电机置于工作台旁以外，还需提前做好以下准备：

① 轿车整车若干。

② 汽车维修专用工具套装、扭力扳手及工具车若干。

③ 变速器拆装专用工具。

④ 吊机。

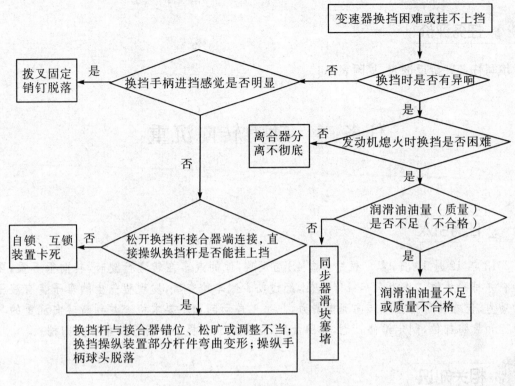

图 8.4　变速器换挡困难的诊断流程

(二) 变速器换挡困难故障诊断与排除实训

按照已经分好的小组,让学生制定检修计划。由教师辅助,对车辆上的变速器操纵机构实施检查,判断故障类型并提出排除方案,实施排除。

1. 资讯

根据任务描述和实车(发动机)表现,填写附表 A1。

2. 查阅维修手册进行原因分析

按照图 8.4 诊断流程进行原因分析。

3. 故障点确认

按照附表 A2,进行故障点确认。

4. 故障排除

按照附表 A3,进行故障排除。

5. 废料和废品处理

任务结束后,对废料和废品进行处理。

(三) 学生撰写实训报告

任务结束后,撰写实训报告。

(四) 实训结果评价

对实训结果进行评价。

填写任务评价反馈表,见附表 A4。

任务三 动力转向沉重

2013 年 12 月 19 日,客户程先生向 4S 店反映,他的汽车在转弯行驶时,转向很沉重,要求检查并排除故障。作为汽车维修人员,经过初步试车检查后,发现程先生的车子装有液压转向助力,但在转弯行驶时转向沉重费力,几乎无自动回正。要求检查并判断转向沉重的具体原因和故障部位,制定维修计划,排除故障,任务完成后提交一份分析报告并归档。

一、转向系统常见故障概述

转向系统用来改变或恢复汽车的行驶方向,它分为机械转向系统和动力转向系统两种类型。轿车机械转向系统主要由转向操纵机构、齿轮齿条式转向器和转向传动机构组成;动力转向系统则是在机械转向系的基础上加装转向助力装置;常用的助力装置类型是液压式的,主要由转向油泵、动力油缸、控制阀、转向油罐和油管等组成,如图 6.3 所示。

转向系统出现故障,会影响汽车行驶方向和行驶稳定性,还关系到汽车的行驶安全,必须及时诊断与排除。转向系统常见故障部位和故障原因如表 6.1 所示。

二、动力转向沉重(或转向系统转向助力不足)

1. 故障现象

汽车行驶中,驾驶员向左、右转动转向盘时,感到沉重费力,无回正感;汽车低速转弯行驶和调头时,转动转向盘感到非常沉重,甚至打不动。

2. 故障原因

动力转向系统转向沉重故障一般由液压转向助力系统失效或助力不足、机械传动机构损坏或调整不当引起。具体原因是:

① 转向油泵传动带松弛或损坏。
② 转向油泵工作不良,泵油压力过低。
③ 转向油罐油液油量不足或规格不对。
④ 液压助力系统内有空气或泄漏。

⑤ 液压管路扭曲、折皱或破裂漏油。
⑥ 压力流量限制阀弹簧弹力下降或密封不严。
⑦ 转向控制阀、助力缸失效或工作不良,使输出压力过低。
⑧ 造成机械转向系统转向沉重的各种原因同样会造成动力转向沉重,如转向轮气压不足或定位不准,转向系传动链中出现配合过紧或卡滞而引起摩擦阻力增大。

3. 故障诊断与排除

诊断转向沉重故障时,应查阅相关零部件使用的国家标准、行业标准(如规格、参数、检验依据等),先从简单判断入手,一听(听故障现象描述,听故障部位声音),二看(看是否有直观损坏部位裂纹、弯曲、泄漏等),三检测(辅助设备、仪器判断故障部位和原因),四解决(排除故障),五跟踪。

① 检查转向油泵驱动带,若损坏或断裂应更换;若驱动带过松,应调整驱动带张紧度。
② 检查储油罐液面高度,过低应及时添加补充。
③ 检查液压管路有无扭曲、折皱或破裂,各连接部位有无漏油现象,并视情况予以修复。
④ 排除液压系统中的空气。
⑤ 检查液压泵的泵油压力,不符合要求时,应对液压泵及压力流量限制阀进行修复或更换。
⑥ 检查转向控制阀和助力缸,若工作不良或损坏,应维修或更换转向器。
⑦ 若助力系统良好,则按"机械转向系统转向沉重"排除故障。

技能实训

一、实训导读

确诊为动力转向系统转向沉重后,应先检查轮胎气压,排除故障是由轮胎气压过低引起的。同时,检查转向油罐中油液是否不足,规格是否不对和有无气泡,检查管接头有无松动,转向泵传动带张紧力是否正常。

将转向盘向左右极限位置来回转动,如果左右转向都沉重,则故障在转向泵、液压缸或转向传动机构;如果左右转向助力不同,则故障在控制阀。

详见如图 8.5 所示的动力转向系统转向沉重助力部分常见故障原因的诊断流程。

二、学生实操训练

(一)训前准备

1. 学生组织

让学生按小组讨论组内分工及组织任务实施,同时将《任务工单》分发给每位学生。各组根据任务要求做好人员分工和操作计划。

2. 实训场地及工具准备

为完成该任务操作,除了将故障车、检测工具、工作台布置好,将充电机置于工作台旁以外,还需提前做好以下准备:

① 轿车整车若干。
② 汽车维修专用工具套装、扭力扳手及工具车若干。
③ 轮胎气压表。

④ 四轮定位仪。

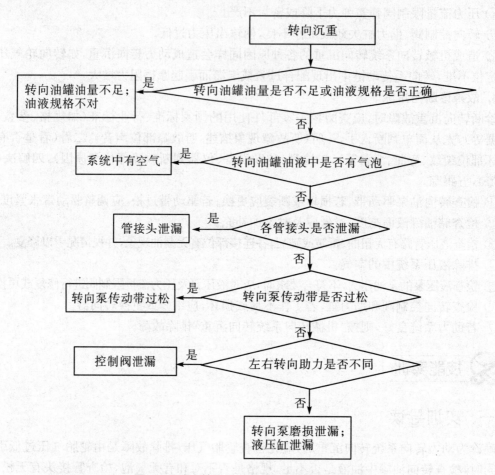

图 8.5　动力转向系统转向沉重故障诊断流程

（二）动力转向沉重故障诊断与排除实训

按照已经分好的小组，让学生制定检修计划。由教师辅助，对动力转向系统实施检查，判断故障类型并提出排除方案，实施排除。

1. 资讯

根据任务描述和实车（发动机）表现，填写附表 A1。

2. 查阅维修手册进行原因分析

按照图 8.5 诊断流程进行原因分析。

3. 故障点确认

按照附表 A2，进行故障点确认。

4. 故障排除

按照附表 A3，进行故障排除。

5. 废料和废品处理

任务结束后，对废料和废品进行处理。

（三）学生撰写实训报告

任务结束后，撰写实训报告。

（四）实训结果评价

对实训结果进行评价。

填写任务评价反馈表，见附表 A4。

任务四　轮胎磨损异常

2013 年 4 月 10 日，客户吴先生向 4S 店反映，他的汽车在行驶时车身发飘，尤其低速时较为明显，自己拆看发现前轮磨损得很严重，要求 4S 店检查并排除故障。作为汽车维修人员，经过初步对客户车辆初步检查后，发现吴先生的车子四个车轮都有不同程度的异常磨损。要求检查并判断造成车轮异常磨损的具体原因和故障部位，制定维修计划，排除故障，任务完成后提交一份分析报告并归档。

一、轮胎的使用

现代汽车所使用的橡胶轮胎装在汽车车轮的轮辋上，是汽车与地面之间的传力元件，起着承载、驱动、转向、制动等的作用，其性能的优劣将直接影响到汽车的动力性、转向操纵性、制动性、行驶平顺性、越野性、乘坐舒适性及安全性等。轮胎磨损主要是轮胎与地面间滑动产生的摩擦力造成的，汽车起步、转弯及制动等行驶条件的不断变化，转弯速度过快、起步过急、制动过猛，轮胎的磨损就快。另外，轮胎的磨损还与汽车的行驶速度有关，行驶速度愈快，轮胎磨损愈严重，路面的质量也直接影响到轮胎与地面的摩擦力，路面较差时，轮胎与地面滑动加剧，轮胎的磨损加快。以上情况产生的轮胎磨损，基本上是均匀的，属正常磨损。

根据 GB 7258—2004《机动车运行安全技术条件》规定，轿车轮胎胎冠上花纹磨损至花纹深度小于 1.6 mm（磨损标志），载货汽车转向轮胎胎冠上的花纹深度小于 3.2 mm，其余轮胎胎冠花纹深度小于

图 8.6　测量轮胎花纹深度

1.6 mm时,应停止使用。如图8.6所示,轮胎花纹深度可用深度尺进行测量。

轮胎在使用过程中,应按厂家规定及时换位,此操作可使轮胎磨损均匀。实践表明,定期换位可延长约20%的轮胎使用寿命,通常结合车辆二级维护定期进行换位。在路面拱度较大的地区或夏季,轮胎磨损差别较大,可适当增加换位次数。

二、轮胎的异常磨损

汽车行驶中,若轮胎使用不当或前轮定位不准,将产生故障性异常磨损,检查轮胎的异常磨损,可以发现故障的早期征兆和原因,以便及时排除影响轮胎寿命的不良因素,防止早期磨损和损坏。常见的异常磨损有以下几种:

① 胎肩磨损:轮胎两侧的胎肩部位磨损异常严重。
② 正中磨损:轮胎中部胎冠部位磨损异常严重。
③ 胎侧磨损:沿汽车前进行驶方向,轮胎的外侧或内侧磨损严重。
④ 羽片状磨损:在轮胎圆周表面上沿轮胎轴线方向磨损成羽片状。
⑤ 锯齿状磨损:胎冠由内侧向外侧或由外侧向内侧、沿轮胎转动方向上磨损成锯齿状。
⑥ 波浪状磨损:胎冠圆周表面沿周向磨损成波浪状。
⑦ 碟边状磨损:胎冠圆周表面磨损成无规律、大小不一的斑状。

1. 故障现象

轮胎磨损速度加快,并出现轮胎花纹磨损不均匀,局部磨损严重等现象,如图8.7所示。

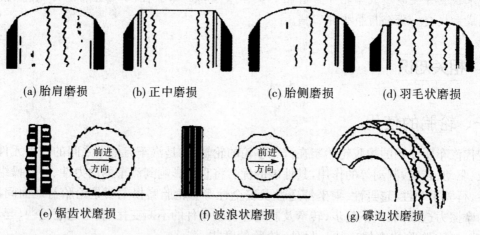

(a) 胎肩磨损　　(b) 正中磨损　　(c) 胎侧磨损　　(d) 羽毛状磨损

(e) 锯齿状磨损　　(f) 波浪状磨损　　(g) 碟边状磨损

图8.7 轮胎异常磨损示意图

2. 故障原因

造成轮胎异常磨损的主要原因如下:
① 前轮定位不正确,前束和外倾角调整不当。
② 轮胎气压过高、过低,车轮摆差过大。
③ 车轮不平衡。
④ 制动拖滞。
⑤ 悬架零件磨损或连接松旷。
⑥ 轮毂轴承松旷、转向主销磨损松旷等。

轮胎两胎肩磨损、胎壁擦伤的故障原因为轮胎气压过低或长期超载。
胎冠中部磨损的故障原因为轮胎气压过高。

胎冠外、内侧偏磨的故障原因为车轮外倾角过大、过小。只有转向轮才出现此现象。

胎冠成波浪状磨损和碟边状磨损的故障原因为车轮不平衡、轮毂轴承松旷、轮辋拱曲变形等。

胎冠两侧成锯齿状磨损的故障原因为轮胎换位不及时、经常紧急制动或长期超载。

胎冠由里向外或由外侧向内侧成锯齿状磨损的故障原因为前束不当。前束过大,则胎冠由外侧向内侧呈锯齿状磨损;前束过小,则胎冠由内侧向外侧呈锯齿状磨损。

有的异常磨损与驾驶员的驾驶习惯有关系,如轮胎内侧或外侧磨损一个可能的原因是转弯时车速过高导致。

3. 故障诊断与排除

根据轮胎的磨损状况检查具体故障部位,并进行相应调整、维修或更换。

① 检查轮胎气压,按规定充气。
② 及时进行轮胎换位,紧固车轮螺栓。
③ 检查并排除制动拖滞故障。
④ 检查、调整前轮前束和前轮外倾角。
⑤ 检查悬架、轮毂轴承、转向主销等,若有松旷,应进行调整、紧固或更换。
⑥ 检查车轮摆差和动平衡,超差则进行校正或更换。

一、实训导读

诊断轮胎异常磨损故障时,通常先对轮胎进行检查诊视,初步判断轮胎的磨损情况及异常磨损现象。在检查中应先确定轮胎气压是否正常,结合驾驶员的驾驶习惯等信息,根据各种异常磨损现象的原因进行进一步检查和排除。

二、学生实操训练

(一)训前准备

1. 学生组织

让学生按小组讨论组内分工及组织任务实施,同时将《任务工单》分发给每位学生。各组根据任务要求做好人员分工和操作计划。

2. 实训场地及工具准备

为完成该任务操作,除了将故障车、检测工具、工作台布置好,将充电机置于工作台旁以外,还需提前做好以下准备:

① 轿车整车若干。
② 汽车轮胎拆装专用工具、汽车维修专用工具套、扭力扳手及工具车若干。
③ 轮胎气压表。
④ 四轮定位仪。

(二)轮胎磨损异常障诊断与排除实训

按照已经分好的小组,让学生制定检修计划。由教师辅助,对车轮的轮胎系统实施检查,判断故障类型并提出排除方案,实施排除。

1. 资讯

根据任务描述和实车(发动机)表现,填写附表 A1。

2. 查阅资料进行原因分析

查阅相关资料,对造成轮胎异常磨损的原因进行分析。

3. 故障点确认

按照附表 A2,进行故障点确认。

4. 故障排除

按照附表 A3,进行故障排除。

5. 废料和废品处理

任务结束后,对废料和废品进行处理。

(三)学生撰写实训报告

任务结束后,撰写实训报告。

(四)实训结果评价

对实训结果进行评价。

 任务评价

填写任务评价反馈表,见附表 A4。

任务五　车辆行驶跑偏

 任务引入

2013 年 6 月 10 日,客户李小姐来 4S 店反映,近一段时间她驾车行驶时,发现需要用力握住方向盘才能保证直线行驶方向,稍有放松车子就会向右侧行驶,偏离车道,要求 4S 店检查并排除故障。作为汽车维修人员对客户及车辆进行初步了解后,认为是车辆行驶跑偏的故障。要求检查并判断造成该故障的具体原因和故障部位,制定维修计划,排除故障,任务完成后提交一份分析报告并归档。

 相关知识

一、车辆行驶跑偏

汽车行驶跑偏是汽车使用过程中一种较常见的故障,该故障会导致在行驶时,驾驶员时刻需要对转向盘施加一个矫正力,这会增加驾驶员的操作难度,容易造成驾驶疲劳,使转向沉重,加快零部件和轮胎的磨损,更会使汽车行驶自动跑偏,从而酿成重大的交通事故。近年来,随着汽车技术的高速发展,汽车车速不断提高,急加速、急减速、急转向、急制动等动作的出现,汽车在行驶过程中受到的冲击和载荷,都将影响到汽车的运行轨迹,汽车行驶跑偏的现象越来越多,其危害性也越来越大,但对该故障的诊断和排除却相当困难。

需要注意的是,下列原因引起的跑偏不是研究对象:
① 路面倾斜:路面横向斜度大。
② 侧风或侧面车辆运动形成的侧向风道。
③ 转向杆系统的干涉影响到前轮方向的变化。

任何一种悬架布置时,对上下臂运动产生运动干涉都是不可避免的,只不过是影响因素轻重与侧重不同而已。

二、行驶跑偏的故障诊断

1. 故障现象

车辆跑偏是指车辆在直线行驶时,不能保持直线行进的状态,稍松转向盘,车辆的运动轨迹向左或向右的任何一方发生偏离的现象;或者是指必须按照一定方向控制方向盘,才能保持直线行驶的现象。

2. 故障原因

车辆行驶跑偏主要是两侧车轮受力不等所致。

(1) 两前轮轮胎气压不等、磨损程度不同、轮毂轴承预紧度不等

① 轮胎的线束层绕偏了会使车轮产生圆锥一样的滚动,车辆会跑向直径较小的一方。
② 两侧的线束层不一致,会使车胎产生较大的侧向刚度差异,车轮行驶时会向刚度小的一侧产生侧偏角,从而改变车辆的行驶方向。
③ 车胎异常磨损,胎冠两边厚度不均也会使车轮产生锥形滚动。
④ 气压过低会造成侧偏刚度变差。
⑤ 不同型号的轮胎混用。

(2) 存在单边制动拖滞现象

制动拖滞现象是指制动后抬起制动踏板,车辆行驶无力,重新起步困难,全部或个别车轮制动鼓或制动钳发热。踏下离合器踏板后,车速迅速降低,有制动感。其主要原因为:
① 制动踏板自由行程、制动间隙、主缸活塞与推杆间隙过小,踏板回位不良等。
② 车轮制动器制动蹄回位弹簧弹力减弱或折断。
③ 制动主缸或轮缸活塞运动卡滞。
④ 制动管路堵塞致使回油不畅。
⑤ 制动主缸补偿孔堵塞或活塞回位弹簧弹力减弱。
⑥ 制动钳支架或制动底板松动、制动盘翘曲变形。
⑦ 真空助力器内部卡滞。
⑧ 驻车制动装置调整不当或拉索卡滞。

(3) 前轮定位不一致

各种原因导致的主销内倾、主销后倾、前轮外倾、前轮前束变化过大。

3. 故障诊断与排除

① 汽车行驶跑偏,停车后触摸跑偏一侧的制动鼓和轮毂轴承,若过热,说明制动拖滞或

轴承过紧,应予以调整或检修。

② 检查两前轮的轮胎气压,不符合要求时按规定气压充气。

③ 悬空前桥用手转动前轮,若车轮转动不灵活,表明制动盘与制动蹄衬片不能完全分离,产生制动拖滞,应查明原因,予以排除。

④ 观察汽车有无横向倾斜现象。若两侧高度不同,则较低一侧悬架弹簧损坏或弹力下降,应予以更换。

⑤ 检查减振器的工作性能。用力压下车辆前端一侧,迅速松开,若车身上、下振动2~3次后马上静止,表明减振器工作正常,否则应更换减振器。

⑥ 测量汽车两侧轴距,轴距不相同时,应查明原因,予以修复。

⑦ 进行前轮定位的检测与调整。

 技能实训

一、实训导读

客户车辆到店后,按照如下步骤进行故障诊断和排除。

（一）询问车主

首先向车主询问一下汽车行驶情况并记录,如:

① 什么时候出项跑偏的情况。

② 该车在使用中有无事故。

③ 该车以前的维修历史。

（二）试车

行驶跑偏的故障需通过路试来确定跑偏的具体情况。

（三）测量检查

检查的原则是由简到繁。首先检查轮胎压力,检视车架、减振器、制动器和转向节等,然后根据检测的项目选择轮胎的压力表、轮胎的动平衡机、四轮定位仪进行检查,选择哪一种仪器应该视具体情况来定,出发点是能迅速、准确地判断故障。

1. 轮胎、车架的检查

用压力表测量轮胎的压力,检查轮毂轴承的松紧度,用轮胎的动平衡机检查轮胎的动平衡。目测车身有无明显变形。

2. 四轮定位的检测

用四轮定位仪来检测车辆前轮定位是否准确。

3. 检查转向节、节臂和减振器

检查转向节、节臂是否弯曲,减震弹簧弹力是否足够。

4. 检查制动系统

检查前轮制动器是否有拖滞,检查方法如前所述。

（四）故障排除

诊断者根据上述的检查结果和维修手册上的故障排除指南,制定适合本车的排除方法。

排除方法一般有:检查轮胎压力、车身、减振器、制动器和转向节以及轮毂轴承,做四轮定位,

恢复轮胎动平衡等。

二、学生实操训练

(一) 训前准备

1. 学生组织

让学生按小组讨论组内分工及组织任务实施,同时将《任务工单》分发给每位学生。各组根据任务要求做好人员分工和操作计划。

2. 实训场地及工具准备

为完成该任务操作,除了将故障车、检测工具、工作台布置好,将充电机置于工作台旁以外,还需提前做好以下准备:

① 轿车整车若干。
② 汽车轮胎拆装专用工具、汽车维修专用工具套、扭力扳手及工具车若干。
③ 轮胎气压表。
④ 四轮定位仪。
⑤ 动平衡机。

(二) 轮胎磨损异常故障诊断与排除实训

按照已经分好的小组,让学生制定检修计划。由教师辅助,对车轮的轮胎系统实施检查,判断故障类型并提出排除方案,实施排除。

1. 资讯

根据任务描述和实车(发动机)表现,填写附表 A1。

2. 查阅资料进行原因分析

查阅相关资料和维修手册,对造成汽车行驶跑偏的原因进行分析。

3. 故障点确认

按照附表 A2,进行故障点确认。

4. 故障排除

按照附表 A3,进行故障排除。

5. 废料和废品处理

任务结束后,对废料和废品进行处理。

(三) 学生撰写实训报告

任务结束后,撰写实训报告。

(四) 实训结果评价

对实训结果进行评价。

任务评价

填写任务评价反馈表,见附表 A4。

任务六　ABS 工作不正常

一辆行驶 5 万公里的捷达都市先锋轿车,在行驶过程中 ABS 警告灯无规律点亮和熄灭,且当 ABS 警告灯点亮时,ABS 不起作用;当 ABS 警告灯熄灭时,ABS 工作正常。要求检查并判断造成该故障的具体原因和故障部位,制定维修计划,排除故障,任务完成后提交一份分析报告并归档。

防抱死制动系统(Antilock Brake System,ABS)是在常规制动系统的基础上增加了一套电子防抱死控制装置,使其能在汽车紧急制动或光滑路面上制动时,自动控制和调节车轮的制动力,防止车轮抱死,从而避免制动过程中的侧滑、跑偏和丧失转向操纵能力等现象,提高了汽车的操纵稳定性,同时还能获得最大制动力,缩短制动距离,提高汽车的制动性能。

一、轿车防抱死制动系统的组成

现代轿车的 ABS 主要由液压控制单元、电动液压泵、车轮转速传感器、电子控制单元和 ABS 故障警告灯、制动警告灯等组成,电动液压泵和储液罐与液压控制单元常常组装在一起,如图 8.8 所示。

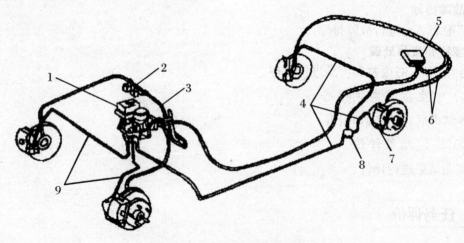

图 8.8　轿车 ABS 示意图
1.液压控制单元总成　2.继电器　3.前轮传感器电路　4.后制动管路　5.电子控制单元
6.后轮传感器电路　7.盘式制动器总成　8.比例阀　9.前制动管路

ABS系统在仪表盘上设有两个故障警告灯：ABS警告灯和制动装置警告灯。正常情况下，当点火开关打开至起动挡时，制动防抱死系统进行自检，ABS警告灯点亮约2s；在拉起驻车制动操纵杆时，制动装置警告灯点亮，解除驻车制动后熄灭。如果上述情况灯不亮，说明故障警告灯本身或线路有故障，应予以排除；如果ABS故障灯常亮，说明ABS出现故障；如果制动装置警告灯常亮，说明制动系统中缺少制动液。

在制动过程中，如果车轮没有抱死趋势，ABS将不参加制动压力控制，此时制动过程与常规制动过程相同。如果ABS出现故障，电子控制单元不再给液压控制单元发出指令，ABS不参与制动力的控制与调节，即ABS不起作用，制动过程与常规制动过程相同；此时仪表盘上的ABS故障警告灯亮，发出警告信息。

（二）防抱死制动系统自诊断

ABS具有自诊断功能，当电控系统发生故障时，警示灯会立即报警，系统自动关闭，返回常规制动状态。车型不同，ABS的自诊断方法也不相同。下面以大众轿车MK20-Ⅰ型ABS为例，介绍ABS的自诊断方法和故障诊断过程。

1. 故障码的读取

ABS系统可采用专用仪器读取故障码，也可进行人工读码。大众轿车采用V.A.G1551或1552专用故障诊断仪读取故障码，操作步骤如下：

① 关闭点火开关，将V.A.G1551专用故障诊断仪与车上的故障诊断接口相连，然后起动发动机。

② 按下"0"和"3"键，进入"防抱死制动系统"，按"Q"键确认。

③ 按下"0"和"2"键，选择"故障查询"功能，按"Q"键确认，按"→"键，依次显示所有故障信息，读取所有故障码，大众轿车ABS故障码如表8.3所示。

表8.3 大众轿车ABS故障码

故障码	故障部位	故障原因
65535	电子控制单元	损坏
01276	ABS液压泵	电动机不能工作
00283	左前轮转速传感器	电气及机械故障
00285	右前轮转速传感器	
00290	左后轮转速传感器	
00287	右后轮转速传感器	
01044	ABS	编码错误
00668	供电端子30	无电压或电压不正常
01130	ABS工作异常	传感器信号不合理

④ 键入"06"，然后按"Q"键，结束退出。

2. 故障码显示故障的诊断与排除

（1）故障码"01276"

当车速超过20 km/h时，ABS控制单元将控制液压泵电动机工作，若此时检测到液压

泵电动机工作不正常,则出现此故障码。其主要故障原因为电源线路短路或搭铁、电动机线束松脱,诊断过程如下:

① 拔下电动机线束连接器,直接给电动机提供蓄电池电压,若电动机不能正常工作,应更换液压控制单元。

② 检查熔断器和 ABS 控制单元连接器,损坏或腐蚀、松动,应更换熔断器或线束。

③ 接好电动机线束,连接 V.A.G1552,点火开关置于"ON",清除故障码(选择功能"05"),利用 V.A.G1552 液压控制单元功能测试电动机,若电动机仍不能正常工作,则更换电子控制单元。若电动机运转正常,可能是接触不良引发的偶然性故障,用模拟法查找故障部位,并排除故障。

(2) 故障码"00283、00285、00290、00287"

此故障码表示车轮转速传感器电气及机械故障。在下列几种情况下,可能出现上述车轮转速传感器故障码:

① 当检查不到电路断路,而车速达到 10 km/h 以上仍没有信号输出时,即出现此故障码。

② 当检测到车速超过 40 km/h,传感器信号超出公差值时,即出现此故障码。

③ 传感器存在可识别的断路故障时,即出现此故障码。

对前两种情况,其可能的故障原因是传感器安装不当、传感器线圈或线束短路、传感器与齿圈气隙过大、齿圈损坏、轴承间隙过大、ABS 控制单元损坏等。诊断时,首先检查车轮转速传感器,若安装不正确或损坏,应重新安装或更换;然后检查齿圈及气隙,齿圈损坏则更换,气隙过大应重新安装调整;再后检查车轮轴承间隙,不正常应进行调整;最后检查车轮转速传感器与 ABS 控制单元间的线束和连接器,损坏或松旷应更换。

第三种情况可能的故障原因为传感器或线圈连接不良、传感器线圈短路、传感器连接器或线束短路或搭铁、ABS 控制单元信号处理电路有故障。诊断时,检查传感器电阻值,应为 $1.0 \sim 1.3 \text{ k}\Omega$。若阻值正确,可能是电子控制单元损坏,应更换;若阻值不正确,检查传感器连接器,如有腐蚀或松旷现象,应检修或更换。随后检查 ABS 控制单元与传感器之间的线束短路或断路应更换线束。若上述各项均正常,可能是偶发性故障,用模拟法检查,确定故障部位并排除故障。

(3) 故障码"01044"

此故障码表示 ABS 编码错误。当电子控制单元的软件编号与 ABS 线束的硬件编号不一致时,即出现此故障码。其故障原因可能是 ABS 线束内跳针连接错误、ABS 电子控制单元编码错误。

① 使用 V.A.G1552 检查 ABS 电子控制单元,软件编码正确值为"03604"(Jetta 5 V),否则需重新编码。

② 检查 ABS 线束跳针端子 15 和 21(Jetta 5 V)能否导通,若不正常,应检修或更换线束。

(4) 故障码"00668"

当供电端子 30 未提供电压或电压过高时,即出现此故障码。其可能的故障原因为 ABS 熔断器烧断、蓄电池电压过高或过低、ABS 线束连接器不良、ABS 电子控制单元损坏。

① 检查蓄电池电压是否正常。

② 检查 ABS 30 A 熔断器,烧断应更换。

③ 断开 ABS 电子控制单元连接器,点火开关置于"ON",测量端子 8 和 9、端子 24 和

25、端子 8 和 23 之间的电压,应均为 9.5~16.5 V,若电压正常,可能是控制单元损坏,应更换。

④ 如果端子电压不正常,检查控制单元连接器,如有腐蚀、松旷现象,应修复或更换。

⑤ 若为偶发性故障,可用模拟法检查并排除故障。

(5) 故障码"01130"

当 ABS 微处理器进行车速信号比较,认为不合理时,即出现此故障码。其故障原因为高频电波干扰、车轮转速传感器损坏或连接器不良、ABS 电子控制单元损坏。

① 检查车轮转速传感器输出的信号电压,若信号正常,则为电子控制单元故障,应更换。

② 如果信号输出不正常,检查车轮转速传感器,如损坏则应更换。

③ 若车轮转速传感器正常,应检查电子控制单元和传感器之间的线束及连接器。

(三) 无故障码输出时防抱死制动系统的故障诊断与排除

此故障原因是踏板自由行程调整不当、真空助力器失效或液压控制单元内常开阀有故障。

① 用 V. A. G1552 液压单元功能测试检查常开阀,若不正常,应更换液压控制单元。

② 用传统方法检查真空助力器及踏板自由行程。

技能实训

一、实训导读

根据故障现象,当 ABS 警告灯熄灭时 ABS 系统工作正常,因此判断电控单元有故障的可能性不大,于是进行基本部件检查。

检查 ABS 导线连接器未发现故障,测量四个轮速传感器的电阻值。(测量结果:两个前轮轮速传感器和两个后轮轮速传感器的电阻值均在规定范围内。)

将汽车举起,转动车轮,用示波器检测其轮速传感器的输出电压波形。(检测结果:发现右前轮轮速传感器输出的电压波形及波幅和其他三个轮速传感器相差很大。)

检查右前轮轮速传感器,发现铁心的前端黏附了很多铁粉,清除铁粉,重新检测传感器输出电压波形,四个轮速传感器波形基本一致。

为了查明铁粉的来源,检查右前轮制动器,发现制动摩擦块与制动盘的间隙过小,以致右前轮制动器因制动过早而产生铁粉。

调整了间隙后进行试车,ABS 警告灯不再点亮,ABS 系统工作正常。

二、学生实操训练

(一) 训前准备

1. 学生组织

让学生按小组讨论组内分工及组织任务实施,同时将《任务工单》分发给每位学生。各组根据任务要求做好人员分工和操作计划。

2. 实训场地及工具准备

为完成该任务操作,除了将故障车、检测工具、工作台布置好,将充电机置于工作台旁以

外,还需提前做好以下准备:
① 轿车整车若干。
② 万用表、示波器。
③ 轮胎气压表。
④ 汽车维修专用工具套、塞尺、抹布。

(二) ABS 系统故障诊断与排除实训

按照已经分好的小组,让学生制定检修计划,由教师辅助,对车轮的轮胎系统实施检查,判断故障类型并提出排除方案,实施排除。

1. 资讯

根据任务描述和实车(发动机)表现,填写附表 A1。

2. 查阅资料进行原因分析

查阅相关资料和维修手册,对造成 ABS 系统故障的原因进行分析。

3. 故障点确认

按照附表 A2,进行故障点确认。

4. 故障排除

按照附表 A3,进行故障排除。

5. 废料和废品处理

任务结束后,对废料和废品进行处理。

(三) 学生撰写实训报告

任务结束后,撰写实训报告。

(四) 实训结果评价

对实训结果进行评价

 任务评价

填写任务评价反馈表,见附表 A4。

项 目 评 价

填写项目评价表,见附表 A5。

项 目 思 考

1. 传动系常见的异响故障有哪些?
2. 分析造成传动系故障的主要原因。
3. 诊断传动系异响故障原因的常用方法有哪些?

4. 变速器常见的故障有哪些？
5. 转向沉重的故障现象是什么？
6. 动力转向失效后，汽车还可以实现转向吗？为什么？
7. 轮胎的异常磨损有哪些情况？主要原因有哪些？
8. 何为行驶跑偏？造成行驶跑偏的原因有哪些？
9. 轿车 ABS 系统由哪些元件组成？各元件的作用是什么？

拓展提升

全电路制动

全电路制动(Brake Boost Wire,BBW)是未来制动控制系统的发展方向。全电路制动不同于传统的制动系统，因为其传递的是电，而不是液压油或压缩空气，可以省略许多管路和传感器，缩短制动反应时间。其主要包含以下部分：

① 电制动器。其结构和液压制动器基本类似，有盘式和鼓式两种，制动器是电动机。

② 电制动控制单元。接收制动踏板发出的信号，控制制动器制动；接收驻车制动信号，控制驻车制动；接收车轮传感器信号，识别车轮是否抱死、打滑等，控制车轮制动力，实现防抱死和驱动防滑。由于各种控制系统如卫星定位、导航系统，自动变速系统，无级转向系统，悬架系统等的控制系统与制动控制系统高度集成，所以电制动控制单元还得兼顾这些系统的控制。

③ 轮速传感器。准确、可靠、及时地获得车轮的速度。

④ 线束。给系统传递能源和电控制信号。

⑤ 电源。为整个电制动系统提供能源，与其他系统共用。可以是各种电源，也包括再生能源。

从结构上可以看出这种全电路制动系统具有其他传统制动控制系统无法比拟的优点：

① 整个制动系统结构简单，省去了传统制动系统中的制动油箱、制动主缸、助力装置、液压阀、复杂的管路系统等部件，使整车重量降低。

② 制动响应时间短，提高制动性能。

③ 无制动液，维护简单。

④ 系统总成制造、装配、测试简单快捷，制动分总成为模块化结构。

⑤ 采用电线连接，系统耐久性能良好。

⑥ 易于改进，稍加改进就可以增加各种电控制功能。

全电制动控制系统是一个全新的系统，给制动控制系统带来了巨大的变革，为将来的车辆智能控制提供条件。但是，要想全面推广，还有不少问题需要解决：

首先是驱动能源问题。采用全电路制动控制系统，需要较多的能源，一个盘式制动器大约需要 1 kW 的驱动能量。目前，车辆 12 V 电力系统提供不了这么大的能量，因此，将来车辆动力系统采用高压电，加大能源供应，可以满足制动能量要求，同时需要解决高电压带来的安全问题。其次是控制系统失效处理。全电制动控制系统面临的一个难题是制动失效的处理。因为不存在独立的主动备用制动系统，因此需要一个备用系统保证制动安全，不论是电制动控制单元元件失效、传感器失效还是制动器本身或线束失效，都能保证制动的基本性能。实现全电制动控制的一个关键技术是系统失效时的信息交流协议,如 TTP/C。系统一旦出现故障,根据 TTP/C 立即发出信息,确保信息传递及时最适合的方法是多重通道分时区(TDMA),这样可以保证不出现不可预测的信息滞后。TTP/C 协议是根据 TDMA 制定的。第三是抗干扰处理。车辆在运行过程中会有各种干扰信号,为了消除这些干扰信号造成的影响,目前存在多种抗干扰控制系统,基本上分为两种:即对称式和非对称式抗干扰控制系统。对称式抗干扰控制系统是用两个相同的 CPU 和同样的计算程序处理制动信号。非对称式抗干扰控制系统是用两个不同的 CPU 和不一样的计算程序处理制动信号。两种方法各有优缺点。另外,电制动控制系统的软件和硬件如何实现模块化,以适应不同种类的车型需要,如何实现底盘的模块化,是一个重要的难题。只有将制动、转向、悬架、导航等系统综合考虑进来,从算法上模块化,建立数据总线系统,才能以最低的成本获得最好的控制系统。

  电制动控制系统首先用在混合动力制动系统车辆上,采用液压制动和电制动两种制动系统。这种混合制动系统是全电制动系统的过渡方案。由于两套制动系统共存,使结构复杂,成本偏高。

  随着技术的进步,上述的各种问题会逐步得到解决,全电制动控制系统会真正代替传统的以液压为主的制动控制系统。

学习情境四

自动变速器的故障诊断与维修

项目九

自动变速器的故障诊断基础

项目描述

目前自动变速器的应用日趋广泛,使用自动变速器的车辆,驾驶员不需要经常变换挡位,自动变速器可根据汽车的行驶条件和载荷情况,在最适宜的时间自动换挡。电控液压自动变速器按照最低油耗及最佳换挡时间进行自动换挡,使自动变速器的各项性能指标均达到最佳综合优化水平。

项目目标

1. 专业能力要求
① 熟悉自动变速器诊断的基础知识;
② 掌握自动变速器的基本检查和调整方法。
2. 社会能力要求
① 具备团队协作意识和强烈的工作责任心;
② 具备发现问题并能积极处理的能力;
③ 具备足够的环境保护意识、强烈的职业道德和法律意识。
3. 方法能力要求
① 与人良好沟通的能力;
② 能主动独立地学习,具备一定的创造能力和创新能力;
③ 具备汽车自动变速器系统检修过程的优化和控制能力;
④ 良好的心理承受能力。
4. 重点和难点
① 自动变速器的基本检查和调整方法;
② 自动变速器的性能实验。

任务一　自动变速器的常见故障部位和基本检查

一辆2000年产的上海大众俊杰轿车,搭载01N型自动变速箱,行驶里程为11万公里。该车在外地山路行驶途中变速箱油底壳损坏,导致变速箱缺油而烧损。大众自动变速箱维修师傅向车主了解到,此车在当地修理厂维修时,维修人员发现没有高速挡,且加速反应迟钝。

一、自动变速器的常见故障部位

自动变速器(Automatic Transmission,AT),亦称自动变速箱,通常来说是一种可以在车辆行驶过程中自动改变齿轮传动比的汽车变速器,从而使驾驶员不必手动换挡。

1. 自动变速器的组成

现代轿车多装用电控液动式自动变速器,主要由液力变矩器、行星齿轮变速器、液压控制系统和电子控制系统等组成。其组成和控制原理如图9.1所示。

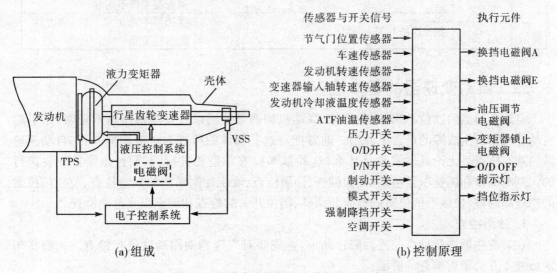

图9.1　自动变速器组成和控制原理示意图

2. 自动变速器的常见故障部位

自动变速器结构和工作原理都很复杂,当出现故障时,盲目地拆卸分解往往找不出故障产生的真正原因,甚至造成自动变速器不应有的损坏,因此应利用各种检测仪器和手段,按照由外到内、由简到繁的步骤和程序,诊断出故障原因,有针对性地进行检修。其常见故障部位和故障原因如表 9.1 所示。

表 9.1 自动变速器常见故障部位和故障原因

序号	故障部位		主要故障原因	故障现象及危害
1	液力变矩器	单向离合器	失效	传递动力下降,起步困难
		锁止离合器	打滑或烧结	汽车油耗增加或急速时,踩下制动踏板熄火
2	齿轮变速器		磨损、润滑不良	过热、异响
3	液压控制系统	油泵	磨损间隙过大、密封圈失效	供油不足、压力降低
		阀体	磨损、卡滞、弹簧弹力下降、球阀丢失或错位、密封不良	打滑,缺挡或无挡,换挡冲击
		离合器	从动盘磨损、烧损,钢片烧损,活塞密封圈损坏、单向阀失效,间隙不当等	打滑,不能分离,缺挡或无挡,换挡冲击,换挡困难
		制动器或制动带	从动盘或带磨损、烧损,钢片烧损,活塞密封圈损坏,间隙不当等	打滑,不能分离,缺挡或无挡,换挡冲击,换挡困难
4	电子控制系统	控制单元	损坏	缺挡或无挡,油压不正常,换挡规律失常、动力性和经济性下降
		传感器	损坏	无参数信号或信号失常
		电磁阀	损坏	缺挡或无挡,油压不正常,锁止离合器工作不正常
		各种控制开关	损坏	变速器不能正常工作,动力性、经济性下降

二、自动变速器的基本检查

自动变速器的油位不当、油质不佳、联动机构调节不当以及发动机怠速不正常,是引起自动变速器产生故障的最常见原因。通常把对这些部件的检查与重新调整,叫作自动变速器的基本检查。无论具体故障是什么,这种基本检查总是要进行的,而且也是首先要进行的。基本检查和调整项目包括:油面检查、油质检查、液压控制系统的漏油检查、节气门拉索的检查和调整、操纵手柄位置的检查和调整、挡位开关的检查和调整以及怠速检查。

1. 油面检查

在对变速器进行检查前或故障诊断前,首先要对变速器油面高度进行检查。一般在车辆行驶 1 万公里后检查油液面。

把选挡手柄放在"P"位或"N"位(空挡),将发动机在怠速时至少运转 1 min,汽车必须停放在水平路面上,这样才能确保在差速器和变速器之间的油面高度正常、稳定。检查应在油液正常工作温度为 50~90 ℃时进行。

2. 油质检查

油液温度过度,将会使油液黏性下降、性能变坏(产生油膏沉淀和积炭)、堵塞细小量孔、卡滞控制阀门、降低润滑效果、破坏橡胶密封部件,从而导致变速器损坏。

检查变速器油的气味和状态,也是十分重要的。油液的气味和状态可以表明自动变速器的工作状态。

3. 液压控制系统的漏油检查

液压控制系统的各连接部位上都有油封和密封垫,这些部件是常发生漏油的地方。液压系统漏油会引起油路压力下降,油位下降是换挡打滑和延迟的常见原因。

4. 节气门拉索的检查和调整

节气门的开度将影响自动变速器的换挡时间,发动机熄火后,节气门应全闭,当油门踩死时,节气门应全开。节气门拉索的索芯不应松弛,索套端和索芯上限位之间的距离应在 0~1 mm 之间(图 9.2)。若节气门拉索调整不当,对于液压控制自动变速器来说,会导致换挡时刻不正常,造成过早或过迟换挡,使汽车加速性能变差或产生换挡冲击;对

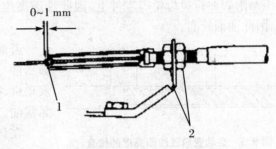

图 9.2 节气门拉索的调整
1.轧头 2.调节螺母

于电子控制自动变速器来说,会导致主油路压力异常,造成油压过低或过高,使换挡执行元件打滑或产生换挡冲击。

5. 操纵手柄位置的检查和调整

操纵手柄调整不当,会使操纵手柄的位置与自动变速器阀板中手动阀的实际位置不符,造成挂不进停车挡或前进低挡,或操纵手柄的位置与仪表盘上挡位指示灯的显示不符,甚至造成在空挡或停车挡时无法起动发动机。

6. 挡位开关的检查和调整

将操纵手柄拨至各个挡位,检查挡位指示灯与操纵手柄位置是否一致,"P"位和"N"位时发动机能否起动,R 位时倒挡灯是否亮起。发动机应只能在空挡("N"挡)和驻车挡("P"挡)起动,其他挡位不能起动,若有异常,应调节空挡起动开关螺栓和开关电路。

7. 急速检查

发动机急速不正常,特别是急速过高,会使自动变速器工作不正常,出现换挡冲击等故障。因此在对自动变速器作进一步的检查之前应先检查发动机的急速是否正常。

 技能实训

一、实训导读

1. 油面检查

① 将汽车停放在水平地面上,并拉紧手制动。
② 让发动机急速运转 1 min 以上。
③ 踩住制动踏板,将操纵手柄拨至倒挡(P)、前进挡(D)、前进低挡(S,L 或 2,1)等位

置,并在每个挡位上停留几秒钟,使液力变矩器和所有换挡执行元件中都充满液压油。最后将操纵手柄拨至停车挡(P)位置。

④ 从加油管内拔出自动变速器油尺,将擦干净的油尺全部插入加油管后再拔出,检查油尺上的油面高度。

液压油油面高度的标准是:如果自动变速器处于冷态(即冷车刚刚起动,液压油的温度较低,为室温或低于25 ℃时),液压油油面高度应在油尺刻线的下限附近(A区域内);如果自动变速器处于热态(如低速行驶5 min以上,液压油温度已达70~80 ℃),油面高度应在油尺刻线的上限附近(B区域内)(图9.3)。这是因为低温时液压油的黏度大,运转时有较多的液压油附着在行星齿轮等零件上,因此油面高度较低;高温时液压油黏度小,容易流回油底壳,因此油面较高。

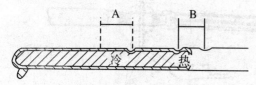

图9.3 自动变速器油面高度的检查

若油面高度过低,应从加油管处添加合适的液压油,直至油面高度符合标准为止。继续运转发动机,检查自动变速器油底壳,油管接头等处有无漏油。如有漏油,应立即予以修复。

在自动变速器调整、加注液压油,并经试车之后,应重新检查自动变速器液压油的油面高度是否正常,油底壳、油管接头等处有无漏油。

2. 油质检查

检查油液时,从油尺上嗅一嗅油液的气味,在手指上点少许油液,用手指互相摩擦看是否有渣粒,或将油尺上的液压油滴在干净的白纸上,检查液压油的颜色及气味。正常液压油的颜色一般为粉红色,且无气味。如液压油呈棕色或有焦味,说明已变质(变质原因详见表9.2的分析),应立即换油。

表9.2 油液变质的原因

油液状态	变 质 原 因
油液变为深褐色或深红色	① 没有及时更换油液; ② 长期重载荷运转,某些部件打滑或损坏引起变速器过热
油液中有金属屑	离合器盘、制动器盘或单向离合器严重磨损
油尺上黏附胶质油膏	变速器油温过高
油液有烧焦气味	① 油温过高、油面过低; ② 油冷却器或管路堵塞
油液从加油管溢出	油面过高或通气孔堵塞

换油时应优先采用车辆随车手册上推荐使用的变速器油,也可使用8号自动传动油,无推荐用油时,可用国内的22号透平油、液力变矩器Ⅰ号、Ⅱ号油。某些轿车自动变速器使用DEXRON-Ⅱ或M-Ⅲ型液压油。这两种液压油稳定性好,使用寿命长。注意:切不可用齿轮油或机油代替液压油,否则会造成自动变速器的严重损坏。

3. 液压控制系统漏油检查与液压油的更换

(1) 液压控制系统漏油检查

图9.4是自动变速器易发生漏油部位,应逐一进行检查。

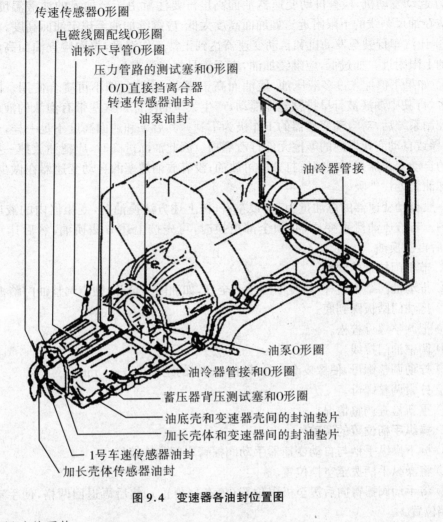

图 9.4 变速器各油封位置图

(2) 液压油的更换

自动变速器换油的具体方法可参照如下方法进行：

① 车辆运行至自动变速器达到正常工作温度油温 70～80 ℃后停车熄火。

② 拆下自动变速器油底壳上的放油螺塞,将油底壳内的液压油放净。有些车型的自动变速器油底壳上没有放油螺塞,应拆下整个油底壳,然后放油。拆油底壳时应先将后半部油底壳螺钉拆下,拧松前半部油底壳螺钉,再将后半部油底壳撬离变速器壳体,放出部分液压油,最后再将整个油底壳拆下。

③ 拆下油底壳,将油底壳清洗干净。有些自动变速器的油底壳上的放油螺塞为磁性螺塞,也有些自动变速器在油底壳内专门放置一块磁铁,以吸附铁屑。清洗时必须注意将螺塞或磁铁上的铁屑清洗干净后放回。

④ 拆下自动变速器液压油散热器油管接头,用压缩空气将散热器的残余液压油吹出,再装好油管接头。

⑤ 装好油底壳和放油螺塞。

⑥ 从自动变速器加油管中加入规定牌号的液压油。一般自动变速器油底壳内的贮油

量为 4 L 左右。

⑦ 起动发动机,检查自动变速器油面高度。要注意由于新加入的油液温度较低,油面高度应在油尺刻线的下限附近。如油面高度太低,应继续加油至规定油面高度。

⑧ 让汽车行驶至发动机和自动变速器达到正常工作温度,再次检查油面高度是否在油尺线的上限附近。如过低,应继续加油,直至满足规定要求为止。

⑨ 如果不慎加入过多液压油,使油面高于规定的高度,切不可凑合使用。因为当油面过高时,行驶中油液被行星排剧烈地搅动,产生大量的泡沫。这些带有泡沫的液压油进入油泵和控制系统后,对自动变速器的工作极为不利。其后果和油面高度不足一样,会造成油压过低,导致自动变速器内的摩擦元件打滑磨损。因此油面过高时,应把油放掉一些。有放油螺塞的自动变速器只要把螺塞打开即可放油;没有放油螺塞的自动变速器在做少量放油时,可从加油管处往外吸。

一般自动变速器的总油量为 10 L 左右,按上述方法换油时,变矩器内的液压油是无法放出的。若液压油严重变质,必须全部更换时,可先按上述方法换油,然后让汽车行驶约 5 min 后再次换油。

4. 节气门拉索的调整

① 推动油门踏板连杆,检查油门是否全开,如油门不全开,则应调整油门踏板连杆。
② 把油门踏板踩到底。
③ 把调整螺母拧松。
④ 调整油门拉线。
⑤ 拧动调整螺母,使橡皮套与拉线止动器间的距离为 0～1 mm。
⑥ 拧紧调整螺母。
⑦ 重新检查调整情况。

5. 操纵手柄位置的调整

① 拆下操纵手柄与自动变速器手动阀摇臂之间的连接杆。
② 将操纵手柄拨至空挡位置。
③ 将手动阀摇臂向后拨至极限位置(停车挡位置),然后再退回两格,使手动阀摇臂处于空挡位置。
④ 稍稍用力将操纵手柄靠向"R"位方向,然后连接并固定操纵手柄与手动阀摇臂之间的连杆。

6. 挡位开关的调整

① 松开挡位开关的固定螺钉,将操纵手柄放到"N"挡位。

② 将槽口对准空挡基准线。有些自动变速器的挡位开关外壳上刻有一条基准线,调整时应将基准线和手动阀摇臂轴上的槽口对齐,如图 9.5 所示;也有一些自动变速器的挡位开关上有一个定位孔,调整时应使摇臂上的定位孔和挡位开关上的定位孔对准。

③ 挡位开关的位置调好后进行固定。

7. 怠速检查

检查怠速时应将自动变速器操纵手柄置于停车挡(P)或空挡(N)位置。通常装有自动变速器的汽车发动机怠速为 750 r/min。

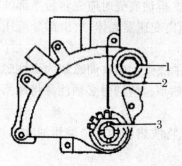

图 9.5 挡位开关的调整
1. 螺栓 2. 空挡基准线 3. 槽

二、学生实操训练

（一）训前准备

1. 学生组织

让学生按小组讨论组内分工及组织任务实施，同时将《任务工单》分发给每位学生。各组根据任务要求做好人员分工和操作计划。

2. 实训场地及工具准备

为完成该任务操作，需提前将故障车、检测工具、工作台布置好。

（二）自动变速器的基本检查实训

按照已经分好的小组，让学生制定检修计划，对自动变速器实施外部和内部检查，判断故障类型并提出排除方案，实施排除。

1. 资讯

根据任务描述和实车（发动机）表现，填写附表 A1。

2. 查阅维修手册进行原因分析

根据资讯中所检查的结果进行原因分析。

3. 故障点确认

按照附表 A2，进行故障点确认。

4. 故障排除

按照附表 A3，进行故障排除。

5. 废料和废品处理

任务结束后，对废料和废品进行处理。

（三）学生撰写实训报告

任务结束后，撰写实训报告。

（四）实训结果评价

对实训结果进行评价。

填写任务评价反馈表，见附表 A4。

任务二　自动变速器性能检测

一辆 2000 年产上海大众俊杰轿车，搭载 01N 型四挡自动变速箱，行驶里程为 11 万公里。该车在外地山路行驶途中变速箱油底壳损坏，造成变速箱缺油而烧损。大众自动变速箱维修师傅向车主了解到,此车在当地修理厂维修时,维修人员发现没有高速挡,且加速反应迟钝。

自动变速器出现故障应首先观察故障指示灯的闪烁情况,然后读取故障码,并按故障码提示进行检测和维修。若故障指示灯正常或无故障码,但自动变速器仍然有故障,则应进行性能检测,以确定故障范围,为进一步检修提供依据。

自动变速器的性能检测包括手动换挡试验、道路试验、失速试验、油压试验和时滞试验。

一、手动换挡试验

对于电子控制自动变速器而言,为了确定故障存在的部位,区分故障是由机械系统、液压系统引起的,还是由电子控制系统引起的,可进行手动换挡试验。

所谓手动换挡试验就是将电子控制自动变速器所有换挡电磁阀的线束插头全部脱开,此时电脑不能通过换挡电磁阀来控制换挡,自动变速器的换挡取决于操纵手柄的位置。不同车型的电子控制自动变速器在脱开换挡电磁阀线束插头后的挡位和操纵手柄的关系都不完全相同。

二、自动变速器的道路试验

道路试验是诊断、分析自动变速器故障的最有效的手段之一。此外,自动变速器在修复之后,也应进行道路试验,以检查其工作性能,检验修理质量。自动变速器的道路试验内容主要有:检查换挡车速、换挡质量以及检查换挡执行元件有无打滑等。在道路试验之前,应先让汽车以中低速行驶 5~10 min,让发动机和自动变速器都达到正常工作温度。在试验中,如特殊需要,通常应将超速挡开关置于"ON"位置(即超速指示灯熄灭),并将模式开关置于普通模式或经济模式的位置。

三、失速试验与检查

在前进挡或倒挡中踩住制动踏板并完全踩下油门踏板时,发动机处于最大扭矩工况,而此时自动变速器的输出轴及输入轴均静止不动,变矩器的涡轮也因此静止不动,只有变矩器壳及泵轮随发动机一同转动,这种工况称为失速工况,此时的发动机转速称为失速转速。失速试验是检查发动机、变矩器及自动变速器中有关换挡执行元件的工作是否正常的一种方法。

四、油压试验与检查

油压试验是在自动变速器工作时,测量控制系统各个油路中的油压,为分析自动变速器故障提供依据,以便有针对性地进行检修。自动变速器正常工作的先决条件是控制系统的油压正常,若油压过高,会使自动变速器出现严重的换挡冲击,甚至损坏控制系统;若油压过低,会造成换挡执行元件打滑,加剧其摩擦片的磨损,甚至会烧毁换挡执行元件。油压试验的内容取决于自动变速器的类型及测压孔的设置,主要测试前进挡和倒挡的主油路油压,液控自动变速器还需测量调速阀油压。

一、实训导读

变速器性能检测的各种方法如下开展。

1. 手动换挡试验与检查方法

① 脱开电子控制自动变速器的所有换挡电磁阀线束插头。

② 起动发动机,将操纵手柄拨至不同位置,然后做道路试验(也可以将驱动轮悬空,进行台架试验)。

③ 观察发动机转速和车速的对应关系,以判断自动变速器所处的挡位。不同挡位时发动机转速与车速的关系可参考表9.3。由于变矩器的减速作用与传递的扭矩有关,因此表中车速只能作为参考,实际车速将随着行驶中油门开度的不同而产生一定的变化。

表 9.3 自动变速器不同挡位时发动机转速和车速的关系

挡位	发动机转(r/min)	车速(km/h)
"1"挡	2 000	18～22
"2"挡	2 000	34～38
"3"挡	2 000	50～55
超速挡	2 000	70～75

④ 若操纵手柄位于不同位置,自动变速器所处的挡位与表9.3相同。说明电子控制自动变速器的阀板及换挡执行元件基本上工作正常。否则,说明自动变速器的阀板或换挡执行元件有故障。

⑤ 试验结束后,接上电磁阀线束插头。

⑥ 清除电脑中的故障代码,防止因脱开电磁阀线束插头而产生的故障代码保存在电脑中,影响自动变速器的故障自诊断工作。

2. 道路试验与检查方法

(1) 升挡检查

将操纵手柄拨至前进挡"D"位置,踩下油门踏板,使节气门保持在1/2开度左右,让汽车起步加速,检查自动变速器的升挡情况。自动变速器在升挡时发动机会有瞬时的转速下降,同时车身有轻微的闯动感。正常情况下,汽车起步后随着车速的升高,试车者应能感觉到自动变速器能顺利地由"1"挡升入"2"挡,随后再由"2"挡升入"3"挡,最后升入超速挡。若自动变速器不能升入高挡("3"挡或超速挡),说明控制系统或换挡执行元件有故障。

(2) 升挡车速的检查

将操纵手柄拨至前进挡"D"位置,踩下油门踏板,并使节气门保持在某一固定开度,让汽车起步并加速。当察觉到自动变速器升挡时,记下升挡车速。一般"4"挡自动变速器在节气门开度保持在1/2时由"1"挡升至"2"挡的升挡车速为25～35 km/h,由"2"挡升至"3"挡的升挡车速为 55~70 km/h，由"3"挡升至"4"挡（超速挡）的升挡车速为 90~120 km/h。由于升挡车速和节气门开度有很大的关系，即节气门开度不同时，升挡车速也不同，而且不同车型的自动变速器各挡位传动比的大小都不相同，其升挡车速也不完全一样，因此，只要升挡车速基本保持在上述范围内，而且汽车行驶中加速良好，无明显的换挡冲击，都可认为其升挡车速基本正常。若汽车行驶中加速无力，升挡车速明显低于上述范围，说明升挡车速过低（即过早升挡）；若汽车行驶中有明显的换挡冲击，升挡车速明显示高于上述范围，说明升挡车速过高（即太迟升挡）。

电子控制自动变速器的升挡车速和节气门开度的变化关系图呈阶梯状折线，见图 9.6。

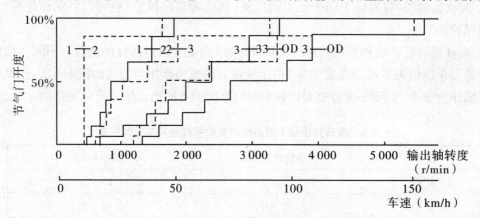

图 9.6 A43DE 自动变速器经济模式换挡图

升挡车速太低一般是控制系统的故障所致；换挡车速太高则可能是控制系统的故障所致，也可能是换挡执行元件的故障所致。

（3）升挡时发动机转速的检查

有发动机转速表的汽车在做自动变速器道路试验时，应注意观察汽车行驶中发动机转速变化的情况。它是判断自动变速器工作是否正常的重要依据之一。在正常情况下，若自动变速器处于经济模式或普通模式，节气门保持在低于 1/2 开度范围内，则汽车在由起步加速直至升入高速挡的整个行驶过程中，发动机转速都将低于 3 000 r/min。通常发动机在加速至即将要升挡时的转速可达到 2 500~3 000 r/min，在刚刚升挡后的短时间内发动机转速将下降至 2 000 r/min，说明升挡时间过早或发动机动力不足；如果在行驶过程中发动机转速始终偏高，升挡前后的转速在 2 500~3 500 r/min 之间，且换挡冲击明显，说明升挡时间过迟；如果在行驶中发动机转速过高，常高于 3 000 r/min，在加速时达到 4 000~5 000 r/min，甚至更高，则说明自动变速器的换挡执行元件（离合器或制动器）打滑，应拆修自动变速器。

（4）换挡质量的检查

换挡质量的检查内容主要是检查有无换挡冲击。正常的自动变速器只能有不太明显的换挡冲击，特别是电子控制自动变速器的换挡冲击应十分微弱。若换挡冲击太大，说明自动变速器的控制系统或换挡执行元件有故障，其原因可能是油路油压高或换挡执行元件打滑，应做进行一步的检查。

3. 失速试验的方法

(1) 准备工作

在进行失速试验之前,应做好以下准备工作:

① 让汽车行驶至发动机和自动变速器均达到正常工作温度。

② 检查汽车的脚制动和手制动,确认其性能良好。

③ 检查自动变速器液压油高度,应正常。

(2) 试验步骤(图 9.7)

① 将汽车停放在宽阔的水平地面上,前后车轮用三角木块塞住。

② 拉紧手制动,左脚用力踩住制动踏板。

③ 起动发动机。

④ 将操纵手柄拨入"D"位置。

⑤ 在左脚踩紧制动踏板的同时,用右脚将油门踏板踩到底,在发动机转速不再升高时,迅速读取此时的发动机转速。

⑥ 读取发动机转速后,立即松开油门踏板。

⑦ 将操纵手柄拨入"P"或"N"位置,让发动机怠速运转 1 min,以防止液压油因温度过高而变质。

⑧ 将操纵手柄拨入其他挡位(R、S、L 或 2、1),做同样的试验。

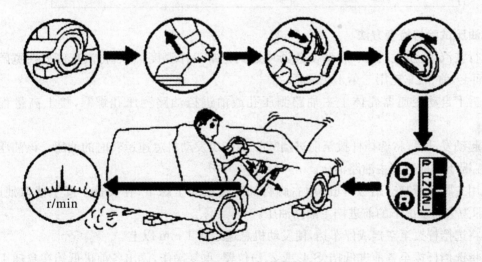

图 9.7 失速试验

由于在失速工况下,发动机的动力全部消耗在变矩器内液压油的内部摩擦损失上,液压油的温度急剧上升,因此在失速试验中,从油门踏板踩下到松开的整个过程的时间不得超过 5 s,否则会使液压油因温度过高而变质,甚至损坏密封圈零件。在一个挡位的试验完成之后,不要立即进行下一个挡位的试验,要等油温下降之后再进行。试验结束后不要立即熄火,应将操纵手柄拨入空挡或停止挡,让发动机怠速运转几分钟,以便让液压油温度降至正常。如果在试验中发现驱动轮因制动力不足而转动,应立即松开油门踏板,停止试验。

不同车型的自动变速器都有其失速转速标准。大部分自动变速器的失速转速标准为 2 300 r/min 左右。若失速转速与标准值相符,说明自动变速器的油泵、主油路油压及各个换挡执行元件的工作基本正常;若失速转速高于标准值,说明主油路油压过低或换挡执行元件打滑;若失速转速低于标准值,则可能是发动机动力不足或液力变矩器有故障。不同挡位失速转速不正常的原因详见表 9.4。

表 9.4 失速转速不正常的原因

操纵手柄位置	失速转速	故障原因
所有位置	过高	① 主油路油压过低; ② 前进挡和倒挡的换挡执行元件打滑; ③ 低挡及倒挡制动器打滑
所有位置	过低	① 发动机动力不足; ② 变矩器导轮的单向超越离合器
仅在"D"位	过高	① 前进挡油路油压过低; ② 前进离合器打滑
仅在"R"位	过高	① 倒挡油路油压过低; ② 倒挡及高挡离合器打滑

4. 油压试验与检查方法

① 行驶汽车,使发动机和自动变速器均达到正常工作温度,然后将汽车停放在宽阔的水平地面上,前、后车轮用三角木块塞紧。

② 拆下自动变速器壳体上主油路测压孔或前进挡油路测压孔螺塞,接上高量程油压表。

③ 起动发动机,将选挡杆拨至前进挡"D"位,读出发动机怠速运转时的油压。该油压即为怠速工况下的前进挡主油路油压。

④ 用左脚踩紧制动踏板,同时用右脚将加速踏板完全踩下,在失速工况下读取油压。该油压即为失速工况下的前进挡主油路油压。

⑤ 将选挡杆拨至空挡或停车挡,使发动机怠速运转 1 min 以上。

⑥ 将选挡杆拨至各前进低挡(S、L 或 2、1)位置,重复操作,读出各前进低挡在怠速工况和失速工况下的主油路油压。

⑦ 将选挡杆拨至倒挡"R"位,在发动机怠速和失速工况下读取倒挡主油路油压。

不同车型自动变速器的主油路油压各不相同,若主油路油压过低,可能是油泵供油不足,主调压阀卡死或弹簧过软,节气门拉索或节气门位置传感器调整不当,节气门阀卡滞、油压电磁阀损坏或线路故障,制动器或离合器活塞密封不良,油路密封圈破损等。如表 9.5 所示。

表 9.5 主油路油压不正常的原因

工况	测试结果	故障原因
怠速	所有挡位的主油路油压均太低	油泵故障;主油路调压阀卡死;主油路泄漏;主油路调压阀弹簧太软;节气门阀卡滞;节气门拉索或节气门位置传感器调整不当
怠速	前进挡和前进低挡的主油路油压太低	前进挡离合器活塞漏油;前进油路泄漏
怠速	前进挡的主油路油压正常;前进低挡的主油路油压太低	"1"挡强制离合器或"2"挡强制离合器活塞漏油;前进低挡油路泄漏
怠速	前进挡主油路油压正常;倒挡主油路油压太低	倒挡及高挡离合器活塞漏油;倒挡油路泄漏
怠速	所有挡位的主油路油压均太高	节气门拉索或节气门位置传感器调整不当;主油路调压阀卡死;节气门阀卡滞;主油路调压阀弹簧太硬;油压电磁阀损坏或线路故障
失速	稍低于标准油压	节气门拉索或节气门位置传感器调整不当;油压电磁阀损坏或线路故障;主油路调压阀卡死或弹簧太软
失速	明显低于标准油压	油泵故障;主油路泄漏

二、学生实操训练

(一) 训前准备

1. 学生组织

让学生按小组讨论组内分工及组织任务实施,同时将《任务工单》分发给每位学生。各组根据任务要求做好人员分工和操作计划。

2. 实训场地及工具准备

为完成该任务操作,需提前将故障车、检测工具、工作台布置好。

(二) 自动变速器性能检测实训

按照已经分好的小组,让学生制定检修计划,对自动变速器实施性能检测。

1. 资讯

根据任务描述和实车(发动机)表现,填写附表 A1。

2. 查阅维修手册进行原因分析

根据资讯中所检查的结果进行原因分析。

3. 故障点确认

按照附表 A2,进行故障点确认。

4. 故障排除

按照附表 A3,进行故障排除。

5. 废料和废品处理

任务结束后,对废料和废品进行处理。

（三）学生撰写实训报告

任务结束后,撰写实训报告。

（四）实训结果评价

对实训结果进行评价。

 任务评价

填写任务评价反馈表,见附表 A4。

项目评价

填写项目评价表,见附表 A5。

项目思考

1. 液力变矩器的结构与工作原理是什么？
2. 变速齿轮机构的结构与工作原理是什么？

自动变速器系统维修

项目描述

本项目主要学习自动变速器机械部件维修、自动变速器液压控制系统维修、自动变速器电子控制系统维修。

项目目标

1. **专业能力要求**
① 熟悉自动变速器的各总成部件的基础知识;
② 掌握自动变速器的各总成部件的检测和维修方法。
2. **社会能力要求**
① 具备团队协作意识和强烈的工作责任心;
② 具备发现问题并能积极处理的能力;
③ 具备足够的环境保护意识、强烈的职业道德和法律意识。
3. **方法能力要求**
① 与人良好沟通的能力;
② 能主动独立地学习,具备一定的创造能力和创新能力;
③ 具备汽车电源系统检修过程的优化和控制能力;
④ 良好的心理承受能力。
4. **重点和难点**
① 自动变速器的各总成部件的基础知识;
② 自动变速器的各总成部件的检测和维修方法。

任务一 自动变速器机械部件的维修

汽车起动和中低速行驶正常,但没有高速,温和踩油门最高车速只有80~90 km/h;加大节气门开度,最高车速也只有110~120 km/h。

现代汽车上所用自动变速器,在结构上虽有差异,但其基本结构组成和工作原理却较为相似。前面已介绍了自动变速器主要由液力变矩器、变速齿轮机构、供油系统、自动换挡控制系统、自动换挡操纵装置等部分组成,本节将分别介绍自动变速器中各组成部分的常见结构和工作原理,为自动变速器的拆装和故障检修提供必要的基本知识。

一、液力变矩器的结构与工作原理

常用液力变矩器的形式有一般形式液力变矩器、综合式液力变矩器和锁止式液力变矩器。其中综合式液力变矩器的应用较为广泛。

目前,在装用自动变速器的汽车上使用的变矩器大多是综合式液力变矩器(图10.1),它和一般形式液力变矩器的不同之处在于它的导轮不是完全固定不动的,而是通过单向超越离合器支撑在固定于变速器壳体的导轮固定套上。单向超越离合器使导轮可以朝顺时针方向旋转(从发动机前面看),但不能朝逆时针方向旋转。

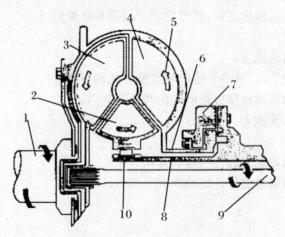

图10.1 综合式液力变矩器

1.曲轴 2.导轮 3.涡轮 4.泵轮 5.液流 6.变矩器轴套 7.油泵 8.导轮固定套
9.变矩器输出轴 10.单向超越离合器

二、变速齿轮机构的结构与工作原理

自动变速器中的变速齿轮机构主要包括行星齿轮机构和换挡执行元件两部分。

(一) 行星齿轮机构

1. 基本结构

行星齿轮机构有很多类型,其中最简单的行星齿轮机构是由 1 个太阳轮、1 个齿圈、1 个行星架和支撑在行星架上的几个行星齿轮组成的,称为 1 个行星排(图 10.2)。

2. 行星齿轮机构的变速原理

图 10.3 为行星齿轮机构的传动简图。

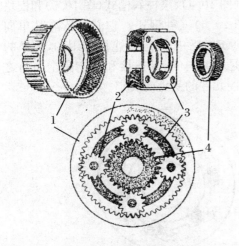

图 10.2 行星齿轮机构
1. 齿圈 2. 行星齿轮 3. 行星架 4. 太阳轮

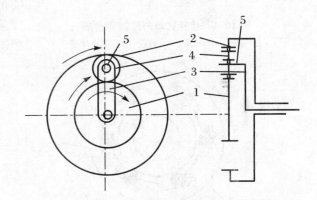

图 10.3 行星齿轮机构传动简图
1. 太阳轮 2. 齿圈 3. 行星架 4. 行星齿轮 5. 行星齿轮轴

设太阳轮的齿数为 Z_1,齿圈齿数为 Z_2,太阳轮、齿圈和行星架的转速分别为 n_1、n_2、n_3,并设齿圈与太阳轮的齿数比为 α,即

$$\alpha = Z_2 / Z_1$$

则行星齿轮机构的一般运动规律可表达为

$$n_1 + \alpha n_2 - (1+\alpha) n_3 = 0$$

由上式可以看出,在太阳轮、齿圈和行星架三个基本元件中,可任选两个分别作为主动件和从动件,而使另一个元件固定不动(使该元件转速为零)或使其运动受一定约束(使该元件的转速为某一定值),则整个轮系即以一定的传动比传递动力。不同的连接和固定方案可得到不同的传动比,三个基本元件的不同组合可有六种不同的组合方案,加上直接挡传动和空挡,共有八种组合,相应能获得五种不同的传动比。

(二) 换挡执行机构

行星齿轮变速器的换挡执行机构由离合器、制动器和单向超越离合器三种不同的执行元件组成,各执行元件通过按一定规律对行星齿轮机构的某些基本元件进行连接、固定或锁止,让行星齿轮机构获得不同的传动比,从而实现挡位变换。

1. 离合器

行星齿轮变速器换挡执行机构中的离合器,其作用是连接或连锁行星齿轮变速器中除行星轮之外的任意两个元件。按工作原理的不同,有片式离合器和爪型离合器之分。其中片式离合器较为常用,而且较多地使用多片式离合器,爪型离合器使用较少。

2. 制动器

制动器是一种起制动约束作用的机构,它将行星齿轮机构中的太阳轮、齿圈和行星架这三个基本元件之一与变速器壳体相连,使该元件被约束固定而不能旋转。制动器的结构型式较多,目前最常见的是带式制动器和片式制动器两种。

3. 单向超越离合器

单向超越离合器有多种型式,常用有棘轮式(图10.4)、滚柱斜槽式(图10.5)和楔块式(图10.6)三种型式。它们是依靠其单向锁止原理来发挥固定或连接作用的,力矩的传递是单方向的,其连接和固定完全由与之相连接元件的受力向决定。

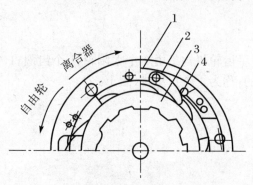

图 10.4 棘轮式单向超越离合器

1. 外轮 2. 棘爪 3. 棘轮 4. 叶片弹簧

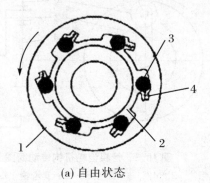
(a) 自由状态

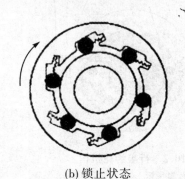
(b) 锁止状态

图 10.5 滚柱斜槽式单向超越离合器

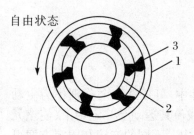
自由状态

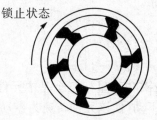
锁止状态

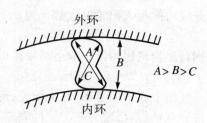
$A > B > C$

图 10.6 楔块式单向超越离合器

1. 外环 2. 内环 3. 楔块

 技能实训

一、实训导读

(一)液力变矩器的检修

轿车自动变速器的液力变矩器的外壳是采用焊接式的整体结构,不可分解。液力变矩

器内部,除了导轮的单向超越离合器和锁止离合器压盘之外,没有互相接触的零件,因此在使用中基本上不会出现故障。液力变矩器的维修工作主要是清洗和检查。

1. 液力变矩器的检修

(1) 液力变矩器的洗清

自动变速器的机油污染,多表现为在油中可见到金属粉末。这些金属粉末大部分是多片式离合器通过磨耗产生的。

清洗步骤如下:

① 倒出变矩器中残留的液压油。

② 向变矩器内加入干净的液压油,以清洗其内部,然后将液压油倒出。

③ 再次向变矩器内加入干净的液压油,清洗后倒出。

④ 用清洗剂清洗变矩器零部件,只能用压缩空气吹干,不要用车间纸巾或棉丝擦干。

⑤ 用压缩空气吹干所有的供油孔或油道,确保清洁。

清洗时,也可加入专用的去污剂,在清洗台上一边旋转变矩器,一边不停地注入压缩空气,以便使清洗液作用得彻底。为取出清洗液,可在变矩器最外侧较平的面上,在两叶片之间打一个孔(用钻床钻一个正圆的孔),将孔向下放置 15 min 后,变矩器内原有变速器液压油就可排出,然后从变矩器轴孔处加入清洁剂或挥发性好的汽油,进行内部清洗,再次将钻孔向下时,清洗剂又可流出,这样反复作业 2~3 次,最后用压缩空气吹干,再用铆钉将钻孔封死。应该注意,不能采用先切开变矩器、洗净后再焊接的方法进行清洗,因为若这样做会损伤变矩器的内部,产生变形。

(2) 液力变矩器的检查

① 检查液力变矩器外部有无损坏和裂纹,轴套外径有无磨损,驱动油泵的轴套缺口有无损伤。如有异常,就应更换液力变矩器。

② 将液力变矩器安装在发动机飞轮上,用千分表检查变矩器轴套的偏摆量(图 10.7)。如果在飞轮转动一周的过程中,千分表指针偏摆大于 0.03 mm,应采用转换角度重新安装的方法予以校正,并在校正后的位置上作一记号,以保证安装正确。若无法校正,应更换液力变矩器。

③ 将单向超越离合器内座圈驱动杆(专用工具)插入变矩器中;将单向离合器外座圈固定器(专用工具)插入变矩器中,并卡在轴套上的油泵驱动

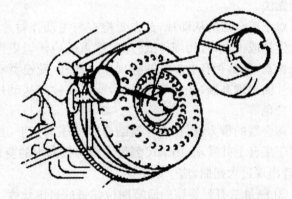

图 10.7 液力变矩器轴套偏摆量的检查

缺口内。转动驱动杆,检查单向超越离合器工作是否正常。在逆时针方向上,单向超越离合器应锁止,顺时针方向上应能自由转动。如有异常,说明单向超越离合器损坏,应更换液力变矩器。

(二)超速挡行星齿轮和离合器的检修

在分解行星排、单向超越离合器之间,应先认明各个单向超越离合器的锁止方向,其方

法是：用手握住与单向超越离合器内外圈连接的零件，分别朝不同方向作相对转动，检查并记下内外圈的相对锁止方向。特别是在没有详细技术资料的情况下维修自动变速器时，一定要做好这一记录；否则，一旦分解后不能按原有安装方向装复，将会使自动变速器不能正常工作，必须再次分解自动变速器进行检查，造成返工。

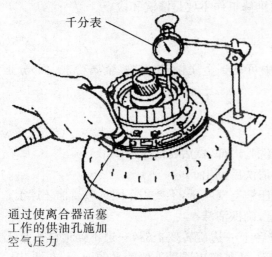

图 10.8 检查超速挡离合器活塞行程

① 测量离合器活塞行程。在拆卸离合器组件前，按下列所述，测量离合器活塞行程：把油泵装在液力变矩器上，将离合器装在油泵上；把千分表安装在离合器上，把千分表触头放置到离合器活塞上（图 10.8）；通过油泵上供油孔，施加压缩空气，观察活塞的行程。正常行程应该是 1.85～2.15 mm，如图 10.8 所示。

② 测量离合器片的厚度。离合器片最小允许厚度为 1.84 mm。

对于离合器的主动片（驱动片），由于易造成磨损，因而，应检查衬片上印有的标记是否被磨掉，若被磨掉，应更换新的离合器片。对主动片两侧的衬片，还应检查是否有破损、剥落或黏结不实等。另外，主动片上的花键槽口，在工作过程中，会产生磨损和高温变化，检查时应予以注意。衬片上布有的沟槽，容易沉淀油泥和其他杂质，如果不清洗干净，脱落下来会造成离合器早期打滑或烧蚀，如遇此现象，也应及时予以更换。经检查后，能继续使用的主动片，一定要清洗干净并晾干；安装时，将最里面的一片和最外面的一片调换位置，是一种较好的做法。

对于离合器的从动片，首先要检查与主动片衬片的接触面，看有无损伤、生锈之处。轻微的生锈或损伤，可用细砂纸打磨，严重的应予以更换。同样，对摩擦片上的花键槽口也应进行检查，看是否有磨损烧蚀等现象。此外，变速器液压油的污染和颜色变黑，多是由于离合器片间出现高温、烧结等造成的，所以在检查从动片时还应注意其工作表面有无伤痕、烧结和变色等。

离合器的推力盘，在离合器结合时被压缩变形，具有缓冲作用。拆检时，将推力盘的外圆置于平台上并转动，用卡尺测量内圆各处高度的变化，来检测推力盘工作面是否为同一平面，若出现过大扭曲，应予以更换。

③ 测量带有弹簧座的活塞回位弹簧的自由长度。标准长度应为 16.8 mm。

④ 检查离合器活塞单向球阀。该球阀有的装在活塞上，有的装在离合器壳上。检查时，先振动活塞，判断能否听到球阀的动作声，观察球是否自由移动；然后将低压力压缩空气对准球阀的进口吹气，检查球阀的密封状况，看其能否起到单向球阀的作用。空气通过球阀时，不能泄漏。

⑤ 用量缸表或内径千分表，测量离合器毂衬套内径。最大直径不应大于 27.11 mm。如果衬套内径大于规定值，更换离合器毂。对离合器毂应重点检查如下项目：检查与活塞配合的工作面有无损伤；检查毂内轴套上的密封槽是否清洁；检查毂外圆的工作面上有无损伤；检查离合器毂的轴承孔有无磨损。检查时可用内径千分尺进行测量，也可将轴装入后，

检查配合状况。检查从动片外部花键齿和鼓内花键槽的配合面有无磨损或烧蚀；检查毂内轴套上的卡圈槽是否磨损或有损伤。

⑥ 检查行星齿轮衬套内径。最大内径为 11.27 mm。如果衬套内径大于规定值，更换行星齿轮。

二、学生实操训练

（一）训前准备

1. 学生组织

让学生按小组讨论组内分工及组织任务实施，同时将《任务工单》分发给每位学生。各组根据任务要求做好人员分工和操作计划。

2. 实训场地及工具准备

为完成该任务操作，需提前将故障车、检测工具、工作台布置好。

（二）自动变速器机械部件维修实训

按照已经分好的小组，让学生制定检修计划，对自动变速器实施外部和内部检查，判断故障类型并提出排除方案，实施排除。

1. 资讯

根据任务描述和实车（发动机）表现，填写附表 A1。

2. 查阅维修手册进行原因分析

根据资讯中所检查的结果进行原因分析。

3. 故障点确认

按照附表 A2，进行故障点确认。

4. 故障排除

按照附表 A3，进行故障排除。

5. 废料和废品处理

任务结束后，对废料和废品进行处理。

（三）学生撰写实训报告

任务结束后，撰写实训报告。

（四）实训结果评价

对实训结果进行评价

任务评价

填写任务评价反馈表，见附表 A4。

任务二　自动变速器电子控制系统的维修

一辆2000年产上海大众俊杰轿车,搭载01N型自动变速器,行驶里程为11万公里。该车在外地山路行驶途中变速器油底壳损坏,导致变速器缺油而烧损。在当地修理厂维修时,维修人员发现没有高速挡,且加速反应迟钝。

一、自动变速器电控系统的组成

电子控制系统是由电子控制装置和阀板两大部分组成的,它与传统的液压控制系统相比,不论是控制原理还是控制过程都有很大的不同。目前,越来越多的轿车自动变速器采用这种控制系统。

电子控制装置是控制系统的核心,它利用电子自动控制的原理,通过传感器将汽车行驶速度和发动机负荷等参数转变为电信号,电脑根据这些电信号作出是否需要换挡的判断,并按照设定的控制程序发出换挡指令,操纵各种电磁阀(换挡电磁阀、油压电磁阀等)去控制阀板总成中各个控制阀的工作(接通或切断换挡控制油路),驱动离合器、制动器、锁止离合器等液力执行元件,从而实现对自动变速器的全面控制。

电子控制装置由各种传感器、控制开关、执行器和电脑等组成,如图10.9所示为大众汽车自动变速器的电子控制元件。

(一)传感器

电子控制装置中常用的传感器有节气门位置传感器、车速传感器、输入轴转速传感器、液压油温度传感器等。

1. 节气门位置传感器

汽车发动机的节气门是由驾驶员通过油门踏板来操纵的,以便根据不同的行驶条件控制发动机运转。

2. 车速传感器

车速传感器安装在自动变速器输出轴附近,如图10.10所示。它是一种电磁感应式转速传感器,用于检测自动变速器输出轴的转速。电脑根据车速传感器的信号计算出车速,作为其换挡控制的依据。

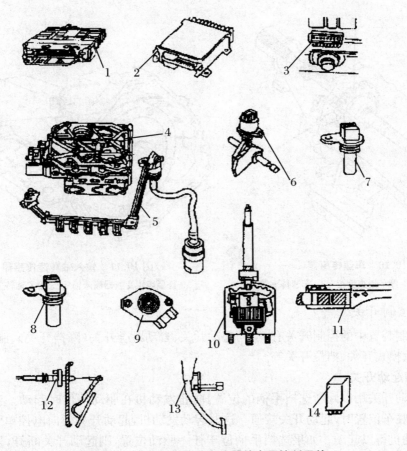

图 10.9 大众汽车自动变速器的电子控制元件
1. 自动变速器控制单元 J217 2. 发动机控制单元 3. 自诊断接口 4. 阀体总成 5. 传输线 6. 多功能开关 F125 7. 变速器转速传感器 8. 车速传感器 9. 节气门电位计 G69 10. 操纵杆锁止电磁阀 N110 11. 速度调节装置开关 E45 12. 强制降挡开关 F8 13. 制动灯开关 F 14. 起动锁和倒车灯开关继电器 J226

3. 输入轴转速传感器

输入轴转速传感器的结构、工作原理与车速传感器相同。它安装在行星齿轮变速器的输入轴或与输入轴连接的离合器毂附近的壳体上(图 10.11),用于检测输入轴转速,并将信号送入电脑,使电脑更精确地控制换挡过程。此外,电脑还将该信号和来自发动机控制系统的发动机转速信号进行比较,计算出变矩器的传动比,使油路压力控制过程和锁止离合器控制过程得到进一步的优化,以改善换挡感觉,提高汽车的行驶性能。

4. 液压油温度传感器

液压油温度传感器安装在自动变速器油底壳内的阀板上,用于检测自动变速器的液压油的温度,以作为电脑进行换挡控制、油压控制和锁止离合器控制的依据。液压油温度传感器内部是一个半导体热敏电阻,它具有负的温度电阻系数。温度越高,电阻越低,电脑根据其电阻的变化测出自动变速器的液压油的温度。

除了上述各种传感器之外,自动变速器的控制系统还将发动机控制系统中的一些信号,如发动机转速信号、发动机水温信号、大气压力信号、进气温度信号等,作为控制自动变速器的参考信号。

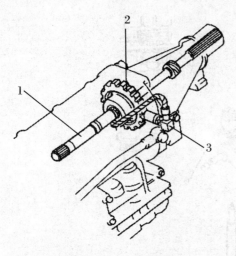
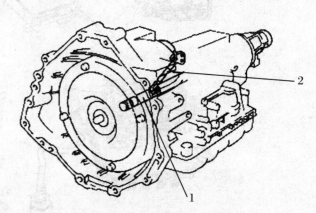

图 10.10 车速传感器
1. 输出轴　2. 停车锁止齿轮　3. 车速传感器

图 10.11 输入轴转速传感器
1. 行星齿轮变速器输入轴　2. 输入轴转速传感器

（二）控制开关

电子控制装置中的控制开关有：空挡起动开关、自动跳合开关（降挡开关）、制动灯开关、超速挡开关、模式开关、挡位开关等。

1. 空挡起动开关

空挡起动开关用以判断选挡手柄的位置，防止发动机在驱动挡位时起动。当选挡手柄位于空挡或驻车位置时，起动开关接通。这时起动发动机，起动开关便向电控单元输出起动信号，使发动机得以起动。如果选挡手柄位于任一驱动位置，则起动开关断开，发动机不能起动，从而保证使用安全。再者，当选挡手柄置于不同位置时，空挡起动开关便接通相关电路，电控单元根据接通电路的信号，控制变速器进行自动换挡。

2. 自动跳合开关

自动跳合开关又称降挡开关，它用来检测加速踏板是否超过节气门全开的位置。当加速踏板超过节气门全开位置时，自动跳合开关便接通，并向电控单元输送信号，这时电控单元即按其内存设置的程序控制换挡，并使变速器自动下降一个挡位，以提高汽车的加速性能。如果跳合开关短路，则电控单元不计其信号，按选挡手柄位置控制换挡。

3. 制动灯开关

制动灯开关用来判断制动踏板是否踩下。如果踩下，则该开关便将信号输给电控单元，以解除锁止离合器的结合，防止突然制动时发动机熄火。

4. 超速挡开关

超速挡开关用来控制自动变速器的超速挡。当这个开关打开后，超速挡控制电路接通，此时若操纵手柄位于"D"位，自动变速器随着车速的升高而升挡，最高可升入"4"挡（即超速挡）。该开关关闭后，调速挡控制电路被断开，仪表盘上的"O/D OFF"指示灯随之亮起（表示限制超速挡的使用），自动变速器随着车速的提高而升挡时，最高只能升入"3"挡，不能升入超速挡。

5. 模式开关

大部分电子控制自动变速器都有一个模式开关，用来选择自动变速器的控制模块，以满足不同的使用要求。所谓控制模式主要是指自动变速器的换挡规律。常见的自动变速器的控制模式有经济模式、动力模式、标准模式三种。

6. 挡位开关

挡位开关位于自动变速器手动阀摇臂轴上方或操纵手柄下方,用于检测操纵手柄的位置。它由几个触点组成。当操纵手柄位于不同位置时,相应的触点被接通。电脑根据被接触的触点,测得操纵手柄的位置,从而按照不同的程序控制自动变速器的工作。

(三) 执行器

电子控制装置中的执行器是各种电磁阀。常见的有开关式电磁阀和脉冲线性式电磁阀两种。

1. 开关式电磁阀

开关式电磁阀的作用是开启或关闭液压油路,通常用于控制换挡阀及变矩器锁止控制阀的工作。开关式电磁阀由电磁线圈、衔铁、回位弹簧、阀芯和阀球所组成(图10.12)。它有三种工作方式:一种是让某一条油路保持油压或泄空,见图10.12(a),即当电磁线圈不通电时,阀芯被油压推开,打开泄油孔,该油路的液压油经电磁阀泄空,油路压力为零;当电磁阀线圈通电时,电磁阀使阀芯下移,关闭泄油孔,使油路油压上升。另一种是开启或关闭某一条油路,即当电磁线圈不通电时,油压将阀芯推开,阀球在油压作用下关闭泄油孔,打开进油孔,使主油路压力油进入控制油道,见图10.12(b);当电磁线圈通电时,电磁力使阀芯下移,推动阀球关闭进油孔,打开泄油孔,控制油道内的压力油由泄油孔泄空,见图10.12(c)。

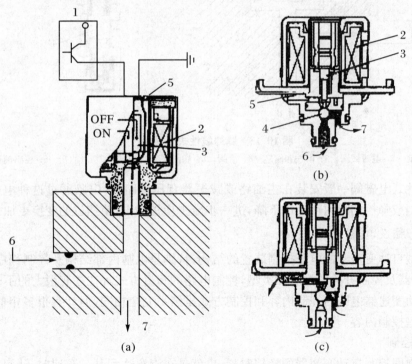

图10.12 开关式电磁阀

1.电脑 2.电磁线圈 3.衔铁和阀芯 4.阀球 5.泄油孔 6.主油道 7.控制油道

2. 脉冲线性式电磁阀

脉冲线性式电磁阀的结构与电磁式相似,也由电磁线圈、衔铁、阀芯或滑阀等组成(图10.13)。它通常用来控制油路中的油压。当电磁线圈通电时,电磁力使阀芯或滑阀开启,液压油经泄油孔排出,油路压力随之下降;当电磁线圈断电时,阀芯或滑阀在弹簧弹力的作用下将泄油孔关闭,使油路压力上升。脉冲线性式电磁阀和开关式电磁阀的不同之处在于控制它的电信号不是恒定不变的电压信号,而是一个固定频率的脉冲电信号。电磁阀在脉冲电信号的作用下不断反复地开启和关闭泄油孔,电脑通过改变每个脉冲周期内电流接通和断开的时间比率(称为占空比,变化范围为0~100%),改变电磁阀开启和关闭时间的比率,来控制油路的压力。占空比越大,经电磁阀泄出的液压油越多,油路压力就越低;反之,占空比越小,油路压力就越大。

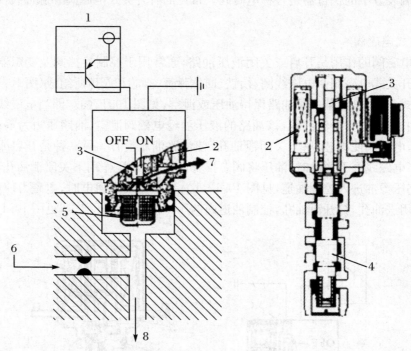

图 10.13　脉冲线性式电磁阀
1. 电脑　2. 电磁线圈　3. 衔铁和阀芯　4. 滑阀　5. 滤网　6. 主油道　7. 泄油孔　8. 控制油道

脉冲线性式电磁阀一般安装在主油路或减振器背压油路上,电脑通过这种电磁阀在自动变速器升挡或降挡的瞬间使油压下降,进一步减少换挡冲击,使挡位的变换更加柔和。

(四)电脑及控制电路

各种车型自动变速器的电子控制装置的结构,特别是电脑内部结构及控制程序的内容,传感器、执行器及控制开关的配置和类型,控制电路的布置方式等往往有很大的不同。

各种自动变速器电脑的控制内容和控制方式虽然不完全相同,但却有很多相似之处,通常有以下一些控制内容。

1. 换挡控制

换挡控制即控制自动变速器的换挡时刻,也就是在汽车达到某一车速时,让自动变速器升挡或降挡。

汽车的最佳换挡车速主要取决于汽车行驶时的节气门开度。节气门开度越小,汽车的升挡车速和降挡车速越低;反之,节气门开度越大,汽车的升挡车速和降挡车速越高。这种换挡规律十分符合汽车的实际使用要求。

电脑将汽车在不同使用要求下的最佳换挡规律以自动换挡图的形式储存在存储器中。在汽车行驶中,电脑根据挡位开关和模式开关的信号从存储器内选择出相应的自动换挡图,再将车速传感器和节气门位置传感器测得的车速、节气门开度与自动换挡图进行比较;根据比较结果,在达到设定的换挡车速时,电脑便向换挡电磁阀发出电信号,以实现挡位的自动变换,如图10.14所示。

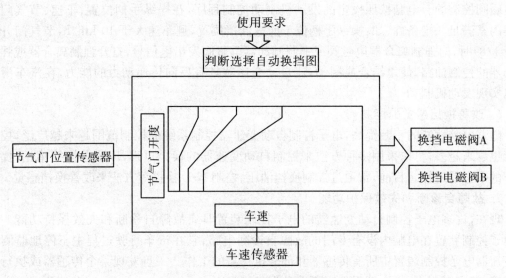

图10.14 自动换挡控制方框图

2. 油路压力控制

电液式控制系统中的主油路油压也是由主油路调压阀来调节的。目前,一些新型电子控制自动变速器的节气门油压由一个油压电磁阀来产生。电脑根据节气门位置传感器测得的节气门开度,计算并控制送往油压电磁阀的脉冲信号的占空比,以改变油压电磁阀排油孔的开度,产生随节气门开度变化的油压(即节气门油压)。节气门开度越大,脉冲电信号的占空比越小,油压电磁阀的排油孔开度越小,节气门油压越大。这一节气门油压被反馈到主油路调压阀,作为主油路调压阀的控制压力,使主油路调压阀随着节气门的开度的变化改变所调节的主油路油压的大小,以获得不同的发动机负荷下主油路油压的最佳值,并将驱动油泵的动力损失减少到最小。

3. 自动模式选择控制

目前,一些新型的电子控制自动变速器由于采用了由大规模集成电路组成的电脑,具有很强的运算和控制功能,并具有一定的智能控制能力,因此这种自动变速器可以取消模式开关,由电脑进行自动模式选择控制。电脑通过各个传感器测得汽车行驶情况和驾驶员的操作方式,经过运算分析,自动选择采用经济模式、普通模式或动力模式进行换挡控制,以满足不同的驾驶员操作要求。

4. 锁止离合器控制

电子控制自动变速器的变矩器中的锁止离合器的工作是由电脑控制的。电脑按照设定的控制程序,通过一个电磁阀(称为锁止电磁阀)来控制锁止离合器的结合或分离。正确的锁止离合器控制程序应当是既能满足自动变速器的工作要求,保证汽车的行驶能力,又能最大限度地降低燃油消耗。

电脑在对锁止离合器进行控制时,还要根据自动变速器的工作条件,在下述一些特殊工况下禁止锁止离合器结合,以保证汽车的行驶性能。这些禁止锁止离合器结合的条件有:液压油温度低于 60 ℃;车速低于 140 km/h,且怠速开关接通。

5. 发动机制动控制

目前,一些新型电子控制自动变速器的强制离合器或强制制动器的工作也是由电脑通过电磁阀控制的。电脑按照设定的发动机制动控制程序,在操纵手柄位置、车速、节气门开度等因素满足一定条件(如:操纵手柄位于前进低挡位置,且车速大于 10 km/h,节气门开度小于 1/8)时,向强制离合器电磁阀或强制制动器电磁阀发出电信号,打开强制离合器或强制制动器的控制油路,使之结合或制动,让自动变速器具有反向传递动力的能力,在汽车滑行时以实现发动机制动。

6. 改善换挡感觉的控制

随着电脑性能的不断提高,电子控制自动变速器控制系统的控制范围越来越广泛,控制功能也越来越多,可以采用多种方法来控制自动变速器的换挡过程,以改善换挡感觉,提高汽车的乘坐舒适性。目前,常通过控制换挡油压、控制 N-D 换挡等方法来改善换挡感觉。

7. 故障自诊断和失效保护功能

现在,许多电子控制自动变速器的电子控制装置具有故障自诊断和失效保持功能。这种电子控制装置在电脑内设有专门的故障自诊断电路,它在汽车行驶过程中不停地监测自动变速器电子控制装置中所有传感器和部分执行器的工作。一旦发现某个传感器或执行器有故障,工作不正常,它立即采取以下几种保护措施:

① 在汽车行驶时,仪表盘上的自动变速器故障警告灯亮起,提醒驾驶员立即将汽车送至维修厂检修。目前,大部分汽车是以超速挡指示灯"O/D OFF"作为自动变速器故障警告灯的。若超速挡警告灯亮起后,按超速挡开关也不能将它熄灭,即说明电子控制装置出现故障。

② 将检测到的故障内容以故障代码的形式储存在电脑的存储器内。只要不拆除汽车蓄电池,被测到的故障代码就会一直保存在电脑内。即使是汽车行驶中偶尔出现的一次故障,电脑也会及时地检测到并记录下来。在维修时,检修人员可采用一定的方法将储存在电脑内的故障代码读出,为查找故障部位提供可靠的依据。

③ 传感器出现故障时,电脑所采取的失效保护功能有:

a. 节气门位置传感器出现故障时,电脑根据怠速开关的状态进行控制。

b. 当怠速开关断开时(加速踏板被踩下),按节气门开度为 1/2 进行控制,同时节气门油压为最大值;当怠速开关接通时(加速踏板完全放松),按节气门处于全闭状态进行控制,同时节气门油压为最小值。

c. 车速传感器出现故障时,电脑不能进行自动换挡控制,此时自动变速器的挡位由操纵手柄的位置决定。

d. 在"D"位和"S"(或"2")位固定为超速挡或"3"挡,在"L"(或"1")位固定为"2"挡或"1"挡;或不论操纵手柄在任何前进挡位,都固定为"1"挡,以保持汽车最基本的行驶能力。许多车型的自动变速器有两个车速传感器,其中一个用于自动变速器的换挡控制,另一个为仪表盘上车速表的传感器。这两个传感器都与电脑相连,当用于换挡控制的车速传感器损坏时,电脑可利用车速表传感器的信号来控制换挡。

e. 输入轴转速传感器出现故障时,电脑停止减扭矩控制,换挡冲击有所增大。

f. 液压油温度传感器出现故障时,电脑按液压油温度为 80℃的设定进行控制。

④ 执行器出现故障时,电脑所采取的失效保护功能有:

a. 换挡电磁阀出现故障时,不同的电脑有两种不同的失效保护功能。一是不论有几个换挡电磁阀出现故障,电脑都将停止所有换挡电磁阀的工作,此时自动变速器的挡位将完全由操纵手柄的位置决定。在"D"位和"S"(或"2")位时被固定为"3"挡,在"L"(或"1")位时被固定为"2"挡。另一种是几个换挡电磁阀中有一个出现故障时,电脑控制其他无故障的电磁阀工作,以保证自动变速器仍能自动升挡或降挡,但会失去某些挡位,而且升挡或降挡规律有所变化,例如,可能直接由"1"挡升到"3"挡或超速挡。

b. 强制离合器或强制制动器电磁阀出现故障时,电脑停止电磁阀的工作,让强制离合器或强制制动器始终处于接合状态,这样汽车减速时总有发动机制动作用。

c. 锁止电磁阀出现故障时,电脑停止锁止离合器控制,使锁止离合器始终处于分离状态。

d. 油压电磁阀出现故障时,电脑停止锁止离合器控制,使油路压力保持为最大。

 技能实训

一、实训导读

(一) 电液式控制系统主要零部件的检修

电子控制自动变速器的电液式控制系统中的传感器、执行器、开关等任何零部件产生故障,都会对自动变速器工作产生影响。利用电脑检测仪读取故障代码,可以找出控制系统大部分故障的大致范围,但要确定故障所在的具体部位,还必须进一步用万用表等简单工具,按照《自动变速器维修手册》中提供的检测方法、检测步骤及标准数据,对各零部件进行检测。另外,一些执行器的机械故障(如卡滞、泄漏等)是无法被电脑故障自诊断电路检测出来,只有通过实际检测才能发现。

为了提高电子控制自动变速器工作的可靠性,该控制系统的大部分零部件在结构上都被设计成密封式、不可分解的,损坏后也不能修复。检修的主要任务就是找出这些有故障的零部件,予以更换,从而恢复电子控制自动变速器的工作性能。

电液式控制系统主要零部件的检修如下所述,其中节气门位置传感器、水温传感器的检修详见学习情境二项目四的内容描述。

1. 车速传感器和输入轴转速传感器的检修

车速传感器与输入轴转速传感器的结构和工作原理相同,其检修方法也是一样的,即用各种测量方法判断其工作性能是否正常。

(1) 车速传感器或输入轴转速传感器的感应线圈电阻的测量

其测量方法是:

① 拔下车速传感器或输入轴转速传感器线束插头。

② 用万用表测量车速传感器或输入轴转速传感器两接线端之间的电阻(图10.15)。不同

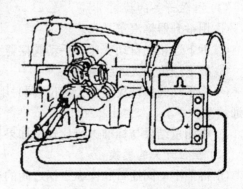

图 10.15 车速传感器感应线圈电阻的测量

车型自动变速器的这种传感器感线圈的电阻不完全相同,通常为几百欧到几千欧。

如果感应线圈短路、断路或电阻值不符合标准,应更换传感器。

(2) 车速传感器或输入轴转速传感器的输出脉冲的测量

① 测量车速传感器输出脉冲时,可用千斤顶将汽车一侧的驱动轮顶起,让操纵手柄位于空挡位置,用手转动悬空的驱动轮,同时用万用表测量车速传感器两接线柱之间有无脉冲感应电压。测量时,应将万用表选择开关转至 1 V 以下的直流电压挡位置或电阻挡位置。若在转动车轮时万用表指针有摆动,说明传感器有输出脉冲,其工作正常;否则,应更换传感器。

② 测量输入轴转速传感器输出脉冲时,应将传感器拆下,用一根铁棒或一块磁铁迅速靠近或离开传感器(图10.16)。同时用万用表测量传感器两接线柱之间有无脉冲感应电压。如果没有感应电压或感应电压很微弱,说明传感器有故障,应更换。

2. 液压油温度传感器的检修

液压油温度传感器的内部是一个半导体热敏电阻,其检修方法与水温传感器的检修方法相同。

① 拆下液压油温度传感器。

② 将传感器置于盛有水的烧杯,加热杯中的水,同时测量在不同温度下传感器两接线端之间的电阻(图10.17)。

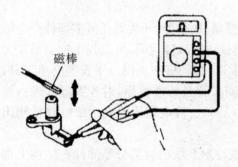
图 10.16 输入轴转速传感器输出脉冲的测量

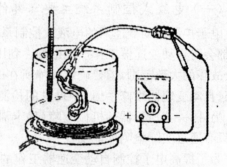
图 10.17 水温传感器和液压油温度传感器的检测

③ 将测量的电阻值与标准相比较。如果不符合标准,应更换传感器。

3. 挡位开关的检修和更换

(1) 挡位开关的检测

① 用举升器将汽车升起。

② 拆下连接在自动变速器手动阀摇臂和操纵手柄之间的连杆。

③ 拔下挡位开关的线速插头。

④ 将手动阀摇臂拨至各个挡位,同时用万用表测量挡位开关线束插座内各插孔之间的导通情况。

⑤ 将测量结果与标准进行比较。如果有不符,应重新调整挡位开关。

(2) 挡位开关的更换

① 拆下手动阀摇臂和操纵手柄之间的连杆。

② 拧松手动阀摇臂轴上的锁紧螺母,拆下手动阀摇臂。

③ 拧下挡位开关固定螺栓,拆下挡位开关。

④ 按拆卸相反的顺序安装新的挡位开关。

⑤ 按规定的程序重新调整挡位开关。

4. 开关式电磁阀的检修

电子控制自动变速器的换挡电磁阀等开关式电磁阀的检修可采用下列方法。

(1) 开关式电磁阀的就车检查

① 用举升器将汽车升起。

② 拆下自动变速器的油底壳。

③ 拔下电磁阀的线束插头。

④ 用万用表测量电磁阀线圈的电阻。自动变速器的开关式电磁阀线圈的电阻一般为 10~30 Ω。若电磁阀线圈短路、断路或电阻值不符合标准,应更换。

⑤ 将 12 V 电源施加在电磁阀线圈上,此时应能听到电磁阀工作的"咔嗒"声;否则,说明阀芯卡住,应更换电磁阀。

(2) 开关式电磁阀的性能检验

① 拆下电磁阀。

② 将压缩空气吹入电磁阀进油口。

③ 当电磁阀线圈不接电源时,进油孔和泄油孔之间应不通气;否则,说明电磁阀损坏,应更换电磁阀。

④ 接上电源后,进油孔和泄油孔之间应相通;否则,说明电磁阀损坏,应更换电磁阀。

(二) 电液式控制系统电脑及其控制电路检修

电脑及其控制电路的故障可以用该车型的电脑检测仪或通过各种汽车电脑解码器来检测,这些仪器可以准确地检测出电脑及其控制电路的故障所在之处。如果不具备电脑检测仪或电脑解码器,或被检修车型自动变速器的电脑不能采用电脑检测仪来检测,也可以采用另一种检测方法,即通过测量电脑线束插头内各接脚的工作电压来判断电脑及其控制电路工作是否正常。用这种方法检测电脑及控制电路的故障,必须以被测车型的详细维修技术资料为依据。

在检测电脑线束各接脚工作电压时,应注意以下几点:

① 在检测之前,应先检查自动变速器控制系统及其他电气系统各保险丝、熔继丝及有关的线束插头是否正常。在点火开关处于开启位置时,蓄电池电压应不低于 11 V,过低的蓄电池电压会影响测量结果。

② 必须使用高阻抗的电压表,低阻抗的电压表可能会损坏电脑。

③ 必须在电脑和线束插头处于连接的状态下测量电脑各接脚的电压。

④ 应从线束插头的电线一侧插入测笔来测量各接脚的电压。

⑤ 不可在拔下电脑线束插头的状态下,直接测量各接脚电阻,否则可能损坏电脑。

⑥ 若要拔下电脑的线束插头,测量各控制线路,应先拆下蓄电池搭铁线。不可在蓄电池连接完好的状态下拔下电脑的线束插头,否则会损坏电脑。

⑦ 应可靠地连接电脑的线束插头,否则可能损坏电脑内的集成电路等电子元件。

必须指出的是,这种检测方法对于判断电脑及控制电路的故障只是一种辅助的方法,当自动变速器控制系统工作不正常时,如果用这种方法检测,仍未发现异常现象,必须采用总成互换的方法来判断电脑是否有故障。

(三) 电液式控制系统工作过程的检验

控制系统工作过程的检验就是要检查电脑向各个电磁阀发出的控制信号是否正常。如果在对电子控制自动变速器进行性能检查,特别是在道路试验的过程中,能同时对控制系统的工作过程进行检验,就可以对自动变速器的工作性能以及故障发生的部位作出更加准确的判断。

如果被修车型的电子控制自动变速器控制系统不能用电脑检测仪来进行检验,则可以采用以下几种方法来检验控制系统的工作过程。

1. 用电压表通过故障检测插座进行检测

在某些日本产汽车故障检测插座内有一个 TT 插孔,是专门用于检测电子控制自动变速器控制系统的。将直流电压表的正极测笔接 TT 插孔,负极测笔接 E1 插孔,就可以按以下方法对节气门位置传感器、刹车灯开关和换挡控制信号进行检测。

(1) 节气门位置传感器的检测

① 打开点火开关,不要起动发动机。

② 缓慢踩下油门踏板,同时观察电压表指针的指示情况。

③ 若电压表指示的电压能随着油门踏板的逐渐被踩下而呈阶跃性增大(图 10.18),说明节气门位置传感器工作正常。

(2) 刹车灯开关检测

① 打开点火开关,不要起动发动机。

② 将油门踏板踩到底。

③ 踩下或松开制动踏板,同时观察电压表指针的指示情况。

④ 若踩下制动踏板,电压表读数为 0 V;松开制动踏板时,电压表读数为 8 V,说明刹车灯开关工作正常。

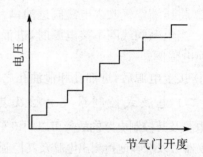

图 10.18　电压与节气门开度关系曲线图

(3) 换挡控制信号的检测

① 起动发动机并运转至正常工作温度。

② 按下超速挡开关,置于"ON"位置。

③ 按下模式开关,使之位于普通模式或经济模式位置。

④ 将操纵手柄拨至前进挡"D"位置,踩下油门踏板,让汽车行驶并加速。

⑤ 观察电压表指针指示情况。此时电压表指示的电压与电脑与发出的换挡信号的关系见表 10.1。由表 10.1 可知,随着挡位的升高,电压表指示的电压将作阶跃性增大。每次电压增大的时刻即为电脑发出升挡信号的时刻。

表 10.1　电压与换挡信号的关系

挡位信号	电压(V)
"1"挡	0
"2"挡	2
"2"挡、锁止离合器结合	3
"3"挡	4
"3"挡、锁止离合器结合	5
"4"挡	6
"4"挡、锁止离合器结合	7

2. 通过电磁阀的控制电路进行检测

电脑是通过几个电磁阀来控制自动变速器工作的,因此,只要检测电脑输送给各个电磁阀的控制信号,就可以检测到控制系统的工作状态。由于电磁阀的控制信号通常是 12 V 的直流电压或脉冲电压,因此,检测电磁阀控制信号最简便的方法是采用自制的 12 V 电压信号指示灯。

12 V 电压信号指示灯可以用普通的发光二极管自制,只要在发光二极管上串一个 1 kΩ 左右的电阻即可(图 10.19)。方法是:将接有串联电阻的发光二极管与 12 V 电源连接,观察发光二极管的亮度。若亮度太大,应加大串联电阻的阻值;反之,亮度太小,可减小串联电阻的阻值。总之,要使发光二极管既有适当的亮度(以便于观察),又不至于因亮度太大而烧坏发光二极管。

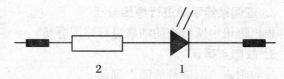

图 10.19　用发光二极管自制信号指示灯
1. 发光二极管　2. 电阻

首先通过查阅被修车型来查找各个电磁阀的控制线路;也可以通过实际拆检、测量来找出各个电磁阀的控制线路。将自动的信号指示灯正极一端与电磁阀控制线路连接,负极一端接地,就可以通过观察发光二极管发亮情况来检测电磁阀的工作状态。若在自动变速器工作过程中,与某个电磁阀连接的信号指示灯发亮,说明该电磁阀正在工作。

为便于观察,可以用不同颜色、不同形状的发光二极管制成几个信号指示灯,分别与自动变速器的几个电磁阀的控制线路连接。这样,通过观察几个信号指示灯的闪亮规律,即可全面、直观地检测出控制系统的工作状态(图 10.20)。

这种方法可以不受任何条件的限制,适于检测任何车型电子控制自动变速器的控制系统,特别适于检测控制系统的换挡信号。只要将测得的各个换挡电磁阀的工作状态与不同挡位下换挡电磁阀的工作规律情况进行比较,就可以知道控制系统向换挡电磁阀发出的控制信号是哪个挡位。

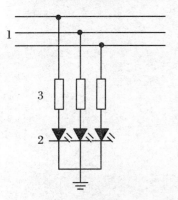

图 10.20　电磁阀控制信号的检测
1. 电磁阀控制线路　2. 发光二极管
3. 电阻

二、学生实操训练

(一)训前准备

1. 学生组织

让学生按小组讨论组内分工及组织任务实施,同时将《任务工单》分发给每位学生。各组根据任务要求做好人员分工和操作计划。

2. 实训场地及工具准备

为完成该任务操作,需提前将故障车、检测工具、工作台布置好。

（二）自动变速器电子控制系统维修

按照已经分好的小组，让学生制定检修计划，对自动变速器实施外部和内部检查，判断故障类型并提出排除方案，实施排除。

1. 资讯

根据任务描述和实车（发动机）表现，填写附表 A1。

2. 查阅维修手册进行原因分析

根据资讯中所检查的结果进行原因分析。

3. 故障点确认

按照附表 A2，进行故障点确认。

4. 故障排除

按照附表 A3，进行故障排除。

5. 废料和废品处理

任务结束后，对废料和废品进行处理。

（三）学生撰写实训报告

任务结束后，撰写实训报告。

（四）实训结果评价

对实训结果进行评价。

 任务评价

填写任务评价反馈表，见附表 A4。

项 目 评 价

填写项目评价表，见附表 A5。

项 目 思 考

1. 自动变速器电脑的控制内容是什么？
2. 自动变速器的常见故障和部位有哪些？
3. 变速器电子控制装置中常用的传感器有几种？如何检测？
4. 变速器电子控制装置中的控制开关有几种？如何检测？
5. 变速器电子控制装置中的执行器常见的有几种？如何检测？

 拓展提升

无级变速器

CVT(Continuously Variable Transmission)技术即无级变速技术,它采用传动带和工作直径可变的主、从动轮相配合来传递动力,可以实现传动比的连续改变,从而得到传动系统与发动机工况的最佳匹配。常见的无级变速器为液力机械式无级变速器和金属带式无级变速器(VDT-CVT)。

自动变速器是为了操作简便、舒适而生的,按齿轮变速系统的控制方式,它可以分为液控液压自动变速器和电控液压自动变速器;按传动比的变化方式又可分为有级式自动变速器和无级式自动变速器。因此,无级变速器实际上是自动变速器的一种,但它比常见的自动变速器要复杂得多,技术上也更为先进。

无级变速器与常见的液压自动变速器最大的不同是在结构上,后者是由液压控制的齿轮变速系统构成的,还有挡位,它所能实现的是在两挡之间的无级变速,而无级变速器则是由两组变速轮盘和一条传动带组成的,比传统自动变速器结构简单,体积更小。另外,它可以自由改变传动比,从而实现全程无级变速,使车速变化更为平稳,没有传统变速器换挡时那种"顿"的感觉。

CVT技术真正应用在汽车上不过十几年的时间,但它比传统的手动和自动变速器的优势却是显而易见的:

① 结构简单,体积小,零件少,大批量生产后的成本肯定要低于当前普通自动变速器的成本;

② 工作速度范围宽,容易与发动机形成理想的匹配,从而改善燃烧过程,降低油耗和排放;

③ 具有较高的传送效率,功率损失少,经济性高。

当然,CVT技术也有它的弱点,比如传动带容易损坏,无法承受较大的载荷等等,这些技术上的难关使得它一直以来多应用在小排量、低功率的汽车上。

目前,CVT技术发展得相当迅速,各大汽车厂家都在加强这一领域的研发。尤其是在混合动力汽车具有广泛前景的将来,CVT的地位和作用更是无可替代,它将会是未来变速器发展的大趋势。

项目十一

自动变速器的常见故障诊断与维修

项目描述

自动变速器在使用过程中,随着技术状况不断下降,会出现各种故障。常见故障会通过一定的现象特征表现出来,由于不同车型的结构会有所不同,其故障原因也会有所差异,但常见原因和基本的排除方法是相似的。

项目目标

1. 专业能力要求
① 熟悉自动变速器的诊断思路和分析方法;
② 能对自动变速器的常见故障进行排除。

2. 社会能力要求
① 具备团队协作意识和强烈的工作责任心;
② 具备发现问题并能积极处理的能力;
③ 具备足够的环境保护意识、强烈的职业道德和法律意识。

3. 方法能力要求
① 与人良好沟通的能力;
② 能主动独立地学习,具备一定的创造能力和创新能力;
③ 具备汽车电源系统检修过程的优化和控制能力;
④ 良好的心理承受能力。

4. 重点和难点
① 自动变速器的诊断思路和分析方法;
② 自动变速器常见故障的排除方法。

任务一　挂挡后无法行驶

自动变速器型号：别克4T65E。故障现象：所有挡位均无法行驶，无入挡振动感。

1. 故障现象

① 无论操纵手柄位于倒挡、前进挡或前进低挡，汽车都不能行驶。
② 冷车起动后汽车能行驶一小段路程，但热车状态下汽车不能行驶。

2. 故障原因

① 自动变速器油底渗漏，液压油全部漏光。
② 操纵手柄和手动阀摇臂之间的连杆或拉索松脱，手动阀保持在空挡或停车挡位置。
③ 油泵进油滤网堵塞。
④ 主油路严重泄漏。
⑤ 油泵损坏。

3. 故障诊断与排除

① 检查自动变速器内有无液压油。其方法是：拔出自动变速器的油尺，观察油尺上有无液压油。若油尺上没有液压油，说明自动变速器内的液压油已漏光。对此，应检查油底壳、液压油散热器、油管等处有无破损而导致漏油。如有严重漏油处，应修复后重新加油。

② 检查自动变速器操纵手柄与手动阀摇臂之间的连杆或拉索有无松脱。如果有松脱，应予以装复，并重新调整好操纵手柄的位置。

③ 拆下主油路测压孔上的螺塞，起动发动机，将操纵手柄拨至前进挡或倒挡位置，检查测压孔内有无液压油流出。

④ 若主油路侧压孔内没有液压油流出，应打开油底壳，检查手动阀摇臂轴与摇臂间有无松脱，手动阀阀芯有无折断或脱钩。若手动阀工作正常，则说明油泵损坏。对此，应拆卸分解自动变速器，更换油泵。

⑤ 若主油路测压孔内只有少量液压油流出，油压很低或基本上没有油压，应打开油底壳，检查油泵进油滤网有无堵塞。如无堵塞，说明油泵损坏或主油路严重泄漏，对此，应拆卸分解自动变速器，予以修理。

⑥ 若冷车起动时主油路有一定的油压，但热车后油压即明显下降，说明油泵磨损过甚。对此，应更换油泵。

⑦ 若测压孔内有大量液压油喷出，说明主油路油压正常，故障出在自动变速器中的输入轴、行星排或输出轴。对此，应拆检自动变速器。

 **技能实训**

一、实训导读

挂挡后无法行驶的故障诊断与排除程序见图 11.1。

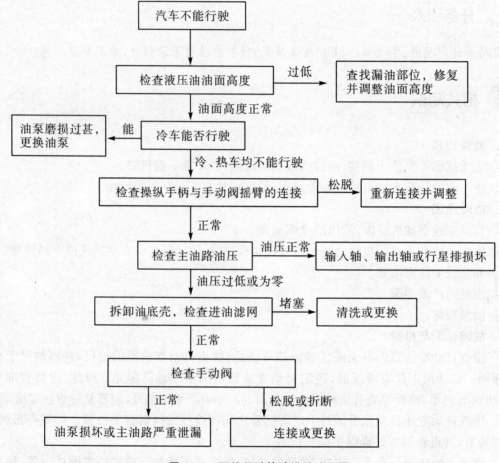

图 11.1 不能行驶故障排除流程图

二、学生实操训练

（一）训前准备

1. 学生组织

让学生按小组讨论组内分工及组织任务实施，同时将《任务工单》分发给每位学生。各组根据任务要求做好人员分工和操作计划。

2. 实训场地及工具准备

为完成该任务操作，需提前将故障车、检测工具、工作台布置好。

（二）自动变速器挂挡后无法行驶实训

按照已经分好的小组，让学生制定检修计划，对自动变速器实施外部和内部检查，判断故障类型并提出排除方案,实施排除。

1. 资讯

根据任务描述和实车(发动机)表现,填写附表 A1。

2. 查阅维修手册进行原因分析

根据资讯中所检查的结果进行原因分析。

3. 故障点确认

按照附表 A2,进行故障点确认。

4. 故障排除

按照附表 A3,进行故障排除。

5. 废料和废品处理

任务结束后,对废料和废品进行处理。

(三)学生撰写实训报告

任务结束后,撰写实训报告。

(四)实训结果评价

对实训结果进行评价。

填写任务评价反馈表,见附表 A4。

任务二 换挡冲击过大

一辆国产奥迪 A6 1.8T 轿车,搭载 ZF 5HP-19FL 5 前速电控自动变速器。该车行驶 8 万公里左右,出现原地踩制动踏板入前进挡有冲击现象,且在行驶中也存在不太明显的冲击。

1. 故障现象

① 在起步时,由停车挡或空挡挂入倒挡或前进挡时,汽车振动较严重。

② 行驶中,在自动变速器升挡的瞬间汽车有较明显的闯动。

2. 故障原因

导致自动变速器换挡冲击大的故障原因很多,主要原因在于调整不当,机构元件性能下

降或损坏,电子控制系统有故障,具体原因有:
① 发动机怠速过高。
② 节气门拉索或节气门位置传感器调整不当,使主油路油压过高。
③ 升挡过迟。
④ 真空式节气门阀的真空软管破裂或松脱。
⑤ 主油路调压阀有故障,使主油路油压过高。
⑥ 减振器活塞卡住,不起减振作用。
⑦ 单向阀钢球漏装,换挡执行元件(离合器或制动器)接合过快。
⑧ 换挡执行元件打滑。
⑨ 油压电磁阀不工作。
⑩ 电脑有故障。

3. 故障诊断与排除

由于引起换挡冲击的原因较多,因此,在诊断故障的过程中,必须循序渐进,对自动变速器的各个部分做认真的检查。一定要在全面检测的基础上,有针对性地进行分解修理,切不可盲目地拆修。总体而言,若是由于调整不当所造成的,只要稍作调整即可排除;若是自动变速器内部控制阀、减振器或换挡执行元件有故障,应分解自动变速器,予以修理;若是电子控制系统有故障,应对电子控制系统进行检测,找出具体原因,加以排除。具体检查诊断与排除步骤如下:

① 检查发动机怠速。装用自动变速器的汽车的发动机怠速一般为 750 r/min 左右。若怠速过高,应按标准予以调整。

② 检查节气门拉索或节气门位置传感器的调整情况。如不符合标准,应重新予以调整。

③ 检查真空式节气门阀的真空软管。如有破裂,应更换;如有松脱,应重新连接。

④ 做道路试验。如果有升挡过迟的现象,则说明换挡冲击大的故障是升挡过迟所致。如果在升挡之前发动机转速异常升高,导致在升挡的瞬间有较大的换挡冲击,则说明离合器或制动器打滑,应分解自动变速器,予以修理。

⑤ 检测主油路油压。如果怠速时的主油路油压高,则说明主油路调压阀或节气门阀有故障,可能是调压弹簧的预紧力过大或阀芯卡滞所致;如果怠速时主油路油压正常,但起步进挡时有较大的冲击,则说明前进离合器或倒挡及高挡离合器的进油单向阀阀球损坏或漏装。对此,应拆卸阀板,予以修理。

⑥ 检测换挡时的主油路油压。在正常情况下,换挡时的主油路油压会有瞬时的下降。如果换挡时主油路油压没有下降,则说明减振器活塞卡滞。对此,应拆检阀板和减振器。

⑦ 电子控制自动变速器如果出现换挡冲击过大的故障,应检查油压电磁阀的线路以及油压电磁阀工作是否正常、电脑在换挡的瞬间是否向油压电磁阀发出控制信号。如果线路有故障,应予以修复;如果电磁阀损坏,应更换电磁阀;如果电脑在换挡的瞬间没有向油压电磁阀发出控制信号,说明电脑有故障,对此,应更换电脑。

一、实训导读

自动变速器换挡冲击大的故障诊断与排除程序见图11.2。

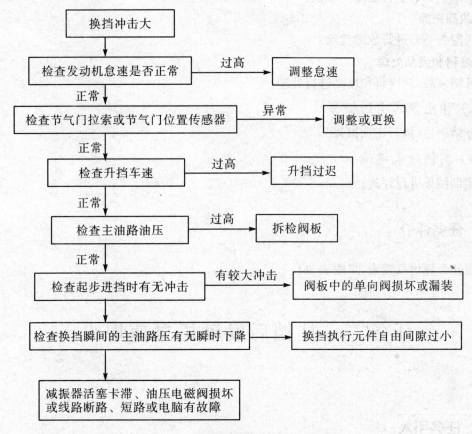

图 11.2　换挡冲击大故障排除流程图

二、学生实操训练

(一) 训前准备

1. 学生组织

让学生按小组讨论组内分工及组织任务实施,同时将《任务工单》分发给每位学生。各组根据任务要求做好人员分工和操作计划。

2. 实训场地及工具准备

为完成该任务操作,需提前将故障车、检测工具、工作台布置好。

(二) 自动变速器换挡冲击过大实训

按照已经分好的小组,让学生制定检修计划,对自动变速器实施外部和内部检查,判断故障类型并提出排除方案,实施排除。

1. 资讯

根据任务描述和实车(发动机)表现,填写附表 A1。

2. 查阅维修手册进行原因分析

根据资讯中所检查的结果进行原因分析。

3. 故障点确认

按照附表 A2,进行故障点确认。

4. 故障排除

按照附表 A3,进行故障排除。

5. 废料和废品处理

任务结束后,对废料和废品进行处理。

(三) 学生撰写实训报告

任务结束后,撰写实训报告。

(四) 实训结果评价

对实训结果进行评价。

填写任务评价反馈表,见附表 A4。

任务三　挂挡后发动机怠速熄火

一辆 1996 年原产奥迪 A6 2.8 轿车,行驶里程为 15 万公里,最近因车辆行驶无力,发动机在怠速时挂入挡位容易熄火,进厂维修。

1. 故障现象

① 发动机怠速运转时将操纵手柄由"P"位或"N"位换入"R"位、"D"位、"S"位、"L"位(或"2"位、"1"位)时发动机熄火。

② 在前进挡或倒挡行驶中,踩下制动踏板停车时发动机熄火。

2. 故障原因

① 发动机怠速过低。

② 阀板中的锁止控制阀卡滞。

③ 挡位开关有故障。
④ 输入轴转速传感器有故障。

3. 故障诊断与排除

① 在空挡或停车挡时,检查发动机怠速。正常的发动机怠速应为 750 r/min。若怠速过低,应重新调整。

② 对于电子控制自动变速器的信号,应先进行故障自诊断,按照所显示的故障代码查找故障原因。

③ 检查挡位开关的信号,应与操纵手柄的位置相一致,否则应予以调整或更换。

④ 检查输入轴转速传感器。如有损坏,应更换。

⑤ 拆卸阀板,检查锁止控制阀。如有卡滞,应清洗抛光后装复。如仍不能排除故障,应更换阀板。若油底壳内有大量的摩擦粉末,应彻底分解自动变速器,予以检修。

一、实训导读

自动变速器挂挡后发动机怠速易熄火的故障诊断与排除程序见图 11.3。

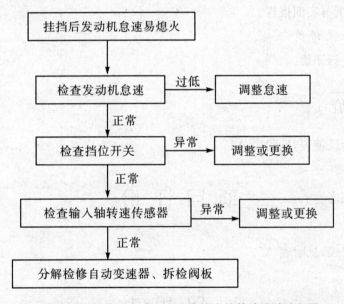

图 11.3　挂挡后发动机怠速易熄火的故障排除流程图

二、学生实操训练

（一）训前准备

1. 学生组织

学生按小组讨论组内分工及组织任务实施,同时将《任务工单》分发给每位学生。各组根据任务要求做好人员分工和操作计划。

2. 实训场地及工具准备

为完成该任务操作,需提前将故障车、检测工具、工作台布置好。

(二) 自动变速器挂挡后发动机怠速熄火实训

按照已经分好的小组,让学生制定检修计划,对自动变速器实施外部和内部检查,判断故障类型并提出排除方案,实施排除。

1. 资讯

根据任务描述和实车(发动机)表现,填写附表 A1。

2. 查阅维修手册进行原因分析

根据资讯中所检查的结果进行原因分析。

3. 故障点确认

按照附表 A2,进行故障点确认。

4. 故障排除

按照附表 A3,进行故障排除。

5. 废料和废品处理

任务结束后,对废料和废品进行处理。

(三) 学生撰写实训报告

任务结束后,撰写实训报告。

(四) 实训结果评价

对实训结果进行评价。

 任务评价

填写任务评价反馈表,见附表 A4。

项 目 评 价

填写项目评价表,见附表 A5。

项 目 思 考

1. 自动变速器常见的故障有哪些?
2. 试写出诊断变速器故障的一般流程。

拓展提升

自动变速器常见故障案例

1. 汽车加速无力

（1）故障现象

① 起步加速无力。发动机运转正常,选挡杆挂入任何前进挡位,起步困难,加速无力,当车速达到一定值后,汽车在各挡运行正常。

② 行驶中加速无力。汽车在行驶中能够正常换挡,但加速无力,或在某个挡位时加速无力,加速时发动机转速明显升高而车速上升缓慢。

（2）故障原因

汽车起步加速无力的主要故障原因为液力变矩器导轮单向离合器打滑,不再具有增矩作用,使液力变矩器变成了耦合器。而行驶中加速无力的主要故障原因是主油路油压过低或换挡执行元件打滑。具体原因如下：

① 油面过低,油液变质。

② 液力变矩器导轮单向离合器打滑。

③ 进油滤网堵塞,油泵损坏。

④ 主油路油压过低。

⑤ 离合器、制动器打滑或其油路泄漏。

⑥ 调压电磁阀故障。

（3）故障诊断与排除

诊断时,应试车确诊是起步加速无力,还是行驶加速无力。

① 若故障指示灯亮,则提取故障码,并按照故障码提示排除相应故障。多为调压电磁阀故障,视情况排除。

② 检查油面高度,若油面高度过低,需检查有无漏油之处。若有漏油之处,应密封并按规定加油。若油变黑且有黑色颗粒,则可能是执行元件摩擦片烧损。

③ 试车,若只是起步加速无力,可能是变矩器导轮单向离合器打滑,也可能是前进一挡执行元件打滑。做失速试验,若失速转速过低,则为液力变矩器导轮单向离合器打滑,应拆检变矩器,检查导轮单向离合器,如果两个方向均能旋转,即可确认单向离合器失效,应更换变矩器。若失速转速过高,可能是前进挡离合器或制动器打滑。

④ 如果汽车行驶加速无力,要确认是所有挡位加速无力还是仅在某一挡位加速无力。若汽车在所有挡位均加速无力,可能是主油路油压过低所至。检测主油路油压,油压过低应拆检油泵,清洗滤网,检查主油道的密封性,检修或更换阀体。若汽车仅在某一挡位加速无力,应拆解变速器,检查该挡位离合器或制动器是否磨损过甚,其活塞及油道密封圈有无破损,并视情况维修或换件。

2. 汽车不能升挡

（1）故障现象

① 汽车行驶中自动变速器始终保持在"1"挡,不能升入"2"挡及超速挡。

② 行驶中自动变速器可以升入"2"挡,但不能升入"3"挡、超速挡或最高挡。

（2）故障原因

自动变速器不能升挡的主要原因在于电子控制系统。

① 节气门位置传感器、车速传感器或线路有故障。

② 换挡电磁阀或线路有故障。

③ 换挡阀卡滞。

④ "2"挡或高挡制动器、离合器及其油路有故障。

⑤ 强制降挡开关、制动开关、挡位开关、控制单元或线路有故障。

⑥ 液控变速器调速阀及其油路有故障。

（3）故障诊断与排除

故障诊断时,应试车观察汽车是只有一挡位还是在某一挡位不能升挡,根据具体故障现象查找相关的故障原因,检修相关故障部位。

① 若故障指示灯亮,应先读故障码并按提示进行检修。可能是车速传感器、节气门位置传感器、强制降挡开关、制动开关、换挡电磁阀、控制单元及线路故障,根据检测结果排除相应故障。

② 若无论节气门开度多大,汽车只能以某一特定挡位运行,可能是因为电子控制系统出现故障或控制单元存在故障码,使控制系统执行了锁挡。应排除控制系统故障或消除故障码。

③ 按规定重新调整节气门拉索。

④ 若变速器为液控式,应测量调速阀油压。如果车速升高后调速阀油压仍为零或很低,则为调速阀有故障或调速阀的油路严重泄漏,应拆解调速阀,视情况维修或更换。

⑤ 检查油面、油质及主油路油压,若不正常,应拆检阀体或变速器。

⑥ 清洗滤网,检修油泵;分解阀体,检查相应换挡阀是否卡滞。如不能修复,应更换阀体。

⑦ 分解自动变速器,检查相关离合器或制动器的磨损情况,并用压缩空气检查其油路或活塞有无泄漏,视情况修复或更换。

学习情境五

汽车电气系统的故障诊断与维修

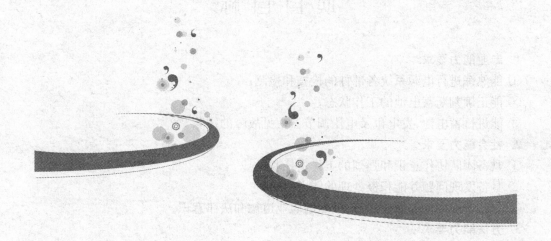

项目十二

汽车电源系统的故障诊断与检修

项目描述

汽车电源包括蓄电池、发电机和电压调节器。发电机是主要电源,蓄电池是辅助电源,它们是并联工作的。蓄电池、发电机与汽车用电设备都是并联的。当发动机未工作和发动机需要起动时,汽车上各用电设备(含起动机)均由蓄电池供电。在发动机正常工作时,由发电机向用电设备供电,并向蓄电池充电,构成充电过程的装置又称为充电系统。充电指示灯用来指示蓄电池的充放电状况,电压调节器的作用是使发电机在转速变化时,保持发电机输出电压的恒定。

项目目标

1. 专业能力要求
① 能熟练进行电源系统各部件的检查和检测;
② 能正确判断蓄电池的工作状态;
③ 能进行蓄电池、发电机及电压调节器常见故障的排除。

2. 社会能力要求
① 具备团队协作意识和强烈的工作责任心;
② 具备发现问题并能积极处理的能力;
③ 具备足够的环境保护意识、强烈的职业道德和法律意识。

3. 方法能力要求
① 与人良好沟通的能力;
② 能主动独立地学习,具备一定的创造能力和创新能力;
③ 具备汽车电源系统检修过程的优化和控制能力;
④ 良好的心理承受能力。

4. 重点和难点
① 电源系统各部分的常见故障诊断;
② 电源系统各部分的常见故障排除方法。

任务一　蓄电池的常见故障检修

2012年某日,售后服务经理接到客户宋先生反映,他的汽车起动时起动机运转无力;按喇叭,声音低弱;开前照灯,灯光暗淡,初步诊断为蓄电池电量不足。作为汽车维修人员接到蓄电池的检修任务后,要求检查并判断蓄电池是否有故障,确定蓄电池是否可用,如可再用,制定维修计划,得到经理确认后,完成此任务,提交一份分析报告并归档。

汽车蓄电池(俗称电瓶)是一种储存电能的装置。如果连接外部负载或接通充电电路,蓄电池便开始能量转换过程。在放电过程中,蓄电池中的化学能转变为电能;在充电过程中,电能转变为化学能。

一、蓄电池的作用

蓄电池的作用如下:
① 起动发动机时,给起动机供电。
② 当发电机过载时,可以协助发电机给用电设备供电。
③ 当发电机不发电或电压较低时,给用电设备供电。
④ 当发电机端电压高于蓄电池电压时,将一部分电能转化为化学能储存起来,即充电。

二、蓄电池的分类

蓄电池的种类有普通铅酸蓄电池、免维护蓄电池、干荷电蓄电池、湿荷电蓄电池、胶体电解质蓄电池等。

1. 普通铅酸蓄电池

普通铅酸蓄电池是结构最简单、价格最低的一种蓄电池,正负极板主要由二氧化铅及铅制成,电解液是硫酸溶液。新蓄电池的极板不带电,使用前需按规定加注电解液并进行初充电,初充电的时间较长,使用中需要定期维护。价格低,但使用寿命较短,目前在轿车上已不使用。

2. 免维护蓄电池

免维护蓄电池又称 MF 蓄电池,是指在汽车合理使用期间,不需要对蓄电池进行加注蒸馏水、检测电解液液面高度、检测电解液密度等维护作业,免维护蓄电池内部安装有电解液密度计,可自动显示蓄电池的存电状态和电解液液面的高低。如果密度计的观察窗呈绿色,表明蓄电池存电充足,可正常使用;若显示深绿色或黑色,表明蓄电池存电不足,需补充充电;若显示浅黄色,表明蓄电池已接近报废。正常使用条件下,蓄电池使用寿命长达四年以上。目前轿车上使用的蓄电池全部为免维护蓄电池。

3. 干荷电蓄电池

干荷电铅蓄电池是指极板组处于干燥的已充足电状态和无电解液贮存的蓄电池。它的外观、内部结构及使用效果与普通蓄电池基本相同,二者的根本区别在于前者的极板组在干燥状态下能较长期(通常可达二年)地保存制造过程中所得到的电荷。这种蓄电池买回来只要灌入电解液,不需进行初充电即可使用。干荷电蓄电池和普通蓄电池相比,自放电小,贮存期长,主要在货车和其他大型车辆上使用。

三、普通铅酸蓄电池的结构

通常把用于起动发动机的蓄电池称为起动型蓄电池,又称普通型蓄电池;而把电动汽车使用的专用蓄电池称为驱动型蓄电池。

普通铅酸电池一般由六个单格电池串联而成,主要由极板、隔板、电解液、壳体、联条、极柱等组成。如图12.1所示。

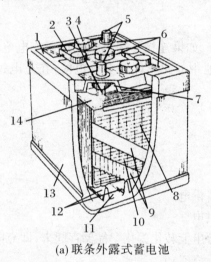 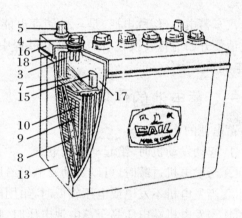

(a) 联条外露式蓄电池　　　　　　　　(b) 穿壁式蓄电池

图 12.1　蓄电池的结构

1. 封口料　2. 联条　3. 极桩　4. 加液孔盖　5. 极桩接线端　6. 单格电池盖　7. 防护板
8. 负极板　9. 隔板　10. 正极板　11. 沉淀槽　12. 垫角　13. 外壳　14. 横板　15. 穿壁式联条　16. 整体盖　17. 单格壁　18. 熔合缝

四、蓄电池的型号

根据机械工业部 JB 2599—85《铅蓄电池产品型号编制方法》标准规定,蓄电池的型号由三部分组成,各部分之间用短划线分开,如图12.2所示。

图 12.2　蓄电池型号的表示方法

第一部分为串联的单格电池数,用阿拉伯数字表示,其标准电压是这个数字的2倍。

第二部分为电池类型和特征,常用汉字的第一个字母表示。其中第一个字母为电池类型,如"Q"为起动用蓄电池;第二个字母为电池特征代号,如"A"表示干荷电式,具有两种特征时应按表12.1的顺序将两个代号并列标示,各代号的含义见表12.1。

表 12.1 铅蓄电池的特征代号及其含义

特征代号	蓄电池特征	特征代号	蓄电池特征	特征代号	蓄电池特征
A	干荷电	J	胶体电解液	D	带液式
H	湿荷电	M	密封式	Y	液密式
W	免维护	B	半密封式	Q	气密式
S	少维护	F	防酸式	I	激活式

第三部分为电池的额定容量,我国目前规定采用20 h放电率的容量,用阿拉伯数字表示,其单位为 A·h。有时在额定额量后面用一个字母表示特殊性能,如:G表示高起功率、S表示塑料外壳,D表示低温启动性能好。

例如,蓄电池型号 6 - QAW - 100S 的含义如下:

6代表6个格,一个格是2V,即代表12V;Q表示起动型;A表示干荷电式;W表示免维护蓄电池;100表示蓄电池容量为100 A·h;S表示采用了塑料外壳。

五、蓄电池的工作原理

蓄电池的化学反应方程式为

$$Pb+PbO_2+2H_2SO_4 \underset{充电}{\overset{放电}{\rightleftharpoons}} 2PbSO_4+2H_2O$$

当铅蓄电池的正、负极板浸入电解液中时,在正、负极板间就会产生约 2.1 V 的静止电动势。此时若接入负载,在电动势的作用下,电流就会从蓄电池的正极经外电路流向蓄电池的负极,这一过程称为放电,蓄电池的放电过程是化学能转变为电能的过程。

充电时,蓄电池的正、负极分别与直流电源的正、负极相连,当充电电源的端电压高于蓄电池的电动势时,在电场的作用下,电流从蓄电池的正极流入,负极流出,这一过程称为充电。蓄电池充电过程是电能转换为化学能的过程。

六、蓄电池的容量及其影响因素

1. 蓄电池的容量

蓄电池的容量分为理论容量、实际容量、额定容量、储备容量和起动容量五种。

① 理论容量是指假定活性物质全部参加放电反应,是由活性物质质量按法拉第电化当量定律计算所得的容量。

② 实际容量是指蓄电池实际放出的电量。可根据蓄电池容量公式计算。由于活性物质不能全部参加电化学反应,因此实际容量总是小于理论容量。

③ 根据国标 GB 5008.1—1991《起动用铅蓄电池技术条件》规定:将充足电的新蓄电池在电解液温度为 25±5 ℃ 条件下,以 20 h 放电率的放电电流(0.05 C 20 A)连续放电至单格电池

平均电压降到 1.75 V 时,输出的电量称为蓄电池的额定容量。额定容量是检验蓄电池质量的重要指标,在蓄电池型号中体现。如 6-QA-105 即表示额定容量为 105 A·h。

例如,6-Q-100 型蓄电池以 5 A($0.05C_{20}=0.05\times100=5$ A)的电流连续放电至单格电池平均电压降到 1.75 V 时,若放电时间大于等于 20 h,则其容量 $C=I_f \cdot t_f \geq 90$ A·h,达到了额定容量,为合格产品;若放电时间小于 20 h,则其容量低于额定容量,为不合格产品。

2. 影响蓄电池容量的因素

(1) 结构因素

蓄电池极板的表面积越大,极板片数越多,参加反应的活性物质就越多,容量就越大。另外,极板越薄,活性物质的多孔性越好,则电解液向极板内部的渗透越容易,活性物质利用率就越高,输出容量也就越大。

(2) 使用因素

① 放电电流。放电电流越大,$PbSO_4$ 堵塞孔隙的速度也越快,导致极板内层大量的活性物质不能参与反应,蓄电池的实际输出容量减小。

② 电解液温度。温度低时,电解液黏度增加,离子运动速度慢,电解液向极板孔隙内层渗入困难,使蓄电池的放电容量下降。因此,冬季在寒冷地区使用起动机起动汽车时,应特别注意蓄电池的保暖。

③ 电解液的密度。适当加大电解液密度,可以提高蓄电池的电动势及电解液活性物质向极板内的渗透能力并减少电解液的电阻,而使蓄电池容量增加。但密度过大,将使其黏度增加、渗透能力降低、内阻增大、端电压及容量减小。另外,电解液密度过高,蓄电池自行放电速度加快,并对极板栅架和隔板的腐蚀作用加剧,缩短了蓄电池的使用寿命。铅蓄电池电解液的密度,应根据用户所在地区的气候条件而定。冬季使用的电解液,在不致结冰的条件下,尽可能使用密度稍低的电解液。

④ 电解液的纯度。电解液中一些有害杂质沉附于极板上形成局部电池产生自放电,对蓄电池的容量有很大的影响,为此,电解液应用化学纯硫酸和蒸馏水配制。使用纯度不高的电解液将明显减小蓄电池的容量,缩短蓄电池的使用寿命。

一、实训导读

蓄电池的常见故障可分为外部故障与内部故障。外部故障有外壳破裂、封口胶破裂、极桩螺栓和螺母腐蚀、桩头松动等;常见的内部故障有极板硫化、活性物质脱落、极板短路、自放电以及蓄电池反极等。

蓄电池的外部故障通过检视即可发现。蓄电池的内部故障一般可通过观察电解液及极板的情况,或借助蓄电池检测仪、高率放电计检查蓄电池的端电压、容量等性能参数予以判断。

(一)外部故障

1. 外壳破裂

(1) 故障原因

蓄电池外壳破裂的主要原因有:固定螺母拧得过紧;行车剧烈振动;碰撞或敲击;电解液结冰等。

(2) 检查方法

检查电解液液面高度及蓄电池底部的潮湿情况。如果电解液液面过低及蓄电池底部有潮湿现象,则可以判定蓄电池外壳破裂。

(3) 排除方法

免维护蓄电池外壳破裂一般情况下以更换为主,不得修复。

2. 封口胶破裂

(1) 故障原因

蓄电池封口胶破裂的主要原因有:蓄电池质量低劣和蓄电池受到撞击两种情况。

(2) 排除方法

封口胶破裂轻微裂缝可清洁干燥后,用喷灯喷裂纹处烤热熔封。严重者可将封口胶清除干净,重新封口。

3. 极桩螺栓和螺母腐蚀

(1) 故障原因

蓄电池极桩螺栓和螺母腐蚀的可能原因有:蓄电池质量不佳,使用时有电解液溢出;蓄电池充电电流过大,导致电解液挥发过快蓄电池的使用时间过长;电解液挥发慢与极柱发生反应。

(2) 排除方法

蓄电池极桩螺栓和螺母产生的腐蚀物,可用竹片刮去,再用抹布蘸取5%的碱溶液擦拭,然后用清水清洗干净,待干燥后在极桩和接线端表面涂上凡士林。严重腐蚀的应更换蓄电池。

(二)内部故障

1. 极板硫化

(1) 故障现象

蓄电池极板硫化的现象主要有:放电时,容量明显降低,端电压下降很快;充电时,电压上升快,过早出现"沸腾"现象;电解液密度偏低。

(2) 故障原因

极板硫化的原因有很多,总结下来主要是因为:蓄电池长期充电不足或放电后未及时充电。

(3) 排除方法

对轻微硫化的蓄电池,可采用过充电法消除或用快速充电机充电。对硫化严重的则应更换极板或予以报废。

2. 活性物质脱落

(1) 故障现象

当蓄电池极板上活性物质脱落时,通常会引起下列现象:充电时电解液混浊,有褐色物质自底部泛起(因正极板的活性物质易脱落);蓄电池容量下降。

(2) 故障原因

蓄电池极板上活性物质脱落的原因可能有:充电电流过大或过充电时间太长;低温时大

电流放电,极板拱曲;电解液不纯;蓄电池使用中振动过于剧烈。

(3) 排除方法

当蓄电池极板上活性物质脱落时,可采用以下方法来排除:充电时间不可过长,单格电池电压充至2.5 V时,应停止充电;充电电流不宜过大,尤其是充电后期应减小充电电流,使气泡不至于过分剧烈地逸出;不可过度放电,放电时电解液温度不宜过低;对活性物质脱落严重的,应拆开蓄电池,更换极板。

3. 自放电

(1) 故障现象

完全充足电的蓄电池,长期放置不用会逐渐失去电量,称为自放电。自放电是不可避免的,若每昼夜容量下降不超过2%,属正常自行放电。

(2) 故障原因

蓄电池自放电的原因有:电解液中含杂质过多,其中金属微粒与极板之间形成局部电池,使正负极板上活性物质转变为硫酸铅,从而使蓄电池失去容量;蓄电池外壳不清洁,其表面有微电流流过,引起自放电;蓄电池长期放置不用,使电解液下部的密度比上部的高,极板的上下部之间出现电位差,引起自放电。

(3) 排除方法

排除蓄电池自放电故障,可采用以下方法:使用中应保持蓄电池外表的清洁,特别应注意清除极桩处的氧化物和酸垢;自放电严重的蓄电池,应及时更换。

二、学生实操训练

(一) 训前准备

1. 学生组织

让学生按小组讨论组内分工及组织任务实施,同时将《任务工单》分发给每位学生。各组根据任务要求做好人员分工和操作计划。

2. 实训场地及工具准备

为完成该任务操作,除了将故障车、检测工具、工作台布置好,将充电机置于工作台旁以外,还需提前做好以下准备:

① 不同类型的故障蓄电池若干。
② 蓄电池检测仪5台。
③ 红外线温度计5个。
④ 高率放电计5把。
⑤ 充电机5台。
⑥ 抹布、竹片若干。

(二) 蓄电池常见故障检修实训

按照已经分好的小组,让学生制定检修计划,对蓄电池实施外部和内部检查,判断故障类型并提出排除方案,实施排除。

1. 资讯

检查蓄电池工作状况并填写表12.2。

表 12.2 蓄电池检查登记表

基本信息	蓄电池1型号		蓄电池类型	
	型号含义			
	蓄电池2型号		蓄电池类型	
	型号含义			
检查项目	蓄电池连接情况			
	蓄电池外观			
	极板状态			
	开路电压			
	放电电压			
	蓄电池容量			

(1) 蓄电池的拆卸

① 将点火开关置于断开位置。

② 拆下蓄电池固定夹板的固定螺栓，取下固定夹板。

③ 拧松蓄电池正、负极柱上的电缆接头固紧螺栓，取下电缆。

④ 从汽车上取下蓄电池。取下蓄电池时应小心轻放，尽量用蓄电池提把提取。

⑤ 检查蓄电池壳体上有无裂纹和电解液渗漏痕迹，发现裂纹和渗漏应更换蓄电池。

(2) 蓄电池的安装步骤

① 检查蓄电池型号、规格、体积是否适合该型汽车使用。

② 按照蓄电池正、负极柱和正、负电缆端子的相对位置，将蓄电池安放到固定架上。

③ 用细砂纸或专用清洁器清洁蓄电池的接线柱及连接接线柱夹头。在螺栓、螺母的螺纹上涂凡士林或润滑脂，以防氧化生锈。

④ 在正、负极接线柱及其电缆端子上涂抹一层润滑脂，以防极柱和端子氧化腐蚀。

⑤ 安装固定夹板，拧紧夹板固定螺栓。

注意事项：

① 在发动机运转情况下，严禁拆卸蓄电池。

② 拆卸蓄电池时应使用专用的工具，尽量不要用手直接触摸有酸液的部位。

(3) 蓄电池容量的检测

如图 12.3 所示，用蓄电池检测仪检查蓄电池的容量及使用寿命。

(4) 高率放电计的检测

如图 12.4 所示，将两放电针压在蓄电池正负极桩上，保持 5 s，若电压稳定，根据表 12.3 判断放电程度；若电压迅速

图 12.3 蓄电池检测仪

下降,说明蓄电池已损坏。

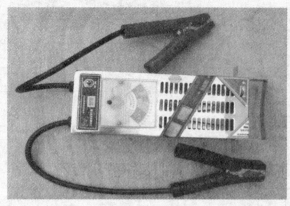

图12.4 用12 V高率放电计测量蓄电池的放电电压

表12.3 蓄电池电压与放电程度对照表

蓄电池开路电压/V	≥12.6	12.4	12.2	12.0	≤11.7
高率放电计检测蓄电池电压/V	11.6~10.6	9.6~10.6			≤9.6
高率放电计(100 A)检测单格电压/V	1.7~1.8	1.6~1.7	1.5~1.6	1.4~1.5	1.3~1.4

测12 V电池,蓄电池充满电,密度在1.24 g/cm³,接入时间10~15 s;电压能保持在10.5~11.6 V以上,存电量为充足,蓄电池无故障;电压能保持在9.6~10.5 V,存电量为不足,蓄电池无故障;电压降到9.6 V以下,存电量严重不足或蓄电池有故障。

2. 查阅维修手册进行原因分析

根据资讯中所检查的结果进行原因分析。

3. 故障点确认

按照附表A2,进行故障点确认。

4. 故障排除

按照附表A3,进行故障排除。

5. 废料和废品处理

任务结束后,对废料和废品进行处理。

(三)学生撰写实训报告

任务结束后,撰写实训报告。

(四)实训结果评价

对实训结果进行评价。

 任务评价

填写任务评价反馈表,见附表A4。

任务二　发电机的常见故障检修

一辆普通捷达蓄电池亏电,充电指示灯常亮。车主说,该车发电机可能不发电,蓄电池一两天必须拆下充一次电。发动机工作时,充电指示灯开始时发出暗淡红光,后来变为常亮。

根据发电机充电系统原理,查找充电指示灯常亮、发电机不发电可能的故障原因。检查后确定,故障是发电机定子出现磨损后短路造成的。分析其故障原因主要是发电机转子轴承松旷,转子转动时偏心,造成与定子偏磨,直至定子铜线磨损后短路。

更换相同型号的定子及转子轴承,起动发动机,充电指示灯熄灭。测量发电机发电量正常,故障排除。

汽车电源系统中的发电机,运行时为汽车上的点火系统、燃油喷射系统、照明与信号系统、ECU等用电设备提供电能。

一、发电机的作用

发电机的作用如下:

① 当发动机所需电压高于蓄电池电压时,交流发电机能及时向蓄电池充电,并向全车除起动机外的所有用电设备直接供电。

② 发电机是汽车上的主要电源,它与蓄电池并联,由汽车发动机驱动。

二、对发电机的要求

汽车发电机的形式和结构,取决于车辆电气设备和蓄电池充电所需的电能,它必须能够满足以下要求,以保证能给蓄电池充电和为汽车上用电设备供应电能。

① 所有连接的负载要用直流电。

② 即使全部的永久性负载都接通,也需要有足够电力为蓄电池快速充电,并维持充电状态。

③ 要尽量在发电机的某个转速范围内保持输出电压恒定。

④ 质量小、结构紧凑、噪声低、效率高、寿命长。

⑤ 要保持牢固,能承受外来的如振动、高温、剧烈温度变化、污垢、潮湿等的各种变化。

三、普通交流发电机的构造

普通硅整流发电机主要由三相同步交流发电机和六只二极管组成的三相桥式全波整流器

两大部分组成;主要有转子、定子、整流器、前后端盖、风扇、皮带轮等部件,如图12.5所示。

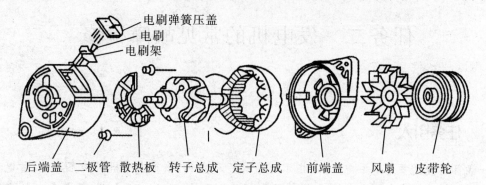

图 12.5　交流发电机的结构

四、交流发电机的基本工作原理

普通交流发电机定子的三相绕组按一定规律分布在发电机的定子槽中,内部有一个转子,转子上安装着爪极和磁场绕组。当外电路通过电刷使磁场绕组通电时产生磁场,使爪极被磁化为N极和S极。当转子旋转时,磁通交替地在定子绕组中变化。根据电磁感应原理可知,定子的三相绕组中便产生交变的感应电动势,而后经整流器整流为直流电输出,这就是交流发电机的工作原理,如图12.6所示。

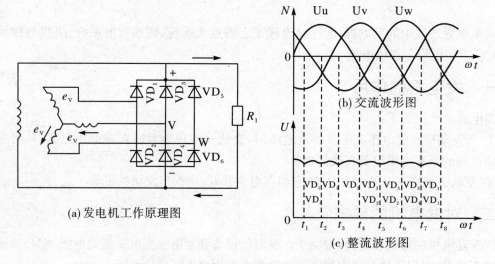

图 12.6　交流发电机的工作原理与整流原理图

一、实训导读

（一）检查发电机皮带

① 检查皮带的外观。用肉眼观看应无裂纹或磨损现象,如有则应更换。

② 检查驱动带的挠度。用30 N的力压在皮带的两个传动轮之间,新皮带挠度为5～

10 mm,旧皮带为7~14 mm。挠度过大会使发电量过小甚至不发电;过小会加速轴承磨损、转子轴弯曲,并易使固定吊耳断裂。

③ 电机皮带的更换及挠度的调整。

（二）检查导线的连接

主要检查接线是否正确;接线是否牢靠;发电机输出端接线螺丝必须加弹簧垫。

（三）检查发电机运转时有无噪声

发电机运转时的噪声主要指不正常的机械摩擦与撞击声。一般有轴承的干摩擦、定子与转子的碰撞、风扇皮带过松的摆动、发电机固定螺栓严重松动使发电机摆振等。

（四）检查发电机的发电情况

① 观察充电指示灯的熄灭情况。若充电指示灯一直亮着,说明发电机或调节器有故障,也可能是充电指示灯线路有故障,应及时维修。

② 用万用表直流电压挡测量电压。在发电机未转动时测量蓄电池端电压,并记录下来,起动发动机并将转速提高到怠速以上转速,测量蓄电池端电压,若能高于原记录,说明发电机能发电,若测量电压一直不上升,说明发电机或调节器有故障,应及时维修。

（五）拆装发电机的要求

当发现发电机或调节器有故障需要从车上拆下检修时,首先关断点火开关及一切用电设备,拆下蓄电池负极电缆线,再拆卸发电机上的导线接头。

装复时按照拆除时的反向步骤进行。

（六）交流发电机的检测

1. 交流发电机的解体

① 用扭力扳手拧下发电机皮带轮的紧固螺母,取下螺母垫圈。

② 用三角拉子拉出发电机皮带轮。

③ 拧下发电机后盖的整流器螺栓,取出后端盖。

④ 拧下发电机前后盖紧固螺栓。

⑤ 用橡胶锤敲击转子轴,取下前端盖。

⑥ 取出止推垫圈和风扇叶轮。

⑦ 取出发电机转子总成。

⑧ 拧下D+端子连接线的自锁螺母,取下连接线。

⑨ 拧下D+端子固定螺母,取下绝缘件。

⑩ 拧下整流器与后端的三颗紧固螺栓。

⑪ 拧下B接线紧固螺母。

⑫ 将定子线圈、整流器和后端盖分离。

⑬ 将调节器取下,分解完毕。

2. 各元件的测试

使用汽车专用万用表,对发电机转子、定子及二极管等各元件进行简单的测试。

3. 交流发电机的装复

按发电机拆装相反的顺序装复。

4. 交流发电机的试验

经解体维修的交流发电机,在装配完毕后,首先进行外观检查,再用万用表测量各接线柱之间以及接线柱与外壳之间的电阻值,检验维修质量。最后,还需对发电机进行性能测试试验。

发电机性能主要是通过在试验台上做空载试验和负荷试验,或简易试验来测试的。

(1) 空载试验

空载试验是在交流发电机不带任何负载(不对外输出电流)情况下的一种试验。空载试验的目的是为了初步测定发电机是否有故障。

试验时,将发电机固定在试验台上,并由调速电机驱动,并按要求连接线路,如图12.7所示。

若测试时的转速很高,或在满载转速下,发电机的输出电流过小,则说明发电机有故障。合上开关,让蓄电池给磁场绕组通电,并逐渐提高发电机的转速,即空载转速。试验结果应符合图12.8的要求。

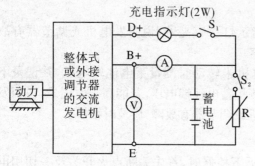

图12.7 发电机试验电路

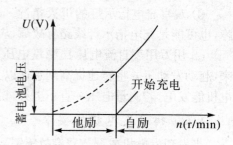

图12.8 发电机空载试验

(2) 负载试验

交流发电机的有些故障,在没有电流输出的情况下是表现不出来的,所以如果交流发电机空载试验正常情况下,应再作负载试验。负载试验就是在交流发电机带有负载(对外输出电流)情况下的一种试验。负载试验的目的是进一步测定发电机是否有故障。

在测量完空载转速后,断开 S_1,让发电机自励,并将开关 S_2 合上,同时调节负载的电阻,记下额定负载情况下电压达到额定值时的转速,即额定转速。

(3) 简易试验

在许多修理单位,没有发电机试验台,只能通过简易试验进行性能测试。具体操作如下:

① 将交流发电机固定到台虎钳上。

② 万用表的功能开关拨到直流电压挡位正表笔与"B"相连,负表笔与"—"相连。

③ 将蓄电池负极与发电机"—"连接,正极与磁场输出端子连接,使发电机励磁。

④ 在发电机励磁的同时,用手迅速转动发电机驱动带轮,并观察万用表的读数,如有电压指示,说明发电机能够发电;否则,说明不能发电,应重新拆修。

5. 故障原因分析

(1) 充电系统能否充电的诊断

充电系统能否充电的诊断流程如图12.9所示。

(2) 充电指示灯不亮的排除

充电指示灯不亮的排除流程如图12.10所示。

(3) 充电指示灯常亮、充电系统不充电故障的排除

充电指示灯常亮、充电系统不充电故障的排除流程如图12.11所示。

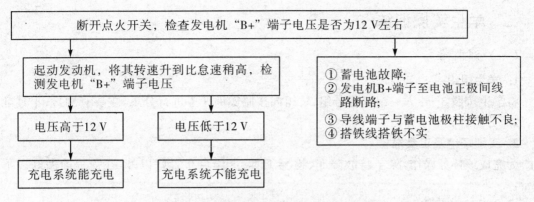

图 12.9 充电系统能否充电的诊断流程图

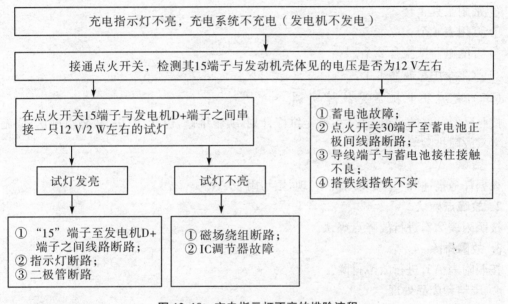

图 12.10 充电指示灯不亮的排除流程

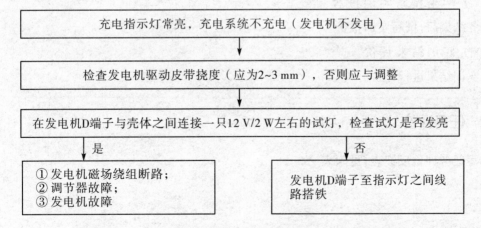

图 12.11 充电指示灯常亮、充电系统不充电故障的排除流程

二、学生实操训练

(一) 训前准备

1. 学生组织

将学生按照 3~4 人一组进行分组,每组内按照实训任务进行分工,主要有测量、工具准备、故障分析推导等工作。

2. 实训场地及工具准备

为完成该任务操作,除了将故障车、检测工具、工作台布置好以外,还需提前做好以下准备:

① 普通交流发电机 4 个。

② 桑塔纳发电机 4 个。

③ 常用工具 4 套。

④ 万用表 4 个。

⑤ 万能电器试验台 2 个。

⑥ 汽车专用示波器 1 个。

(二) 交流发电机常见故障实训

按照已经分好的小组,让学生制定维修计划,实施维修,包括:资讯、故障点确认(实施诊断方案)、故障排除等。

1. 资讯

根据任务描述和实车(发动机)表现,填写附表 A1。

2. 故障点确认

按照附表 A2,进行故障点确认。

3. 故障排除

按照附表 A3,进行故障排除。

4. 废料和废品处理

任务结束后,对废料和废品进行处理。

(三) 学生撰写实训报告

任务结束后,撰写实训报告。

(四) 实训结果评价

对实训结果进行评价。

任务评价

填写任务评价反馈表,见附表 A4。

任务三　电压调节器的常见故障检修

一辆普通捷达以 140 km/h 行驶时，充电指示灯突然点亮。将万用表置于电压挡测量时发电机输出电压，结果输出电压随发电机转速的升高而上升，表明调节器有故障。从车上拆下整体式 11 管硅整流发电机，解体并更换 IC 调节器，然后装车试验，故障排除。

一、电压调节器的作用

由于交流发电机的转子是由发动机通过皮带驱动旋转的，且发动机和交流发电机的速比为 1.7～3，因此交流发电机转子的转速变化范围非常大，这样将引起发电机的输出电压发生较大变化，无法满足汽车用电设备的工作要求。为了满足用电设备恒定电压的要求，交流发电机必须使其输出电压在发动机所有工况下基本保持恒定。

电压调节器的作用是使交流发电机输出电压在发动机所有工况下基本保持恒定。

二、电压调节器工作原理

当交流发电机的转速升高时，调节器通过减小发电机的励磁电流 I_f 来减小磁通 Φ，使发电机的输出电压 U 保持不变。电压调节器通过触点开闭，接通或断开磁场电路，或利用大功率三极管的导通和截止，接通或断开磁场电路，来改变磁场电流大小。

三、电压调节器的种类

1. 触点式调节器

触点式调节器是通过电磁力控制触点的开闭而改变磁场电路的电阻来调节励磁电流的。由于其有很多缺陷，随着汽车电子技术的迅速发展，目前已淘汰。

2. 电子式调节器

电子式调节器是利用功率三极管的开关特性，接通或断开磁场电路来调节磁场绕组的平均电流的。

它与触点式调节器相比具有如下优点：开关时间短，允许更小的控制容差；开关电流大，可以减少型号种类；无开关火花，避免了无线电的干扰；不磨损，无需维护；对冲击振动和气候影响不敏感；结构紧凑，质量轻，可直接装在交流发电机上。

（1）按结构分为晶体管式、集成电路式和数字电路式

晶体管式调节器是采用分立电子元件组成的，如解放 CA1091 型货车用的 JFT106 型；

集成电路式调节器是采用集成电路(IC)组成的调节器,如奥迪100和桑塔纳等轿车用调节器;数字电路式调节器是由发动机电脑控制的调节器,即发动机电脑接收全车电系负载型号,经计算机后启动某一程序,发出指令,控制发电机调节器的集成电路,从而控制发电机的输出电压,如广州本田雅阁轿车用的调节器。

(2) 按安装方式分为外装式和内装式

外装式调节器与发电机是分开安装的,如JFT106型;内装式调节器装于发电机内部,如上海桑塔纳、天津夏利和北京切诺基等车的调节器。

(3) 按搭铁型式分为内搭铁式和外搭铁式

内搭铁式调节器与内搭铁发电机配套使用,如JFT126A型;外搭铁式调节器与外搭铁发电机配套使用,如JFT106型。

(4) 按功能的多少分为单功能型和多功能型

单功能型调节器仅有调压功能,如JFT106型;多功能型调节器除能调压外,还具有充电指示灯控制的功能或带有过压控制器。

四、调节器的选配

选配调节器时,应和发电机的搭铁形式相匹配,最好使用汽车说明书中指定的调节器。如果采用其他型号替代,除标称电压等规定参数与原调节器相同外,代用调节器必须与原调节器的搭铁形式相同,否则,发电机可能由于励磁电路不通而不能正常工作。对于集成电路调节器,必须是专用的,不能替代。

技能实训

一、实训导读

(一) 晶体管电子调节器的静态和动态检测

1. 静态检测

使用万用表测量晶体管调节器各接线柱之间的静态电阻,应与表12.4相符。

表12.4 JTF系列晶体管调节器个接线柱间阻值

调节器型号	S与F之间		S与E之间		F与E之间	
	正向	反向	正向	反向	正向	反向
JFT141	2~4.2	5~5.7	1.2~1.6	3.5~4	1.4~2.3	3.9~4.0
JFT241	1~1.3	5~5.5	1.6~1.8	3~3.3	1.5~3.0	4.3~5.0
JFT106	3~4	3~4	1.4~1.6	1.4~1.6	3~4	3.0~4.0
JFT206	1~1.8	2~3	1.5~2.0	1.5~2.0	1.8~3.2	4.0~6.0
JFT126	3~4.6	7.5~8	3.0	3.0	2.1	6.5~7.0

2. 动态检测

将晶体管调节器和配套标准发电机装在万能电器试验台上,按图12.12连接好线路,然后逐步提高发电机转速到规定值,再逐步变化负载电流,调节器的调压值和各种负载下的电压差值应符合试验技术要求;否则,应予以检修或更换。

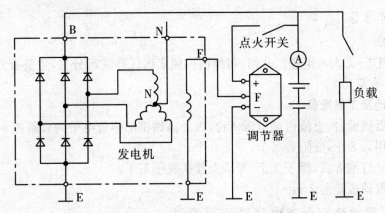

图 12.12　发电机调节器连接线路图

（二）调节器搭铁型式的检测

① 按图 12.13 接好线路

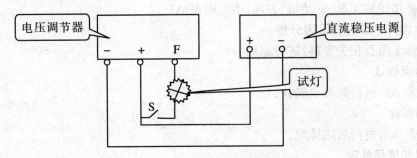

图 12.13　电压调节器接线图

② 将电源电压 U 调到 12 V;

③ 接通开关 S,若小灯泡不亮,则该调节器为内搭铁型调节器;若小灯泡亮,则该调节器为外搭铁型调节器。

（三）调节器好坏的检测

① 将调节器根据搭铁形式不同按图 12.13 连好线路;

② 接通开关 S,逐渐调高电源电压,小灯泡的亮度应随电压升高而增强,当电源电压调至调节电压充电系由发电机、调节器、蓄电池、充电指示灯及点火开关等组成。工作过程为起动发动机时先接通起动开关此时充电指示灯亮,由蓄电池提供发电机的励磁电流。发动机运转带动发电机发电,当发电机磁场二极管端的输出电压与蓄电池的端电压大致相等时,充电指示灯熄灭,由发电机定子线圈通过磁场二极管供给磁场线圈的磁场电流,并由集成电路调节器控制磁场电流的大小,稳定发电机的输出电压,对蓄电池充电的同时向负载供电。值(14 V 调节器)为 13.5～14.5 V 时,小灯泡熄灭,则为良好;若小灯泡始终发亮或始终熄灭,则为损坏,应更换。

二、学生实操训练

（一）训前准备

1. 学生组织

将学生按照3~4人一组进行分组，每组内按照实训任务进行分工，主要有测量、工具准备、故障分析推导等工作。

2. 实训场地及工具准备

① 万能电器试验台，直流可调电源4台，内外搭铁型晶体管电子调节器各4个；

② 数字万用表8个，变阻器8个，开关8个；

③ 2W/12V灯泡8只，镊子4个，导线及接头夹子若干；

④ 桑塔纳发动机验台2台。

（二）调节器的检测和充电线路检测实训

按照已经分好的小组，让学生制定维修计划，实施维修，包括：资讯、查阅维修手册进行原因分析（诊断方案）、故障点确认（实施诊断方案）、故障排除等。

1. 资讯

根据任务描述和实车（发动机）表现，填写附表A1。

2. 查阅维修手册进行原因分析

查阅维修手册及相关资料，进行原因分析。

3. 故障点确认

按照附表A2，进行故障点确认。

4. 故障排除

按照附表A3，进行故障排除。

5. 废料和废品处理

任务结束后，对废料和废品进行处理。

（三）学生撰写实训报告

任务结束后，撰写实训报告。

（四）实训结果评价

对实训结果进行评价。

 任务评价

填写任务评价反馈表，见附表A4。

项 目 评 价

填写项目评价表，见附表A5。

项目思考

1. 蓄电池的常见类型有哪些?
2. 试解释 6-Q-100 蓄电池型号的含义。
3. 如何判断蓄电池充电已结束?
4. 有哪些使用因素对蓄电池的容量有影响?怎样才能避免和解决蓄电池的硫化?
5. 交流发电机的功用是什么?普通交流发电机的结构分为哪几部分?
6. 如何区分发电机的内搭铁与外搭铁?
7. 整流器的功用是什么?发电机产生的交流电怎样转换成直流电?
8. 调节器为什么可以控制交流发电机的输出电压?常用的调节器有哪些?

拓展提升

蓄电池常见故障案例分析

1. 蓄电池总亏电,起动很困难

(1) 故障现象

车主说,该车需两三天充一次电,早晨起动或长时间停车后起动很困难,有时不得不用人推着才能起动。

(2) 故障原因

该车长时间停放后,起动困难,为蓄电池电量不足所致。分析故障原因主要有以下三点:

① 发电机发电量不够。

② 30 号线即直接从蓄电池取电的线路有搭铁的地方,长时间停放后,蓄电池亏电。

③ 蓄电池本身质量有问题,发动机工作时,发电机虽然能为其充电,但停车后蓄电池自行放电,导致电量不足。

(3) 故障判断与排除

① 首先检查该车发电量是否正常。检查方法是将发动机处于怠速运转状态,用电压表测量蓄电池 30 号接线柱(粗线柱)对地电压值,结果为 13.9～14 V。

② 踩下加速踏板,提高怠速转速,再次重复测量电压值,结果为 14～14.5 V。

③ 两次测量结果,表明该车发电机发电量正常。检查蓄电池接柱,无锈蚀现象。检查发电机、起动机、蓄电池之间接线,也无松动现象。

④ 确定发电机发电量正常后,检查 30 号线是否有搭铁的地方。简便的方法是关闭点火开关,取下蓄电池正极接线,轻刮正极接线柱,如果有强烈的火花,表明有关线路有搭铁的地方。30 号线主要有:

(a) 蓄电池与中央配电盒 30 号端子间导线;

(b) 点火开关 30 号线(红色线);

(c) 点烟器、车内灯、数字钟线路;

(d) 变光及转向灯开关线路中的红/黄线,车灯开关线束中的红线;

(e) 制动灯线路；

(f) 收放机线路。

⑤ 检查后确定,该车各线路无搭铁的地方。

⑥ 排除了上述故障可能性,只能是蓄电池有故障,有自行放电现象。更换蓄电池,经过几天的跟踪调查,再无上述故障出现。

2. 行车中充电指示灯点亮

(1) 故障现象

该车已累计行驶12万公里。仪表盘上充电指示灯于行车过程中点亮;车辆开回家后,再起动时,起动机运转无力,需并联其他蓄电池"借力"才能打着车。但打着之后行车还可以,开到修理厂后,停车再起动,车辆就再也打不着了。

(2) 诊断与排除

根据故障现象分析,充电指示灯点亮,表明充电系统中的发电机不发电,而蓄电池本身没问题。之所以出现起动机运转无力,需并联其他蓄电池"借力"才能打着车的现象,是由于发电机不发电后,点火系统及灯光仪表等电器均使用蓄电池电能,蓄电池严重亏电所致。

检查各部分熔断器、继电器,没有发现熔断及接触不良现象,充电系统线束亦无破损、搭铁、虚接之处。于是拆下影响工作的其他附件,拆下交流发电机作解体检查。发现发电机转子轴承间隙较大,比新件旷动量大,转子轻微扫膛,所幸并不严重。更换轴承后,装复发电机,重新试车,结果故障依旧,发电机还是不发电。再次拆下发电机,用万用表仔细检查发电机定子绕组、转子绕组、整流器、电压调节器。经检测为电压调节器损坏引起发电机不发电。

该车(桑塔纳LX型轿车)发电机所配装的调节器属外搭铁型,功率容量为1.2 kW。由于一时难以买到原厂调节器,为此决定选用仪征产的FT145B电压调节器(外搭铁1.0 kW)进行改代。改代时将该发电机的"＋"与"F"线引出,并将原车调节器的搭铁端锯断分别接在FT145B调节器的"＋"与"F"接柱上。将调节器固定在发电机后端,利用其外壳自身搭铁。装复发电机试车,充电指示灯熄灭,证明发电机故障正常。发电机工作后,测量其输出电压为14.5 V,运行正常,说明改代成功。

3. 充电指示灯不灭,冷车时起动困难

(1) 故障现象

充电指示灯在发动机运转后仍然闪亮,而且冷车起动困难。

(2) 诊断与排除

充电指示灯(报警灯)在起动后闪亮,表明发电机不向蓄电池充电(桑塔纳轿车在发动机起动和怠速时,也能对蓄电池充电);冷车起动困难,表明蓄电池亏电。故障产生的原因有两个:一是发电机工作不良,致使发电机发出电量过小,电压不足;二是电压调节器损坏,发电机发出的电不能向蓄电池充电。

在发电机的电枢"B＋"接线柱与磁场"F"接线柱间并联一个试灯(拆下发电机磁场"F"接线柱引线),发动机中速运转。接12 V蓄电池,试灯不亮,表明电压调节器已经损坏。更换电压调节器集成块(如果没有,则要更换发电机总成),故障排除。

汽车点火系统的故障诊断与检修

项目描述

汽车发动机在结构一定的条件下,按使用燃料的不同主要有柴油机、汽油机、液化石油气、天然气、双燃料型等。除柴油机为压燃外,汽油机和燃气发动机均需使用能够产生高压电火花的点火系统,点燃气缸内压缩完毕的可燃混合气。

点火系统的功用就是把汽车电源系统 10~15 V 的低压电转变成 15~20 kV 的高压电,并按发动机工作顺序适时地引入气缸形成电火花点燃混合气,从而使发动机正常工作。

点火系统结构形式和发展历程可分为传统(触点)点火系统、电子点火系统和计算机控制点火系统三种类型。随着计算机技术在汽车上的应用,现代汽车除少量老旧车型采用电子点火系统外,近十年生产的汽车都采用计算机控制点火系统。

项目目标

1. 专业能力要求
① 会进行点火系统各主要部件的检查与调整;
② 会根据故障现象诊断与排除常见故障;
③ 能正确使用和维护点火系统;
④ 能使用示波器等设备提取与分析点火波形。

2. 社会能力要求
① 具备团队协作意识和强烈的工作责任心;
② 具备发现问题并能积极处理的能力;
③ 具备足够的环境保护意识、强烈的职业道德和法律意识。

3. 方法能力要求
① 与人良好沟通的能力;
② 能主动独立地学习,具备一定的创造能力和创新能力;
③ 具备对汽车点火系统检修过程进行优化和控制的能力;
④ 良好的心理承受能力。

4. 重点和难点
① 计算机点火控制系统的故障诊断；
② 单缸独立点火系统的故障诊断。

任务一　普通电子点火系统的故障诊断

任务引入

一普通捷达轿车，出现发动机不能起动，无高压火的故障。拔下分电器盖上中央高压线，使其端部距缸体约为 7 mm，起动发动机，发现高压线末端与缸体间无高压火花，说明点火系有故障。拔下分电器上的三端子插头，用导线将其中间的绿/白线短暂搭铁，发现高压线末端与缸体间有高压火花，这说明点火线圈及点火控制器正常，可能是霍尔传感器损坏。更换传感器后，故障排除。在上面修理过程中，把分电器插头中间的绿/白线短暂搭铁，相当于给点火控制器端子一个点火触发信号，如果有高压火花产生，说明霍尔传感器或其供电线路故障；如果没有，则是点火线圈及点火控制器故障，需进一步检查。

相关知识

一、点火系统的作用

汽车发动机在结构一定的条件下，按使用燃料的不同主要有柴油机、汽油机、液化石油气、天然气、双燃料型等。除柴油机为压燃外，汽油机和燃气发动机均需使用能够产生高压电火花的点火系统，点燃气缸内压缩完毕的可燃混合气。

点火系统的功用就是把汽车电源系统 10～15 V 的低压电转变成 15～20 kV 的高压电，并按发动机工作顺序适时地引入气缸形成电火花点燃混合气，从而使发动机正常工作。

二、点火系统的分类

点火系统结构形式和发展历程可分为传统(触点)点火系统、电子点火系统和计算机控制点火系统三种类型。电子点火系按信号发生器的结构原理不同可分为磁感应点火装置、霍尔式电子点火装置、光电式电子点火装置。

（一）磁感应式无触点电子点火系统

磁感应式无触点电子点火系统主要由磁感应式分电器(内装磁感应点火信号发生器)、点火电子组件、专用点火线圈、火花塞等组成。图 13.1 为磁感应式无触点电子点火系统原理电路图。

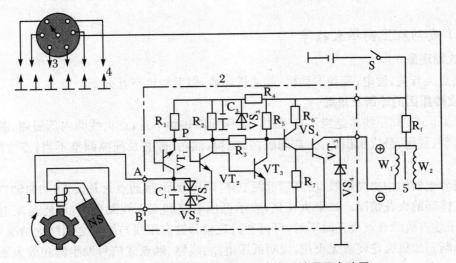

图 13.1　磁感应式无触点电子点火系统原理电路图
1. 点火信号发生器　2. 点火模块　3. 分电器　4. 火花塞　5. 点火线圈

（二）霍尔式电子点火系统

以霍尔信号发生器进行触发的点火系统，称为霍尔式电子点火系统。霍尔信号发生器是应用霍尔效应原理制成的。我国生产的桑塔纳、红旗、捷达等轿车及一些进口汽车上广泛采用霍尔式电子点火系统。

霍尔式电子点火系由内装霍尔信号发生器的分电器、点火模块、点火线圈和火花塞等组成。

桑塔纳轿车装用的霍尔式电子点火系统的组成及电路，如图 13.2 所示。

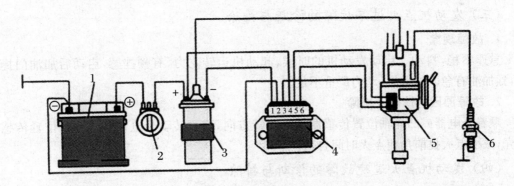

图 13.2　桑塔纳轿车霍尔式电子点火系统图
1. 蓄电池　2. 点火开关　3. 点火线圈　4. 点火模块　5. 带霍尔信号发生器的分电器　6. 火花塞

三、点火系统常见故障

点火系统故障会导致发动机不能正常工作，常见故障有：发动机不着火、单缸缺火、点火过早、点火过晚、点火正时不准等。

（一）发动机无高压火故障

1．故障现象

接通点火开关，通电；起动发动机，起动机运转，但发动机不着火。

2．故障原因的诊断及排除

故障原因有：高压线路绝缘不良、漏电；高压线路接触不良；点火线圈内部短路、断路；分电器盖破裂、脏污，分火头损坏；火花塞脏污、积炭、油污、破裂及间隙调整不当；点火时间调整不当等。

拔出分电器的中央高压线，使其端部距缸体 4~5 mm，接通点火开关，转动曲轴，观察高压线与缸体间的火花情况。如果火花强，表示低压电路和点火线圈良好，可能是配电器、火花塞、高压线有故障或点火正时不对，可再通过观察分缸高压线与缸体之间跳火情况等方法进一步诊断。如果火花弱或无火花，说明低压电路、线路、触点或信号发生器和放大器、点火线圈或中央高压线等有故障，可通过用万用表、直流试灯等进一步诊断。

（二）发动机单缸缺火故障的诊断与排除

1．故障现象

发动机起动困难，或起动发动机后，怠速运转不稳定并伴随有抖动，行车中动力不足。

2．故障原因的诊断及排除

使发动机低速运转，采用逐缸断油法，观察发动机转速的变化诊断出缺火的气缸。将缺火气缸火花塞上的高压线对分电器或火花塞进行吊火试验，如果火花不正常，表明火花塞有故障，否则说明该缸高压线或配电器有故障。

故障排除完毕，起动发动机，观察单缸缺火故障是否已经排除，如果还存在，继续进行诊断与排除，直到故障排除为止。

（三）发动机点火过早故障的诊断与排除

1．故障现象

怠速不稳，抖动。启动发动机的时候，起动机运转吃力，有顿挫感，启动后加油门提速慢，猛加油有急剧的敲缸，动力严重不足。

2．故障原因的诊断及排除

顺着分电器或凸轮轴位置传感器轴的旋转方向，适当转动分电器或凸轮轴位置传感器外壳，减小点火提前角使点火时间合适。

（四）发动机点火过晚故障的诊断与排除

1．故障现象

启动困难，运转乏力，不易保持怠速，低速行驶困难，但若持续提速后能维持次高速，发动机明显高温，油耗大。

2．故障原因的诊断及排除

逆着分电器或凸轮轴位置传感器轴的旋转方向，适当转动分电器或凸轮轴位置传感器外壳，减小点火提前角使点火时间合适。

一、实训导读

(一) 点火系元件的检查

1. 点火线圈检测

（1）外部检验

目测点火线圈，若有绝缘盖破裂或外壳碰裂，就会受潮而失去点火能力，应予以更换。

（2）初次级绕组断路、短路和搭铁检验

① 测量电阻法。用万用表测量点火线圈的初级绕组、次级绕组以及附加电阻的电阻值，应符合技术标准；否则说明有故障，应予以更换。

② 试灯检验法。用试灯，接在初级绕组的两接线柱上，若灯不亮则是断路。当检查绕组是否有搭铁故障时，可将试灯的一端与初级绕组相连，一端接外壳，如灯亮，便表示有搭铁故障。短路故障用试灯不易查出。

（3）次级绕组的检验

因为次级绕组的一端接于高压插孔，另一端与初级绕组相连，所以检验中，当试灯的一个触针接高压插孔，另一触针接低压接柱时，若试灯发出亮光，说明有短路故障；若试灯暗红，说明无短路故障；若试灯根本不发红，则应注意观察，当将触针从接柱上移开时，看有无火花发生，如没有火花，说明绕组已断路。因为次级绕组和初级绕组是相通的，若次级绕组有搭铁故障，在检查初级绕组时就已反映出来了，无需检查。

2. 发火强度检验

（1）万能电器试验台检验

检查点火线圈产生的高电压时，可与分电器配合在试验台上进行试验。检验时将放电电极间隙调整到 7 mm，先以低速运转，待点火线圈的温度升高到工作温度（60～70 ℃）时，再将分电器的转速调至规定值，(一般四、六缸发动机的点火线圈为 1 900 r/min，八缸发动机用的点火线圈为 2 500 r/min)，在 0.5 min 内，若能连续发出蓝色火花，表示点火线圈良好。

（2）用对比跳火法检验

此方法在试验台上或车上均可进行，将被检验的点火线圈与好的点火线圈分别接上进行对比，看其火花强度是否一样。点火线圈经过检验，如内部有短路、断路、搭铁等故障，或发火强度不符合要求时，一般均应更换为新品。

(二) 点火系统检测

1. 接线检查

在实验前应检查点火系统的接线情况，有无接错、漏接、接触不良的现象，如有应首先处理后方可进行下面的检测。

2. 供电电压的检测

用万用表检测点火线圈正极与地之间的压降，应与供电电池的压降相等（无附加电阻的类型），如果差值大于 0.5 V，应检查电路的连接情况是否有断路、短路或接触不良。

3. 发火性能的检测

接好系统后,运转检测发火性能,如果无火则进入下面的检修,如果有火但呈黄色则检查电容本身和其线路,或点火线圈(方法如(一):点火线圈检测),或高压线,分火头的情况;正常点火为白色。

4. 传感器检测

如果是无触点的点火系统,没有点火可先查传感器,无论是霍尔式还是光电式都需要来自控制器的供电电压,所以先检查此电压是否正常,没有则检查控制器;有则检测传感器的输出信号(由于电磁式点火系统传感器不需供电电源,故可直接检测传感器),信号会随发动机运转相应的变化(电磁式为 0.4~0.8 V,霍尔式为 3~6 V,光电式为 2~3 V),如果转速不低于 1 500 r/min 且不符合要求,则更换传感器。

5. 控制器检测

如果上述检测都没问题,则只可能是控制器的故障,可采用替换法检测。

(三) 故障判断与排除基本步骤

发动机不能起动的故障诊断的一般步骤如下:

① 开大灯,检查电源及电源线。

② 检查点火线路的插接器是否松脱、接触不良。

③ 拔出分电器中央高压线,距离缸体 3~5 mm 试火(起动机带动发动机转动 1 s),若有火,则检查高压电是否能送到火花塞(取下火花塞,让起动机带动发动机转动,观察火花塞间隙是否有火花)。若高压电能送到火花塞且火花塞跳火正常,则检查点火正时;否则应检查分电器盖及分火头。

④ 若无中央高压火花,则打开点火开关,用数字万用表电压挡检查点火线圈"+"与"搭铁"之间的电压,应为 12 V。

⑤ 关掉点火开关,测量点火线圈电阻,各阻值应为标准值。

⑥ 检查信号发生器。

⑦ 检查电子点火器。

二、学生实操训练

(一) 训前准备

1. 学生组织

将学生按照 3~4 人一组进行分组,每组内按照实训任务进行分工并做操作计划,主要任务有测量、工具准备、故障分析推导等工作。将《任务工单》分发给每位学生。

2. 实训场地及工具准备

为完成该任务操作,除了将故障车、检测工具、工作台布置好以外,还需提前做好以下准备:

① 可运转的发动机总成或整车。

② 万用表。

③ 蓄电池。

④ 直流试灯。

⑤ 火花塞套筒。

⑥ 厚薄规。
⑦ 常用手工具。
⑧ 点火正时灯。

(二)汽车电子点火常见故障检修实训

按照已经分好的小组,让学生制定维修计划,实施维修,包括:资讯、查阅维修手册进行原因分析(诊断方案)、故障点确认(实施诊断方案)、故障排除等。

1. 资讯

根据任务描述和实车(发动机)表现,填写附表 A1。

2. 查阅维修手册进行原因分析

点火系原因导致的发动机不能起动故障按照图 13.3 诊断流程进行原因分析。

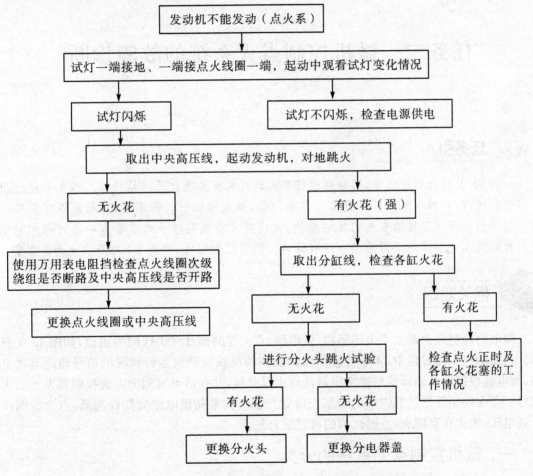

图 13.3　点火系统原因导致的发动机不能起动故障诊断流程图

3. 故障点确认

按照附表 A2,进行故障点确认。

4. 故障排除

按照附表 A3,进行故障排除。

5．废料和废品处理

任务结束后，对废料和废品进行处理。

（三）学生撰写实训报告

任务结束后，撰写实训报告。

（四）实训结果评价

对实训结果进行评价。

 任务评价

填写任务评价反馈表，见附表 A4。

任务二　微机控制点火系统的故障诊断

 任务引入

一辆 98 款时代超人轿车，因加速过程中发动机有发抖现象而送站检修。该车曾经过几个修理厂修理，并被一家修理厂更换了节气门体，但故障依旧。据车主说，那家修理厂用一种电脑检测仪得出了更换节气门体的结论，并说换了节气门体后汽车要跑一段时间才能见效。然而该车使用了一个月后根本没有好转。问题没有解决，却花了 5 000 多元的修理费。

 相关知识

微电脑控制点火系主要由传感器、微电脑、点火控制器及点火线圈等组成，如图 13.4 所示。在发动机工作过程中，各个传感器将检测到的反映发动机运行状况的信号输送至微电脑，微电脑根据各传感器信号确定出最佳点火提前角，并在适当时刻向点火控制器发出点火信号。点火控制器通过其内部的功率三极管控制点火系初级电路周期性通断，点火线圈产生高电压，使火花塞跳火，点燃缸内的可燃混合气。

一、微机控制点火系统的分类

按照有无分电器来分，计算机控制点火系统分为有分电器计算机控制点火系统和无分电器点火系统两种。

（一）有分电器计算机控制点火系统

有分电器计算机控制点火系统由低压电源、点火开关、控制单元 ECU、点火控制器、点火线圈、分电器、火花塞、高压线和各种传感器等组成。

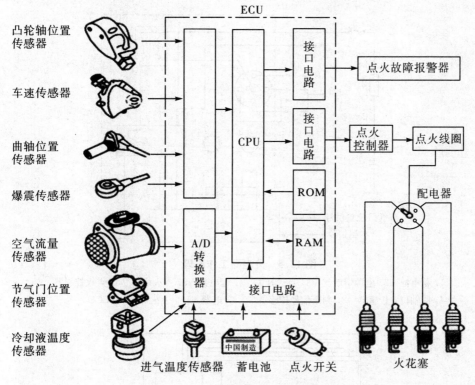

图13.4 计算机控制点火系统示意图

① 控制单元又称电子控制单元,俗称电脑,简称ECU,如图13.4所示。

据各传感器输入的信号,计算确定最佳点火提前角和初级电路导通角,并将点火控制信号输送给点火控制器,通过点火控制器快速、准确地控制点火线圈的工作。

② 传感器是将电信号或非电信号整理或转变为电信号的装置,为控制单元提供转速、节气门开度、负荷、冷却水温度、进气温度等有关发动机运行工况和使用条件的各种信息。

③ 点火控制器又称点火模块,主要根据控制单元输出的点火控制信号控制点火线圈初级电路的通断。

④ 分电器主要起分配高压电的功能,多数分电器还装有曲轴位置和转速传感器及判缸信号传感器。工作原理如图13.5所示。

接通点火开关,电源电压加到点火控制器上。起动发动机,各传感器开始将发动机的各种工况信息转换为电信号并传递给控制单元,控制单元将接收到的信号与只读存储器中储存的数据进行比较、计算后,输出点火信号至点火控制器,由点火控制器中的功率管接通和切断点火线圈的初级电路。

(二) 无分电器点火系统

无分电器点火系统由低压电源、点火开关、微机控制单元ECU、点火控制器、点火线圈、火花塞、高压线和各种传感器等组成。

无分电器点火系统的高压配电方式分为单独点火和同时点火两种,其系统组成如图13.6所示。

① 单独点火方式是一个缸的火花塞配用一个点火线圈,单独向各缸直接点火,如图13.7所示。

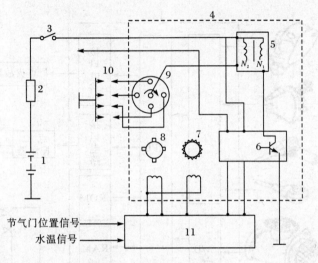

图 13.5　分电器工作原理

1. 蓄电池　2. 电源熔断丝　3. 点火开关　4. 配电器　5. 点火线圈　6. 点火控制器
7. 曲轴位置传感器　8. 判断信号传感器　9. 分电器　10. 火花塞　11. ECU

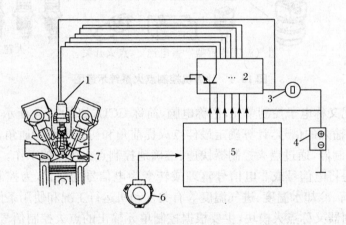

图 13.6　无分电器点火系统组成

1. 点火线圈　2. 点火控制器　3. 点火开关　4. 蓄电池　5. 计算机控制单元（ECU）　6. 传感器　7. 火花塞

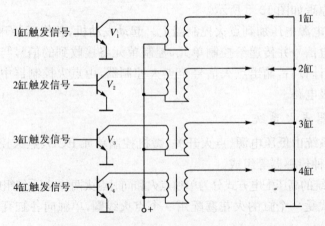

图 13.7　无分电器点火系单独点火方式示意图

各个单独的点火线圈直接安装在火花塞上,其外形就像火花塞高压线帽。这种结构特点是去掉了高压线,如图13.8所示。

② 同时点火方式是利用一个点火线圈对活塞接近压缩上止点和排气上止点的两个气缸同时进行点火的高压配电方法。其中,活塞接近压缩上止点的气缸点火后,混合气燃烧做功,该气缸火花塞产生的电火花是有效火花;活塞接近排气上止点的气缸,火花塞产生的电火花是无效火花。同时点火方式又分为点火线圈配电方式和二极管配电方式两种。

a. 点火线圈配电方式是一种直接用点火线圈分配高压电的同时点火方式。几个相互屏蔽的、结构独立的点火线圈组合成一体,称为点火线圈组件,如图13.9所示。

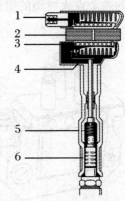

图13.8 单独点火的点火线圈
1. 低压线插头 2. 铁芯 3. 初级线圈
4. 次级线圈 5. 高压线插头 6. 火花塞

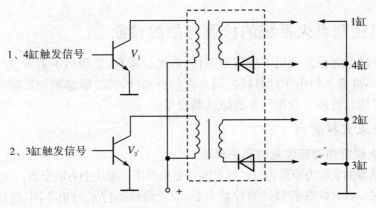

图13.9 点火线圈组件示意图

b. 二极管配电方式是利用二极管的单向导通特性,对点火线圈产生的高压电进行分配的同时点火方式。如图13.10所示。

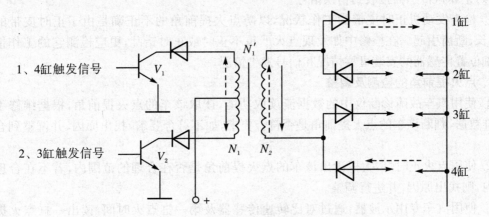

图13.10 二极管配电方式示意图

与二极管配电方式相配的点火线圈有两个初级绕组,一个次级绕组,相当于是共用一个次级绕组的两个点火线圈的组件,如图 13.11 所示。

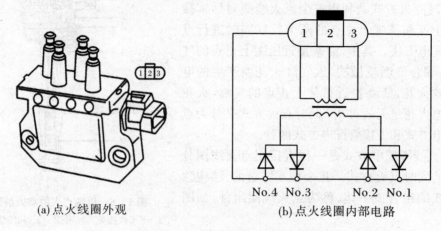

(a) 点火线圈外观　　　　　(b) 点火线圈内部电路

图 13.11　二极管配电方式点火线圈

二、微机控制点火系统的检测与故障诊断

点火系统故障会导致发动机不能正常工作,常见故障有:发动机不着火、单缸缺火、高压火弱、点火正时不准等。但由于计算机控制点火的特殊性,其故障诊断与排除涉及汽车故障诊断仪及汽车专用示波器等专用汽车故障诊断设备。

（一）检查点火提前角

1. 检查点火提前角时应注意的有关事项

① 爆振传感器的安装力矩是否过松或过紧。更换时按厂家规定力矩安装,一般在 20 N·m。

注:在机修中,更应注意各螺栓的拧紧力矩,以免螺栓的拧紧力矩不同,过松或过紧造成汽车行驶中断裂、脱扣、压损坏部件,造成严重的机械故障。

② 检测发动机各连接部位的连接可靠性,特别是发动机的底脚和变速箱的底脚。

发动机底脚胶垫主要作用是起缓冲冲击力的作用,可降低发动机自身振动与大架间的碰撞,防止爆振传感器接收到错误信号。

③ 检查发动机正时皮带的工作状况,以防点火提前角的不正确是由于正时皮带的松紧、拉长、断齿引起。在检修中如发现点火严重不正时或正时错乱,更应检测它的工作情况和曲轴位置传感器的安装可靠情况和信号发生情况。

2. 点火提前角的检测及调整

① 使用汽车故障诊断仪中的数据流读取功能,读取该车的点火提前角,根据维修手册的标准数据,判断该车的点火提前角是否符合要求,如不符合要求,找出原因,并调整到合适为止。

② 使用点火正时灯,大概读出该车的点火提前角是否在合理的范围内,若不在合理的范围内,则找出原因,并进行调整。

③ 使用汽车专用示波器,通过对比转速传感器及第一缸点火时间,读出一缸点火提前角,并判断是否符合要求,若不符合要求,找出原因并排除故障。

(二)初级点火波形实例分析法

使用汽车专用示波器,读取点火系中所需要的波形,并储存或打印,用于波形分析。

1. 初级点火闭合角测试主要作用

① 分析单缸的点火闭合角(点火线圈充电时间);

② 确定平均闭合角的度数或毫秒数;

③ 分析点火线圈和初级电路性能(从点火高压线)。

由于点火初级波形容易受到不同的发动机燃油系统和点火条件的影响,因此它对控制发动机和燃油系统的部件以及点火系统部件的故障分析是极有价值的。

而且同次级点火波形相似,初级点火波形的不同部分也能表明在任一特定气缸中相应部件或系统的问题,同时,汽车示波器在显示屏上可以用数字显示波形特征值。注意:由于发动机点火系统能量产生均通过点火线圈初、次级绕组互感电磁原理制成,因此波形分析就显得重要了,初级和次级点火波形分析方法相同。

2. 波形测试方法(包括所有传感器、执行器、指令信号测试)

按照波形测试设备使用说明书连接波形测试设备。使发动机怠速运转,再加速发动机或按照行驶性能出现故障时机或点火不良发生时的条件来起动发动机或驾驶汽车。获得如图 13.12 所示的初级点火(分电器闭合角)波形。

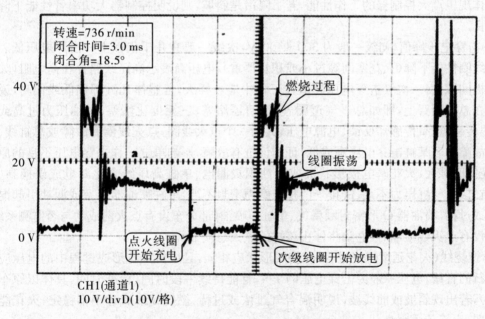

图 13.12 初级点火(分电器闭合角)波形

3. 波形分析

波形的显示方式有单缸波形、陈列波形、并列波、重叠波几种。确认各缸波形幅值、频率、形状和脉冲宽度等判定性尺度的一致性,如图 13.13 所示。

单缸波:以单缸信号采集方式,在示波器上显示单缸波形。

陈列波:以发火顺序采集信号,在示波器上显示多缸波形。

并列波:采集多缸波形以并列方式显示。

重叠波:采集多缸波形重叠在一起显示,看其波形状、幅值大小是否一样,分析其工作情况。

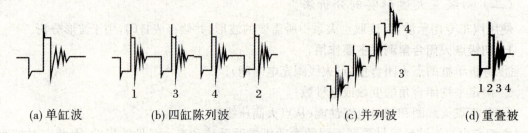

(a) 单缸波　　　　(b) 四缸陈列波　　　　(c) 并列波　　　　(d) 重叠被

图 13.13　各缸初级波形图排列方式

4. 维修中如何看点火波形

① 点火闭合角（初级线圈充电过程）正常时，各缸点火线圈的闭合角应是相同的，即曲线应几乎重合（形状标准），若不重合，超差过多，证明超差缸点火线圈控制器搭铁不良或性能下降。（电控系统车，闭合角时间由 ECUIGT 信号控制，由 Igf 反馈修正。）

初级绕组导通时（导通瞬间），曲线下降沿应是垂直，产生一个感应电动势 e 尖峰，然后回复到接近零电位的直线（初级绕组在此期间由于自身匝数少，自感电动势 e 小，振幅小不明显，因此略有微波）直到断电（点火时刻，即闭合角结束）。然而在此期间次级线圈由于匝数多自感电动势 e 大，振幅大且明显，因此可看到比较明显的振荡波动。初级绕组导通时下降幅值体现了点火控制器的工作性能，若下降沿是斜坡，则说明控制器大功率管性能下降或搭铁不良。

② 击穿电压峰值（初级一般为 300～400 V，次级一般在几千伏以上），击穿电压低表示短路和线圈性能下降（火花塞间隙过小或积炭严重），电压高表示高压线路存在高电阻（如火花塞电极间隙大）。次级击穿电压峰值在工作中应一样大，若整体几缸都偏低或偏高，说明问题出在总的回路上，即如总进气道漏气、滤清器堵塞、三元催化堵塞、供油压力过高或过低、水温传感器、氧传感器反馈、电源电压、共用一个点火线圈，点火线圈有故障或总缸线、分火头有故障。若某缸击穿电压高或低，证明该缸有故障，影响单缸工作击穿电压不良的原因有：火花塞间隙大、火花塞电极形状尖或烧蚀积炭漏电、单缸高压线老化漏电或误换高（或低）阻抗缸线、气缸压力不足、进排气门积炭磨损密封不严、单缸喷油器堵塞或漏油引起混合气过浓或过稀、喷油器O形密封圈漏气、单缸不喷油（部分车设有点火药成功与否监测系统，当某缸没有点火或喷油时，电脑将停止该缸的点火与喷油）。

③ 燃烧线（火花延续燃烧过程）燃烧线形状应相同，且维持火花形成过程中的电压应是一条平行的直线，电压一般为击穿电压的 1/4，且能持续一段时间（标准时间，具体以原车手册为准），若出现斜坡或曲线波，说明混合气过浓或过稀，燃烧线形成过中不稳定，火花能量时强时弱，火焰传播困难。

④ 自衰减振荡波个数的多少（它反应线圈性能，一般为 4～6 个）。若振荡幅值低，个数少，说明线圈性能下降，且初级绕组与次线绕组产生的振荡幅值大小、个数应几乎相同（即波形一样）。

⑤ 各缸点火波形重叠波形，包括充电过程、点火电压、燃烧线、自振荡波及双缸点火时的线圈最大供电电压。

(三)次级线圈波形分析

次线电压波形如图 13.14 所示。

1. 次级绕组产生的点火波形各点分析

a 点:初级绕组通电时刻(由于初级绕组接通时电流增长速度比较慢,从次级绕组产生一个电动势也慢,且方向与初级绕组的方向相反)。

b 点:初级绕组电流达到饱和时的点(也可以说是初级绕组通电后电流上升到恒流电流值的点,点火控制器恒流功能开始工作)。

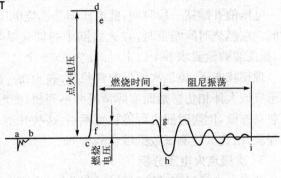

图 13.14 次级电压波形

a~b 段:初级绕组接通电流增长至点火控制器开始恒流控制的过程(建立磁场能量)。

c 点:初级绕组断电时刻(点火控制器控制初级线圈断电开始点火时刻)。

b~c 段:恒流控制段(初级绕组电流上升到点火控制器恒流电流后的恒流保持段)。恒流指的是点火初级绕组充电电流上升到一定电流安倍数后稳定向绕组充电。

a~c 段:闭合角(从接通初级绕组到点火时刻初级绕组的通电时间)。一般四缸发动机闭合角 45%~60%,即按凸轮轴转角计算为 90°×(45%~60%),按曲轴转角计算为 180°×(45%~60%),意思是说闭合角时间为 1 个汽缸完成一个工作循环凸轮轴转角度数为 90°,曲轴转角度为 180°,它在整个工作循环中所占的比例为 45%~60% 的转角角度。六缸发动机闭合角为 60%~70%。

d 点:初级绕组断电瞬间次级绕组产生的击穿高压击穿火花塞间隙的最高电压点,一旦击穿火花塞间隙后电压峰值立即下降,该击穿电压受很多因素的影响,如:火花塞间隙,火花塞电极形状、混合气浓度、汽缸压力、汽缸压缩时的压缩温度等。

e 点:火花形成的起始点(即高压击穿火花塞间隙后形成电子流的瞬间,产生了热能量的转换开始)。

c~f 段:电容放电段(相当于一个大电容放电,火花形成的过程,即击穿电离后形成电子流的过程)。

g 点:火花结束点(即击穿形成电子流后,磁能转换持续到不能维持电子流的最低能量点)。

f~g 段:火花的持续时间,也称燃烧线,即击穿电防后电子流的持续时间,这个电压是火花燃烧电压,是维持火花传递的电压,一般为击穿电的 1/4,此段也称电感放电段。此段应比较平直,干净无异形波。

h~I 段:绕组线圈正常衰减振荡段一般有三个以上的振荡波,标准为 5~6 个,即磁能转换电能不能维持火花导通后,初次绕组线圈磁能相互转换衰减振荡消失的过程。如果衰减波太少,说明线圈性能下降。

2. 二次线圈波形分析

点火时,次级线圈产生很高的电压,当电压逐步升高到一定值,火花塞上产生火花(测试时火花能量表现为蓝白色火焰,且能持续1.5～2.4 ms(分电器系统),在无分电器点火系统,则标准火花时间必须在1.8 ms以上。此种火焰在汽缸中能量高,传播速度快,使汽缸内燃烧快速充分,爆发压力强,发动机动力输出高),此电压即是点火电压。随后电压迅速下降到另一电压值并维持一段时间,此电压即是燃烧电压,燃烧时间就是电压维持在燃烧电压值的时间。在燃烧时间结束时,点火线圈中的能量基本耗尽,残余的能量在线圈上形成阻尼振荡,振荡波数量要求3个以上(标准为5～6个)。

理想状态下,该二次波形非常稳定,表示每一次点火燃烧过程的电压都一致。各气缸的图形应该大体相仿。然而实际情况并不理想,图形总会有或大或小的抖动,如点火或击穿电压忽高忽低,燃烧时间也可能长短不一,这些并不一定表明发动机有故障。这就需要我们积累经验,结合其他测试数据综合分析。

3. 次级点火电压分析

若点火电压过高,甚至超过屏幕范围,表明在次级点火电路中电阻值过高。线路中有断路、火花塞损坏、高压线或火花塞间隙过大等等都有可能造成击穿电压过高的现象。相反,如果点火电压过低,表明在点火次级电路中电阻值低于正常值,可能由火花塞太脏或破裂、高压线漏电等原因造成。

4. 点火火花时间分析(燃烧时间)

① 将发动机运转达正常工作温度。

② 调整发动机转速到2 000 r/min。

正常标准火花时间在1.5～2.4 ms(分电器系统),在无分电器点火系统,则标准火花时间必须在1.8 ms以上。

③ 当火花时间低于0.8 ms,可能造成的原因如下:

    a. 高压线电阻太大。

    b. 火花塞间隙太大。

    c. 分电盘与分火头间隙太大。

    d. 混合气过稀。

    e. 火花塞温度过冷。

    f. 点火正时太慢。

    g. 节气门弹簧太弱。

④ 当火花时间高于2.4 ms,可能造成的原因如下:

    a. 高压线电阻太小。

    b. 混合比过浓。

    c. 火花塞间隙太小。

    d. 节气缸压力太低。

    e. 火花塞温度过热。

    f. 发动机耗机油。

    g. 点火正时太早。

    h. 气门间隙太小。

(四) 常见故障

桑塔纳2000轿车发动机采用了无分电器同时点火系统,其组成如图13.15所示。其常见故障部位如表13.1所示。

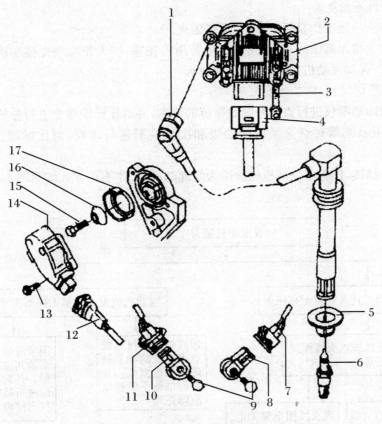

图 13.15　桑塔纳 2000 轿车点火系统的组成

1. 点火高压线　2. 点火线圈　3,9,13,15. 紧固螺栓　4,7,11,12. 连接器　5. 盖
6. 火花塞　8,10. 爆燃传感器　14. 霍尔传感器　16. 垫片　17. 霍尔传感器隔板

表 13.1　桑塔纳 2000 轿车点火系统的常见故障部位

故障部位	故障现象
控制单元	无火、点火正时失准导致发动机无法起动或工作不良
点火线圈及末级功率	无高压火花或火花强度不足导致发动机无法起动、起动困难或工作不良
火花塞	间隙不当、烧损、漏电、型号不符导致无火或火花弱
霍尔传感器	无信号或信号不良导致无火或点火正时失准
爆燃传感器	无信号或信号不良导致点火正时失准
高压线	漏电、性能不良导致火弱

一、实训导读

微机控制的点火系统主要故障为发动机工作异常,通常有两类情况:

(1) 发动机不能发动

先确认点火系统工作是否正常,有无高压火。

从火花塞上拔出高压线,另外连接一个备用火花塞,将火花塞外壳接发动机缸体,拔下燃油泵保险丝,起动发动机,看火花塞是否跳火。

(2) 发动机能发动,但工作不正常

用汽车故障诊断仪进行点火系统数据流的读取,并对比标准数据进行分析,找出故障原因;用汽车专用示波器对点火系统的初级和次级波形进行读取,对比标准波形分析故障原因。

根据任务描述,任务中发动机的故障为能起动,但工作不正常。按照图13.16诊断流程进行原因分析。

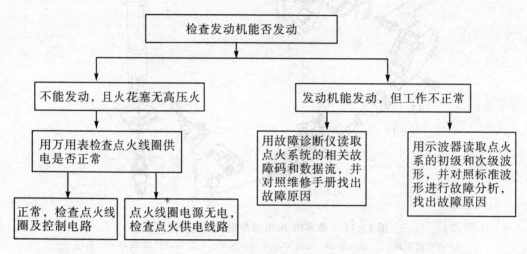

图13.16 微机控制点火故障诊断流程图

经对该车进行检测,发现有两个故障码:一个表示节气门基本设定不正确,另一个是氧传感器失效。将节气门体换回原件并更换氧传感器后再次检测,仍得氧传感器线路不良的故障码。在发动机运转时轻提节气门拉索,发现转速在 1 000~1 500 r/min 时,发动机有发抖现象。再次路试后检测,又得到以前两个故障码。

节气门体是一个至关重要的部件,但故障率很低;氧传感器又是新件,产生故障的可能性不大。考虑到发动机在空负荷时就有发抖现象,所以最终把故障范围确定在点火系统。经检测发现,有一个气缸的高压线阻值偏高,更换后故障立即排除。

二、学生实操训练

(一)训前准备

1. 学生组织

将学生按照3~4人一组进行分组,每组内按照实训进行分工,主要有测量、工具准备、故障分析推导等工作。

2. 实训场地及工具准备

为完成该任务操作,除了将故障车、检测工具、工作台布置好以外,还需提前做好以下准备:

① 可运转的发动机总成或整车；

② 万用表；

③ 汽车故障诊断仪；

④ 汽车专用示波器；

⑤ 电脑及打印机；

⑥ 常用手工具；

⑦ 点火正时灯。

（二）微机控制点火系统故障诊断

按照已经分好的小组，让学生制定维修计划，实施维修，包括：资讯、查阅维修手册进行原因分析（诊断方案）、故障点确认（实施诊断方案）、故障排除等。

1．资讯

根据任务描述和实车（发动机）表现，填写附表 A1。

2．查阅维修手册进行原因分析

查阅维修手册及相关资料，对原因进行分析。

3．故障点确认

按照附表 A2，进行故障点确认。

4．故障排除

按照附表 A3，进行故障排除。

5．废料和废品处理

任务结束后，对废料和废品进行处理。

（三）学生撰写实训报告

任务结束后，撰写实训报告。

（四）实训结果评价

对实训结果进行评价。

 任务评价

填写任务评价反馈表，见附表 A4。

项目评价

填写项目评价表，见附表 A5。

项目思考

1．晶体管点火装置有哪几种类型？与传统点火装置相比较有何特点？

2. 无触点晶体管点火装置的信号发生器有哪些类型？其工作原理如何？
3. 简述汽油发动机电磁感应式电子点火装置的工作原理。
4. 简述霍尔式点火信号发生器的工作原理。
5. 简述桑塔纳车用霍尔传感器的检修方法。
6. 计算机控制点火有什么特点？
7. 计算机控制点火分类有几种？
8. 计算机控制点火如何调整点火正时？

 拓展提升

点火系统故障案例分析

1. 桑塔纳LX型行驶途中突然熄火

（1）故障现象

行驶途中，突然熄火，多次起动，发动机仍不能运转。

（2）判断与排除

途中车辆突然熄火，按常规判断为电路故障。突然熄火，可能的原因有：低压线路断路或短路，点火系统故障，高压线路损坏。

采取逐步排除法确定故障部位：

① 拔出高压线，起动发动机，高压线端无高压火；用万用表检测高压线，导通，证实高压线至火花塞无故障（火花塞不可能同时全部损坏，个别火花塞损坏不可能造成车辆全部熄火）。

② 用万用表电阻挡测量点火开关至点火线圈端低压线路，导通，证实低压线路无故障。注意：电阻挡不能测量带电的导线，因点火开关电源线是常电，只要打开点火开关，此线就有12 V电压存在。

③ 检查霍尔发生器，万用表显现的电压值符合标准值，证实霍尔发生器正常。

④ 运用万用表电压挡直接测量点火控制器插件组和搭铁之间电压。测量前拔除分电器盖中心高压线，并使之搭铁。测量方法为：转动点火开关使起动机运转（或拆下分电器用手转动分电器轴），万用表所测电压为10 V，指针不晃动，说明点火控制器已丧失提供变动电压的性能，内部电路损坏。更换点火控制器，发动机着火，故障排除。

（3）相关技术链接

点火控制器是一个放大和开关电路，输送给点火线圈初级绕组信号（即点火正时信号，电压值应在0.1~10 V之间变动），使之在点火线圈次级绕组中产生点火高压。如果点火控制器损坏，提供不了变动电压，高压线圈也产生不了点火高压，以至造成高压缺火，自然起动不了发动机了。

2. 桑塔纳2000GLi排气管冒黑烟，偶尔放炮

（1）故障现象

发动机中、高速时，有轻度冒黑烟现象，偶尔排气管放炮；行驶中动力不足，加速迟缓；油耗较正常时高出30%以上。

（2）诊断与排除

试车起动性能尚佳，怠速时不稳，中高速确有转速上升慢和排气管冒黑烟观象。通过目

测和油、电路常规检查,未发现故障部位。运用故障诊断仪 V.A.G1551 提取储存在 ECU 中的故障码,未能从显示器上搜寻到故障码,即电喷系统线路及 ECU、传感器无故障。但从该车实际运行情况看,确实存在故障。由于故障现象类似于化油器式发动机点火过迟现象,于是对该车的点火正时进行检查:

① 基本点火正时角度测试。将故障码诊断座中的 TE1 与 E1 直接跨接,起动发动机,在 1 000～1 500 r/min 之间运转 5 s,冷却液温度升至 80 ℃。降低转速至怠速转速 800 r/min,在 1 号火花塞配线上接装正时灯照射曲轴皮带盘,测试点火提前角为 6°,显然比规定值迟了 2°(标准值为 8°)。逆分电器轴旋转方向转动分电器外壳,提前点火提前角,稍停再进行测试和调整,直至基本提前角达到标准值 8°。

② 提前点火正时角测试。这个测试需在基本点火正时角调整正确的前提下进行。拆除 TE1 和 E1 跨接线,使发动机怠速运行。正时灯仍在 1 缸火花塞配线上接装,照射曲轴皮带盘,检查结果点火提前角符合标定值 12°(如不符合仍采用转动分电器外壳方法调整)。

经此调整点火正时提前角后,发动机原有故障现象基本消除。

相关技术链接:桑塔纳 2000GLi 型轿车分电器通过机械传动,所以会因磨损和装配不当造成基本提前点火角的变化,这需要通过调整校正。基本点火正时角是发动机在没有 ECU 控制下运行状态的点火提前角,而提前点火正时则是在 ECU 控制下运行状态的点火提前角,即 ECU 接受冷却液温度传感器、转速传感器、爆震传感器、氧传感器等信号后修正的点火提前角。

项目十四

其他电气系统的故障诊断与检修

项目描述

随着人们对汽车安全性能的要求越来越高,汽车工程师不断地研发各种主动和被动安全装置。汽车照明系统也是汽车安全装置之一,良好的照明也是保证汽车安全措施。汽车照明中前大灯在汽车安全中有着重要的作用。

汽车在使用中,各种仪表信号是保证汽车正常行驶的必要条件,随着汽车计算机技术的大量应用,仪表警报装置为汽车正常行驶提供了保证。

项目目标

1. 专业能力要求
① 会用前照灯检测仪对前照灯进行检测;
② 会诊断并排除前照灯故障;
③ 会按照电路图排除其他照明信号灯的故障;
④ 会分析、排除仪表系统故障。

2. 社会能力要求
① 具备团队协作意识和强烈的工作责任心;
② 具备发现问题并能积极处理的能力;
③ 具备足够的环境保护意识、强烈的职业道德和法律意识。

3. 方法能力要求
① 与人良好沟通的能力;
② 能主动独立地学习,具备一定的创造能力和创新能力;
③ 具备汽车照明系统和仪表信号报警系统常见故障诊断的能力;
④ 良好的心理承受能力。

4. 重点和难点
① 前照灯亮度不够的故障诊断;
② 报警灯不亮的故障诊断。

任务一　照明系统的故障诊断与检修

某桑塔纳 2000GL1 轿车前照灯不亮,客户要求排查原因,解除故障。

汽车照明系统由电源、照明装置和控制部分组成,其主要作用于夜间道路照明、车厢内部照明、车辆宽度标示、仪表与夜间检修等。汽车照明装置根据安装位置和用途不同,一般可分为:外部照明装置和内部照明装置。控制部分包括各种灯光开关、继电器等。

一般轿车有 15~25 个外部照明灯和约 40 多个内部照明灯。外部照明装置包括前照灯、前雾灯、倒车灯及牌照灯等;内部照明装置包括顶灯、阅读灯、杂物箱灯、仪表及控制按钮照明灯和行李箱照明灯等。如图 14.1 所示。

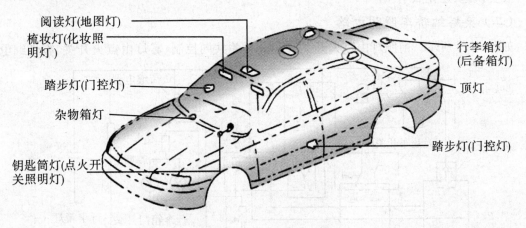

图 14.1　内部照明装置

一、典型照明电路

(一) 解放载货汽车照明电路

CA1091 型汽车的前照灯电路原理图,如图 14.2 所示。

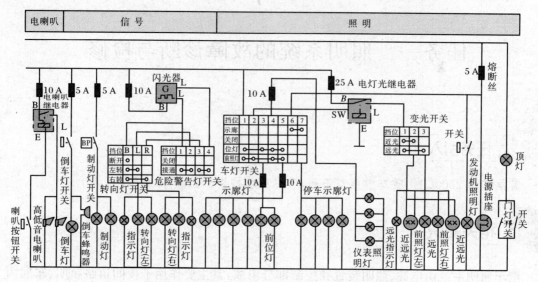

图 14.2　解放 CA1091 型汽车的前照灯电路原理图

前照灯的工作过程如下：

接通点火开关后，车灯开关 1 号接线柱通电，当灯开关置前照灯挡位时，1 号线与 2、4、5 号接线柱通，此时灯光继电器线圈通电，使光继电器触点闭合，前照灯亮。此时可通过变光开关变换远、近光照明。

（二）桑塔纳轿车照明电路

如图 14.3 所示。前照灯由点火开关和车灯开关共同控制，雾灯由点火开关、雾灯继电

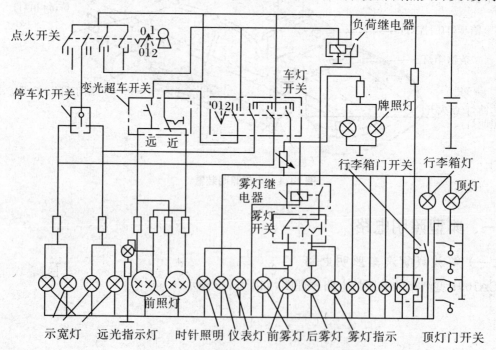

图 14.3　桑塔纳轿车的前照灯电路原理图

器、车灯开关控制，雾灯继电器线圈由车灯开关控制，雾灯继电器触点由负荷继电器控制，负荷继电器由点火开关控制。牌照灯由车灯开关直接控制，不受点火开关控制，顶灯由顶灯开关和门控开关共同控制，行李箱灯则由行李箱灯门控开关控制。

电路原理为：当点火开关置于"1"挡、车灯开关置"2"挡时，电流由电源正极→点火开关第三掷（从左起）"1"挡→车灯开关第一掷"0"挡→变光开关→保险丝→前照灯→接地，前照灯亮。通过变光开关控制远光、近光变换。此外，远光灯还由超车开关直接点动控制，在汽车超车时当作超车信号灯用。

二、照明系统的常见故障及其诊断

1. 前照灯远近光不全

（1）故障现象

车灯开关处于"2"挡位置，用变光开关变换远近光，只有远光灯或只有近光灯亮。

（2）故障原因

远近光不全的故障原因如下：

① 变光开关损坏。

② 远光灯或近光灯中的导线断路。

③ 双灯丝灯泡中某灯丝烧断。

（3）故障诊断与排除

这种故障出在变光开关-熔断器-灯丝的线路中。可先检查熔断器是否熔断，若熔断器熔断，更换新熔断器。若灯仍不亮，可直接在变光开关上连接电源接线柱与不亮的远光或近光接线柱进行试验。若灯亮，则是变光开关损坏，需更换变光开关；若不亮，则说明故障在变光开关之后的线路中。接着可用电源短接法，直接在灯插头上给远近光灯供电，若灯亮，表明导线断路或插头接触不良；若灯仍不亮，则说明灯泡已损坏。

2. 左右前照灯的亮度不同

（1）故障现象

前照灯开关接通后，不论是远光还是近光，有一侧灯较暗。

（2）故障原因

前照灯亮度不同的故障原因如下：

① 可能是灯光暗淡一侧的双丝灯泡搭铁不良所致。

② 灯光暗淡的一侧灯泡插头松动或锈蚀使接触电阻增大。

③ 灯光暗淡的一侧灯泡反射镜积有灰尘或氧化。

④ 左右两侧灯泡的功率不同。

（3）故障诊断与排除

首先检查左右两侧灯泡的功率是否相同，可采用互换左右两侧灯泡的办法进行判断。在灯泡功率相同的情况下，用一根导线一端接车身，另一端和灯光暗淡的灯泡搭铁接柱相连，若灯光亮度恢复正常，即表明该灯搭铁不良。

灯泡搭铁不良时，灯光暗淡的灯泡两根灯丝不论是接通远光还是接通近光，都应同时发出微弱灯光；反之，若发现灯泡亮度正常，则不是灯泡搭铁不良故障，一般是前照灯反射镜有灰尘或氧化，可通过消除灰尘或更换反射镜来排除故障。

灯泡灯丝发光微弱，常为连接该灯泡灯丝的插头松动或锈蚀，使其接触电阻过大所致。

可用电源短接法迅速判明故障部位。

3．前照灯不亮

（1）故障原因

前照灯保险丝烧断；前照灯变光开关有故障；前照灯配线或搭铁线有故障；电源线松动和脱落导致断路。

（2）故障诊断与排除

更换保险丝；仔细检查线路是否短路；检查灯光变光开关，必要时进行更换；检查前照灯配线及前照灯搭铁是否良好，必要时进行修理和更换；检查电源线路是否有松动、脱落或断路，必要时进行紧固和更换。

4．前照灯灯光暗淡

（1）故障原因

蓄电池容量不足，端电压降低；发电机不发电或发电量不足；输出电压低，散光玻璃或反射镜上有尘埃；电线接头松动或锈蚀，使电阻增大。

（2）故障增大与排除

检查蓄电池并对它进行补充充电；拆开前照灯，清洁散光玻璃及灯座的接触部位和接头部位，必要时给予更换；检查发电机的传动带松紧度，修复或更换发电机，检查电压调节器，必要时给予调整、修理或更换；对导线连接部位检查，看有无松动、接触不良或锈蚀，并给予修理。

 技能实训

一、实训导读

（一）前照灯的检测和调整

1．关于前照灯的国家规定

国家标准 GB 72510－97《机动车运行安全技术条件》中，对汽车前照灯的发光强度和光束照射位置做了具体规定，且列为汽车安全性能的必检项目，要求用前照灯检验仪进行检测。主要技术指标要求分为前照灯远光光束发光强度和前照灯光束照射位置两项。

2．检查方法

（1）常用检查方法简介

前照灯检查方法有屏幕调试法和检验仪调试法。屏幕法简单易行，但它只能检验前照灯光束的照射位置，而无法检验其发光强度。目前汽车维修企业和汽车检测站广泛采用前照灯检测仪来检测前照灯的发光强度和光束照射位置，据此来检验和调整汽车前照灯的发光强度和光轴偏斜量。

（2）检验仪调试法

前照灯检验仪根据其结构与原理的不同，可分为聚光式、屏幕式、投影式以及自动追踪式四种。它们的检验项目基本相同，可以检验前照灯的光束照射位置与发光强度或光照度。

（二）前照灯不亮的故障诊断

1．故障现象

接通车灯开关至"2"挡或"3"挡时，小灯和仪表正常，大灯远近光灯均不亮。

2. 故障原因

引起灯光不亮的主要原因有灯泡损坏、熔断器熔断、灯光开关或继电器损坏及线路断路或短路等。带继电器的前照灯照明电路如图14.4所示。

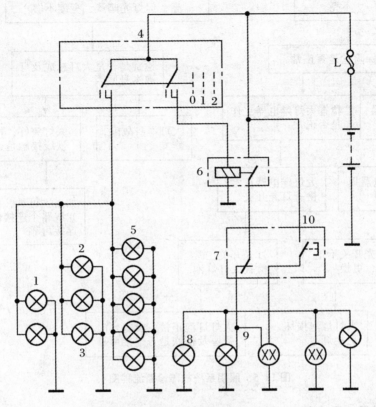

图14.4 带继电器的前照灯照明电路

1. 示宽灯　2. 尾灯　3. 牌照灯　4. 灯光开关　5. 仪表灯　6. 前照灯继电器
7. 变光开关　8. 远光灯及远光指示灯　9. 近光灯　10. 超车灯开关

3. 故障诊断

将车灯开关接至前照灯挡位，用试灯检查变光开关的"火线"接柱。若试灯不亮，用试灯检查车灯开关相应接柱；若试灯亮，表明两开关之间的导线断路；若试灯不亮，表明车灯开关损坏。检查变光开关接线柱时，若试灯亮，为变光开关损坏。用导线分别连接变光开关的"火线"接柱与远、近光灯线接柱，此时，远近灯均应点亮。

按照图14.5所示的诊断流程进行原因分析。

二、学生实操训练

（一）训前准备

1. 学生组织

将学生按照3~4人一组进行分组，每组内按照实训任务进行分工，主要有测量、工具准备、故障分析推导等工作。

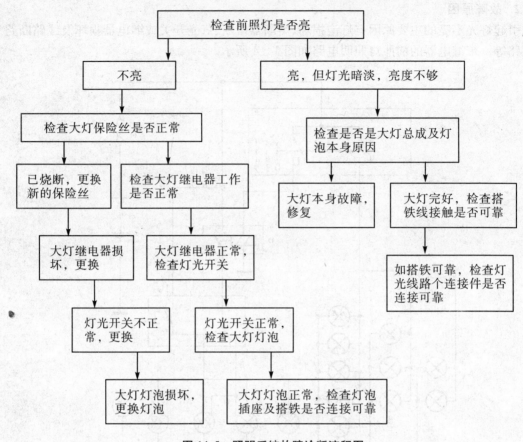

图 14.5 照明系统故障诊断流程图

2. 实训场地及工具准备

为完成该任务操作,除了将故障车、检测工具、工作台布置好以外,还需提前做好以下准备:

① 汽车整车或汽车电工接线考核实验台;
② 万用表;
③ 常用手工具;
④ 汽车试灯;
⑤ 前照灯检测仪。

(二)汽车照明系统常见故障检修实训

按照已经分好的小组,让学生制定维修计划,实施维修,包括:资讯、查阅维修手册进行原因分析(诊断方案)、故障点确认(实施诊断方案)、故障排除等。

1. 资讯

检查汽车或实验台的照明工作状况,并填写附表 A1。

2. 查阅维修手册进行原因分析

查阅维修手册及相关资料,对原因进行分析。

3. 故障点确认

按照附表 A2,进行故障点确认。

4. 故障排除

按照附表 A3,进行故障排除。

5. 废料和废品处理

任务结束后,对废料和废品进行处理。

（三）学生撰写实训报告

任务结束后,撰写实训报告。

（四）实训结果评价

对实训结果进行评价。

 任务评价

填写任务评价反馈表,见附表 A4。

任务二　信号系统的常见故障诊断与检修

 任务引入

一辆帕萨特 B5 GSi 轿车,该车转向灯熔丝熔断,更换一新的熔丝后,转向灯工作正常,可两天后转向灯熔丝又熔断。如此更换多个熔丝,故障仍存在。客户要求查明原因,排除故障。

 相关知识

一、信号系统的组成

汽车信号装置包括灯光信号装置和声音信号装置两部分。主要作用是向他人或其他车辆发出警告和示意的信号,以引起有关人员注意,确保车辆行驶的安全。灯光信号有转向信号灯、倒车灯、示位灯、示廓灯、驻车灯等。声音信号有倒车蜂鸣器、语音、电喇叭等。

汽车主要信号装置及其特征如表 14.1 所示。

二、信号系统电路

信号系统的工作带有较强的随机性,一般由自身开关控制,不用驾驶员特意操作即可接通。如制动信号多由制动踏板联动控制,倒车灯多由变速杆倒挡轴联动控制。

转向信号与危险警报信号的一般电路如图 14.6 所示。

表 14.1 汽车主要信号装置及其特征

名称	位置	功率(W)	用途	光色
转向灯、危险警告灯	汽车头部、尾部及两侧	21	汽车转弯时发出明暗交替闪光信号;车辆遇到危险时作为危险警灯发出警示信号	淡黄色光
倒车灯	汽车尾部	21	照明车辆后侧,同时警告后方的车辆及行人注意安全	白色光
制动灯	汽车尾部	21	当汽车制动或减速停车时,向车后发出灯光信号,以警示随后车辆及行人	红色
示位灯	车身的前面后面和侧面	5	标志汽车夜间行驶或停车时的宽度轮廓	前:白色或黄色;后:红色;侧:淡黄色
示廓灯	车身的前后左右四角	3~5	标示车辆轮廓	红色光
驻车灯	车前、车尾和两侧	3	标示车辆形状位置,警示车辆及行人注意避让,以防碰撞	前:白色光;后:红色光
电扬声器	发动机室内	视车型而定	发出声响,警告行人车辆,以确保行车安全	视车型而定

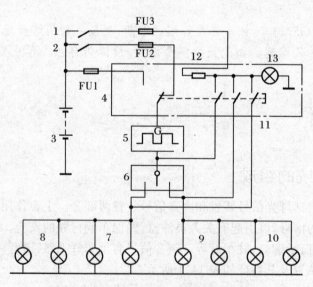

图 14.6 转向信号与危险警报信号电路

1. 照明灯开关 2. 点火开关 3. 蓄电池 4. 危险警报灯开关 5. 转向闪光继电器 6. 转向灯开关
7. 左转向信号灯 8. 左转向指示灯 9. 右转向信号灯 10. 右转向指示灯 11. 危险警报灯开关
12. 降压电阻 13. 危险警报指示灯

三、信号系统的常见故障及其诊断与排除

汽车信号系统的常见故障有转向灯和危险报警灯故障、喇叭不响故障等,可用分段短路法诊断出故障部位。

(一)转向信号电路的故障诊断与排除

1. 转向信号灯闪光频率不正常

转向信号灯工作时,左、右转向信号灯的闪光频率不一致或闪光频率不正常。

(1)故障原因

① 转向灯线路松脱,一般为紧固线路松脱所致。

② 左右转向灯功率不同。

(2)故障诊断与排除

① 检查闪光继电器、转向开关及转向灯搭铁端子,如有松脱处,进行紧固。

② 检查转向灯泡,看功率是否符合要求,否则进行更换。

③ 如无上述原因,则检查闪光继电器是否调整不当,一般为120次/min,否则应调整闪光继电器。

2. 转向信号灯不工作

(1)故障原因

① 熔丝熔断。

② 闪光器工作不良。

③ 转向灯开关工作不良。

④ 转向灯泡损坏。

(2)故障诊断与排除

① 检查熔丝盒里的转向灯熔断丝是否烧毁,如烧毁则予以更换。

② 闪光器的检查,拔下闪光器,用跨接线连接电源与闪光器插座"L"端子,如果转向灯在打转向开关的两个位置都亮,则闪光器失效,应予以更换。

③ 如果无上述原因,则检查转向开关,方法为:分别操作左右转向,用万用表的导通挡位测闪光器"L"端子与左右转向灯线路的导通情况,如不导通则为开关损坏,应进行修复或更换。

④ 如果转向开关工作正常,则检查转向灯泡是否烧毁,如烧毁则予以更换。

(二)制动信号灯的故障诊断与排除

1. 制动信号灯不亮

(1)故障原因

① 灯泡烧毁。

② 熔丝熔断。

③ 制动开关失效。

④ 线路或搭铁问题。

(2)故障诊断与排除

① 检查灯泡和熔丝是否烧毁,如烧毁则予以更换。

② 检查制动开关。踩下制动踏板,用万用表检查开关是否导通,如不导通,则应更换制

动开关。

③ 检查线路是否有断路。采用逐点搭铁法可以判定断路故障（用万用表电压挡逐点检查线路是否在踩下制动踏板时有蓄电池电压）。

④ 检查搭铁线路是否良好，如有松动应紧固搭铁端子。

2. 信号灯常亮

(1) 故障原因

一般为制动开关调整不当或制动开关损坏，导致常闭合，使制动信号灯常亮。

(2) 故障诊断与排除

在不踩制动踏板的情况下，测量制动开关是否导通，如导通，则应进行调整；开关损坏的要进行更换。

3. 制动灯一个不亮

(1) 故障原因

不亮的制动灯烧毁，线路有断路，或者搭铁端子松脱。

(2) 故障诊断与排除

检查灯泡是否烧坏，线路是否断路，搭铁端子是否牢固。

（三）倒车信号的故障诊断与排除

倒车灯在挂入倒挡后不亮。

(1) 故障原因

① 灯泡烧毁。

② 线路断路。

③ 倒挡开关损坏。

④ 搭铁不良。

(2) 故障诊断与排除

① 检查灯泡是否烧断，如已烧毁，则予以更换。

② 检查熔丝和线路是否断路，如是断路则予以修复。

③ 检查倒挡开关是否损坏，检查方法：挂入倒挡，用万用表检查开关是否导通，如不导通，则开关损坏，应进行更换。

④ 检查搭铁端子是否搭铁牢固，如有松动予以紧固。

（四）喇叭控制电路的故障诊断与排除

1. 喇叭不响

(1) 故障原因

① 喇叭损坏。

② 喇叭继电器故障。

③ 线路断路。

④ 喇叭按钮损坏。

⑤ 电源或搭铁故障。

(2) 故障诊断与排除

① 检查电源线是否有电，用万用表在喇叭继电器的"电池"极和搭铁间测量电压，若无电压，说明电源线断路，应检查蓄电池、熔断器、喇叭继电器与"电池"接线柱之间线路有无

断路。

② 若电源线有电,再用旋具将喇叭继电器的"电池"与"喇叭"两接线柱短接,若喇叭响,说明喇叭继电器或按钮有故障,否则,喇叭本身或连接线有故障。

③ 按下喇叭按钮,倾听继电器内有无声响(或打开盒盖观看),若有"咯嗒"声(或触点闭合),但喇叭不响,说明触点氧化或烧蚀。若无"咯嗒"声,再用旋具将继电器按钮接线柱搭铁。若喇叭响,说明按钮或连接线有故障;喇叭不响,但能听到继电器中有"咯嗒"声,为触点接触不良;如听不到"咯嗒"声,搭铁时又无火花,为线圈断路;如火花强烈,为线圈短路。

④ 按下按钮,喇叭只发出"嗒"的一声就不响了,则故障在喇叭内部,更换喇叭。

⑤ 若按下按钮,喇叭不响,检查电路发现熔丝熔断,肯定是线路中有搭铁之处,可分段检查。

2. 喇叭响声不正常

当按下喇叭按钮时,喇叭声音沙哑、发闷或刺耳。

(1) 故障原因

① 蓄电池电量不足。

② 线路紧固端子松动。

③ 喇叭故障。

(2) 故障诊断与排除

① 检查蓄电池存电是否充足。接通前照灯开关,如果灯光暗弱,或者在发动机未起动前喇叭声音沙哑,但发动机起动后喇叭声音恢复正常,则是蓄电池亏电所致。

② 若蓄电池技术状况正常或发动机发动后,喇叭声音仍沙哑,则应检查安装情况,若有松动应紧固,若无松动,应检查各部紧固情况,必要时更换喇叭。

3. 喇叭长鸣

行车中,喇叭突然长鸣不停或按了喇叭按钮松开后,喇叭依然鸣叫。

(1) 故障原因

① 喇叭继电器故障。

② 喇叭按钮故障。

③ 按钮前控制线路有搭铁。

(2) 故障诊断与排除

① 遇到这种情况,应迅速将接在继电器"电池"接线柱上的火线头拆下使其悬空,使喇叭停响。

② 拆除继电器"按钮"接线柱上的连接头,然后用前面拆下的电池柱上的火线碰划"电池"接线柱试验。

③ 若喇叭响,可能是继电器触点烧结,弹簧弹力过弱或继电器"喇叭"、"电池"接线柱短路。

④ 若喇叭不响,可能是继电器"按钮"接线柱至按钮之间的连线搭铁破损、线头搭铁或按钮复位弹簧折断或弹力太弱。

一、实训导读

出现信号系统故障时,可按照图 14.7 诊断流程进行原因分析。

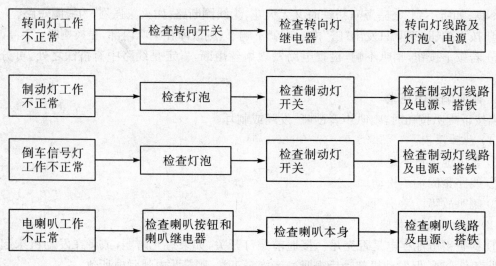

图 14.7　信号系统常见故障诊断流程图

二、学生实操训练

(一)训前准备

1. 学生组织

将学生按照 3~4 人一组进行分组,每组内按照实训任务进行分工,主要有测量、工具准备、故障分析推导等工作。

2. 实训场地及工具准备

为完成该任务操作,除了将故障车、检测工具、工作台布置好以外,还需提前做好以下准备:

① 汽车电器实验台或整车。
② 万用表。
③ 汽车故障诊断仪。
④ 汽车专用示波器。
⑤ 电脑及打印机。
⑥ 常用手工具。

(二)信号系统的常见故障诊断与检修实训

按照已经分好的小组,让学生制定维修计划,实施维修,包括:资讯、查阅维修手册进行原因分析(诊断方案)、故障点确认(实施诊断方案)、故障排除等。

1. 资讯

根据任务描述和实车(发动机)表现,填写附表 A1。

2．查阅维修手册进行原因分析

查阅维修手册及相关资料，对原因进行分析。

3．故障点确认

按照附表 A2，进行故障点确认。

4．故障排除

按照附表 A3，进行故障排除。

5．废料和废品处理

任务结束后，对废料和废品进行处理。

（三）学生撰写实训报告

任务结束后，撰写实训报告。

（四）实训结果评价

对实训结果进行评价。

  任务评价

填写任务评价反馈表，见附表 A4。

任务三　仪表与报警系统的常见故障诊断与检修

  任务引入

一普通捷达轿车，冷车起动后，冷却液温度报警灯闪亮，观察温度表指针指向高温区，而此时发动机并不过热，环境温度仅 20 ℃。因为是冷车运转，发动机水温仅 20 ℃，所以此时冷却液温度报警灯报警属于电路故障。拔下冷却液温度传感器接线插头，报警灯熄灭，说明传感器损坏，更换冷却液温度传感器故障排除。

  相关知识

一、仪表与报警系统

（一）汽车仪表

1．汽车仪表的作用

汽车仪表是为驾驶员提供汽车运行重要信息的装置。

2．汽车仪表分类

不同汽车的仪表不尽相同。但是一般汽车的常规仪表有电流表、车速里程表、转速表、机油压力表、水温表、燃油表、充电表等。汽车常规仪表按工作原理分为机械式仪表、电气式仪表、模拟电路电子式仪表和数字式仪表;按安装方式分为组合式仪表和分装式仪表。

3. 常见汽车仪表的结构类型

常见汽车仪表的结构类型见表 14.2。

表 14.2 常见车型仪表板的结构类型

表芯\车型	2020S	CA1092	EQ1092	夏利	桑塔纳	奥迪	切诺基	五十铃N系列
仪表板型号	8108	8005	EQ1-2	83800-TEA00	801-ST	4GD920930K	5234037	ZB103001-004
充电指示	电磁电流表	动磁电流表	充电指示灯			电磁电压表	充电指示灯	
油压指示	电热式表芯+电热式传感器		油压过低报警灯			电磁+变阻	油压报警灯	
水温表	电热+电热	电热式表芯+热敏传感器				电磁+变阻	电磁+变阻	
燃油表	电磁+变阻	电热式表芯+热敏传感器				电磁+变阻	电磁+变阻	
仪表稳压器	无	电热式		电子式		无	无	
转速表				电子式		电子式		
车速里程表	机械式			电子式		机械式	机械式	

(二)汽车报警系统

1. 汽车报警系统的作用

为了保证行车安全,防止事故发生所设置的灯光或声音信号装置称为安全报警装置。

2. 汽车报警系统分类

汽车安全报警装置一般分为对内和对外两类报警装置。

① 对内报警通常由报警灯和报警开关组成,当被监测的系统或总成不正常时,开关自动接通而使指示灯发亮,用以提醒司机注意。如机油压力报警灯、车门未关好报警、制动液压不足指示灯、燃油不足报警灯、发动机故障指示灯、变速器故障指示灯、制动系统故障报警、防盗报警等。

② 对外报警装置通常有危险报警闪光装置、转向蜂鸣器、倒车报警蜂鸣器、汽车防撞报警、座椅安全带报警、前照灯未关及点火钥匙未拔报警系统等。一般都带有声音信号或同时有灯光信号。

在汽车仪表板上安装了许多报警灯,由于报警灯在正常情况下不工作,不需经常确认,对目视性要求低,所以现代汽车广泛采用。

3. 汽车报警灯的图形符号、作用及检查方法。

常见汽车报警灯的图形符号、作用及检查方法见表 14.3。

表 14.3 常见报警灯的图形符号、作用及检查方法

序号	名称	图形	颜色	灯泡	作用	灯泡短路检查
1	蓄电池液面过低报警灯		红	1~4	蓄电池液面比规定量低时,灯亮	发动机停止时,由于点火开关接通,灯亮
2	机油压力过低报警灯		红	1~4	发动机机油压力在 0.03 MPa 以下时,灯亮	发动机停止时,由于点火开关接通,灯亮
3	充电指示灯		红	1~4	硅整流发电机不发电时,灯亮	发动机停止时,由于点火开关接通,灯亮
4	预热指示灯		黄	1~4	点火开关闭合时,灯亮;预热结束时,灯灭	发动机停止时,由于点火开关接通,灯亮
5	燃油滤清器积水指示灯		红	1~4	燃油滤清器积水时,灯亮	发动机停止时,由于点火开关接通,灯亮
6	远光指示灯		蓝	1~4	使用前照灯远光是,灯亮	接通远光灯时,灯亮
7	散热器液量不足报警灯		黄	1~4	散热器的液量比规定的少时,灯亮	发动机停止时,由于点火开关接通,灯亮
8	转向指示灯		绿	1~4	开转向灯时,灯亮	开转向灯时,灯亮
9	驻车制动报警灯		红	1~4	驻车制动器起作用时,灯亮	拉紧驻车制动手柄时,灯亮
10	车轮制动失败报警灯		红	1~4	制动器失败时,灯亮	发动机停止时,由于点火开关接通,灯亮
11	燃油过少报警灯		黄	1~4	燃油余量约在 10 L 以下时,灯亮	发动机停止时,由于点火开关接通,灯亮
12	安全带报警灯		红	1~4	不管是否装上安全带扣,发动机启动后约 7 s 灯灭	发动机停止时,由于点火开关接通,灯亮
13	车门未关报警灯		红	1~4	车门打开或半开时,灯亮	发动机停止时,由于点火开关接通,灯亮

续表

序号	名称	图形	颜色	灯泡	作用	灯泡短路检查
14	制动灯或后示位灯失效报警灯		黄	1~4	制动灯或后示位灯断路时,灯亮	发动机停止时,由于点火开关接通,灯亮
15	洗涤器液面过低报警灯		黄	1~4	洗涤液液面过低时,灯亮	发动机停止时,由于点火开关接通,灯亮
16	安全气囊报警灯	AIR BAG	黄	1~4	安全气囊失效时,灯亮	接通点火开关,灯亮,后6 s后灯灭
17	制动防抱死失效报警灯	ABS	红	1~4	ABS电控装置有故障时,灯亮	接通点火开关,灯亮,后3 s后灯灭
18	发动机故障报警灯	CHECK	红	1~4	发动机电控系统有故障时,灯亮	发动机停止时,由于点火开关接通,灯亮

二、仪表与报警系统常见故障

仪表与报警系统的一般电路如图14.8所示。

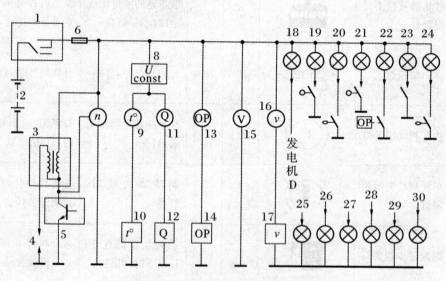

图14.8 仪表与指示灯、报警灯电路

1.点火开关 2.蓄电池 3.点火线圈 4.火花塞 5.点火模块 6.熔断器 7.发动机转速表 8.仪表稳压器 9.发动机冷却系温度表 10.温度表传感器 11.燃油表 12.燃油表传感器 13.机油压力表 14.机油压力表传感器 15.电压表 16.车速表 17.车速传感器 18.充电指示灯 19.停车制动指示灯 20.制动液面报警灯 21.门未关报警灯 22.机油压力报警灯 23.备用报警灯 24.水位过低报警灯 25.远光指示灯 26,27.左、右转向指示灯 28.座椅安全带未系报警灯 29.防抱死制动指示灯 30.巡航控制指示灯

1. 冷却液温度表指针不动的故障诊断

(1) 故障现象

发动机工作时,冷却液温度表指针不动,反应不出发动机冷却液温度。

(2) 故障原因

冷却液温度表指针不动的故障原因如下：

① 稳压器工作不正常。

② 冷却液温度自身故障(如双金属片发热线圈断路或脱落)。

③ 冷却液温度表传感器故障(如热敏电阻失效)。

④ 线路有断路。

(3) 故障诊断与排除

将冷却液温度传感器的接线插头拔下,使该导线直接搭铁,打开点火开关,观察冷却液温度表的指针情况,若指针开始移动,则说明故障在传感器；若指针仍无指示,则说明仪表自身、稳压器有故障或线路有断路。如果冷却液温度表与燃油表同时出现故障,则稳压器或线路出现故障的可能性较大,应首先检查稳压器工作是否正常,线路有无断路。在排除稳压器和线路故障之后即可断定故障发生在仪表自身。

2. 燃油表指针总指向无油位置的故障诊断

(1) 故障现象

无论油箱内燃油多少,燃油表的指针总指向无油位置不动。

(2) 故障原因

燃油表指针不动的故障原因如下：

① 燃油表自身故障。

② 稳压器工作不正常。

③ 线路有断路处。

④ 燃油表传感器故障或浮子机构被卡住。

(3) 故障诊断与排除

首先拔下燃油表传感器接线插头,使该导线直接搭铁,打开点火开关,观察燃油表指示情况。若指针开始向满油刻度移动,则说明故障在燃油表传感器；若仍没有反应,则说明仪表自身、稳压器有故障或线路有断路,需进一步采用排除法进行诊断。

3. 冷却液温度报警灯常亮故障诊断

(1) 故障现象

汽车在行驶过程中,发动机无论在冷态还是热态,冷却液报警灯常亮。

(2) 故障原因

冷却液温度报警灯常亮的故障原因如下：

① 冷却液温度报警开关故障。

② 线路有搭铁处。

③ 储液罐中冷却液液面过低。

④ 冷却液液位开关故障。

(3) 故障诊断与排除

首先检查发动机冷却液温度是否过高及储液罐液面是否过低。如果这些都正常,但仍然报警,可拔下储液罐液位开关插头,如果报警灯熄灭,说明故障在液位开关；如果报警灯仍然亮,接好液位开关插头,拔下冷却液温度报警开关插头,若此时报警灯熄灭,说明故障在冷却液温度报警开关;反之,若报警灯仍然亮,则说明线路有搭铁处。

4. 机油压力报警灯常亮的故障诊断

(1) 故障现象

汽车在行驶过程中,发动机机油压力报警灯常亮。

(2) 故障原因

机油压力报警灯常亮的故障原因如下:

① 机油压力报警开关故障(有的车辆采用两个报警开关同时监控,如桑塔纳、捷达、奥迪轿车都装有低压 30 kPa 报警开关和高压 180 kPa 报警开关)。

② 润滑油路压力达不到规定要求。

③ 线路故障。

(3) 故障诊断与排除

当出现机油压力报警灯亮故障,首先要区分是润滑系统故障还是报警系统自身故障,通常采用测量油压的方法进行诊断。可按图 14.9 所示在车上做如下检查:

① 拆下低压开关(30 kPa 开关),将其拧入检测仪。把检测仪拧到气缸盖上的机油低压开关处,并将检测仪的褐色导线接地。

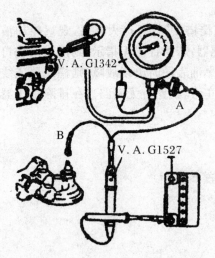

图 14.9 低压与高压开关检测

② 用辅助导线将二极管测试灯 V.A.G1527 接到蓄电池正极及低压开关 A 上时,发光二极管被点亮。起动发动机,慢慢提高转速,当压力达到 15~45 kPa 时,发光二极管应熄灭,若不熄灭,说明低压开关有故障。再使发动机怠速运转,机油压力应大于 45 kPa,发光二极管应熄灭,若压力低于 15 kPa,则说明润滑系统有故障。

③ 将二极管测试灯连接到高压开关(180 kPa 开关)B 上,慢慢提高发动机转速,当机油压力达到 160~200 kPa 时,发光二极管必须亮,若不亮说明高压开关有故障。进一步提高转速,当转速达到 2 000 r/min 时,油压至少应达到 200 kPa,若达不到,则说明润滑系统有故障。

一、实训导读

仪表与报警装置故障按照图 14.10~图 14.15 诊断流程进行原因分析。

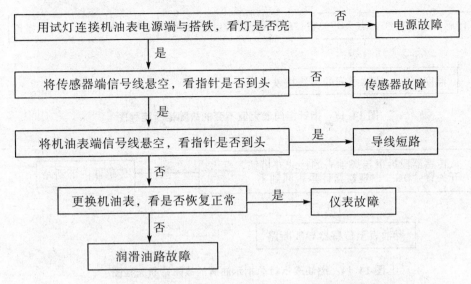

图 14.10　电热式机油压力表指针不动的故障诊断流程图

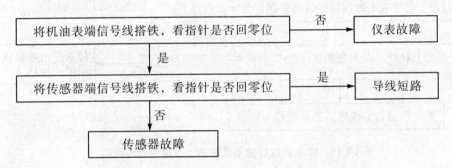

图 14.11　机油压力表指针先动的故障诊断流程图

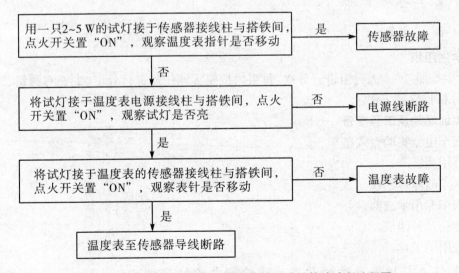

图 14.12　电磁式冷却液温度表指针不动的故障诊断流程图

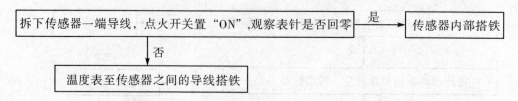

图 14.13　指针指向最大值不变的故障诊断流程图

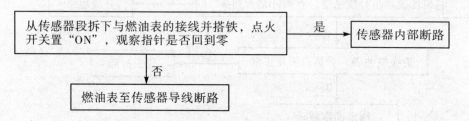

图 14.14　燃油表指针总指示油满的故障诊断流程图

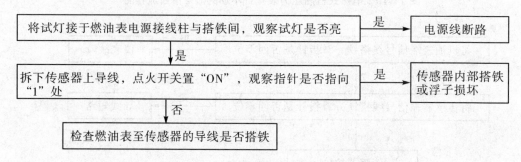

图 14.15　燃油表指针总指示油满的故障诊断流程图

二、学生实操训练

（一）训前准备

1. 学生组织

将学生按照 3～4 人一组进行分组，每组内按照实训任务进行分工，主要有测量、工具准备、故障分析推导等工作。

2. 实训场地及工具准备

① 汽车电器实验台或整车。
② 万用表。
③ 汽车故障诊断仪。
④ 汽车专用示波器。
⑤ 电脑及打印机。
⑥ 常用手工具。

（二）仪表与报警系统的常见故障诊断与检修实训

按照已经分好的小组，让学生制定维修计划，实施维修，包括：资讯、查阅维修手册进行原因分析（诊断方案）、故障点确认（实施诊断方案）、故障排除等。

1. 资讯

根据任务描述和实车(发动机)表现,填写附表 A1。

2. 查阅维修手册进行原因分析

查阅维修手册及相关资料,对原因进行分析。

3. 故障点确认

按照附表 A2,进行故障点确认。

4. 故障排除

按照附表 A3,进行故障排除。

5. 废料和废品处理

任务结束后,对废料和废品进行处理。

(三)学生撰写实训报告

任务结束后,撰写实训报告。

(四)实训结果评价

对实训结果进行评价。

 任务评价

填写任务评价反馈表,见附表 A4。

项目评价

填写项目评价表,见附表 A5。

项目思考

1. 简述汽车照明系统组成。
2. 简述前照灯的防眩目措施。
3. 简述汽车前照灯的检查与调整方法。
4. 前照灯的电子控制电路主要有哪些?试对其电路进行分析。
5. 简述汽车信号装置的组成。
6. 简要分析桑塔纳轿车转向及危险警报电路的工作过程。
7. 汽车常规仪表有哪些?各有何作用?
8. 汽车常见报警灯图形符号有哪些?简述它们的作用及检查方法。

报警灯故障案例分析

1. 普通捷达轿车热车时机油压力报警灯闪亮

（1）故障现象

冷车时发动机机油压力报警灯正常，热车时报警灯闪亮，且蜂鸣器报警。

（2）故障诊断与排除

引起机油压力报警灯闪亮的主要因素有：机油压力低和机油压力控制系统有故障。

机油压力控制系统由两个压力开关、一个压力报警器、一个蜂鸣器、一个仪表板内的控制单元组成。两个压力开关，一个是位于缸盖后的低压开关，一个是位于机油滤清器处的高压开关。在打开点火开关时，低压开关处于常闭状态，高压开关处于常开状态，此时机油压力报警灯亮；当起动发动机后，系统压力超过 0.03 MPa 时，低压开关断开，机油压力报警灯熄灭；当发动机转速达到 2 000 r/min，机油压力达到 0.18 MPa 以上时，高压开关关闭即搭铁。这一信号传递给仪表板内的控制单元，机油压力报警灯不亮；若压力达不到 0.18 MPa 时，则电控单元只接受了 2 000 r/min 这一转速信号，而没接到高压开关搭铁这一信号，机油压力报警灯就要亮。

根据维修经验，机械故障和电气故障均能引起机油压力报警灯闪亮。按照由易到难的原则，先检查电气系统。首先使发动机到达正常工作温度，然后拔下低压开关插头，测量低压开关端子对地电阻，正常。插上低压开关插头，拔下高压开关插头测量高压开关端子对地电阻，结果为∞。当加速到 2 000 r/min 时，对地电阻为∞，说明高压开关正常，同时说明润滑系统压力正常。机械部分不用检查了，问题可能出现在仪表板内的警告灯、蜂鸣器控制单元上。拆下仪表板，将警告灯、蜂鸣器接电实验，故障正常。由此可以断定问题出现在控制单元。更换控制单元后，故障排除。

2. 桑塔纳 2000GLi 轿车左右转向信号灯闪光频率不均匀

（1）故障现象

该车在一次电气故障排除之后，出现左右转向信号灯闪烁频率不均匀现象，右侧快、左侧慢。

（2）故障诊断与排除

这种故障在各种汽车上比较常见，其主要原因有导线接触不良，灯泡功率选配不搭，闪光器有故障等。对转向信号灯开关、闪光器接线端等进行检查，未有发现松动和接触不良的地方。检查转向信号灯灯泡功率，均符合规定（两侧的功率一样）。闪光器是不可调的电容式，换上正常的同型号的闪光器，故障依旧，那么故障可能性最大的是转向信号灯开关了。解体转向信号灯开关，用万用表电阻挡对左、右转向信号灯输出线导通情况进行检查：分别打开转向信号灯开关至左和右，测得的右侧阻值远大于左侧阻值，说明右侧转向信号灯开关接触不良。继续拆检，发现右侧转向信号灯开关触点烧蚀严重，接触电阻增大，致使右侧转向信号灯阻值增大，功率变小，闪光频率变快。因为关触点烧蚀十分严重，无法修复，只好换一个新的组合开关。组装好后通电试验，两侧转向信号灯闪光频率一样，故障排除。

3. 普通捷达远光灯自动点亮

(1) 故障现象

车主说,前一天晚上收车后,关闭点火开关和所有灯光,并锁好车门,但第二天早晨发现远光灯自动点亮。打开车门,发现大灯开关已关闭,车内有一股塑料焦糊味,从方向盘下的变光开关处向外冒黑烟。拆下蓄电池接线,立即与维修厂联系。

(2) 故障诊断与排除

赶到现场后,接上蓄电池接线,在不打开车灯开关时,远光灯也亮,用手扳变光开关,发卡扳不动,故障确实如车主所述。切断电源,拆下方向盘,把变光开关和刮水器开关整体拆下,两者已烧死分不开。同时更换两开关后,大灯亮灭恢复正常。

相关技术链接:捷达车组合开关有一项功能,即在不开大灯开关时,无论点火开关是否打开,向上抬变光开关,远光灯亮,松手后远光灯熄灭,此时作为超车灯开关用。由此可知,虽然关闭了点火开关和大灯开关,仍有超车灯电源30号电接通变光开关。当超车灯开关内部短路时,大灯远光常亮不熄,长时间点亮加之开关内部接触不良就会产生大量的热,烧损变光开关。国产变光开关的损坏率非常高,其损坏后出现的故障现象也多种多样。

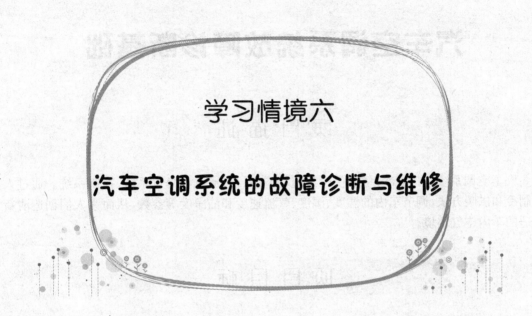

学习情境六

汽车空调系统的故障诊断与维修

项目十五

汽车空调系统故障诊断基础

项目描述

汽车空调系统包括制冷系统、供暖系统、配气系统、通风和净化系统、控制系统。通过人工制冷和供暖方法,调节车内的温度、湿度、气流速度和洁净度等参数,从而为人们创造清新舒适的车内空气环境。

项目目标

1. 专业能力要求
① 能明确汽车空调系统的结构和工作过程;
② 应用汽车空调系统的工作原理能正确判断分析系统的工作状态;
③ 能掌握汽车空调常见故障的排除思路与方法。

2. 社会能力要求
① 具备团队协作意识和强烈的工作责任心;
② 具备发现问题并能积极处理的能力;
③ 具备足够的环境保护意识、强烈的职业道德和法律意识。

3. 方法能力要求
① 与人良好沟通的能力;
② 能主动独立地学习,具备一定的创造能力和创新能力;
③ 具备汽车空调系统故障诊断过程的优化和控制能力;
④ 良好的心理承受能力。

4. 重点和难点
① 汽车空调系统的工作过程;
② 汽车空调系统的故障排除方法。

任务一　汽车空调系统的工作过程

2010年1月19日，售后服务经理接到客户王先生反映，他的汽车空调制冷效果不良，出风口温度低。作为汽车维修人员接到此维修任务后，要求检查并判断制冷系统主要部件是否有故障，制定维修计划，得到经理确认后，完成此任务，提交一份分析报告并归档。

汽车空调就是将车内空间的环境调整到对人体最适宜的状态，创造良好的劳动条件和工作环境，以改善驾驶舒适性、降低驾驶疲劳、提高汽车安全性。为此，现代汽车空调系统就必须具备完善的功能，以及完成这些功能的所需装置，已完成车内空间的环境调节工作。

（一）汽车空调系统的组成

汽车空调系统主要包括制冷系统、供暖系统、配气系统、通风和净化系统、控制系统。

1．制冷系统

（1）功用

对车内空气或由外部进入车内的新鲜空气进行冷却或除湿，使车内空气变得凉爽舒适。

（2）组成

制冷系统由压缩机、冷凝器、贮液干燥器、膨胀阀、蒸发器、冷凝器、散热风扇、制冷管道等组成（图15.1）。

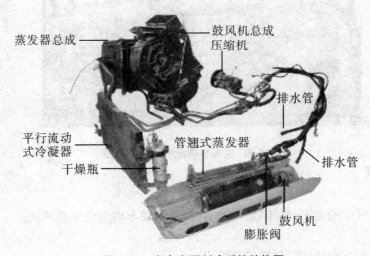

图15.1　汽车空调制冷系统结构图

2. 供暖系统

(1) 功用

用于取暖,对车内空气或由外部进入车内的新鲜空气进行加热,达到取暖除霜的目的。

(2) 组成

供暖系统由加热器、水阀、水管、发动机冷却液等组成(图15.2)。

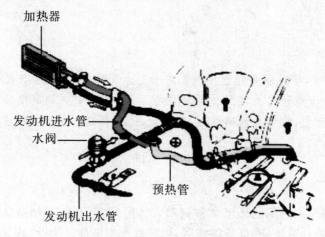

图15.2 汽车空调供暖系统结构图

3. 配气系统

(1) 功用

将外部新鲜空气吸进车内,起通风和换气作用。同时,通风对防止风窗玻璃起雾也起着良好作用。

(2) 组成

配气系统由进气模式风门、鼓风机、混合气模式风门、气流模式风门、导风管等组成等组成(图15.3)。

图15.3 汽车空调配气系统结构图

4. 净化装置

(1) 功用

除去车内空气中的尘埃、臭味、烟气及有毒气体,使车内空气变得清洁。

(2) 组成

由车外空气和车内循环空气两部分组成。

5．控制装置

（1）功用

对制冷、取暖和空气配送系统的温度、压力进行控制，同时对车内的温度、风量、流向进行调节，并配有故障诊断和网络通信的功能，完善了控制系统的自动程度。

（2）组成

控制装置由点火开关、A/C开关、电磁离合器、鼓风机开关调速电阻器、各种温度传感器、制冷剂高低压力开关、温度控制器、送风模式控制装置、各种继电器等组成。

（二）汽车空调系统的工作原理

在汽车空调系统中，空调制冷系统的结构、原理和控制最为复杂，本章仅介绍汽车空调制冷系统的工作原理及故障分析。

汽车空调制冷系统各部件之间采用铜管（或铝管）和高压橡胶管连接成一个密闭系统。制冷系统工作时，制冷剂以不同的状态在这个密闭系统内循环流动，每个制冷循环包括四个基本过程：压缩过程、散热过程、节流过程、吸热过程。如图15.4所示。

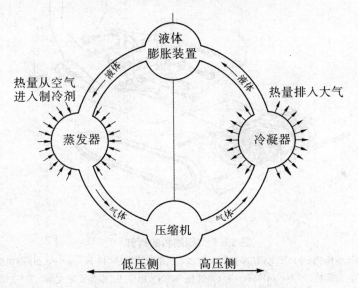

图15.4　汽车空调制冷系统的工作原理

（1）压缩过程

压缩机吸入蒸发器出口处的低温低压的制冷剂气体，把它压缩成高温高压的气体排出压缩机，然后送入冷凝器。

（2）放（散）热过程

高温高压的过热制冷剂气体进入冷凝器与大气进行热交换，由于压力及温度的降低，制冷剂气体冷凝成液体，并排出大量的热量。

（3）节流过程

高温高压的制冷剂液体通过膨胀装置（膨胀节流管）节流降温降压后体积变大，压力和温度急剧下降，以雾状（细小液滴）排除膨胀装置。

（4）吸热过程

经膨胀节流管降温降压后的雾状制冷剂液体进入蒸发器，因此时制冷剂沸点远低于蒸发器内温度，故制冷剂液体在蒸发器内蒸发成气体。制冷剂在蒸发过程中大量吸收周围的热量，降低车内温度。而后低温低压的制冷剂气体流出的蒸气又进入压缩机。

一、实训导读

空调系统拆装及各主要组成部件的检修方法如下。

（一）压缩机的检修

1. 压缩机的拆卸

压缩机拆卸示意图如图 15.5 所示。

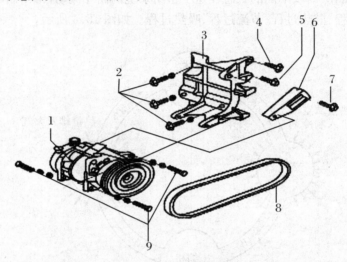

图 15.5 压缩机的拆卸

1. 空调压缩机（型号：SE7PV16A R134a） 2. 六角组合螺栓（40 N·m） 3. 压缩机支架 4. 带肩六角螺栓（40 N·m） 5. 内六角螺栓（40 N·m） 6. 皮带张紧支架 7. 皮带张紧调节螺栓 8. 压缩机皮带 9. 内六角组合螺栓（40 N·m）

（1）压缩机的拆卸要求

① 拆卸时首先要清楚压缩机结构，拆下零件应按部件分类摆放，以免损伤弄乱。

② 压出或打出轴套和销子时应先辨别方向，然后再操作，一般要用木槌敲打，以免损伤零件表面。

③ 拆卸零件时不要用力过猛，以免损伤零件。

④ 拆卸形状和尺寸相同的零件时，需做好记号，以防装错。

⑤ 拆卸的零件用冷冻油清洗，清洗时要用毛刷，不能用碎布纱头擦洗零件，以防赃物进入。

（2）压缩机的拆卸方法

① 拆除电磁离合器连接导线。

② 从制冷系统内排出制冷剂。

③ 从压缩机吸排气口拆下软管,并在压缩机吸排气口加盖,以免灰尘和水蒸气进入系统内。

④ 拆除压缩机驱动带。

⑤ 从制冷系统托架上拆卸压缩机固定螺钉和压缩机,再将压缩机装在一个支架上,支架夹在台虎钳上。

⑥ 排出压缩机内的冷冻油,用量筒测量出油量,并检查冷冻油是否变色,油内是否混有杂质。

2. 空调压缩机皮带的拆卸与安装

空调压缩机皮带的拆卸示意图如图 15.6 所示。

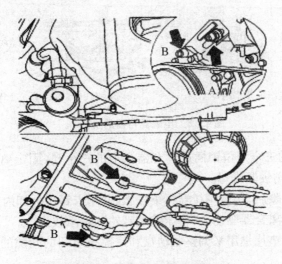

图 15.6 空调压缩机皮带的拆卸

① 用内六角扳手,旋松空调压缩机下方两个连接螺栓(箭头 B)。

② 沿顺时针方向旋转皮带张紧调节螺栓(箭头 A)直至皮带放松。

③ 用套筒扳手将皮带由带轮上向汽车前进方向脱出。

如更换皮带,应拆卸发动机前悬置;如仅拆空调压缩机,可不拆发动机前悬置。

空调压缩机皮带的安装如图 15.7 所示。

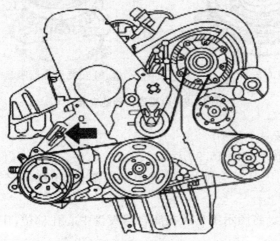

图 15.7 空调压缩机皮带的安装

① 用套筒扳手,沿顺时针方向旋转调节螺栓(箭头所示),直至皮带张紧。
② 用拇指按压皮带中部,变形量为 5～10 mm 即可。
③ 用扭力扳手,将空调压缩机下方两个连接螺栓拧紧,力矩为 40 N·m。
④ 将皮带套在带轮上,注意运转方向。

3. 电磁离合器的拆卸和修理

(1) 电磁离合器的拆卸

电磁离合器的拆卸示意图如图 15.8 所示。

  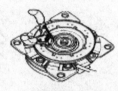

(a) 旋出离合器吸盘　　(b) 取出卡环　　(c) 拆卸转子　　(d) 拆除前盖挡圈

图 15.8　电磁离合器的拆卸

① 使用 Y 形爪具的三个定位销插进离合器盘上的三个孔,固定离合器的驱动盘,用套筒扳手拆下主轴上的六角锁紧螺母。
② 六角锁紧螺母拆除后,用专用拉器拆下压板,并用卡簧钳拆卸内卡簧。
③ 用拉拔工具拆卸离合器驱动盘,将压缩机带轮和轴承拔出。
④ 拆下键和垫片。垫片是用来调整驱动盘和摩擦板之间的间隙的,安装时用它来调整到规定的间隙。
⑤ 用旋具拆下电磁线圈安装螺钉,卸下电磁线圈。

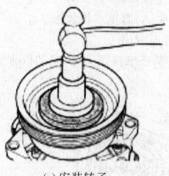 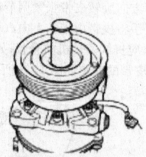

(a) 安装转子　　(b) 安装离合器吸盘

图 15.9　电磁离合器的安装

(2) 电磁离合器的安装

电磁离合器的安装流程如图 15.9 所示。

① 装转子。将专用工具组合使用,并置于中心部位,用锤子轻击四周,使转子安装到位。
② 安装离合器吸盘。将图示工具压在离合器吸盘中心孔部位,用锤子轻击,使离合器吸盘安装到位。

(3) 电磁离合器的修理

电磁离合器的检修流程如图 15.10 所示。

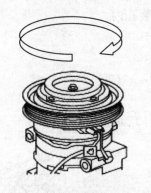 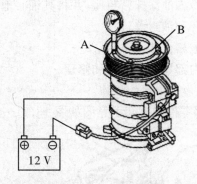

(a) 检查皮带轮轴承的间隙和阻力　　(b) 测量皮带轮与压盘之间的间隙(百分表)

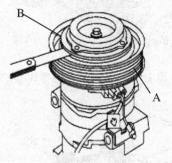 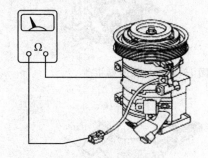

(c) 测量带轮与压盘之间的间隙(塞尺)　　(d) 测量电磁线圈电阻

图 15.10　电磁离合器的检修

① 检查离合器从动盘的摩擦表面,看是否由于过热和打滑而引起刮痕,以及是否翘曲变形,若从动盘有刮痕损伤或变形,就要更换带轮总成。另外,摩擦表面上的油物和赃物用清洁剂洗净。

② 检查离合器轴承有无松动或损坏,损坏的轴承必须更换,并上同规格的新轴承。

③ 用万用表检查电磁离合器线圈有无短路或断路故障,若发生短路或断路,则须更换线圈。

④ 检查完的电磁离合器,按拆卸时的相反步骤装配。

4. 压缩机轴封的拆卸和修理

(1) 压缩机轴封的拆卸

① 拆下离合器总成。

② 使用卡环钳,取下密封座卡环。

③ 使用密封拆卸工具,伸入到密封座位置,然后锁紧密封座的内周面,向外拉出密封座。

④ 用钩子取出密封件的 O 形密封圈。

(2) 压缩机轴封的修理和安装

① 检查轴封摩擦表面是否良好以及石墨环是否磨损,拆下的轴封若不能再用,必须更换新的轴封。

② 用清洁的冷冻油清洗压缩机密封部位。
③ 用清洁的冷冻油涂抹 U 形密封圈,并将其装入密封沟槽内。
④ 用清洁冷冻油涂抹密封座,并将其细心地压入安装孔内。
⑤ 安装卡环和油封盖。
⑥ 重新装上离合器。

5. 压缩机内部零件的拆卸和修理

(1) 压缩机内部零件的拆卸

压缩机内部零件的拆卸示意图如图 15.11～图 15.14 所示。

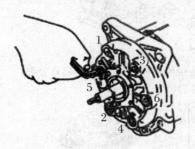

图 15.11 拆卸压缩机盖

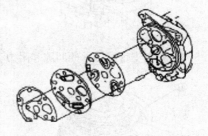

图 15.12 拆卸活塞等零件

图 15.13 拆卸气缸

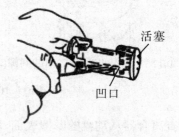

图 15.14 取出活塞钢球

① 将压缩机从发动机上拆下并安装在专用夹具上。
② 取下离合器压板、带轮、离合器线圈及轴封等。
③ 从放油孔放出压缩机内的冷冻油,并用量筒测量出油量。
④ 用内六角扳手松开端盖上所有的螺栓,然后取下螺栓。
⑤ 用木锤轻轻敲击端盖凸缘,使它和压缩机分开。当压缩机的前后端盖打开后,就可以容易地抽出其活塞等部件。
⑥ 取下汽缸垫、O 形密封圈、簧片阀板。
⑦ 取下内部零件的活塞组件和轴承等。

(2) 压缩机内部零件的修理和安装

① 检查压缩机活塞和气缸,若活塞和气缸有拉毛现象,则须更换压缩机。
② 检查压缩机轴承,若有损坏则须更换。
③ 检查压缩机阀片和阀板。阀板可以用油打磨平整,阀片、缸垫和 O 形密封圈损坏则须更换。
④ 装配时所有的零部件都要清洗干净,以保障油路畅通,并在各摩擦部位涂抹冷冻油。

⑤ 所有的结合面须清洁干净并在垫片上涂上冷冻油,均匀的压紧螺栓,装上前后盖板。
⑥ 用手转动压缩机运转是否顺利。

6. 压缩机维修后的性能检查

(1) 压缩机内部的泄漏检查:在压缩机吸排气检修阀上装上歧管压力计,并关闭手动高低压阀,再用手转动压缩机主轴,每秒转一圈,共转十圈。这时打开手动高压阀,高压表的压力大于 0.345 MPa 或更大,若压力小于 0.310 MPa,则说明压缩机内部有泄漏,须重新修理或更换阀片、阀板和缸垫。

(2) 压缩机外部泄漏检查:从压缩机吸入端注入少量的制冷剂,然后用手转动其主轴,用检漏仪检查轴封、端盖、吸排气阀口等处有无泄漏,若有泄漏须拆卸重新修理,若无泄漏,就可以装回发动机。

(二)冷凝器的检修

1. 冷凝器的检查

① 用检漏仪检查冷凝器泄漏情况。
② 检查冷凝器管内的赃物或管外弯曲情况。若发现压缩机排气压力过高,不正常制冷,管外有结霜、结露现象,说明管内赃物或管外弯堵。
③ 冷凝器管外及翅片外表面有污垢、残渣等,将造成散热不良。

2. 冷凝器拆卸

冷凝器的拆卸示意图如图 15.15 所示。

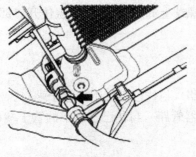   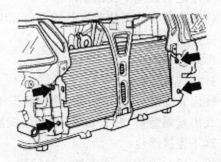

(a) 冷凝器管路拆装　　　　　　　(b) 冷凝器拆装

图 15.15　冷凝器的拆卸

① 慢慢地从系统中排出制冷剂。
② 将制冷剂管从冷凝器的进出口螺纹接头上拆卸下来。
③ 拆卸冷凝器,拧下连接螺栓,取出衬垫。

3. 冷凝器维修

① 冷凝器由于碰撞或振动而破坏,应拆卸冷凝器进行焊接修补,无法修理时,更换同规格的冷凝器,并向压缩机补充 40~50 mL 的冷冻油。
② 冷凝器散热翅片若歪曲变形,可用镊子校正铝散热翅片。
③ 冷凝器内脏堵,应拆开冷凝器出口和进口接头,用高压氮气吹洗,冲出赃物。
④ 冷凝器表面积灰,通风受阻,可用软毛刷轻刷表面或用吸尘器吸除灰尘。
⑤ 冷凝器管接头处泄漏,应更换管接头,并重新进行检漏试压。
⑥ 若是冷凝器风机故障,可不必拆卸冷凝器,只需修理风机。

(三) 蒸发器的检修

1. 蒸发器的检查

① 蒸发器是否损坏。
② 用检漏仪检查蒸发器是否泄漏。
③ 观察排泄管路是否洁净、畅通。
④ 观察蒸发器外表面是否有积垢。

2. 蒸发器的拆卸

蒸发器的拆卸示意图如图 15.16 所示。

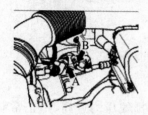 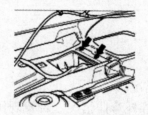 

(a) 蒸发器管路拆装　　　　　(b) 蒸发器连接螺栓位置　　　(c) 蒸发器感温管插头位置

图 15.16　蒸发器的拆卸

① 拆下蓄电池的连接线。
② 慢慢地从系统中放出制冷剂。
③ 将制冷软管分别从蒸发器的进口和出口接头螺纹上卸下来,并立即盖住开口部位。
④ 拆卸副驾驶侧储物箱。
⑤ 拆卸仪表板。
⑥ 拆卸进风罩。
⑦ 旋出紧固螺母,拆下 S 管(蒸发器至压缩机管路),封住已经拆下的管子端口。
⑧ 旋出紧固螺母,拆下 L 管(贮液干燥器至蒸发器管路),封住已经拆下的管子端口。
⑨ 拆下连接螺栓。
⑩ 拔下感温管插头,小心取出蒸发器。

3. 蒸发器的维修

① 清除蒸发器外表面积垢、异物。
② 若蒸发器管有泄漏,应进行焊补,若无法焊补应更换蒸发器总成,并向压缩机补充 40~50 mL 的冷冻油。
③ 清洁排泄管路,并清除积聚在板底的水分。
④ 若是蒸发器风机故障,应修理风机。

(四) 节流膨胀装置的检修

1. 膨胀阀的拆装与检修

(1) 膨胀阀拆检的注意事项

① 膨胀阀需直立安装,不能倒置;感温包的安装很重要,否则会降低传感效果,造成膨胀阀流量波动幅度加大,一般安放在水平出口管的上表面,要包扎牢靠,保证感温包与管路有良好的接触,并用隔热防潮胶包好,必要时膨胀阀本体也用隔热胶包好。
② 每一种膨胀阀只能适用于所指定的制冷剂,如 R12、R134a 等,不得随意使用。

(2) 膨胀阀的拆卸

膨胀阀的拆卸示意图如图 15.17 所示。

① 拆下蒸发器。

② 旋出螺栓，如图中箭头 A 所示，拆下固定块。

③ 拆下蒸发器上的高、低压管(L 管和 S 管)，如图中箭头 B 所示。

④ 从蒸发器上拆下膨胀阀，如图中箭头 C 所示。

(3) 膨胀阀的拆卸

膨胀阀的常见故障是发生冰堵或脏堵、阀口关闭不严、滤网堵塞及感温包或动力头焊接处泄漏。

测定膨胀阀性能有两种方法。一是在汽车空调系统中测量。二是由于各种压力保护开关及调节阀起作用，常常会影响测量工作的进行，若遇此种情况，只能将膨胀阀从车上拆下，在台架上测定。

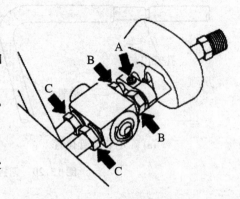

图 15.17 膨胀阀的拆卸

2. 节流管的拆装与检修

(1) 节流管的检测

① 将歧管压力计与系统连接，发动机转速调至 1 000～1 200 r/min，将空调控制器调至最冷(MAX)位置，空调系统运行 10～15 min。

② 查看低压表读数。若系统无其他问题，制冷剂量合适，低压表读数偏低，说明节流管可能堵塞。

③ 将低压开关短路。

④ 在节流管周围包上约 52 ℃的温湿布。

⑤ 若低压表读数上升至正常值或接近正常值，表明系统内有水蒸气，节流管正常，应更换集液器。

⑥ 若低压表读数仍偏低，甚至出现真空，则说明节流管有脏堵，应更换节流管。

(2) 节流管的拆卸

① 有拆卸口的节流管拆装。节流管的拆卸工具如图 15.18 所示，取破碎节流管的专用工具如图 15.19 所示。

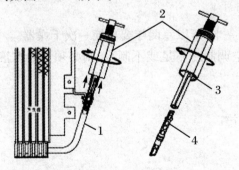

图 15.18 节流管的拆卸工具
1. 蒸发器进液管　2. 节流管拆卸工具
3. 切口　4. 节流管

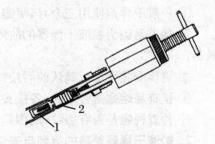

图 15.19 取破碎节流管的专用工具
1. 蒸发器进液管　2. 取破碎节流管

② 无拆卸口的节流管的拆装如图15.20所示。

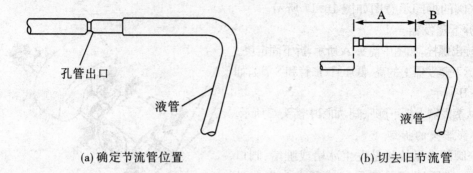

(a) 确定节流管位置　　　　　　　(b) 切去旧节流管

图15.20　无拆卸口的节流管拆装

取破碎节流管的专用工具如图15.21所示。

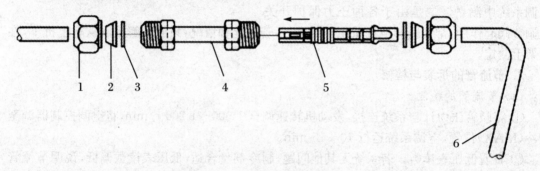

图15.21　取破碎节流管的专用工具
1.压紧螺母　2.压紧环　3.O形圈　4.节流管套　5.节流管　6.液管

（五）贮液干燥器的检修

贮液干燥器主要用来储存多余的制冷剂、吸附系统内的水分、过滤系统内的杂质或赃物，保证系统正常工作。

1. 贮液干燥器的检测

用手触摸贮液干燥器进出管路，并观察视镜。如果进口很烫，而且出液管接近大气温度，从视液玻璃中看不到或很少有制冷剂流过，或者制冷剂很浑浊，可能贮液干燥器中的滤网堵了或干燥剂散了并堵住贮液干燥器出口。

① 一般干燥剂使用三个月，吸湿能力要下降一半，所以每两年要更换一次干燥器。

② 如果是因为贮液干燥器的故障而造成的空调制冷不足或不制冷，则必须更换贮液干燥器。

③ 更换安装完毕后确认前后接口无泄漏。

④ 检查易熔塞是否熔化，各接头处是否有油污。

⑤ 检查视镜是否有裂纹，周围是否有油污。

2. 贮液干燥器管路的拆卸与安装

（1）拆卸步骤

储液干燥管路的拆卸如图15.22所示。

① 在拆卸之前，用冷媒回收加注设备将制冷剂抽空。

② 拔下高低压开关连接插头，如图中箭头 A 所示。

③ 拆下 C 管，冷凝器至贮液干燥器，如图中箭头 B 所示，封住管口。

④ 拆下 L 管，贮液干燥器至蒸发器，如图中箭头 C 所示，封住管口。

⑤ 拆卸连接螺栓，如图中箭头 D 所示，取出贮液干燥器。

(2) 安装步骤

① 安装顺序与拆卸顺序相反。

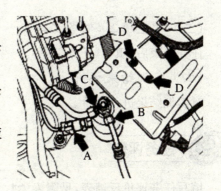

图 15.22 贮液干燥器管路拆卸

② 贮液干燥器应垂直安装。

③ 安装后应从观察窗处密切注视冷媒的流动情况。

④ 更换安装完毕后确认前后接口处无泄漏。

二、学生实操训练

(一) 训前准备

1. 学生组织

让学生按小组讨论组内分工及组织任务实施，同时将《任务工单》分发给每位学生。各组根据任务要求做好人员分工和操作计划。

2. 实训场地及工具准备

为完成该任务操作，除将故障车、检测工具、工作台布置好以外，还需提前做好以下准备：

① 汽车空调系统主要部件 5 套。

② 常用检测工具 5 套。

③ 工作台 5 台。

④ 抹布若干。

(二) 汽车空调系统主要部件的常见故障检修实训

按照已经分好的小组，让学生制定检修计划，对汽车空调系统主要部件进行检查，判断故障类型并提出排除方案，实施排除。

1. 资讯

检查汽车空调系统主要部件工作状况并填写附表 A1。

2. 查阅维修手册进行原因分析

根据资讯中所检查的结果进行原因分析。

3. 故障点确认

按照附表 A2，进行故障点确认。

4. 故障排除

按照附表 A3，进行故障排除。

5. 废料和废品处理

任务结束后，对废料和废品进行处理。

（三）学生填写《任务工单》
任务结束后，填写《任务工单》。

（四）实训结果评价
对实训结果进行评价。

填写任务评价反馈表，见附表 A4。

任务二 汽车空调系统的故障诊断方法和流程

某日，售后服务经理接到客户反映，他的别克轿车空调离合器及冷却风扇工作均正常，但就是制冷效果不足，出风口与外界温差仅为 6 ℃左右。作为汽车维修人员接到此维修任务后，要求检查并判断空调系统出现此现象的原因，制定维修计划，得到经理确认后，完成此任务，提交一份分析报告并归档。

汽车空调系统出现故障时，除了要了解汽车空调系统各种故障现象的可能原因及掌握汽车空调系统常用的检测方法外，还应按照适当的程序去查找分析故障的具体原因，适当的诊断程序可以帮助我们有条不紊地进行空调系统的故障检修工作，准确而又迅速地排除故障。

一、汽车空调故障诊断的方法

（一）人工经验诊断法
空调系统的人工经验检测法是利用看、听、摸、测写方法进行系统检测的，并分析故障原因，最终确定故障部位。

1．看
用眼睛认真观察整个空调系统。
① 观察仪表盘上的压力、水温、油压等指示灯的工作状况。
② 观察压缩机安装是否牢固，驱动带是否歪斜或过松，用两个手指压驱动带中间部位，压下 7～10 mm 为正常。
③ 检查冷凝器、蒸发器表面是否脏污、变形。

④ 检查制冷系统管路、接头及组件表面有无油迹、渗漏。
⑤ 通过贮液干燥器观察窗口查看制冷剂是否适量及其流动情况,见图15.23。

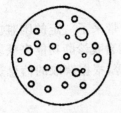(a) 制冷剂严重不足　　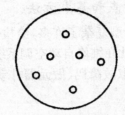(b) 制冷剂加注不足　　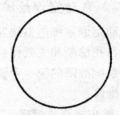(c) 制冷剂正常或过量

图 15.23　视液镜中制冷剂的流动状态

2. 听

"听"通常有两方面的含义:一是听取驾驶员对故障情况的说明,二是聆听空调系统运转中的声响。如倾听电磁离合器,若有刺耳噪声可能是电磁线圈吸力不足导致电磁离合器打滑而产生噪声,也可能是离合器片因磨损间隙过大打滑产生噪声;倾听压缩机,若有液击声,可能是系统制冷剂过多或膨胀阀开度过大,导致制冷剂在未被完全气化的情况下吸入压缩机。当接通空调开关,压缩机开始工作时,发动机声音稍微增大,可视为正常。

3. 摸

在通常情况下,检查制冷系统可用手慢慢触摸各部件及连接管路的表面。开启空调开关,使压缩机运转 15~20 min,在触摸系统高压区域时,应特别小心,避免烫伤。触摸高压回路(压缩机出口→冷凝器→贮液干燥器→膨胀阀进口),应呈较热状态,若某一部位特别热或者进出口之间有明显温差,则说明此处有堵塞。触摸低压回路(膨胀阀出口→蒸发器→压缩机进口)应较冷。若压缩机高、低压侧无明显温差,则说明存在泄漏或者制冷剂不足。

4. 测

通过看、听、摸这些过程,只能发现表面现象,要作最后的结论,必须借助于相关仪器、仪表来进行测试。

(1) 用压力表检查

这是判断空调制冷系统工况的最准确方法。将歧管压力计的高、低压表分别接在压缩机的排气、吸气口的维修阀上,在环境温度为 30~35 ℃、发动机转速为 2 000 r/min 时检查。将风机风速调至高挡,温度调至最冷挡,其正常状况是:高压端压力应为 1.421~1.470 MPa,低压端压力应为 0.147~0.196 MPa,若不在此范围,则说明系统有故障,可按照检修程序予以排除。

(2) 用检漏仪检漏

用检漏仪可以检查系统中各管路和接头处是否泄漏,并予以修复。

(3) 用万用表检查

用万用表可以检查出空调系统控制电路中各传感器、控制器、执行器的故障,判断出零部件和电路的基本状态。当采用逻辑检修流程图时,可以把较为复杂的电路和器件故障迅速排除。

(4) 用温度计检查

用温度计可以判断出蒸发器、冷凝器、贮液干燥器的故障。正常工作时,蒸发器表面温

度在不结霜的前提下越低越好(一般为 4 ℃左右);冷凝器入口管温度为 70~90 ℃,出口管温度为 50~65 ℃;贮液干燥器温度应为 50 ℃左右。

(二)自动空调故障诊断的特点和基本方法

自动空调系统电器线路较传统车型复杂了许多,给检修和维护带来了一定的困难。但它具有自我诊断和失效保护功能,因此在维修自动空调系统时,先用自我诊断功能来获取汽车空调系统故障的第一手资料,如读取故障码、做元器件动作测试等,根据获取的信息进行检查和维修。

1. 就车提取故障码

大多数自动空调系统都能把存储器中的故障码在电子仪表板上显示出来。对不同的车型,提取故障码所用的方法不尽相同,维修时必须参阅维修手册中正确的操作规程。

需要注意的是,故障码未必指明故障部件,它只指出系统不正常的电路。例如,当显示出的代码表示空调系统制冷剂高压侧温度传感器有问题时,并不意味着该传感器已经损坏了,可能是与其相关的导线、连接点、传感器有问题,查找故障时一定要以维修手册的诊断操作规程为准。

2. 使用故障诊断仪

现代轿车都应用了许多计算机模块,它们通过一个多路系统 C2D 与 ECU 共享信息,使用故障诊断仪,将其连接到诊断接口,就可以读出大部分故障码,按照检修程序手册,便能迅速地找到故障点。例如对通用的 OBD Ⅱ 诊断系统,它们都配备了较丰富的车型适配器与程序存储卡,以 OBD Ⅱ 为例,进入 ECU 诊断程序的步骤如下:

① 利用部件结构图找出诊断插接器。
② 将正确的程序存储卡插入 OBD Ⅱ 诊断仪。
③ 将点火开关转到 RUN 挡。当完成发动程序后,显示屏将出现一个多层选择菜单。
④ 从下拉菜单进入 ECU 诊断程序,读出故障代码。
⑤ 按照检修程序手册,查找故障部位并排除。

3. 使用普通仪表检修

由于 ECU 系统软件是预先写入且固化好的,很少会出现问题,所以,故障出现几率大的是在传感器信号输入和输出控制部分。在不具备专业检测设备或无法读出故障码的条件下,只要掌握了 ECU 工作原理和检修规律,使用普通仪表(如万用表),也可以排除故障。其基本方法如下:

① 首先要判断 ECU 系统主模块的工况。一般情况下,状态指示灯能正常点亮,系统控制部件有一部分能工作,计算机就不会有大的故障存在。此时检查熔断器和相应的接线端子,有无磨损、短路、断路。

② 检查对执行器的控制情况(如对风机电动机、压缩机电磁离合器的控制),这个信号通常是开关数字信号,当指令不同时,输入到执行器的电压决定了输出的工作状态,这个数值可以用万用表测量。这是与普通轿车控制信号明显的不同之处。

③ 当输入正常时,可进一步测量继电器、电动机的状态,判断其好坏,进行检修与更换。如果输入正常而没有输出,则很可能是 ECU 输出单元损坏。应急处理方法,可以临时接入机械开关手动控制。

4. 自动空调系统检修的注意事项

由于自动空调系统实际上是一个计算机控制的电子电路,所以不能按照传统方法检修,

以免造成人为故障或器件的损坏,应遵守下列注意事项:

① 禁止采用"试火"的方法让任何被控制电路搭铁或对其施加电压。且切勿使用试灯。

② 只能用高阻抗的万用表(如数字万用表)检测电路,特别是对各种传感器的检测应尤为小心。

③ 更改接线,分开任何到传感器或执行器件的电气连接之前,应首先关掉点火开关。

④ 接触 ECU 芯片时,应将手指摸在良好的搭铁处,更换元件时,应戴好防静电金属护腕,防止静电损坏电路元件。

⑤ 拆下蓄电池时,应该遵守维修手册的程序,防止停电时间过长,ECU 内部数据的丢失。

(三) 汽车空调系统的故障诊断流程

汽车空调系统结构较为复杂,接头线路多,运行环境恶劣,因此出现故障时可按以下流程进行故障诊断:

① 仔细聆听司机对空调运行的某种故障的陈述,判断是否操作不当。

② 根据前面所述的听、看和摸等诊断方法进行检查,同时结合使用检测设备进行检查和判断,由易及难,由简到繁。

技能实训

一、实训导读

汽车空调的常见故障可分为四大类,分别是:噪声、制冷不足、出风方向不对及异味。

1. 噪声

这里的噪声泛指一些使用空调时,机件相对运动而产生的异音。

(1) 压缩机器噪声。当使用冷气时,正常情况下压缩机只有在其电磁离合器接合或分离的瞬间产生"卡"的一声,在运转期间应极安静。如果运转时有"隆隆"的声响,则代表压缩机可能因管路中缺乏冷冻油而已经磨耗了。处理办法一般重换新压缩机。

② 皮带噪声。通常是带动压缩机的皮带紧度不足而在压缩机接合负荷之后打滑产生尖锐的嘶叫声。可通过上紧或更换新的传动皮带来改善。

③ 风扇噪声。这里所指的风扇有两处:一指水箱后方协助冷媒冷却的辅助风扇(小风扇);另一指输送冷气的鼓风机。若它们的马达轴承磨损,在转动中会随转速升高而加大噪声。此时应更换风扇或润滑鼓风机轴承。

④ 风向及热水阀门噪声。当您操作面板键调整温度时,控制引擎冷却水流入热交换器的热水阀门会动作;当您调整出风角度位置时,控制风向的翻版阀门会动作。这些元件在动作时可能会有些声音。如果您的空调系统属于电子恒温控制型,那么这类噪声也可能发生在引擎未发动时,即常见的中控台内异响。

若不严重,可不管它;否则,可去 4S 店要求连接电脑用 5051 或 5052 软件重新初始化并设置相关电机的电压值。

2. 制冷不足

① 冷媒不够。冷媒是吸收热量的媒介,如果管路中的冷媒因久未充填、管路渗漏、混入空气等等造成系统中冷媒量不够,就会出现制冷不足的现象。可在使用冷气时从储液罐上

的透明窗口检查管路内的冷媒量,假如在窗口看到很多气泡,就表示冷媒量不够。

处理办法是补充或抽真空测漏,并在修复后重新加注标准压力的制冷液及压缩机油。

② 压缩机不运转。如果压缩机因冷媒压力异常、线路故障、温度传感器损坏或压缩机电磁离合器烧毁而不能接合运转,那么制冷就会不足。

处理办法是更换温度传感器或电磁离合器。

③ 冷凝器散热不佳。冷媒经压缩机压缩后为高温高压气体,需依赖冷凝器的冷却和膨胀阀的降压方能成为低压低温的液态冷媒,最后到达蒸发器吸收车厢热量而蒸发。倘若冷凝器(位于水箱前方)散热效果不好,比如辅助风扇不运转、冷凝器散热片尘垢堵塞等,便会使冷媒液化不良,降低制冷能力。

每次洗车时,用高压水从车正前方对准前进风格栅将散热器冲洗一番。若风扇不转了,则更换小风扇;必要时专业清洁冷凝器。

④ 冷媒管路阻塞。这种情形最常发生在储液罐或膨胀阀上。

此时应清洗管路并重抽真空灌冷媒和更换新品。

⑤ 出风量太小。很多制冷不足的问题是由空气滤网堵住而导致出风口吹出的风量太小导致的。现在越来越多的高级进口车装置的活性炭微滤网,在高污染地区很快就堵住了。此外,有很多驾驶者喜欢把冷度调至最冷,风速转至最大,等到太冷或风声太吵时就把风量转小,而很少再将冷度调高,如此便仅以风量来控制温度。这会造成出口极冷而车厢不冷的情形,且易导致放出风口吹出霜雾造成蒸发器结冰的现象出现。

此时应更换空调花粉滤芯。一般将温度设置在 21 ℃即可,使用 AOTU 模式运行。

⑥ 混入暖气。由于现代汽车的空调系统均结合了冷气与暖气,假如在需要冷气的情况下又因冷暖调和板故障而混入过多的暖气就会造成制冷不足。这种情形可从两个现象判断得知:一是在冷车时的冷气较热车时更冷;二是引擎室内的冷媒低压管(通常管径较粗且覆有隔热材料)极冷,但冷气却不冷。

此时应检查更换暖风配送风道翻版电机;检查排除电脑控制故障。

3. 出风方向不对

最常见的情形就是单边出风、爬坡时不出风、除雾不良等。通常是由风向阀门卡住或真空储存器(用以存放引擎真空以驱动风向阀门)管路泄漏所致。这类问题所费材料不多,但颇耗时间。

4. 异味

经常在下雨时或一段时间未使用,汽车室内出现霉变和异味。

二、学生实操训练

(一) 训前准备

1. 学生组织

让学生按小组讨论组内分工及组织任务实施,同时将《任务工单》分发给每位学生。各组根据任务要求做好人员分工和操作计划。

2. 实训场地及工具准备

为完成该任务操作,除了将故障车、检测工具、工作台布置好以外,还需提前做好以下准备:

① 汽车整车 5 辆或汽车空调实训台架 5 台。

② 常用检测工具 5 套。
③ 工作台 5 台。
④ 抹布若干。

（二）汽车空调系统的常见故障检修实训

按照已经分好的小组，让学生制定检修计划，对汽车空调系统故障进行检查分析，判断故障类型并提出排除方案，实施排除。

1．资讯

根据任务描述和实车（发动机）表现，填写附表 A1。

2．故障点确认

按照附表 A2，进行故障点确认。

3．故障排除

按照附表 A3，进行故障排除。

4．废料和废品处理

任务结束后，对废料和废品进行处理。

（三）学生填写《任务工单》

任务结束后，填写《任务工单》。

（四）实训结果评价

对实训结果进行评价。

 任务评价

填写任务评价反馈表，见附表 A4。

项 目 评 价

填写项目评价表，见附表 A5。

项 目 思 考

1. 汽车空调系统的常见类型有哪些？
2. 简述汽车空调系统的组成与功用。
3. 试叙述汽车空调系统的工作过程。
4. 汽车空调系统的检修常用的工具有哪些？
5. 汽车空调系统的常见故障诊断方法有哪些？
6. 简述汽车空调系统的故障诊断流程。

独立式汽车空调系统

独立式空调有专门的动力源(如第二台内燃机)驱动整个空调系统的运行,由于需要两台发动机,燃油消耗高,同时造成较高的成本,并且其维修及维护十分困难,需要十分熟练的发动机维修人员,而且发动机配件不易获得,尤其是进口发动机。另外设计和安装更容易导致系统质量问题的发生,而额外的驱动发动机更增加了发生故障的概率。

独立制冷系统采用专用的空调发动机(也称辅助发动机或副发动机)的动力来供应制冷系统所需要的动力,例如压缩机、冷凝器和蒸发器的风扇、水泵等。空调系统的运行不受汽车行驶状态的影响,车内温度稳定,停车时照样可以进行制冷空调。制冷系统可以得到合理的匹配。制冷工作时,不影响汽车的动力性、汽车发动机水箱散热等。但是,由于采用了辅助发动机,使汽车的成本增加,重量增大,从而对汽车整车的经济性有一定影响,燃油消耗增加。

独立式空调制冷系统,仍然是我国大型客车的主要制冷型式。

1. 独立空调制冷系统的结构

这种制冷系统一般布置在汽车中部车架下,也有安装在车架后面的。图15.24为这种空调系统的示意图。从图中可以看出,两个风扇驱动不同于轿车空调系统。轿车空调风扇

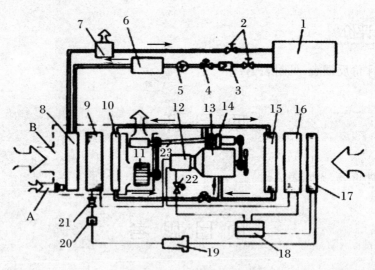

图15.24 大客车空调系统

1.汽车发动机 2.手动截止阀 3,6.过滤器 4.加热器阀 5.水泵预热器 7.除霜器 8.一次加热器 9.蒸发器 10.再热器 11.风机电动机 12.压缩机 13.辅助发动机 14.电磁离合器 15.散热器 16.冷凝器 17.过冷器 18.贮液器 19.干燥过滤器 20.视镜 21.膨胀阀 22.电磁旁通阀 23.万向轴 A.外气传感器 B.内气传感器

均由轿车上的电瓶(12 V或24 V)直接供电驱动。而这种空调系统上的散热器15、冷凝器16的冷却风扇均由辅助发动机13直接驱动,电磁离合器14控制风机电动机11的通断。辅

助发动机不仅直接驱动压缩机旋转,而且还作为风扇的动力源。它通过传动带带动万向轴 23 转动,万向轴又由传动带驱动离心风机的转动。

2. 独立空调制冷系统的工作原理

独立制冷系统的工作原理如图 15.24 所示。制冷剂的循环和常规的制冷系统相同。即:压缩机→冷凝器→储液器→过冷器→干燥器→膨胀阀→蒸发器→压缩机。

室外新鲜空气(外气)与回气(内气)混合后经蒸发器 9 降温去湿,蒸发器内的制冷剂吸收车室内的热量由液体气化为低压气体,低压气体制冷剂被压缩机 12 吸入,经压缩机压缩后成为高压气体,再排入冷凝器 16,冷凝器被室外空气冷却,因此,高温高压的制冷剂气体凝结为高温高压的制冷剂液体贮存在贮液器 18 中,高温高压制冷剂液体流经过冷器 17 降温并流入干燥过滤器 19 脱水、滤除杂物,纯净的制冷剂液体再经膨胀阀节流降温降压后进入蒸发器,在蒸发器中又吸收室内空气的热量进行气化,制冷剂在系统中由气态变到液态,又由液态变到气态,如此不断循环,完成制冷工作过程。

电磁旁通阀 22 起控制制冷量和防止蒸发器低压结霜的作用。当压缩机转速过高,吸气量不足,蒸发器的温度下降到 0 ℃ 以下而结霜时,恒温器接通电磁旁通阀 22,电磁旁通阀 22 打开,由储液器补充制冷剂气体,让部分高压蒸气进到蒸发器出口端,蒸发器的压力立即升高,维持车室内能量稳定,起到控制压缩机吸压的作用。防止蒸发压力过低,蒸发器温度下降到 0 ℃ 以下而表面结冰。

项目十六

汽车空调系统的检测

项目描述

汽车空调系统工作条件比较恶劣,汽车空调故障的 80%是由系统泄漏造成的。当因空调系统泄漏引起高、低压侧压力不正常时,就应对空调系统进行排放制冷剂、抽真空、检漏、加注冷冻机油和充注制冷剂。汽车空调系统经检修后需要完成上述工作程序。

项目目标

1. 专业能力要求
① 明确汽车空调系统制冷剂的选用和使用注意事项;
② 掌握汽车空调系统检漏的方法;
③ 掌握汽车空调系统性能试验的方法。

2. 社会能力要求
① 具备团队协作意识和强烈的工作责任心;
② 具备发现问题并能积极处理的能力;
③ 具备足够的环境保护意识、强烈的职业道德和法律意识。

3. 方法能力要求
① 与人良好沟通的能力;
② 能主动独立地学习,具备一定的创造能力和创新能力;
③ 具备汽车空调系统检漏和性能试验的能力;
④ 良好的心理承受能力。

4. 重点和难点
① 汽车空调系统的检漏;
② 汽车空调系统的性能试验。

任务一 制冷剂的检测

某日,售后服务经理接到客户反映,他的一辆本田雅阁轿车打开空调时,压缩机和电磁离合器正常工作,风扇旋转正常,制冷不良,检查发现制冷剂严重不足。作为汽车维修人员接到此维修任务后,要求检查并判断制冷剂压力是否正常,制定维修计划,得到经理确认后,完成此任务,提交一份分析报告并归档。

一、制冷剂

制冷剂是空调系统制冷回路里循环的工作介质,因此对制冷剂使用有严格的要求。当空调系统的制冷剂不足时会造成制冷效率的下降;当制冷剂严重不足时,使空调低压端出现真空状态,可能有部分水分进入制冷系统,导致压缩机负荷增加,制冷量减少。

目前汽车空调的制冷剂均使用 R134a,取代了曾经的制冷剂 R12,作为汽车维修人员,必须掌握使用 R134a 的空调系统的使用和维修特点。

1. 对制冷剂的要求

① 制冷剂能与冷冻机油互溶,不起化学反应,不改变润滑油的特性。

② 制冷剂不易燃烧、不易爆炸,无毒、无刺激性,对金属和密封件无腐蚀作用。

③ 在蒸发器内易蒸发,蒸发温度低。蒸发压力应稍高于大气压力,防止制冷系统产生负压而吸进空气,影响制冷效果。

④ 冷凝压力不宜太高,否则,对制冷设备、管路的要求提高,同时引起压缩机的功耗增加。

⑤ 制冷剂在高温下要求不容易分解,化学性能稳定。

2. R134a 的主要特性

① 热物理性。R134a 的热力学性能,包括分子量、沸点、临界参数、饱和蒸气压和汽化潜热等,均与 R12 相近,具有无色、无臭、不燃烧、不爆炸、基本无毒的特性。

② 传热性能。R134a 制冷剂的传热性能优于 R12,当冷凝温度为 40~60 ℃、质量流量为 45~200 kg/s 时,R134a 蒸发和冷凝传热系数比 R12 高出 25%以上。因此,在换热器表面积不变的条件下,可减少传热温差,降低传热损失;当制冷量或放热量相等时,可减少换热器表面积。

③ 相容性。用 R134a 替代 R12 后,原有的压缩机润滑油(简称压缩机油)必须更换,这是因为 R134a 本身与矿物油是非相容的,必须使用合成润滑油,如 PAG 类润滑油等。否

则,系统将会损坏。

④ 分子直径比 R12 略小,易通过橡胶向外泄漏,也较易被分子筛吸收。

⑤ R134a 的吸水性和水溶解性高。

3. 使用制冷剂的注意事项

① 装制冷剂的钢瓶,应贮存在阴凉、干燥、通风的库房中,防止受潮而腐蚀钢瓶,在运输过程中要严防振动和撞击。

② 要远离热源,不要把它存放在日光直射的场所或炉子附近。在充灌制冷剂时,对装制冷剂的容器加热,应在 40 ℃以下的温水中进行,而不可将其直接放在火上烘烤。否则,会引起内贮的制冷剂压力增大,导致容器发生爆炸。

③ 避免接触皮肤。因制冷剂在大气环境下会急剧蒸发,当其液体落到皮肤上时,会从皮肤上大量吸热而汽化,造成局部冻伤。尤其危险的是,当其进入眼球时,会冻结眼球中的水分,就有可能造成失明的重大事故。因此,在处理制冷剂时,应戴上眼镜和防护手套。若制冷剂触及眼睛,应尽快用冷水冲洗,不要用手或手帕揉眼,如有痛感时,可用稀硼酸溶液或2%以下的食盐水冲洗;如触及皮肤,应立即用大量清水冲洗,并马上涂敷凡士林,面积大时应立即到医院治疗。

④ 要避开明火。制冷剂不会燃烧和爆炸,但与明火接触时,会分解出对人体有害的气体(光气)。

⑤ 要注意通风良好。当制冷剂排到大气中含量超过一定量时,会使大气中的氧气浓度下降,而使人窒息。因此,在检查和添加制冷剂时,或打开制冷系统管路时,要在通风良好的地方进行操作。

二、冷冻机油

车用空调压缩机使用的润滑油叫做冷冻机油,是一种能在高、低温工作情况下都能正常工作的特殊润滑油。除润滑作用外,还能起到密封、冷却、降噪等作用,能保证压缩机正常运转、可靠工作和延长使用寿命。

冷冻油在空调制冷系统中完全溶于制冷剂中,并随制冷剂一起在制冷系统中循环。为保证其工作正常,对冷冻油提出了凝点低、有一定粘度、溶解性好、闪点温度高、无水分等性能要求。

冷冻油的使用过程中应注意以下事项:

① 须严格使用原车空调压缩机所规定的冷冻油牌号,或换用具有同等性能的冷冻油,不得使用其他油来代替,否则,会损坏压缩机。

② 在加注或更换冷冻油时,操作必须迅速,不得有渗透现象。

③ 不能使用变质的冷冻油。

④ 冷冻油绝不允许过量使用,否则会妨碍热交换效果,降低制冷量。

⑤ 在排放制冷剂时要缓缓进行,以免冷冻油和制冷剂一起喷出。

三、制冷剂工作状态对空调系统的影响

对 R134a 空调系统,在发动机预热后,可用多用测量表来检测系统故障。检查是在以下特定条件下进行的:空气入口处的温度为 30~35 ℃,发动机转速为 1 500 r/min,风机速度置于"高挡",温度控制置于"最冷",重复循环/新鲜空气交换置于"重复循环"。

在上述特定条件下,读出多用测量表所示的压力值。当系统正常时,低压端的压力值为 0.15~0.25 MPa,高压端的压力值为 1.37~1.57 MPa。

如果制冷系统中有水分,则制冷剂低压端压力有时为真空,有时为正常值,而高压端压力有时偏高,有时正常,表现出间歇性制冷的状态,且最终会出现不制冷。这是由于水分在膨胀阀处结冰,导致循环暂时中止,待冰溶化后又恢复正常。排除故障的方法通常是更换干燥器或通过不停地对系统抽气以消除系统中的水分,然后再注入适量的新制冷剂。

如果系统出现制冷效果不良,则需观察多用测量表上的压力值,此时,高、低压端的压力都偏低(低压在 0.05~0.1 MPa,高压在 0.7~1.0 MPa);当从观察镜上观察时,制冷剂流动中可见到连续的气泡。导致这种故障的原因通常是系统中某处发生气体泄漏或制冷剂不足。排除此类故障常用泄漏检查仪检查气体泄漏,如有泄漏应予以排除;若因制冷剂不足则应加入适量的制冷剂。当与测量表连接时,如果压力值接近于零,则应在检查及维修之后,将系统置于真空状态。

如果制冷剂循环不良,制冷效果不佳,且多用测量表高、低压端的压力都偏低(低压端压力为零或真空,高压端的压力为 0.5~0.6 MPa),各连接部位的管子有结霜现象,这大多是接受器中有污垢,阻碍了制冷剂的正常流动。排除的方法是更换接受器。

如果系统的制冷剂不循环、不制冷,且多用测量表低压端压力为零或真空,高压端压力为 0.5~0.6 MPa 或极低,膨胀阀或接受器/干燥器前后的管子上结霜,这通常是因制冷剂中有水分或污垢,阻碍制冷剂正常流动,或是膨胀阀热敏管处有气体泄漏,因而阻碍制冷剂流动。排除此故障时,可检查热敏管和蒸发器压力调节器,或通过吹气清除膨胀阀中的污垢;如无效,则应更换膨胀阀和接受器,然后,抽去空气再注入适量的制冷剂,如果气体从热敏管处泄漏,则必须更换膨胀阀。

如果制冷系统制冷不足,当用多用测量表检查时,高、低压端的压力都太高,且在发动机转速下降至怠速时,从观察镜中完全见不到气泡,即是系统中的制冷剂过量,或冷凝器不能充分制冷。排除此故障时,可先清洗冷凝器和检查风扇电动机运转情况,再检查制冷剂量。

如果系统制冷效果不佳,当用多用测量表检查时,高、低压端的压力都太高,触摸低压管道时有发热感,从观察镜中可观察到制冷剂流动时有明显气泡,这表明空气进入制冷系统。排除此故障时,应先检查压缩机油是否不清洁或数量不足;如果确认空气已进入系统,则应抽出空气并注入新制冷剂。

技能实训

一、实训导读

检查制冷剂的数量有两种方法,一种是通过系统中安装的视液镜检查,另一种是通过检测系统压力检查。

1. 通过视液镜检查制冷剂的数量时的检查条件

① 发动机转速为 1 500 r/min。
② 鼓风机速度控制开关处于"高"位;空调开关置于"开"。
③ 温度选择器为"最凉"。
④ 完全打开所有车门(图 16.1)。
⑤ 检查制冷剂的数量(图 16.2)。

a. 正常：几乎没有气泡，这说明制冷剂量正常。
b. 不足：有连续的气泡，这说明制冷剂量不足。
c. 空或过量：看不到气泡，这说明制冷剂储藏罐是空的或制冷剂过量。

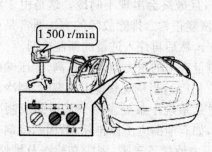

图 16.1　检查条件图

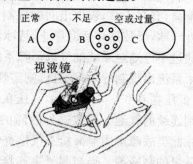

图 16.2　检查制冷剂的数量

2. 通过检查系统的压力的检查制冷剂的数量

连接歧管压力表：将歧管压力表的高低压开关全部关闭（图 16.3）；把加注软管的一端和歧管气压计相连，另一端和车辆侧的维修阀门相连（图 16.4）。即：蓝色软管 → 低压侧；红色软管 → 高压侧。

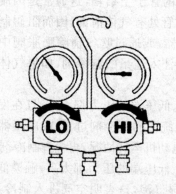

图 16.3　关闭歧管压力表的高低压开关图

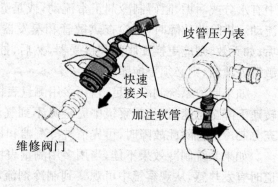

图 16.4　连接歧管压力表

注意：
① 连接时，用手而不要用任何工具紧固加注软管。
② 如果加注软管的连接密封件损坏，应更换。
③ 由于低压侧和高压侧的连接尺寸不同，连接软管时不要装反。
④ 软管和车侧的维修阀门连接时，把快速接头接到维修阀门上并滑动，直到听到"卡嗒"声。
⑤ 和多功能表连接时，不要弄弯管道。

检查制冷系统压力的方法：发动发动机，在空调运行时检查歧管气压计所显示的压力规定压力读数（图 16.5）。
① 低压侧：$0.15 \sim 0.25$ MPa（$1.5 \sim 2.5$ kgf/cm^2）；
② 高压侧：$1.37 \sim 1.57$ MPa（$14 \sim 16$ kgf/cm^2）。

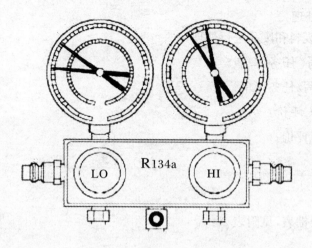

图 16.5　制冷系统的正常压力

提示：多功能表所示压力随外部空气温度而有轻微的变化。

二、学生实操训练

（一）训前准备

1．学生组织

让学生按小组讨论组内分工及组织任务实施，同时将《任务工单》分发给每位学生。各组根据任务要求做好人员分工和操作计划。

2．实训场地及工具准备

为完成该任务操作，除了将故障车、检测工具、工作台布置好以外，还需提前做好以下准备：

① 汽车空调系统主要部件 5 套。
② 常用检测工具 5 套。
③ 工作台 5 台。
④ 抹布若干。

（二）汽车空调系统制冷剂实训

按照已经分好的小组，让学生制定检修计划，对汽车空调系统主要部件进行检查，判断故障类型并提出排除方案，实施排除。

1．资讯

根据任务描述和实车（发动机）表现，填写附表 A1。

2．查阅维修手册进行原因分析

根据资讯中所检查的结果进行原因分析。

3．故障点确认

按照附表 A2，进行故障点确认。

4．故障排除

按照附表 A3，进行故障排除。

5. 废料和废品处理

任务结束后，对废料和废品进行处理。

（三）学生填写《任务工单》

任务结束后，填写《任务工单》。

（四）实训结果评价

对实训结果进行评价。

任务评价

填写任务评价反馈表，见附表 A4。

任务二　汽车空调系统的检漏

任务引入

某日，售后服务经理接到客户反映，他的别克轿车空调离合器及冷却风扇工作均正常，但就是制冷效果不足，车主自己检查发现管路表面出现疑是制冷剂状物质。作为汽车维修人员接到此维修任务后，要求检查并判断空调系统出现此现象的原因，制定维修计划，得到经理确认后，完成此任务，提交一份分析报告并归档。

相关知识

汽车空调制冷系统各部件安装完毕后，或当有故障的制冷系统维修完毕之后，应对制冷系统进行泄漏检查，排除系统内的空气和水蒸气，充注制冷剂和冷冻润滑油。

一、汽车空调系统的常见检漏方法

车用空调系统由于经常受较强的振动，易造成零部件、管路的损坏和接头的松动，造成制冷剂泄漏。车用空调系统常用的检漏方法有外观检漏和设备检漏。

（一）外观检漏

1. 目测检漏

因为汽车空调中所采用的压缩机油（冷冻油）是与制冷剂互溶的，因而可根据制冷系统及其连接软管等零件的表面和连接处是否出现油迹，判断是否有制冷剂逸出。

2. 肥皂水检漏

有些漏点局部凹陷，试漏灯或电子检测器械很难进入，要想确定泄漏的准确位置，应采用皂泡检漏。

① 调好皂泡溶液(用肥皂粉加水即可),溶液的浓度要黏稠到用刷子一抹就可形成气泡的程度。

② 全部接头或可疑区段抹上皂液,观察皂泡是否出现,皂泡形成处就是漏点所在。

3. 荧光剂检漏法

利用荧光检漏剂在紫外/蓝光检漏灯照射下会发出明亮的黄绿光的原理,对系统中的流体渗漏进行检测。在使用时,将荧光剂按一定比例加入到系统中,系统运作 20 min 后戴上专用眼镜,用检漏灯照射系统的外部,泄漏处将呈明亮的荧光。

(二) 设备检漏

1. 卤素检漏灯

卤素检漏灯检漏结构简单、价格低廉,燃烧的燃料有乙醇和丁烷。燃料不同,灯的结构稍有不同,使用液化丁烷的卤素检漏灯的结构如图 16.6 所示。

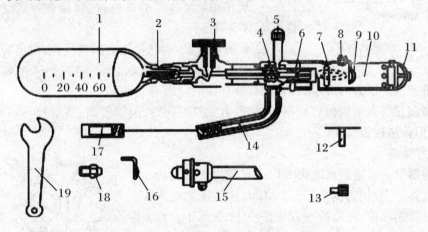

图 16.6　使用液化丁烷的卤素检漏灯

1.储气瓶　2,4,18.喷嘴　3.调节阀　5.支架　6.分离器　7.点火孔　8.螺钉　9,16.反应板　10.燃烧筒　11.盖　12.清洗器　13,19.扳手　14.吸入管　15.铬铁　17.滤清板

使用前用明火从点火孔中点燃丁烷气体,将调节阀的调节手柄缓慢朝逆时针方向拧转(调大火焰),使火焰稳定。将反应板烧至红热状态,调整调节手柄使火焰尖端正好触及反应板。将吸气管的管口靠近检漏部位,观察火焰颜色便可检漏。

由于氟利昂通过检漏灯火焰会发生颜色变化,根据颜色变化程度来判断空调制冷系统是否泄漏或泄漏量的大小,泄漏量与火焰颜色对照情况见表16.1。

表 16.1　泄漏量与火焰颜色对照

火焰颜色	R12 泄漏量 $(g \cdot m^{-1})$	火焰颜色	R12 泄漏量 $(g \cdot m^{-1})$
无变化	<4	绿紫色	114
微变化	24	带紫的绿紫色	163
浅绿色	32	强紫的绿紫色	500
深绿色	42		

2. 电子式卤素检漏仪

电子检漏仪如图16.7所示,应遵照制造厂家有关规定进行检查。检查步骤如下：

① 转动控制器敏感性旋钮至"OFF"或"ON"位置。

② 接入电源,打开开关。如果不是电池供电,应有5 min的升温期。

③ 升温期结束后,将探头放置在疑点处,调整控制器和敏感性旋钮,直至检漏仪有新反应为止。移动探头,反应应当停止,若继续反应,则是敏感性调整得过高。

④ 移动导漏软管,依次在各接头、密封件和控制装置处进行检查。

⑤ 断开和系统连接的真空软管,检查各真空软管接头处有无制冷剂蒸气。

⑥ 如果有漏点,检漏仪就会出现反应,发出警报。

⑦ 探头和制冷剂的接触时间不应过长,不要把制冷剂气流或严重泄漏的地方对准探头,否则会损坏探测仪敏感元件。

电子检漏仪与卤素检漏灯相比,其优点有预热时间短、灵敏度高、质量轻、体积小和检测范围广等,但价格较贵。

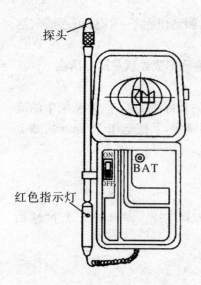

图16.7 电子检漏仪示意图

3. 压力检漏

压力检漏就是向空调系统内充以一定压力的氮气或二氧化碳气体,一般压力为1.5~2 MPa,然后用肥皂水检查是否有泄漏部位,压力检漏方法如图16.8所示。检漏方法如下：

① 将歧管压力表的高、低压软管分别与制冷管路上的高、低压检测接口相连接,中间软管与氮气瓶相连接。

② 排出内空气,将氮气瓶上的表压减至981 kPa后,向系统内加入氮气,直到系统内压力稳定为止。

③ 停止充气待24 h后,压力若无明显下降,说明系统密闭性好,保压期间可用肥皂水检测泄漏部位,也可在系统中加入少量的制冷剂后再充入氮气,直接用检漏仪检测。还可用旧氟利昂直接充入(待系统中的压力达到3.5×10^5 Pa后),再用检漏仪进行检漏。

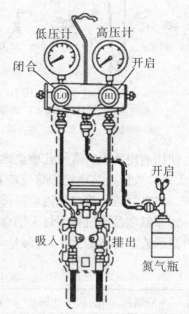

图16.8 压力检漏

二、汽车空调系统常见泄漏部位

汽车空调系统工作条件比较恶劣,其制冷系统一直随汽车工作在振动的工况工作,极易造成部件、管道损坏和接头松动,使制冷剂发生泄漏,汽车空调系统常见泄漏部位如表16.2所示。

表 16.2　汽车空调系统泄漏的常发部位

部件	泄漏常发部位	部件	泄漏常发部位
冷凝器	① 冷凝器进管和出管连接处； ② 冷凝器盘管	制冷剂管道	① 高、低压软管； ② 高、低压软管各接头处
蒸发器	① 蒸发器进气管和出口管连接处； ② 蒸发器盘管； ③ 膨胀阀	压缩机	① 压缩机油封； ② 压缩机吸排气阀处； ③ 前后盖密封处； ④ 与制冷剂管道接头处
储液干燥瓶	① 熔塞； ② 连接头喇叭口处		

 技能实训

一、实训导读

1. 试漏灯检漏

（1）试漏灯的调整

① 打开节气门,点燃气体,调节火焰,火焰高度应在反应板上 12.7 mm 左右为宜。

② 将火焰高度应调整到烧至铜反应板变成樱红色为止。

③ 降低火焰高度,使其在反应板上 6.35 mm 或与反应板平齐。

（2）泄漏程度的判定

如有制冷剂出现,反应板上火焰的颜色将发生变化,故可根据火焰颜色来判定泄漏程度。

① 火焰呈淡蓝色表明无制冷剂泄漏。

② 火焰呈淡黄色,表明制冷剂有轻微泄漏。

③ 火焰呈黄色表明有少量泄漏。

④ 火焰由红紫色变成蓝色,表明制冷剂有大量泄漏。

⑤ 火焰呈紫色,表明制冷剂严重泄漏,其泄漏量过大时,可使火焰熄灭。

（3）漏点的查找

移动导漏软管,使其开口依次放在系统各接头、密封件和控制装置下部,检查其密封性。断开和系统连接的真空软管,检查真空软管接头处有无制冷剂蒸气出现。若发现漏点,予以修复。

2. 染料检漏

把黄色或红色的染料溶液引入空调系统,可以确定泄漏点和压力漏点,也就是染料检漏。染料能指出漏点的准确位置,在漏点周围有红色和黄色两种染料积存,并且不会影响系统正常运行,有的制冷剂中含有染料。

（1）准备工作

将压力表组接入系统,放掉系统中的制冷剂;拆下表座中间软管,换接一根长 152 mm、两端带坡口螺母的铜管;铜管的另一端和染料容器相接,中间软管的一端也接在染料容器

上,而另一端则和制冷剂罐接通。

(2) 染料进入系统

起动发动机并怠速运转,调整控制器到最凉位置;缓和地打开低压侧手阀,使染料进入系统;向系统充注制冷剂,应为实际量的一半。让发动机连续运行 15 min,然后关闭发动机和空调系统。

(3) 观察系统

观察软管和接头是否有染料溶液泄漏的现象,如果发现漏点,应按要求修理。染料可以保留在系统内,对系统无害。

3. 真空检漏

真空检漏是对制冷系统抽真空,然后保持一段时间,观察检测系统中真空压力表的指针变化,判断空调系统有无泄漏。抽真空与检漏操作过程如下:

① 将歧管压力表上的高、低压软管分别与压缩机高、低压阀的接口相连,将歧管压力表的中间软管与真空泵相连,如图 16.9 所示。压缩机高、低压阀处于微开位置,歧管压力表座上的手动高、低压阀处于闭合位置。

② 打开歧管压力表的手动高、低压阀,起动真空泵,观察压力表,将系统压力抽真空至 98.7~99.99 kPa。

③ 关闭歧管压力表的手动高、低压阀,观察压力表指针指示的压力是否回升,如有回升说明系统泄漏,应进行检漏修复。若压力表指针保持不动,则打开手动高、低压阀,起动真空泵继续抽真空 15~30 min,使压力表指针稳定。

④ 关闭歧管压力表手动高、低压阀,然后关闭真空泵。

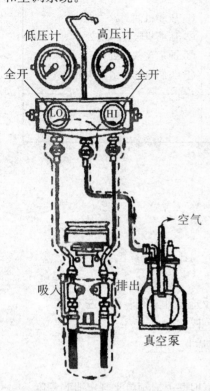

图 16.9 汽车空调制冷系统抽真空

二、学生实操训练

(一) 训前准备

1. 学生组织

让学生按小组讨论组内分工及组织任务实施,同时将《任务工单》分发给每位学生。各组根据任务要求做好人员分工和操作计划。

2. 实训场地及工具准备

为完成该任务操作,除了将故障车、检测工具、工作台布置好以外,还需提前做好以下准备:

① 汽车整车 5 辆或汽车空调实训台架 5 台。
② 常用检测工具 5 套。
③ 工作台 5 台。
④ 试漏灯或冷媒回收加注机。
⑤ 抹布若干。

（二）汽车空调系统检漏实训

按照已经分好的小组，让学生制定检修计划，对汽车空调系统故障进行检查分析，判断故障类型并提出排除方案，实施排除。

1. 资讯
根据任务描述和实车（发动机）表现，填写附表A1。

2. 查阅维修手册进行原因分析
根据资讯中所检查的结果进行原因分析。

3. 故障点确认
按照附表A2，进行故障点确认。

4. 故障排除
按照附表A3，进行故障排除。

5. 废料和废品处理
任务结束后，对废料和废品进行处理。

（三）学生填写《任务工单》
任务结束后，填写《任务工单》。

（四）实训结果评价
对实训结果进行评价。

填写任务评价反馈表，见附表A4。

任务三　汽车空调系统的性能试验

某日，售后服务经理接到客户反映，他的桑塔纳轿车空调离合器及冷却风扇工作均正常，但就是制冷效果不足，打开冷气后，管道和蒸发器结霜，制冷压缩机不能停止工作。作为汽车维修人员接到此维修任务后，要求检查并判断空调系统出现此现象的原因，制定维修计划，得到经理确认后，完成此任务，提交一份分析报告并归档。

汽车空调是汽车的一个职能部门，它离不开汽车而单独运行，又对整车的动力性、加速性和冷却性及噪声等有影响，因此评价汽车空调系统性能不能离开实车进行单独评价，而应该是整性能试验的一个组成部分。整车空调性能检测是指空调装置安装在汽车上后测定车厢内的降温、供暖、保温性能,测定车内气流分布,了解空调机组的运行情况以及空调机组对汽车性能的影响。试验方法分室内模拟试验和道路试验两种。

（一）室内模拟试验

汽车空调经过检修后,系统的性能是否已恢复,故障是否已排除,应进行性能检验。常用的检验方法有如下几种。

1. 通过视液镜判断系统内制冷剂量

① 将压力表组与制冷系统上的吸气检修阀和排气检修阀相连,用于测定制冷系统高、低压力。

② 起动发动机,将发动机转速控制在 1 500 r/min 以上,将空调选择开关置于最大冷却位置,将鼓风机转速调至最高挡。

③ 擦净视液玻璃镜,通过它来观察制冷剂的流动状态,从而判断系统内制冷剂量的多少。

2. 通过制冷性能测定来检验系统性能

汽车空调性能试验通常是用压力表测量其高、低压力值和用温度计测量空调器吹出的空气温度,根据高、低压侧压力是否正常来判断空调制冷性能是否达到要求。如达到要求,则可进行相应测定。

（1）用压力表组测试

把压力表组的高、低压两侧分别接在压缩机的检修阀或高低压管路的充、排气阀上,发动机预热后,在下列特定条件下,从压力表组读取压力值(由于环境的影响,表上指示值可能有轻微的变化)：将开关设定在内循环状态,空气进口处温度为 30～35 ℃,发动机在 1 500 r/min以下运转,鼓风机转速控制开关位于最高挡,温度控制开关处于最冷位置。R134a 空调系统低压侧压力值应为 0.15～0.25 MPa,高压侧应为 1.37～1.57 MPa。

① 若高、低压侧的压力都偏低,从观察窗看到有连续的气泡出现,高压管微热、低压管路微冷,可能是制冷剂不足或系统某些部位发生渗漏。

② 若低压侧压力有时正常,有时指示真空,高压侧压力指示正常,有时稍高；间歇性制冷甚至不制冷,可能是系统有水分,干燥剂吸湿能力达到饱和,膨胀阀(或孔管)处结冰,阻塞了制冷剂的流动,当冰融化后,系统又恢复到正常状态。

③ 若高压和低压侧压力都偏低,从贮液干燥器到主机组的管路都结霜,制冷不足,可能是贮液干燥器堵塞,阻滞了制冷剂的流动。

④ 若低压侧压力指示真空,高压侧压力指示太低,膨胀阀或贮液干燥器前后管路上有露水或结霜,不制冷或间歇制冷,可能是系统中有水分或污物、膨胀阀感温包破裂导致阀门关闭,使制冷剂无法流动。

⑤ 若低压侧和高压侧压力均偏高,使发动机转速快速升高或降低,通过观察窗也见不到气泡,且制冷不足,可能是系统中制冷剂过量、冷凝器散热不良。

⑥ 若高压侧和低压侧压力都过高,低压管路发热,在储液器的观察窗出现气泡,制冷效果差,可能是由于抽真空作业时不彻底,使系统中残存部分空气。

⑦ 若高压侧和低压侧压力都太高,在低压侧管路结霜或有大量露水,且制冷不足,可能是膨胀阀存在故障或感温包安装不正确。

⑧ 若低压侧压力过高,高压侧压力过低且无冷气吹出,可能是压缩机磨损严重,阀门渗

漏或损坏。

(2) 用玻璃温度计和干湿球温度计测试

高、低压值检测之后,再检测车厢内的降温效果。将干湿球温度计放在冷气系统的进气口处,把玻璃棒温度计放在制冷系统的排气口处。

① 测量车厢内的相对空气湿度。测出制冷系统空气进口处(蒸发器进口)干湿球温度计的干球和湿球温度,利用空气相对湿度曲线图,求出在蒸发器进口处的空气相对湿度,如图 16.10 所示。例如,设蒸发器进气口处的干球温度和湿球温度分别为 25 ℃和 19.5 ℃,图 16.10 中虚线的交叉点即为相对湿度,此时的相对湿度为 60%。

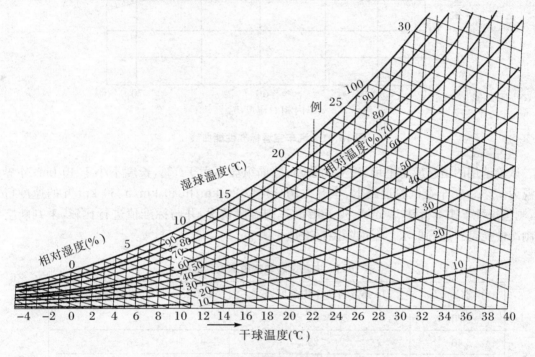

图 16.10 空气相对湿度曲线图

② 测量制冷系统进气口和排气口的温度差。读出制冷系统排气口处的玻璃棒温度计的指示值和进气口处干湿球温度计的指示值,二者之差即为所求的温差。

③ 利用标准性能曲线评定制冷性能。把同时得到的空气相对湿度及进气口与出气口的冷气温差标在图 16.11 汽车空调标准性能曲线上,求出评定值。如果这两个值坐标的交叉点在标准性能曲线中两条直线包围的范围之内,则表示该系统制冷性能适中而良好,检修质量合格。如果交叉点在这两个区域外,说明所检测的空调系统制冷性能不良,还需进一步检修和调整。

例如,进、出口之间的温度差为 17 ℃,而相对湿度为 60%。从图 16.11 中可查出其交叉点在两条线之间,这就说明制冷性能适中而良好。

(二) 道路试验

对于汽车空调制冷性能的检验,也可以在道路上行驶时进行测定,以判断系统制冷性能是否达到要求。

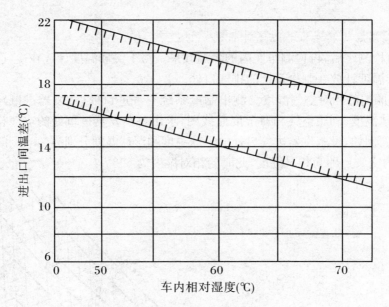

图 16.11 汽车空调标准性能曲线

试验选用的道路应是平坦、硬实的公路,路面纵坡不大于1%,长度不小于40 km;外界气温为35 ℃,轿车在试验道路上,全开空调分别以 20 km/h、40 km/h、60 km/h 的速度行驶,测量每种车速下行驶 10 min、30 min 时车内温度情况,并与标准值进行比较,来判断空调制冷性能是否达到要求。车内降温标准值见表 16.3。

表 16.3 道路试验车室内降温标准值

车速(km/h)	10 min 时车室内温度(℃)	30 min 时车室内温度(℃)
20	<30	<27
40	<29	<26
60	<28	<25

(1) 试验条件

试验时,车厢内的乘员数不得少于额定乘员数的80%,而且不得以装载相等质量的物体代替。试验车辆应在晴天少云、有日光直射、太阳辐射强度不低于 $4.6 J/(cm^2 \cdot min)$,气温不低于35℃,气压在 95~102 kPa 之间,风速不大于 5 m/s 的气候条件下,在长度不少于 50 km、路面纵坡不大于 3%,而且平坦、干燥、硬实、树荫少的公路上行驶。

(2) 试验仪器设备

采用的试验仪表有综合气象仪、太阳辐射仪、多点温度计、压力表、风速风向仪、干湿球温度计、声级计、发动机转速表、坡度仪、微风测速仪、检漏仪、秒表、粉尘采样仪、CO 分析仪和 CO_2 分析仪等。

(3) 试验方法

① 测量出风口的温度、风速和风量。

② 测量停车噪声。

③ 进行制冷系统降温与保温能力试验。

④ 测定车内相对湿度。
⑤ 进行车内风速测试与降温能力试验。
⑥ 测量通风换气量。
⑦ 测量车内行驶噪声。
⑧ 测量车内空气洁净度。

技能实训

一、实训导读

汽车空调制冷系统性能试验的步骤如下：
(1) 安装歧管压力计
① 关闭高压手动阀(HI)和低压手动阀(LO)。
② 将高压注入软管连接在压缩机的高压侧。
③ 将低压注入软管连接在压缩机的低压侧。
(2) 开动发动机和空调系统
① 使发动机的转速维持在 2 000 r/min，起动压缩机。
② 将风机开关置于最高转速，打开空调开关，温度控制置于最冷挡位，送风控制置于通风处。
③ 将所有的车窗和车门打开，汽车应停于阳光不直接照射的阴凉处。
(3) 安放温度计
① 将温度计放置在冷气出口。
② 将温度计和湿度计放置在制冷装置的进气口附近。
(4) 检测
待空调系统稳定工作后，进行如下检测：
① 测定系统内高、低压力：在环境温度为 30～35 ℃条件下，检查高压表的读数是否为 1.373～1.668 MPa，低压表的读数是否为 147～192 kPa。环境温度改变，压力值也相应改变。环境温度每降低 3 ℃，则其高压表读数相应降低 68～78 kPa（注意：不同的制冷系统数值应该以维修手册规范为准）。
② 检查进气口处温度计的读数是否为 25～35 ℃。
在上述条件下，使空调系统运转，直到歧管压力高、低压表和温度计指示值稳定下来为止。

二、学生实操训练

（一）训前准备

1. 学生组织

让学生按小组讨论组内分工及组织任务实施，同时将《任务工单》分发给每位学生。各组根据任务要求做好人员分工和操作计划。

2. 实训场地及工具准备

为完成该任务操作，除了将故障车、检测工具、工作台布置好以外，还需提前做好以下准备：
① 汽车整车 5 辆。

② 汽车空调系统道路试验检测工具 5 套。
③ 工作台 5 台。
④ 抹布若干。

(二) 汽车空调系统道路试验

按照已经分好的小组,让学生制定检修计划,对汽车空调系统故障进行检查分析,判断故障类型并提出排除方案,实施排除。

1. 资讯

根据任务描述和实车(发动机)表现,填写附表 A1。

2. 查阅维修手册进行原因分析

根据资讯中所检查的结果进行原因分析。

3. 故障点确认

按照附表 A2,进行故障点确认。

4. 故障排除

按照附表 A3,进行故障排除。

5. 废料和废品处理

任务结束后,对废料和废品进行处理。

(三) 学生填写《任务工单》

任务结束后,填写《任务工单》。

(四) 实训结果评价

对实训结果进行评价。

 任务评价

填写任务评价反馈表,见附表 A4。

项 目 评 价

填写项目评价表,见附表 A5。

项 目 思 考

1. 简述汽车空调系统制冷剂、冷冻机油的种类和特性。
2. 简述汽车空调系统制冷剂的要求和使用注意事项。
3. 试叙述冷冻油的要求和性能检查。
4. 汽车空调系统常用哪些方法检漏?
5. 汽车空调系统制冷系统如何抽真空?
6. 简述汽车空调系统的制冷剂、冷冻润滑油的加注方法。

 拓展提升

汽车空调的使用与维护

正确使用空调系统,对空调系统适时进行维护,及时进行故障诊断并排除,做好空调各部分的定期检验和维修,可以维持空调系统良好的工作性能,延长其使用寿命,降低运行成本。

1. 汽车空调系统的正确使用

正确使用汽车空调系统,可以节约能源,减少故障出现,并能保证汽车空调系统具有良好的技术状况和工作可靠性,发挥其最大效率,延长其使用寿命。为此,应注意下列几点:

① 使用空调前应先启动发动机,待发动机稳定运转几分钟后,打开鼓风机至某一挡位,然后再按下空调开关 A/C 以启动空调压缩机,调整送风温度和选择送风口,空调即可正常工作。需要注意的是当温度调节推杆处于最大冷却位置时,应尽量使用鼓风机的高速挡,以免蒸发器因过冷而结冰。

② 在空调系统运行时,若听到空调装置(如压缩机、风机等)有异常响声或发生其他异常情况,应立即关闭空调,并及时查明原因并排除故障。

③ 若汽车空调系统无超速自动停转装置,在爬长坡或超车时应暂时断开压缩机的运行(即关闭 A/C 开关),以免发动机动力不足或发动机超负荷运行而过热。

④ 在夜间行驶时,由于整车耗电量较大,不应长时间使用空调以免引起蓄电池亏电。

⑤ 汽车停驶时不要长时间使用空调制冷装置,以免耗尽蓄电池的电能和防止废气被吸入车内,造成再次启动发动机时产生困难和乘员中毒,还可避免因冷凝器和发动机散热不良而影响空调的性能和发动机的寿命。

⑥ 当制冷量突然减少时,应断开空调开关 A/C,检查排除空调系统故障后再继续使用。

⑦ 发动机过热时,应当停止使用空调,待发动机正常工作后再使用。

⑧ 使用空调时,若风机开在低速挡,冷气温控开关不宜调得过低。因为这样做不仅达不到使车内温度进一步降低的目的(蒸发器容易结霜,产生风阻),而且有可能出现压缩机液击现象。

⑨ 有些汽车空调空气入口的控制有新鲜(FRESH)和封闭循环(RECIRC)两个控制位置。若汽车在尘土飞扬的道路上行驶,应将空气入口控制在封闭循环位置,以防车外灰尘进入。

2. 汽车空调系统的维护

平时做好空调系统的日常维护和定期维护工作是很重要的。由于在维护过程中能及时发现故障先兆,可积极采取措施消除隐患,所以能充分发挥空调的作用,保证系统正常运行。

(1) 汽车空调系统的日常维护

① 保持冷凝器和蒸发器的清洁。

② 保持送风通道空气进口过滤器的清洁。

③ 经常检查制冷剂是否充足。

④ 应定期检查制冷压缩机驱动皮带的使用情况和松紧程度。

⑤ 在春秋或冬季不使用空调的季节里,应每半个月启动空调压缩机一次,每次 5~10 min。

⑥ 经常检查制冷系统各管路接头和连接部位、螺栓、螺钉有否松动现象,是否有与周围机件相磨碰的现象,传动机构的工作是否正常,胶管是否老化,在进出叶子板孔处的隔振胶垫是否脱落或损坏。

⑦ 检查电路连接导线,插头是否有损坏和松动现象。

⑧ 经常注意空调在运行中有无不正常的噪声、异响、振动和异常气味,如有应立即停止使用并送专业修理部门及时检查和修理。

(2) 汽车空调系统的定期维护

① 压缩机的检查和维护。一般是每两年进行一次,主要检查进、排气压力是否符合要求,各紧固件有否松动,有否有漏气现象。

② 冷凝器及其冷却风扇的检查和维护。一般每年进行一次,维护内容主要是彻底清扫或清洗冷凝器表面的杂质、灰尘,用扁嘴钳扶正和修复冷凝器的散热片,仔细检查冷凝器表面是否有异常情况,并用检漏仪检查制冷剂有否泄漏。

③ 蒸发器的检查和维护。一般应每年用检漏仪进行一次检漏作业,每二到三年应卸开蒸发箱盖,对蒸发器内部进行清扫,清除送风通道内的杂物(可用压缩空气来吹)。

④ 电磁离合器的检查和维护。每一年到两年应检修一次,重点检查其动作是否正常,是否有打滑现象,接合面、离合器轴承是否严重磨损。同时,还必须用厚薄规检查其电磁离合器间隙是否符合要求。

⑤ 贮液干燥器的更换。轿车空调在正常使用情况下,一般每三年左右更换贮液干燥器,如因使用不当使系统进入水分后应及时更换。另外,如系统管路被打开时,一般也应更换贮液干燥器。

⑥ 膨胀阀的维护。一般每一年到两年检查一次其动作是否正常,开度大小是否合适,进口滤网是否被堵塞,如不正常应更换或作适当调整。

⑦ 制冷系统管路的维护。

a. 每年检查一次管接头,并用检漏仪检查其密封情况。

b. 检查配管是否与其他部件相碰,软管是否有老化、裂纹现象,一般每3~5年应更换软管。

⑧ 驱动机构的检查和维护。

a. 每使用100 h检查一次V型带的张紧度和磨损情况。

b. 每年检查一次张紧轮及轴承,并加注润滑油。使用三年左右应更换新品。

⑨ 冷冻油的更换。一般每两年左右检查或更换,对于管路有较大泄漏时,应及时检查或补充冷冻油。

上述定期检查和维护周期,应根据空调运行的具体情况和相应车辆的维护手册进行,不可生搬硬套。例如,对于空调使用十分频繁的南方地区,可适当缩短维护周期,而对于北方地区,每年空调运行时间相对较短,因此,可适当延长维护周期。

汽车空调系统的常见故障诊断与维修

项目描述

汽车空调系统的故障大致有以下几类：不制冷故障、制冷不足故障、间歇性制冷故障和异响故障等。其主要表现为制冷系统、电气系统和机械元件出现异常，只有及时诊断和排除这些故障，才能保证或维持系统的正常运行。

项目目标

1. 专业能力要求
① 能掌握汽车空调系统不制冷的故障诊断方法；
② 能掌握汽车空调系统制冷不足的故障诊断方法；
③ 能掌握汽车空调系统异响的故障诊断方法。

2. 社会能力要求
① 具备团队协作意识和强烈的工作责任心；
② 具备发现问题并能积极处理的能力；
③ 具备足够的环境保护意识、强烈的职业道德和法律意识。

3. 方法能力要求
① 与人良好沟通的能力；
② 能主动独立地学习，具备一定的创造能力和创新能力；
③ 具备汽车空调系统常见故障诊断的能力；
④ 良好的心理承受能力。

4. 重点和难点
① 汽车空调系统不制冷的故障诊断；
② 汽车空调系统制冷不足的故障诊断；
③ 汽车空调系统异响的故障诊断。

任务一 汽车空调系统不制冷

任务引入

某日,售后服务经理接到客户反映,他的一辆皇冠CROMN3.0汽车,起动发动机开启空调后车内无冷风吹出,空调系统不制冷,检查后发现制冷剂严重不足。作为汽车维修人员接到此维修任务后,要求检查并判断制冷剂压力是否正常,制定维修计划,得到经理确认后,完成此任务,提交一份分析报告并归档。

相关知识

一、故障现象

汽车空调系统不制冷的现象是起动发动机并稳定在1 500 r/min左右运行2 min,打开空调开关及鼓风机开关,冷气口无冷风吹出。

二、汽车空调系统不制冷的故障原因及排除

1. 风机工作正常,压缩机不工作原因

(1) 故障诊断

电磁离合器的故障:

① 熔断丝烧断;

② 导线接头或搭铁松动、断开、导线折断;

③ 电磁线圈断路或短路;

④ 电源电压低;

⑤ 恒温器开关烧毁;

⑥ 传感器组件损坏;

⑦ 压力开关动作异常;

⑧ 离合器间隙不合适或接触面有油垢。

排除方法:

① 查找故障部位,更换熔断丝;

② 更换导线或接头,紧固搭铁;

③ 检查离合器,更换电磁线圈;

④ 检查、调整电压到10.5 V以上;

⑤ 更换控制组件;

⑥ 调整离合器间隙,清洗油垢。

(2) 故障诊断

压缩机的故障：

① 传动带太松或断裂；

② 压缩机咬死。

排除方法：

① 调整或更换传动带；

② 修理或更换压缩机。

2．风机工作正常，压缩机工作

(1) 故障诊断

制冷剂泄漏：

① 管路破裂或接头松动；

② 压缩机轴封处泄漏；

③ 贮液干燥器的易熔塞熔化。

排除方法：

① 更换管路、拧紧接头；

② 更换压缩机轴封；

③ 更换贮液干燥器的易熔塞。

(2) 故障诊断

系统堵塞：

① 系统内有水分造成冰堵；

② 系统内有脏污造成渣堵；

③ 膨胀阀感温包损坏。

排除方法：回收制冷剂，拆卸贮液干燥器清洁过滤器，更换干燥剂后抽真空，重新加注制冷剂。

(3) 故障诊断

膨胀阀的故障：

① 膨胀阀卡住不动作；

② 膨胀阀感温包损坏。

排除方法：修理或更换膨胀阀。

(4) 故障诊断

压缩机的故障：进、排气阀门损坏。

排除方法：拆下压缩机修理。

3．出风口无风

(1) 故障诊断

线路的故障：

① 熔断丝烧断；

② 鼓风机开关或变阻器损坏；

③ 导线接头或搭铁松动、断开、导线折断。

排除方法：

① 查找故障部位，更换熔断丝；

② 更换开关或变阻器；
③ 更换导线或接头，紧固搭铁。

(2) 故障诊断

鼓风机的故障：风机电动机损坏。

排除方法：更换鼓风机电动机。

一、实训导读

(一) 空调系统不制冷的经验诊断法

汽车空调故障诊断方法很多，在出现空调不制冷，而手头又没有必备诊断仪器的情况下，如何对空调的故障初步诊断呢？在中医为病人看病时经常使用的手法是号脉，其实为汽车诊断空调故障也可以为汽车空调号脉。

汽车空调的脉搏是在空调的高低压管，一般打开引擎盖就可以看到。在检查高低压管温度之前要将空调设置到最大制冷，风量最大，直吹的位置，空气内循环，A/C 开关打开。出风口的温度，据经验值大约在 5 ℃ 为正常。支起引擎盖确认电子扇同时运转，压缩机也在运转。如未运转，则松开高压管的保护盖，用利物轻轻按压高压排气顶针，如有强劲的冷媒溢出，则证明空调的故障在电路系统。否则应仔细查看空调管的各接头是否有油渍，如有则证明是空调系统存在泄漏点。用手触摸高压管和低压管，仔细感觉其温度。

在制冷系统工作正常的情况下，高压管的正常温度在 50~60 ℃ 之间，也就是用手可以牢牢攥住 30 s 种左右，时间再长就坚持不住了。低压管的温度在 5~6 ℃ 之间，也就是用手能感觉到冰手。如若手所感觉到的空调高低压管的温度不符合正常情况，肯定的是空调的制冷存在问题。

(二) 空调系统不制冷故障的诊断方法

空调系统不制冷故障的诊断流程见图 17.1。

二、学生实操训练

(一) 训前准备

1. 学生组织

让学生按小组讨论组内分工及组织任务实施，同时将《任务工单》分发给每位学生。各组根据任务要求做好人员分工和操作计划。

2. 实训场地及工具准备

为完成该任务操作，除了将故障车、检测工具、工作台布置好以外，还需提前做好以下准备：

① 汽车空调系统主要部件 5 套。
② 常用检测工具 5 套。
③ 工作台 5 台。
④ 抹布若干。

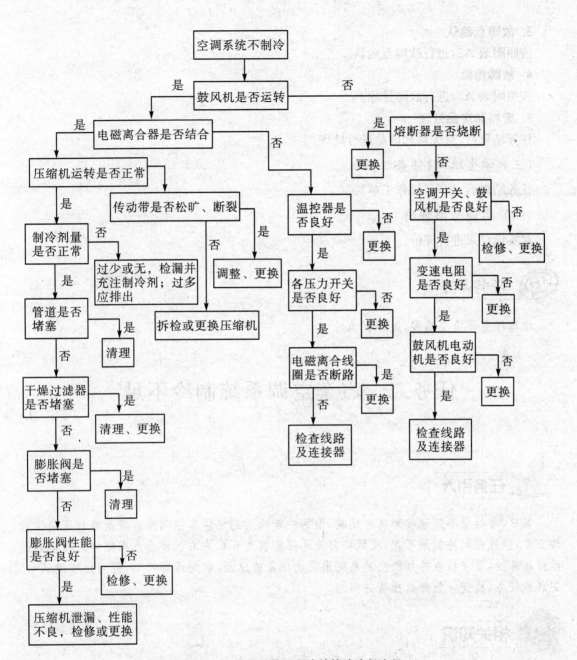

图 17.1 空调系统不制冷的故障诊断流程

(二) 汽车空调系统不制冷诊断实训

按照已经分好的小组，让学生制定检修计划，对汽车空调系统主要部件进行检查，判断故障类型并提出排除方案，实施排除。

1. 资讯

检查汽车空调系统主要部件工作状况，填写附表 A1。

2. 查阅维修手册进行原因分析

根据资讯中所检查的结果进行原因分析。

3. 故障点确认

按照附表 A2,进行故障点确认。

4. 故障排除

按照附表 A3,进行故障排除。

5. 废料和废品处理

任务结束后,对废料和废品进行处理。

(三) 学生填写《任务工单》

任务结束后,填写《任务工单》。

(四) 实训结果评价

对实训结果进行评价。

 任务评价

填写任务评价反馈表,见附表 A4。

任务二 汽车空调系统制冷不足

 任务引入

某日,售后服务经理接到客户反映,他的一辆通用别克轿车空调离合器及冷却风扇工作均正常,但就是制冷效果不足,出风口与外界温差仅为 6 ℃ 左右。作为汽车维修人员接到此维修任务后,要求检查并判断空调系统出现此现象的原因,制定维修计划,得到经理确认后,完成此任务,提交一份分析报告并归档。

 相关知识

一、故障现象

汽车空调系统制冷不足的现象是空调系统长时间运行,车厢内温度能够下降,但由于某些故障使得系统达不到规定的制冷量,车室内没有清凉舒适的感觉、感到制冷量不足。

二、故障原因及排查

汽车空调制冷系统性能能否达到规定的要求,其主要的判别依据是车厢内温度能否达到预定的指标。一般情况下,若汽车空调运转正常,当外界温度在 35 ℃ 左右时,车厢内温度应保持在 20~25 ℃。要达到这一基本的汽车空调设计要求,除车厢的密封性能良好外,空调的制冷能力应够用。那么,哪些因素会影响到空调的制冷效果呢?我们认为,如果汽车的空调效果不好,可以从以下八个方面着手进行检测,查明故障原因。

1. 制冷剂过多造成制冷不足

从贮液干燥器上方视液镜中观察制冷剂流动状况。如果汽车空调在运转时从视液镜中看不到一点气泡,压缩机停转后也无气泡,那肯定是制冷剂过多。如果加压的冷却机油量过多,空调系统正常运转时,能从视液镜中看到较为混浊的气泡。当然,若确为制冷剂过多,可以在空调系统低压侧的维修口处慢慢地放出一些即可。

2. 制冷剂过少造成制冷不足

制冷剂不足也可以从贮液干燥器上方的视液镜中观察到。在空调正常运转时,若视液镜中有连续不断的缓慢的气泡产生,则制冷剂不足。若出现明显的气泡翻转的情况,则表示制冷剂严重不足。制冷剂若不足,应添加制冷剂,但要注意,若从低压侧添加,禁止制冷剂瓶翻倒,若从高压侧加入禁止发动机启动。

3. 制冷剂与压缩机油内含杂质过多、微堵而引起制冷量不足

倘若在整个空调系统中,制冷剂和压缩机油内脏物过多,必然使过滤器的滤网出现堵塞,导致制冷剂通过能力下降,阻力加大,流向膨胀阀的制冷剂也会相对减少,故导致制冷量不足。

4. 空调制冷系统中有水分渗入造成制冷不足

停机一会,待冰融化后,制冷系统又会出现正常的状态。这是确认系统中有无水分的重要方法。为了更好地检测系统中水分的多少,有些汽车上所使用的干燥剂,不含水时的颜色为蓝色,一旦水分过多,干燥剂便成红色,这在该车贮液干燥器上的视液孔上是可以看到的。

凡是属于制冷剂含水过多的故障,都应更换干燥剂或更换贮液干燥器,与此同时,重新对系统抽真空,重新注入新的适量的制冷剂。

5. 空调系统中有空气导致制冷不足

空调系统中一旦有空气进入,将会造成制冷剂压力过高,制冷剂循环不良同样也会引起制冷不足。此类故障主要是由于制冷系统密封性变差,或在维修中抽真空不彻底而造成的。

6. 压缩机驱动带过松导致致冷不足

驱动带检查方法是:在发动机停转时,在驱动带中间位置用手拨动驱动带,以能翻转90°为佳。若翻转角度过多,则说明驱动带松弛,应拉紧,若用手翻转不动,则说明驱动带过紧,应稍微再松一点。当然,若紧固无效或驱动带已有裂纹老化等损伤,应更换一条新的驱动带。

7. 冷凝器散热能力下降导致空调制冷能力下降

由于汽车工作环境不同,装在汽车发动机前方的冷凝器表面会有油污泥土或杂物覆盖其上,从而使其散热能力下降。另外,冷却风扇的故障,诸如驱动带过松,风扇转速下降或风扇高速等问题,都会导致冷凝器散热能力下降。

解决方法:用软毛刷刷除冷凝器表面的脏物,电风扇故障也应及时排除。

8. 其他方面的原因

诸如电源电压过低使压缩机电磁离合器吸力下降或电磁离合器压板与皮带盘间有油污等现象,均会导致出现类似驱动带过松的"打滑"现象。倘若蒸发器表面结霜,吹风电动机转速下降等问题,也会造成制冷量不足。当然,倘若压缩机磨损或阀门关闭不严,同样也会造成空调制冷量不足。

三、汽车空调系统制冷不足的检修

汽车空调检修,一是系统出现故障后进行的检修;二是为确保系统安全运行而进行经常性的或定期检修。对空调系统制冷不足的检修同样如此,具体检查方法如下。

1. 外观检查

首先检查压缩机皮带松紧度是否合适,支架、紧固螺钉、软管、铝管是否完好无损,冷凝器和蒸发器散热片是否干净无堵塞;其次,检查各管道接头、压缩机油封、冷凝器和蒸发器表面是否有油渍,若有油渍,则说明系统有泄漏;最后,用手触摸高压回路(从压缩机出口→冷凝器→贮液器→膨胀阀进口处),应呈较热状态,若在某一部位特别热或进出口之间有明显温差,则说明此处有堵塞;触摸低压回路(从膨胀阀出口→蒸发器→压缩机进口),应较冷。若压缩机高、低压侧无明显温差,则说明系统有泄漏或没有制冷剂。

2. 运行检查

启动汽车空调,在空气进口温度为 30~35 ℃、发动机转速为 2 000 r/min 时进行系统检查。将风机风速调至最高,温度调至强冷挡,用压力表检查系统高、低压端压力,正常状况是,高压端压力一般为 1.42~1.47 MPa,低压端压力为 0.147~0.196 MPa,压力若不在此范围内,说明系统有故障。

3. 维修注意事项

① 空调系统进行第二次充填制冷剂时,应先从高压侧进行抽真空,时间在 5 min 以上;然后再从高、低压两个位置抽真空。

② 填充制冷剂时,应从高压侧充填液态制冷剂,严禁从低压端以液态充填和起动发动机;可以起动发动机从低压侧充填气态制冷剂,但严禁打开压力表组的高压阀。

③ 在制冷剂填充过程中,切勿摇晃制冷剂瓶。

④ 严禁将制冷剂瓶放在 40 ℃以上的水中加热。

⑤ 在填充制冷剂时,应避免高温或火源,并在干燥、通风的环境中进行。

⑥ 严禁将水、杂质及空气混入制冷剂管道,严禁用嘴或压缩空气去吹制冷管道。

⑦ 连接压力歧管表软管时,应注意压力歧管表软管和压力表组歧管阀的正确对应连接,以及高、低压力表所对应的压缩机进出阀接头的正确连接。

⑧ 连接压力歧管表软管或制冷剂瓶阀时,一般用手拧紧螺母即可,切勿使用钢丝钳等工具。

⑨ 从压缩机进出软管拆卸仪表软管时,必须快速、敏捷;拆卸高压软管,要等压缩机停止工作(约几分钟),待高压压力降低后再进行。

⑩ 在拆卸制冷剂管路或填充制冷剂时,切勿接近面部。

⑪ 在排放制冷剂时,要缓慢进行,以防带走压缩机油。

⑫ 给压缩机补充冷冻机油时,请务必使用指定牌号的冷冻机油,切勿使用混合牌号或普通的发动机机油,对旋叶式的奥拓轿车压缩机来说,更应注意机油牌号。

⑬ 更换空调系统部件时,必须补充压缩机油,应参考原装值为基准进行补充。

⑭ 连接制冷剂管道时,应在 O 形密封圈上涂一点压缩机油。

一、实训导读

空调故障排除应根据空调系统的故障现象,通过检查判断故障的位置和产生的各种原因。故障排除后,应对系统抽真空后,再进行检漏。确认系统无泄漏时,按规定的制冷剂量充注制冷剂。冷冻油量过多,则增加功耗,并使热交换器性能下降;油量过少,则不能使运动零件得到润滑,并使密封性能变差。

空调系统制冷不足的故障诊断流程如图17.2所示。

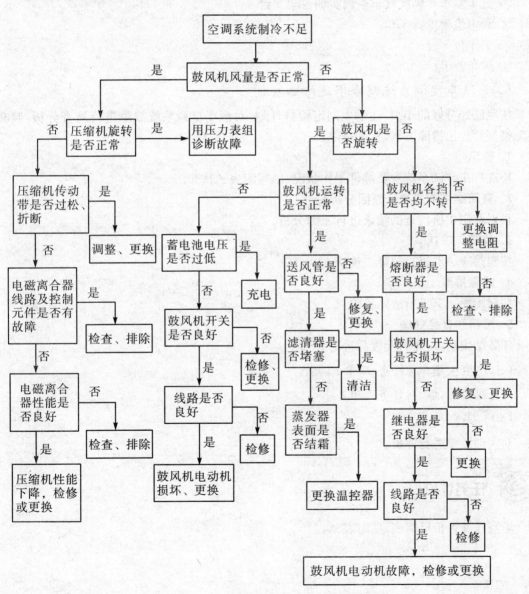

图 17.2　空调系统制冷不足的故障诊断流程

二、学生实操训练

(一)训前准备

1. 学生组织

让学生按小组讨论组内分工及组织任务实施,同时将《任务工单》分发给每位学生。各组根据任务要求做好人员分工和操作计划。

2. 实训场地及工具准备

为完成该任务操作,除了将故障车、检测工具、工作台布置好以外,还需提前做好以下准备:

① 汽车整车 5 辆或汽车空调实训台架 5 台。

② 常用检测工具 5 套。

③ 工作台 5 台。

④ 抹布若干。

(二)汽车空调系统制冷不足诊断实训

按照已经分好的小组,让学生制定检修计划,对汽车空调系统故障进行检查分析,判断故障类型并提出排除方案,实施排除。

1. 资讯

检查汽车空调系统主要部件工作状况,填写附表 A1。

2. 查阅维修手册进行原因分析

根据资讯中所检查的结果进行原因分析。

3. 故障点确认

按照附表 A2,进行故障点确认。

4. 故障排除

按照附表 A3,进行故障排除。

5. 废料和废品处理

任务结束后,对废料及废品进行处理。

(三)学生填写《任务工单》

任务结束后,填写《任务工单》。

(四)实训结果评价

对实训结果进行评价。

填写任务评价反馈表,见附表 A4。

任务三　汽车空调系统异响

某日,售后服务经理接到客户反映,他的一辆2000年产的本田轿车,发动机起动起来后暂时怠速运行时,只听得"嗖"的一声,自动空调就失灵了。作为汽车维修人员接到此维修任务后,要求检查并判断空调系统出现此现象的原因,制定维修计划,得到经理确认后,完成此任务,提交一份分析报告并归档。

一、故障现象

汽车空调系统异响的现象是空调系统运行时,突然出现比噪声大的异常声响或出现振动。

二、故障原因及排除方法

1. 机械噪声原因

(1) 故障诊断

传动带轮打滑:
① 传动带松弛;
② 传动带严重磨损;
③ 传动带张紧轮润滑不良。

排除方法:
① 调整传动带;
② 更换传动带;
③ 加油。

(2) 故障诊断

电磁离合器打滑:
① 压缩机负荷大,排气压力过高;
② 电磁线圈电流减小,吸力下降。

排除方法:检查或更换离合器。

(3) 故障诊断

压缩机问题:
① 安装松动,或支架破损;
② 内部零件磨损;
③ 油面过低,润滑不良。

排除方法:

① 紧固压缩机或更换支架；
② 修理或更换压缩机；
③ 添加冷冻润滑油。
(4) 故障诊断

风机问题：风机固定松动或叶片等有摩擦。

排除方法：检查固定风机，更换损坏部件。

2．工作噪声原因

故障诊断：
① 制冷剂过多；
② 制冷剂过少，膨胀阀产生噪声；
③ 系统有水蒸气，引起膨胀阀产生噪声；
④ 高压侧压力过高，引起压缩机振动。

排除方法：
① 放出多余的制冷剂；
② 补充制冷剂；
③ 对系统进行干燥处理；
④ 查找原因并排除。

三、常见异响类型

1．空调系统常见异响

汽车空调系统异响是常见的故障，一般常见的异响声主要有以下几种：
① 电磁离合器噪声。
② 压缩机噪声。
③ A/C 压缩机打滑噪声。
④ 软管或制冷管路干扰噪声。

2．异响的处理方法

在进行空调系统异响故障诊断时，首先判断空调系统噪声的类型，然后进行下列情况处理：

(1) 噪声类型：叮当声、爆裂声、嘟嘟、蜂鸣

可能故障：压缩机叶片噪声。

排除方法：如噪声只持续 3 s 以下，属正常情况。如持续 3 s 以上，进行发动机怠速调整，如噪声依然存在，则对制冷剂量、压缩机机油进行检测，必要时进行更换和处理。在加注一定的机油后，检查压缩机是否还有噪声，如有则更换压缩机。

(2) 噪声类型：摩擦、旋转

可能故障：压缩机打滑。

排除方法：压缩机停止运转时，噪声是否立即消失？如是更换压缩机，否则检查驱动皮带及皮带轮。

(3) 噪声类型：碰撞、振动

可能故障：管道干扰。

排除方法：确认噪声是否从压缩机传出，如不是对管道进行紧固定、拧紧等操作。

(4) 噪声类型：咔哒

可能故障：电磁离合器。

排除方法：调整离合器压板和 A/C 压缩机皮带轮间隙。

 技能实训

一、实训导读

空调系统异响或振动的故障诊断流程如图 17.3 所示。

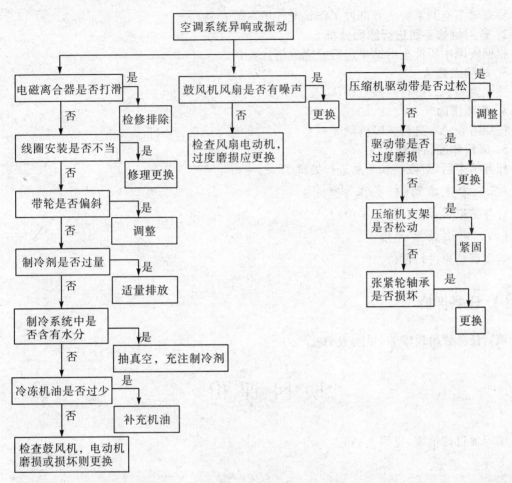

图 17.3　空调系统异响或振动的故障诊断流程

二、学生实操训练

（一）训前准备

1. 学生组织

让学生按小组讨论组内分工及组织任务实施，同时将《任务工单》分发给每位学生。各组根据任务要求做好人员分工和操作计划。

2. 实训场地及工具准备

为完成该任务操作，除了将故障车、检测工具、工作台布置好以外，还需提前做好以下准备：

① 汽车整车 5 辆或汽车空调实训台架 5 台。

② 常用检测工具 5 套。

③ 工作台 5 台。
④ 抹布若干。

（二）汽车空调系统异响诊断实训

按照已经分好的小组，让学生制定检修计划，对汽车空调系统故障进行检查分析，判断故障类型并提出排除方案，实施排除。

1. 资讯

检查汽车空调系统主要部件工作状况并填写附表 A1。

2. 查阅维修手册进行原因分析

根据资讯中所检查的结果进行原因分析。

3. 故障点确认

按照附表 A2，进行故障点确认。

4. 故障排除

按照附表 A3，进行故障排除。

5. 废料和废品处理

任务结束后，对废料和废品进行处理。

（三）学生填写《任务工单》

任务结束后，填写《任务工单》。

（四）实训结果评价

对实训结果进行评价。

 任务评价

填写任务评价反馈表，见附表 A4。

项目评价

填写项目评价表，见附表 A5。

项目思考

1. 汽车空调系统不制冷的原因及排除方法有哪些？
2. 汽车空调系统制冷不足的原因及排除方法有哪些？
3. 汽车空调系统异响的原因及排除方法有哪些？

 拓展提升

汽车空调系统故障诊断案例分析

案例一 红旗轿车不制冷故障排除后又出现制冷不足的现象

有一辆红旗轿车原有不制冷的故障,经过外面一家维修中心维修后原故障已排除,但又继续产生制冷不足的现象。

故障现象 通过检查空气系统及电路均无问题,但检测高、低端的压力时,发现低压端压力过高,但高压端压力又偏低的现象。经过系统常规检查后,发现检视孔内空调工作时,视液孔内有连续有气泡流动现象。

故障分析 由于该车是在别的厂维修过,而且原故障已排除后出现的故障,所以很可能是在维修工检修中没认真地抽真空或有空气进入系统内所致。因为,空调系统中一旦有空气进入或维修时抽真空不彻底或加注制冷剂时有空气渗入,都会造成制冷量不足。这主要是由于空气是导热的不良物质,它在制冷系统压力和温度下,不能溶于制冷剂,因而空气要占有一定的制冷剂空间,影响其散热能力,这些空气也会随制冷剂在空调系统中进行循环,从而造成自膨胀阀出来的制冷剂量下降,导致空调制冷能力下降。制冷剂内空气过多,可以从贮液干燥器上方检视孔内观察到,空调正常运转时,若视液孔内有连续不断的快速的气泡流动,则为系统内空气过多,这时就需要对制冷系统进行抽真空,再重新加注新的制冷剂。

故障排除 经过仔细地充气检漏后确认无问题,对制冷系统进行抽真空,然后注入适量的制冷剂,故障排除。空调制冷系统出现的制冷不足、制冷效果变差等故障,一般是由于制冷密封性出现问题较为多见。因为现在轿车所用的制冷剂渗透性强。所以对系统的密封性要求也相应较高,在制冷工作管道或工作阀稍有泄漏就会造成制冷不足的故障现象。

在维修制冷系统中除了借用专用工具进行检漏外,还得要细心、认真地做好规范维修,而且试机前后都要反复做好系统地复查工作,确保故障完全排除。

案例二 别克轿车空调系统制冷不足故障检修

故障现象 一辆通用别克轿车空调离合器及冷却风扇工作均正常,但就是制冷效果不足,出风口与外界温差仅为 6 ℃ 左右。

故障分析 这种故障一般不在电路系统,而应在外部和制冷剂方面查找故障原因(若风扇运转不正常则应在电路系统查找原因),其可能原因有:

① 制冷剂不足。用压力表测量,低压低于 196 kPa,高压低于 980 kPa 时则应补充制冷剂至正常值;急速时,低压应该为 245 kPa,高压应该为 1471 kPa 左右。

② 孔管堵塞。手触贮液干燥器有冷感,但程度不足,在此情况下,高压偏高,应清洗膨胀节流管(位于冷凝器出口与蒸发器入口之间的高压管里)。

③ 蒸发器积尘太多。低压管及贮液干燥器冷度手感适度,压力亦正常,唯出风量偏小。此时可将鼓风机及鼓风机调速器(在驾驶室的右下侧发动机舱中央墙壁上)拆下,用压缩空气或蒸发器清洗剂将蒸发器清洗干净。

④ 散热不良。冷凝器散热片堵塞,水温过高,用高压空气吹洗散热器(水箱)及冷凝器外部,注意不要直接用高压水清洗,否则,高压水非常容易将冷凝器的散热片吹倒,造成空气流通受阻而散热不良。

故障排除 用压力表测量高、低压侧压力,低压偏低,高压偏高,为 1 648 kPa,手触干燥罐有热感,但明显程度不足,说明为孔管堵塞。清洗孔管后,故障减轻,温度降到 11 ℃ 左右。但仍未完全排除故障,正常情况下应该在 8 ℃ 左右。这说明还有其他的故障未排除。开启空调的各个按钮发现空调的内外循环没有变化,如果空调长期引入外界空气进入,空调的负荷肯定要非常大,这与家用空调的道理一样。经过检查发现空气内外循环的风门没有动作,继续检查发现控制风门的真空源没有,拆下真空电磁阀发现真空管损坏,更换后故障彻底排除。

附　录

表 A1　维修车辆登记表

基本信息	车主		电话	
	性别		检修日期	
	车型		保养次数	
	底盘号		行驶里程	
使用状况	道路			
	载荷			
故障日期				
用户对故障描述				
故障现象确认				
故障原因分析				

表 A2　故障现象类型确认

序号	检查项目	正常与否/测量数据	故障现象类型

表 A3　故障排除

序号	故障部位或零部件	故障原因	修复方法	使用设备或工具

表 A4　汽车故障形成原因任务评价反馈表

项目名称							
任务名称							
学生基本信息		姓名		学号		班级	
		组别		时间		成绩	
考核能力	考核项目	评分标准	满分值	学生自评	小组互评	教师评价	平均分小计
专业能力	相关知识	是否正确	35				
	技能训练	是否正确	35				
社会能力	团队合作	是否和谐	5				
	劳动纪律	是否严格遵守	5				
	沟通讨论	是否积极	5				
方法能力	制定计划	是否合理	5				
	学习新技术能力	是否具备	5				
	总结能力	能否正确总结	5				

表 A5　项目评价表

项目名称						
学生基本信息		姓名		学号		班级	
		组别		时间		成绩	
考核能力	考核项目	评分标准	分值	学生自评	教师评价	平均分小计
专业能力	目标要求	是否达到目标	40			
社会能力	目标要求	是否达到目标	30			
方法能力	目标要求	是否达到目标	30			

表 A6　接车问诊单(奇瑞汽车)

汽车维修保养接车问诊单						
进站时间	月　日 时　分	送修人姓名		联系电话		行驶里程
车牌号码		车辆型号		底盘号码		购车日期
用户描述故障现象	1. 2. 3. 4. 5.					
服务顾问诊断得出初步意见	1. 2. 3. 4. 5.					
服务顾问建议	1. 2. 3. 4. 5.					
功能确认:(正常√ 不正常×) □音响系统　　　　□点烟器 □中央门锁(防盗器)　□后视镜 □天窗　　　　　　□四门玻璃升降		外观确认:H 划痕　P 破裂　D 丢失 F 腐蚀				
物品确认:(有√ 无×) □贵重物品已提醒用户带离车辆 □随车工具　□千斤顶 □备胎　　　□灭火器 □其他(　　　　　)		(如有损伤,在相应部位作标记)				
服务顾问提醒	★本次检查出的故障如在本站维修,检查工费不另收取;如不在本站维修,则检查工费应由用户支付,本次检查费为:¥_____元。(保修项目除外) ★自费维修旧件处理:□用户要求带走　□用户选择不带走。 ★本站已提醒用户将车内贵重物品带离车辆并妥善保管,如有丢失恕与本站无关。					
服务顾问				用户确认		

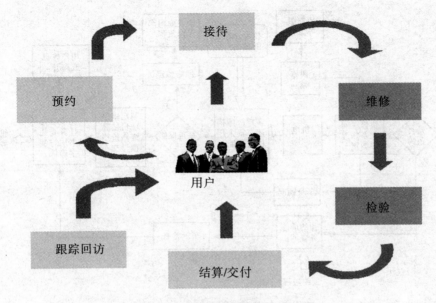

图 A1　汽车售后服务流程（东风标致）

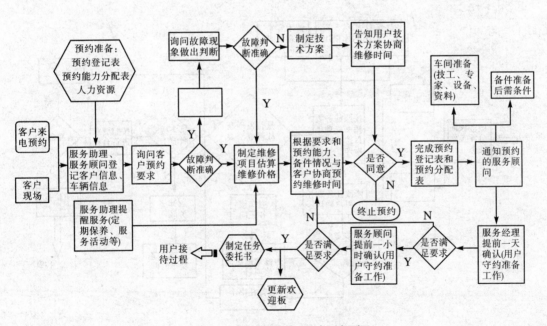

图 A2　预约工作流程（东风标致）

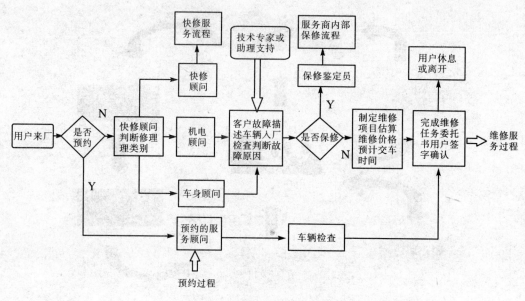

图 A3　接待工作流程（东风标致）

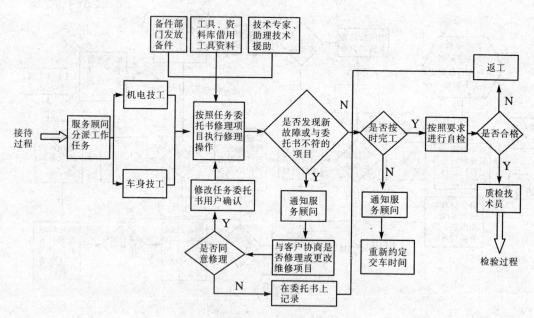

图 A4　维修工作流程（东风标致）

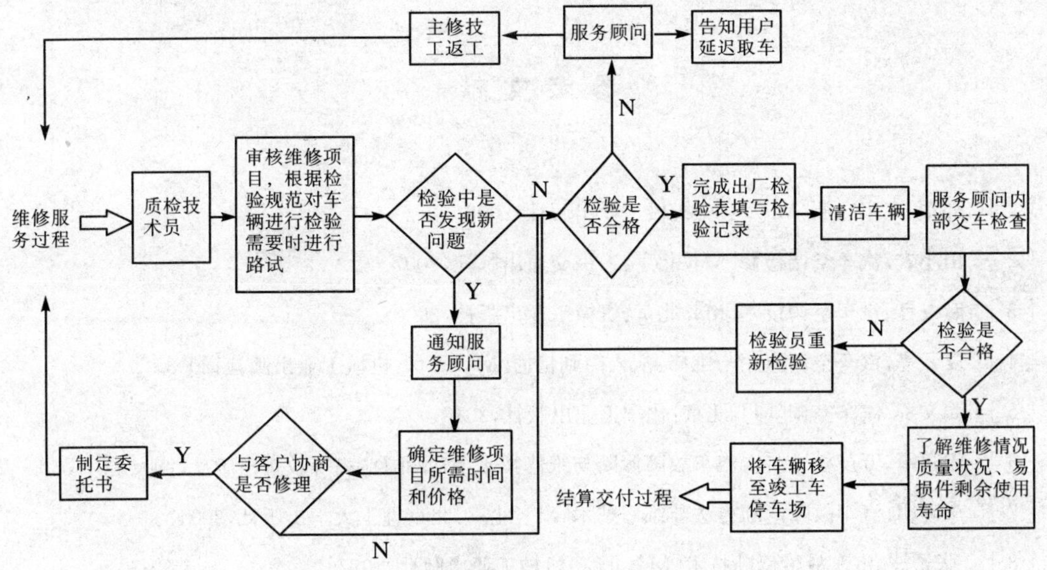

图 A5　维修质量检验工作流程（东风标致）

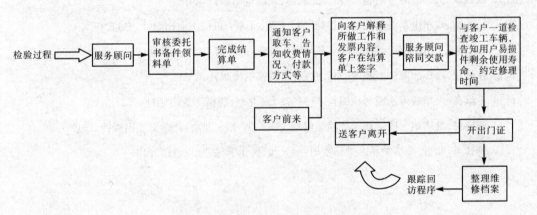

图 A6　结算/交付工作流程（东风标致）

参考文献

[1] 郝军.汽车空调[M].北京:机械工业出版社,2009.

[2] 田小农.汽车空调检修[M].北京:人民交通出版社,2007.

[3] 麻友良.汽车空调技术[M].北京:机械工业出版社,2009.

[4] 夏云铧.汽车空调应用与维修:从入门到精通[M].北京:机械工业出版社,2008.

[5] 龚文资.汽车空调[M].北京:化学工业出版社,2010.

[6] 闵永军,万茂松,周良.汽车故障诊断与维修技术[M].北京:高等教育出版社,2004.

[7] 李春明.汽车故障诊断方法与维修技术[M].北京:北京理工大学出版社,2004.

[8] 张子波.汽车故障诊断技术[M].北京:机械工业出版社,2007.

[9] 扈佩令,林治平.汽车电气设备构造与维修[M].北京:机械工业出版社,2009.

[10] 张凤山.国产轿车故障诊断与排除实例精选:大众、奥迪专辑[M].北京:机械工业出版社,2013.

[11] 张钱斌.汽车故障诊断技术[M].北京:人民邮电出版社,2011.

[12] 胡光辉.汽车电器设备构造与检修[M].2版.北京:机械工业出版社,2011.

[13] 张子波.汽车故障诊断技术:汽车运用与维修专业[M].北京:机械工业出版社,2006.

[14] 张钱斌.汽车故障诊断技术[M].北京:人民邮电出版社,2011.

[15] 王盛良.汽车故障诊断与检测技术[M].2版.北京:机械工业出版社,2013.

[16] 刘建民.桑塔纳·捷达轿车故障维修精选200例[M].北京:化学工业出版社,2011.

[17] 杨智勇,曲直.桑塔纳轿车维修手册[M].北京:化学工业出版社,2013.